和久　希　著

六朝言語思想史研究

汲古書院

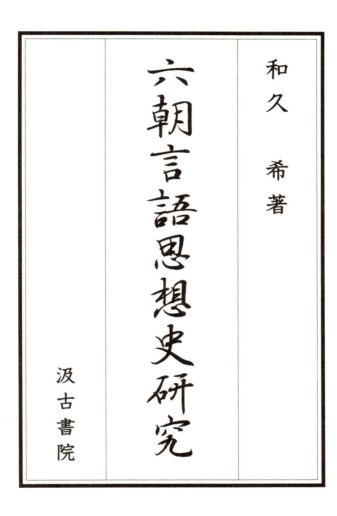

六朝言語思想史研究／目　次

六朝言語思想史研究

序　論

本書は中国六朝時代の思想史の一側面を照射しようとするものであり、『六朝言語思想史研究』と題する。本書の射程を示す「六朝」の語は、厳密には建康に建都した六王朝――三国呉、東晋、劉宋、南斉、梁、陳を指すのであるが、本書では研究史の通例にしたがい、「六朝」の語を「魏晋南北朝」とほぼ同義のものとして用いる。すなわち秦漢／隋唐という帝国統一時代のあいだに位置する、三国鼎立から魏晋交替期、漢人国家の南渡と五胡十六国、そして南北朝分立時代を含む約四百年間におよぶ動乱期の全体を、本書では「六朝時代」と呼ぶことにする。

では、六朝時代とはどのような時代であったのか。本論に入る前に、まずはその概況を簡単にうかがっておきたい（一）。

Ⅰ

外戚による専横と宦官勢力の台頭により、後漢帝国は内部から腐蝕していた。事態を重く見た清流派・儒教官僚は批判的言論を展開したものの、宦官は彼らを禁錮刑に処して弾圧した（党錮の禁）。かかる国家的混乱のうちに、民間宗教・太平道を組織する張角は「蒼天已に死す、黄天当に立つべし。歳は甲子に在りて、天下大いに吉とならん（蒼天已死、黄天当立。歳在甲子、天下大吉)」『後漢書』皇甫嵩伝」として、国家を打倒するための大規模な反乱を起こした(黄巾の乱)。この反乱自体は平定されたものの、国家秩序はついに弛緩したままであり、これを契機として各地の軍閥はつぎつぎに蜂起した。戦禍は「是の時天下の戸口減耗し、十に裁《わず》かに一在り(是時天下戸口減耗、十裁一在)」『三国志』魏書張繡伝」とされるほどに酷烈なものであり、そこにはもはや、後漢帝国の威光は完全になくなっていた。建安七子の一人である王粲は、戦乱の惨憺たる情況について、子を棄てる母の姿に託して次のように詠じた。[三]

出門無所見　門を出づるも見る所無く
白骨蔽平原　白骨　平原を蔽う
路有飢婦人　路に飢えたる婦人有り
抱子棄草間　子を抱きて草間に棄つ
顧聞号泣声　顧みて号泣の声を聞くも
揮涕独不還　涕《なみだ》を揮《ぬぐ》いて独り還《もど》らず
未知身死処　未だ身の死する処を知らず
何能両相完　何《いかん》ぞ能く両《ふたり》ながら相い完《まった》からんと
駆馬棄之去　馬を駆けて之を棄てて去る
不忍聴此言　此の言を聴くに忍びざればなり

〔王粲「七哀詩」其一〕

陰惨凄絶なる混迷の中、頭角をあらわしたのは「乱世の英雄、治世の姦賊(乱世之英雄、治世之姦賊)」『世説新語』

識鑒篇」と評された曹操であった。彼は宦官の家の出身ではあったが、その英才は若くして知られていた。また黄巾の乱の鎮圧に際して功を得るなど、文武にわたり傑出した人物であった。当時、後漢・献帝を擁立して実質的に権勢を掌握していた董卓に抵抗し、袁紹らが形成していた反董卓軍に曹操もくわわった。しかし曹操の挙兵は、董卓配下の徐栄のために敗走の憂き目にあう。そして反董卓軍はやがて分裂することになり、その結果、各地はまさに群雄割拠の様相を呈することとなった。ただ曹操は、屯田制の実施により農業生産を安定化して財政基盤を固め、ついに袁紹を撃破して華北を統一した（官渡の戦い）。このとき劉備は袁紹のもとを離れて荊州に逃れ、智将・諸葛亮を迎え入れた。天下統一を求めて南進をうかがう曹操に対し、孫権と劉備の連合軍がこれを撃破し（赤壁の戦い）、ここに天下三分の形勢が確定した。この頃の交戦の情況について、曹操自身は次のように述べている。

鎧甲生蟣蝨　　鎧甲に蟣蝨《しらみ》を生じ
万姓以死亡　　万姓以て死亡す
白骨露於野　　白骨は野に露《さら》され
千里無鶏鳴　　千里　鶏鳴無し
生民百遺一　　生民は百に一を遺すのみ
念之断人腸　　之を念《おも》えば人腸を断たしむ

［曹操「蒿里行」］

曹操は詩文にもすぐれ、また『孫子』に注を施すなど、軍略にも通じていた。人材登用の際には「唯だ才のみを是れ挙げよ、吾得て之を用いん（唯才是挙、吾得而用之）」［『三国志』魏書武帝紀］と述べて、唯才主義を徹底していた。彼自身が「老驥櫪《うまや》に伏すも、志は千里に在り。烈士暮年、壮心已まず（老驥伏櫪、志在千里。烈士暮年、壮心不已）」［曹操「歩出夏門行」］と高吟していたように、曹操の天下統一への志は生涯にわたるものであった。なお陳寿は、曹操を評して「非常の人、超世の傑（非常之人、超世之傑）」［『三国志』魏書武帝紀］としている。

曹操は後漢・献帝により魏王に封ぜられたが、まもなく病没したため、子の曹丕が献帝から禅譲を受けて皇帝に即位し、魏の皇権を確立した。この報を受けてただちに劉備は即位して漢（蜀漢）を建国し、諸葛亮が丞相となった。のちに孫権も即位して呉国を建立した。いわゆる三国時代である。

三国魏の曹丕は、陳羣の建議にもとづき九品中正制度を採用した。[三] これにより、官吏登用の際には各郷里における人物評（郷論）をもとに郷品が定められ、それに応じて中央に推挙された。このことは後につづく貴族制を制度的に保証するものとなった。後漢末以来、人物批評が盛行しており、また才性論もさまざまになされていた。[四] しかし後代になると、郷品の世襲を原因として、徐々に貴族層の固定化を招くこととなった。彼らは堅固な経済的基盤を有しており、その日常生活は華奢に溢れていた。男性は「宝剣は直《あたい》千金、被服は光《きら》びやかにして且つ鮮やかなり（宝剣直千金、被服光且鮮）」［曹植「名都篇」］とあるように極彩色を身にまといながら「白馬金羈《［面掛］》を飾り、連翩として西北に馳す（白馬飾金羈、連翩西北馳）」［曹植「白馬篇」］と、華麗勇壮に外出し、女性は「袖を攘《まきあ》げて素手を見《あらわ》せば、皓腕《［色白の腕］》に金環《［ブレスレット］》を約《むす》ぶ。頭上には金爵釵《［黄金の簪］》、腰に佩ぶるは翠琅玕《［碧の宝玉］》。明珠《［真珠］》は玉体《［宝玉］》と交じり、珊瑚《［珊瑚珠］》は木難《［碧珠］》に間《まじ》る（攘袖見素手、皓腕約金環。頭上金爵釵、腰佩翠琅玕。明珠交玉体、珊瑚間木難）」［曹植「美女篇」］と、豪奢絢爛な装身具《アクセサリー》を身につけていた。酒宴になると「中厨には豊膳を辦《そな》え、羊を烹《に》て肥牛を宰《おさ》む（中厨辦豊膳、烹羊宰肥牛）」［曹植「箜篌引」］、「鯉を膾《［糸造り］》にして胎鰕《［子持ち海老］》を臇《［煎りもの］》にし、鼈《［すっぽん］》を寒《［煮込み］》にして熊蹯《［熊の掌］》を炙る（膾鯉臇胎鰕、寒鼈炙熊蹯）」［曹植「名都篇」］など、さまざまな珍味佳肴が並べられた。宴席にはとりどりの美女や俳優《わざおぎ》が控え、また「秦筝何ぞ慷慨たる、斉瑟和して且つ柔なり。陽阿は奇舞を奏で、京洛は名謳を出だす（秦筝何慷慨、斉瑟和且柔。陽阿奏奇舞、京洛出名謳）」［曹植「箜篌引」］と、各地の琴曲や歌舞が場を彩った。また、もともとは戦闘の士気を鼓舞するための軍楽であり、凱旋後の式典においても演奏されていた鼓吹楽が次第に豪奢になり、権勢を誇示するものとして儀式化された。奏楽には鼓、簫、管のほかにも角《ホルン》や笳《オーボエ類》などが用いられ、その音色は重厚であり、かつまことに華美であった。このほか弾棊《おはじき》や囲棊《囲碁》、投壺、蹴鞠に興じる者もあった。こうした宴席は貴族たちの大邸宅で、（五）連日連夜開催されていた。

だが、彼らの享楽生活の背後には、不安定な時代に翻弄された人生への醒めたまなざしがあった。たとえば曹植は、時代情況に翻弄される自身の境遇を転びゆく蓬に仮託している。

転蓬離本根　　転蓬　本根を離れ
飄颻随長風　　飄颻として長風に随う
何意迴飆挙　　何ぞ意《おも》わん　迴飆挙がり
吹我入雲中　　我を吹きて雲中に入らしむると

［曹植「雑詩」其二］

突然の旋風に吹き上げられ、根を離れて漂浪する蓬のように、彼らもまた錯雑とした時代情況の中で、安定するところを失っていた。（六）ある者はしたたかに泥酔し、（七）ある者は白粉を塗ったみずからの容姿に熱中していた。（八）一部には有毒物を含む五石散（寒食散）の向精神薬としての服用が蔓延し、（九）また一部には裸体主義が横行した。（一〇）このような魏晋交替期までの人々に出現した倒錯的快楽への突進は、当時の暗澹混沌とした世相を投影するものだったといえるだろう。その反面、複雑な時代の中で晦渋な詩文をつぎつぎと制作する者もあった。阮籍・嵆康を中心に、後世「竹林七賢」と呼ばれる彼らの詩文は、困難な時代情況の中にあってなお、自立的で本来的な自己を真摯に模索するものであった。[11]

「漢室を興復して、旧都に還らん（興復漢室、還于旧都）」［諸葛亮「出師表」］と述べて北伐を繰り返す蜀漢・諸葛亮と対峙したのは、曹魏の司馬懿であった。諸葛亮の病死を受けて蜀漢軍は撤退し（五丈原の戦い）、司馬懿は軍功により魏朝内における権勢を確立した。その後、彼は魏の宗室・曹爽との確執の末に曹爽一派を一掃し、政権を実質的に掌握したが（正始の政変）、新国家の成立を待たずして没したため、実権は長子の司馬師に移り、さらに司馬師の弟の司馬昭に引き継がれた。父子二代にわたる姦詐策謀により、反司馬氏派による相次ぐ反乱はそのたびごとに制圧され、曹魏は内側から簒奪され、そのあいだに蜀漢は滅亡に至った。司馬昭の没後、ただちに長子・司馬炎が曹魏より禅譲を受けて即位し、晋（西晋）を建国した。のちに司馬炎は呉を討伐し、ここにおいて三国時代は終焉を迎えることになる。

晋はひとたび中国統一を果たしたものの、司馬炎は政務を顧みず、飲酒と女色に溺れていた。その放蕩ははなはだしく、後宮には一万人ほどの宮女がいたとされる。また「上品に寒門無く、下品に勢族無し（上品無寒門、下品無勢族）」［『晋書』劉毅伝］と指摘されるように、この時期には名門貴族の固定化が進行した。彼らは潤沢な資産をもとに、たがいに贅を競い、名声を争っていた。とくに石崇や王愷らの逸話がよく知られているが、それらはもはや単に贅沢ということを超出した、狂態じみたものとなっていた。[12] 王愷が紫糸布四十里の幔幕を作れば、石崇は錦五十里にもおよぶ幔幕を作って対抗し、石崇が山椒を配合して壁を塗れば、王愷は赤石脂［含鉄粘土］を用いてこれに応じた。あるときには、王愷が高さ二尺の珊瑚樹を石崇に見せたところ、石崇はそれを砕き、代わりに高さ三、四尺の珊瑚樹数本をもって返却したという。このほか、石崇の邸宅の厠には常時十人余りの着飾った女性が侍列し、あらゆる甲煎粉・沈香汁《〔アメニティ・グッズ〕》が取り揃えられ、用を足すたびにいちいち客人を新しい衣服に着せ替えていたが、それゆえ客人の多くは恥ずかしさのあまり厠を使用できなくなったことや、石崇の宴席では美女を客人のそばに配置して酒を勧めさせていたが、客人が酒を飲み干さなければ、その美女は斬殺されることなどが知られていた。なお、当時の逸話として、司馬炎が王済を訪れた際、宴席には盛装した美女百余人が侍座し、食器はすべて瑠璃であり、供された烝豘《〔蒸し豚〕》も通常のものとは異なってまことに美味であったので司馬炎がこれについて訊ねたところ、その豚は人乳で飼育されたとのことだったので、彼は食事もそこそこに立ち去ってしまった、というものがあるが、これには王愷や石崇さえも成し得ないことであった、との評言がついている[13]。こうした無軌道なまでの放蕩の背後には、曹丕の「三世の長者は被服を知り、五世の長者は飲食を知る（三世長者知被服、五世長者知飲食）」〔『芸文類聚』衣裳〕との言も関係していようが、しかしそれにしても極端であり、貴族層における栄誉名望への拘泥の程度が察せられよう。

司馬炎の没後、外戚楊氏、賈氏、趙王司馬倫らによる政権抗争を発端として、一族諸侯王間の内乱が長期にわたり深刻化し、晋朝の弱体化を招いた（八王の乱）。このときの傭兵には北方辺境の異民族――五胡（匈奴、羯、鮮卑、氐、羌）が利用されたが、彼らは国家の疲弊に乗じて首都洛陽に侵攻した（永嘉の乱）。これ以後、華北では鮮卑族の魏（北魏）が再統一を果たすまでの一世紀以上にわたり、五胡を中心とした小国家の分立興亡が繰り返された。晋の衰滅にともない、貴族層には華北の戦禍を逃れて江南へ移動する者が続出した。琅邪王司馬睿は近臣の王導とともに建康へ移り、即位して晋朝を継承し（東晋）、王導は宰相となって政権基盤の復興に尽力した。王導の没後、桓温が北伐を企図し、一時的に洛陽を奪還して権勢を確固たるものとした。桓温はのちに国家簒奪を画策するが、これは謝安により食い止められた。だがその後、桓温の庶子・桓玄によってひとたび建康は陥落する。これを破ったのが、劉裕であった。彼は下級寒門の出身であったものの、たび重なる反乱を鎮圧して地歩を固める一方で、北伐を繰り返しおこなった。のちに劉裕は禅譲を受けて即位し、宋（劉宋）を建国した。東晋皇室一族は、その後劉裕により殺害された。

東晋期の人々が居住した江南は、王献之が「山川自ずから相《たが》いに映発し、人をして応接に暇あらざらしむ（山川自相映発、使人応接不暇）」〔『世説新語』言語篇〕と述べるほどに風光明媚な土地であり、貴族層はその一瞬一瞬の風景――かぜとひかりを愛好した。（一四） 王献之の父である書聖・王羲之は、永和九年三月三日、会稽の蘭亭において名士四十一人を集めて曲水の宴を催行した。このときに制作された詩には、王羲之による序が添えられており、それは行書の麗筆として現在でもよく知られている。

> 是の日たるや、天朗気清にして、恵風は和暢す。仰ぎては宇宙の大を観、俯しては品類の盛を察す。目を游ばせ懐を騁せる所以にして、以て視聴の娯を極むるに足る。信《まこと》に楽しむべきなり。
> （是日也、天朗気清、恵風和暢。仰観宇宙之大、俯察品類之盛。所以游目騁懐、足以極視聴之娯。信可楽也。）
>
> 〔王羲之「蘭亭序」〕

また「女史箴図」「洛神賦図」などの原画をなしたとされる画聖・顧愷之があらわれ、謝安が「顧長康〔顧愷之〕の画は、蒼生〔人類〕有りてより来《このかた》無き所なり（顧長康画、有蒼生来所無）」〔『世説新語』巧芸篇〕と評したほどに尊崇された。こうした山水花鳥への傾倒は、のちに謝霊運に代表される山水詩を生み出すことになる。このほか、江南では青磁の生産が盛んであり、わけても紹興・余姚一帯の越窯産品が名声を集めた。釉に含まれる金属元素により、色彩は青磁色《セラドン》、苔色《オリーブ・グリーン》、鶸茶《オリーブ・イエロー》などとりどりであり、壺などの日用品のほか、漆器、それから銅鏡や銅銭などとともに副葬品として使用された。南方が青磁を中心とするのに対し、北方では白磁を主としていた。

北方では粟を主食としていたが、江南は稲作が盛んであった。このほか、当時の穀物には黍や大豆、小豆、大麦、小麦などがあり、蔬菜は葵、蔓菁《カブ》、葱、韮《ニラ》、蒜《ニンニク》などが栽培された。林檎、枇杷、橙《柑橘》、柿、梅、李《すもも》、杏、梨、棗《なつめ》、葡萄、石榴《ザクロ》などさまざまな果樹が植えられ、牛、馬、驢《ロバ》、騾《ラバ》、羊、豚、鶏、鵝《ガチョウ》、鴨《アヒル》などが育てられた。

華北では魏（北魏）が勢力を拡大しつつあったが、江南の劉宋では建国当初、比較的安定した時期が続いていた（元嘉の治）。しかし北魏による華北統一以後は、北方からの侵攻を受けて国力が衰退した。「疾風塞を衝《つ》いて起こり、沙礫自ずから飄揚す。馬毛縮むこと蝟《ハリネズミ》の如く、角弓は張るべからず（疾風衝塞起、沙礫自飄揚。馬毛縮如蝟、角弓不可張）」［鮑照「出自薊北門行」］とあるように、厳寒の北方辺境における戦乱は多大な辛労をともなうものであった。くわえて中央では寒人の台頭により政争が激化し、皇室では血族間の殺害が常態となって国家の短命化を招いた。対北魏戦線において軍功を得て台頭した蕭道成は、禅譲を受けて斉（南斉）を建国した。しかし時代の趨勢は変化することがなく、斉はわずか二十余年で崩壊することとなった。なお南斉期には、竟陵王蕭子良を中心に「道俗の盛んなること、江左に未だ有らざるなり（道俗之盛、江左未有也）」［『南斉書』竟陵文宣王子良伝］と評されるほどの文化的成熟期を迎えた。蕭子良の西邸には蕭衍、沈約、謝朓、王融ら八人の文人が集まり、「竟陵八友」と称された。彼らは文章の制作において声律を重視しており、とくに四声を導入したことで知られている。[一五] またこの頃、すでに祖沖之は円周率πの値を三・一四一五九二六から三・一四一五九二七のあいだにあると算出し、漸近分数として三五五／一一三（密率）および二二／七（約率）という二種の数値を与えた。[一六]

梁を建国したのは「竟陵八友」の一人でもある南斉の支族・蕭衍であった。[一七] 彼は官制の改定、租税の軽減などの改革をおこない、また五館を整備して、寒人を対象とした教育の振興にも尽力した。長子蕭統の編纂した『文選』は、中国のみならず、我が国における古典文化の基層的部分にも多大な影響を与えてきた。[一八] 蕭衍の長期にわたる治世は、南朝の最繁栄期ともいえるだろう。ところが蕭衍の後半生には、仏教への過度な傾倒、経済政策の失敗などにより国家紀綱が弛緩し、そこに北方からの侯景軍による侵攻（侯景の乱）を受けたために、ついには首都・建康が陥落した。蕭衍の没後には蕭繹が侯景を破り、江陵において即位したが、各地の諸王間の対立や北方からの侵攻もあり、かくて梁朝は「民百万囚虜となり、書千両煙煬《〔焼却〕》さる。溥天の下、斯文尽《ことごと》く喪《ほろ》ぶ（民百万而囚虜、書千両而煙煬。溥天之下、斯文尽喪）」〔顔之推「観我生賦」〕といった混乱のうちに瓦解した。

鮮卑・拓跋珪により建国された魏（北魏）は華北を統一し、部族解放を進めて国家の基礎を固めていた。李元凱が「江南は好臣多ければ、歳に一たび主を易《か》え、江北は好臣無くして、百年に一主あり（江南多好臣、歳一易主、江北無好臣、而百年一主）」〔『南斉書』魏虜伝〕と述べたように、この頃には、国家はむしろ華北のほうが安定しているとされるほどであった。北魏ではのちに首都を平城から洛陽へと移転し、漢化政策をおこなったが、最終的には北方辺境各地の軍営による反乱を経て（六鎮の乱）、王朝は東魏と西魏とに再分裂した。その後東魏は斉（北斉）となり、西魏は周（北周）となったが、北周の東伐により北斉は滅亡した。これにより華北はふたたび統一されたものの、その実権を掌握したのは外戚の楊堅であった。楊堅は禅譲を受けて隋を建国した。

西域の影響もあり、華北の岩山には多くの石窟寺院が造営された。なかでも北魏期の雲崗石窟や龍門石窟が知られており、これらは現在、いずれも世界文化遺産に登録されている。この頃には造寺造仏が盛行しており、金銅、玉、石、木など多様な素材により、数多くの仏像が制作されていた。また西域との交通の要衝である新疆・吐魯蕃の出土文物は、当時の農牧業や綿織物、絹織物などの技術水準の高さを今日に伝えている。

南方では陳霸先が梁から禅譲を受け、陳を建国したが、すでに国土の一部は失われ、また国内には抵抗勢力が根強く存在していたために、建国当初から政局は困難をきわめた。その後、陳はひとたび北伐をおこなうものの、華北を再統一した北周に阻まれ、国力はさらに衰退した。そしてとうとう隋・楊堅による五十万の大軍南下に抗しきれずに滅亡の時を迎えた。ここにおいて後漢末以来約四百年におよぶ分裂動乱の時代は、ようやく幕を下ろしたのであった。

II

次に、六朝思想をめぐる研究史について言及し、あわせて本書における思想史像についての見通しを述べておきたい。

秦漢／隋唐というふたつの大帝国時代に挟まれた六朝時代は、長期にわたり国家的揺動が続いた動乱期であり、思想史についても、一般には国家思想である儒教が衰退し、仏教・道教が台頭した、いわゆる「三教交渉」の時代であると考えられてきた。実際に清・皮錫瑞『経学歴史』による漢～唐までの時代区分は次の通りである。

経学昌明時代（前漢）
経学極盛時代（後漢）
経学中衰時代（魏晋）
経学分立時代（南北朝）
経学統一時代（隋唐）

つとに皮錫瑞が指摘するように、儒教経学にとって六朝時代は、最盛期（後漢）から衰退と分裂を経て再統一（隋唐）に至るまでの間隙の時代であった。この時代について皮錫瑞は、まずは鄭玄による集大成――今古文の綜合を原因として漢代家学の師承伝来が途絶してしまい[一九]、その後、王粛の出現により鄭王両学派間には議論があったものの、総じて魏晋期においては漢代経学が顧みられることはなかった、としている[二〇]。そしてまた、魏晋期に制作された経書の注釈については、漢代のものには及ばないともみていた[二一]（『経学歴史』第五章「経学中衰時代」）。その後、南北朝の分裂にともなって経学にも「南学」「北学」の差異が生じたが、当時の「北学」が鄭玄を継承するものであったのに対し、「南学」は玄学の影響や偽作、臆見を含むものであったために、皮錫瑞はこれを漢学の継承という観点から相対的に低く位置づけていた[二二]。ただし南北朝期に興隆した「義疏学」については、経学を後世に伝承したとして一定の評価を与えてもいた[二三]（『経学歴史』第六章「経学分立時代」）。

かかる経学衰退期の学問思潮について、狩野直喜『中国哲学史』（岩波書店、一九五三）は「極端まで道徳節義を重んじた所の東漢学風の反動に外ならない[二四]」と理解する。そして六朝時代の学風については「概して経学よりも詞賦文章を重んじ」たことや、「一変して老荘の学問が流行するに至った」ことを特色として指摘した。こうした時代認識を反映して、狩野直喜『中国哲学史』の六朝時代に関する記述（第四篇第三章「魏晋南北朝の哲学」）は、以下のような構成を有している。

　概説

　経書注釈家（王粛／何晏／王弼／杜預／范甯／皇侃）

　道家の哲学（概説／葛洪）

　仏教の影響を受けたる学者（概説／孫綽／劉勰／顔之推／（隋）王通）

　ここでは経学が筆頭に位置するものの、道家あるいは仏教思想の受容についても紙幅が費やされており、六朝思想史が儒教経学のみにとどまらず、儒仏道三教を支柱として展開したことが示されている。(二五) このことは武内義雄『中国思想史』（岩波書店、一九三六）も同様である。武内義雄は六朝時代を含む「中世期」を「三教交渉の時代」と題し、その学風については「中国中世哲学の特徴は儒仏道の三教が互に交渉を保ちつつ変化していることである」(二六)と規定した。武内義雄『中国思想史』「中世期　三教交渉の時代」のうち、六朝時代に関する章次は以下の通りである。

　儒教より老荘へ

　老荘より仏教へ

　道教の成立

　経学の統一

　こうした古典的研究が思想史解釈に枠組を与えて以降、六朝思想史は通常、儒仏道三教交渉の歴史的展開として把捉されてきた。(二七) そしてその際の「交渉」とは、もちろん各学派や教団間における接触交渉ということもあるが、むしろ南斉・張融が臨終の際に「左手に孝経・老子を執り、右手に小〔『小品般若経』〕品・法華経を執れ（左手執孝経老子、右手執小品法華経）」〔『南斉書』張融伝〕と述べたように、知識人ひとりひとりの文化的基底において並立共存する、そのような特徴を有するものでもあった。それゆえ六朝思想史に関する研究のアジェンダは、当時の知識人が兼通した三教（儒仏道）および四学（玄儒文史）諸相の詳細精緻な探究へと向かったのであった。戦後、森三樹三郎「六朝士大夫の精神」（『大阪大学文学部紀要』三、一九五四）は文献資料の博捜のもとに当時の三教・四学の実態を幅広く照射したが、それは六朝時代の思想・文化に関する諸研究に対して先鞭をつけるものであった。

戦後、我が国における六朝文化に関する研究の第一期は、まずは仏教流入という課題を軸に、文学・思想・歴史の諸学問領域に拡充しつつ、飛躍的に進展した。これらの研究の推進は、京都大学人文科学研究所を中心とするものであった。塚本善隆編『肇論研究』（法蔵館、一九五五）、木村英一編『慧遠研究（遺文篇）』（創文社、一九六〇）、木村英一編『慧遠研究（研究篇）』（創文社、一九六二）はみな、この時期の成果である。福永光司による魏晋期に関する一連の研究もまた同時期におこなわれたものであり、それらは著者の没後、福永光司『魏晋思想史研究』（岩波書店、二〇〇五）として一書にまとめられた。これらの先駆的研究の影響は広範かつ甚大なものであり、その後の六朝思想研究の基本的な方向性を決定づけるものであった。村上嘉実『六朝思想史研究』（平楽寺書院、一九七四）は老荘・道教・仏教にくわえて芸術についても言及し、中嶋隆蔵『六朝思想の研究　士大夫と仏教思想』（平楽寺書院、一九八五）は仏教受容を中心とした儒仏道三教の交流について検討した。また吉川忠夫『六朝精神史研究』（同朋舎、一九八四）は歴史学の立場を基調としつつ、思想・学術・宗教の諸相を探究した。これらは広い意味で、前述した第一期の方向性を引き継ぐものである。また同時期の蜂屋邦夫による六朝思想に関する諸研究は、福永光司の取り組みに後続するものといえる。

思想史に関する研究と並行して、文学領域における研究もまた著しく盛行したが、それらはいわゆる作家論・作品論を中心としつつも、理論・批評方面の研究の躍進を特色とするものであった。この分野の研究はつとに戦前より着手されていたが[一八]、とくに六朝時代を対象とする個別的研究は、林田愼之助『中国中世文学評論史』（創文社、一九七九）や興膳宏『中国の文学理論』（筑摩書房、一九八八）および興膳宏『中国文学理論の展開』（清文堂、二〇〇八）により牽引されてきた。なお興膳宏には『文心雕龍』『詩品』をはじめとする文論、そして我が国の空海『文鏡秘府論』に至るまで、綿密な資料精査にもとづく複数の訳書がある。

　このほか、六朝時代に隆盛した道教・仏教に特化する細緻な考証の成果として、宗教研究の専著があらわれた。戦後、福井康順『道教の基礎的研究』（理想社、一九五二）や宮川尚志『六朝史研究　宗教篇』（平楽寺書店、一九六四）などの取り組みは、当該領域における礎石をなすものである。その後、小林正美『六朝道教史研究』（創文社、一九九〇）、小林正美『六朝仏教思想の研究』（創文社、一九九三）は、各宗教の特色と歴史的変遷の実態を多角的に検証し、六朝時代における諸宗教の実像を明らかにしている。また神塚淑子『六朝道教思想の研究』（創文社、一九九九）は上清派を中心とする道教信仰の諸相を検討した。山田利明『六朝道教儀礼の研究』（東方書店、一九九九）は道教儀礼の形成期である六朝道教の具体的諸相について、緻密な検証をおこなっている。仏教方面では、近年、菅野博史『南北朝・隋代の中国仏教思想研究』（大蔵出版、二〇一二）が六朝期から隋に至るまでの仏教思想の展開を幅広く論じており、遠藤祐介『六朝期における仏教受容の研究』（白帝社、二〇一四）は六朝期における仏教受容の展開と特徴について、伝統思想にも言及しつつ、精緻な論証をおこなっている。

　今世紀初頭の六朝文化に関する研究は、現在のところ、文学方面の研究がもっとも盛行しているといえる。とくに個々の文人による表現方法の検討のみにとどまらず、そこから〈文学〉の価値それ自体を問うものや、当時の精神史の一側面を描こうとするものがある。前者には大上正美『阮籍・嵆康の文学』（創文社、二〇〇〇）、大上正美『言志と縁情——私の中国古典文学』（創文社、二〇〇四）、大上正美『六朝文学が要請する視座　曹植・陶淵明・庾信』（研文出版、二〇一二）などの持続的な研究や、稀代麻也子『『宋書』のなかの沈約——生きるということ』（汲古書院、二〇〇四）があり、後者の近年における成果には、安藤信廣『庾信と六朝文学』（創文社、二〇〇八）などがある。

このように六朝時代の諸思想・諸文化に関する研究はさまざまにおこなわれ、その成果は現在も陸続と公刊され続けている。その学問的蓄積は、それぞれが高度な専門性をそなえながら六朝時代の思想圏を討究する一方で、各々固有の学問的立場と関心とにより三教・四学の各様態の各側面を照射しようとするものであった。ただしたがって、それらの研究の進展からは、思想史研究における儒教の比重の相対的低下を招くという一面もまた、不可避なこととして進行した。ところが現実には、国家は儒教儀礼としての禅譲によって交替し、また国家機構たる官僚制度も儒教のものが継続していた。そして皇帝は祭天儀礼に依拠しながら天の祭祀を繰り返して、自身の地位が天の承認を得るもの、すなわち「天子」であることを視覚的に顕示していた。これら複数の事態が示すのは、当時の国家の基幹を決定していた正統性《レジティマシー》は、やはり儒教にあった、ということである。そうであるならば、経学の衰退期にあって、それでもなお知識層の基底をなしていた六朝時代の儒教思想の質的様相とはどのようなものであったのか、そのことをあらためて問い直す必要があるのではないだろうか。

かかる問題をめぐって本書は、以下の三者、すなわち加賀栄治、堀池信夫、渡邉義浩による諸研究を基点として、六朝時代の学問思潮の深底に潜在する儒教的精神を鉤索し、確定することを目的とするのであるが、それに先立って本書の立脚点である三者の研究について述べておくことにする。

六朝時代の儒教思想に関しては、まずは加賀栄治による先駆的な取り組みがあった。加賀栄治は、魏晋期の思想状況について、経書の規制力が弛緩したことにより、むしろ合理性、客観性への志向が高まっていたとして積極的に評価する。[一九]そして「魏晋人の学問態度は、感性の面から体得するものとされていた世界に対し、たとえへりくつに近いようなものであったとしても、経験をこえた純粋思惟（理性のいとなみとしての）による理論づけをしようとする傾向を顕著に示している」ことを特徴として掲げた。[二〇]加賀栄治『中国古典解釈史（魏晋篇）』（勁草書房、一九六四）は、魏晋期を「第一期経書解釈史の中心環節をなすもの」と位置づけており、その学風については、後漢古文学の経伝資料の成果をほぼ全面的に継承しつつも、その解釈においては合理的精神により論理的整合性を追究するものであるとみていた。

また、堀池信夫『漢魏思想史研究』（明治書院、一九八八）は、漢魏間の思想史的展開を「宇宙的思惟から内的思弁へ」と把捉する。これは漢代の「自然科学から人倫に至る整合的数理構造を代表とする天道の思潮」と魏晋期の「人間自体を基準としてものごとを考えてゆこうとする人道の思潮」とを対置することによる。そして堀池信夫は「魏晋人にとっては「象外之意、繋表之言」（『三国志』「魏志、荀彧伝」注引「荀粲伝」）、つまり「形象を超える真理・ことば以上のことば」こそが彼らにとっての聖人の意であり、礼教の真理であり、儒教そのものなのであった」と述べ、形骸化した漢末儒教に対して『老子』『荘子』『周易』三玄の形而上学に依拠した真理への接近——形而上的至高こそが、魏晋儒教の新たなる理想であると規定した。[二一]

一方、渡邉義浩は「儒教国家」の成立時期を後漢・章帝期の白虎観会議に定めたうえで、それに続く六朝貴族制時代を貴族による儒教の身体化にともなう「儒教国家」変容の時代と位置づけている。渡邉義浩によれば、六朝期における貴族の存立基盤は経済資本の「所有」ではなく、党人（後漢末）や名士（三国期）を継承する「文化」すなわち文化資本の卓越性にあり、その「文化」とは儒教を中核に据えつつも、三教および四学への兼通を重視するものであった。[三二]そこで渡邉義浩は、六朝文化の多様性を国家制度としての貴族制、そして貴族の自覚意識としての自律性という両側面から論究している。[三三]これによれば、六朝時代の儒教は諸文化の基幹をなすものとして、知識層に身体化されることによって六朝時代の諸思想・諸文化の根底に位置していたのであった。

これらの諸研究は、いずれも当時の儒教を退潮傾向にあるものとはせずに、むしろその核心を合理的精神（加賀栄治）や形而上的至高（堀池信夫）に求めており、儒教こそが六朝諸文化の基幹をなす文化価値として知識層に身体化されていた（渡邉義浩）とみている。本書もまた、かかる視座から六朝時代の学問思潮を検討しようとするものである。そこで上述の諸研究をふまえつつ、本書では、六朝時代にあっては儒教が衰退したために他思想が前景化したのではなく、むしろ六朝時代の儒教が道仏あるいは老荘、文学といった文化的諸価値を積極的に含み込みながら、それらの複合体であり、かつ有機的な運動体として不定形に展開した、という思想史的仮説を提起する。そしてその実相について、本書では言語思想（合理的精神としての「言語」／形而上的至高としての「言語を超えるもの」）を基軸に据えて検討し、またとくに「文（文章）」が必ずしも近代的「文学」概念に一致するものではなく、国家の基幹を決定する正統性に関わるものであることを検証することで、諸文化の基層的部分にある儒教的エートスの究明を目指すことにする。これにより、複雑に展開する六朝思想史を新たなパラダイムのもとに一貫したものとして提示することが可能となる、とみる。その具体的検討は本論各章においておこなうことになるが、まずは次節において、本書の問題関心に沿って学問思潮の展開について述べることで予備的考察とし、またあわせて本論各章の概要を提示する。

III

『後漢書』鄭玄伝の論賛に「鄭玄は大典を括囊し、衆家を網羅し、繁誣を刪裁し、漏失を刊改す。是れより学者は略《ほぼ》帰する所を知る（鄭玄括囊大典、網羅衆家、刪裁繁誣、刊改漏失。自是学者略知所帰）」とあるように、後漢経学は鄭玄により集大成された[三四]。そしてその後、儒教は従来の経学を離れ、新たな方向性を模索することになる。たとえば三国魏・荀粲には次のような発言がある。


粲〔荀粲〕答えて曰く、蓋し理の微なる者は、物象の挙《つ》くす所に非ざるなり。……〔中略〕……斯れ則ち象外の意、繫表の言は、固より蘊《つつ》まれて出でざるなりと。

（粲答曰、蓋理之微者、非物象之所挙也。……〔中略〕……斯則象外之意、繫表之言、固蘊而不出矣。）

〔『三国志』魏書荀彧伝注引何劭『荀粲伝』〕

荀粲は先に「六籍存すると雖も、固より聖人の糠粃ならん（六籍雖存、固聖人之糠粃）」〔『三国志』魏書荀彧伝注引何劭『荀粲伝』〕とも述べており、経書がもともと聖人の語り得なかったものの糠粃〔残滓〕であるとみていた。これは当時絶対視されていた経書の価値を相対化する発言である。ゆえに荀粲は形象や言語を超えたところにこそ、儒教の究極的真理（理）があると措定するのであるが、その真理とはあくまでも「微」なるもの、形而上的至高というべきものであった。また三国魏・沐並は、当時の儒学について次のように言及した。

儒学は乱を撥《おさ》め正しきに反《かえ》し、鼓を鳴らし俗を矯《ただ》すの大義なり。未だ是れ夫の理を窮め性を尽くし、陶冶変化するの実論ならざるなり。

（儒学撥乱反正、鳴鼓矯俗之大義也。未是夫窮理尽性、陶冶変化之実論也。）〔『三国志』魏書常林伝注引『魏略』清介伝〕

この発言のうち、「撥乱反正」は『春秋公羊伝』哀公十四年、「鳴鼓」は『論語』先進篇、「矯俗」は『礼記』曲礼の「正俗」を経学的根拠とする。[二五] これに対して「窮理尽性」は『周易』説卦伝の「道徳に和順して義を理《おさ》め、理を窮め性を尽くして以て命に至る（和順於道徳而理於義、窮理尽性以至於命）」を典拠としており、このことからすると沐並は、儒教の中でも『春秋』『論語』『礼記』に比して『周易』の「窮理尽性」すなわち形而上学的方向性をとりわけ重視していたといえる。[二六] かかる形而上学的傾向を帯びた三国時代の儒教は、老荘思想にもとづく形而上学と結びつき、魏晋期の玄学思潮を形成した。知識人は「儒者の教に遵《したが》い、道家の言を履む（遵儒者之教、履道家之言）」〔『三国志』魏書王昶伝〕というように、儒道を兼修することが常であった。西晋・阮脩が儒教と老荘の同異について訊ねられた際に「将た同じきこと無からんや〔同じでないこともあるまい〕（将無同）」〔『世説新語』文学篇〕と返答したことは、当時の学問思潮を端的に示すものとして、よく知られている。[二七] 実際に、魏晋玄学の旗手とされる三国魏・王弼は、聖人と老子に関して次のような屈折した議論を展開していた。

〔裴徽〕徽 問いて曰く、夫れ無とは、誠に万物の資《よ》る所なれども、聖人肯て言を致す莫し。而るに老子之を申べて已むこと無きは何ぞやと。〔王弼〕弼 曰く、聖人は無を体するも、無は又た以て訓《おし》うべからず。故に言は必ず有に及ぶ。

老荘は未だ有を免れず。恒に其の足らざる所を訓うと。

（徽問曰、夫無者、誠万物之所資、聖人莫肯致言。而老子申之無已何邪。弼曰、聖人体無、無又不可以訓。故言必及有。老荘未免於有。恒訓其所不足。）

〔『世説新語』文学篇〕

ここで王弼は、聖人こそが老荘思想の核心である「無」を体認しているとみており、老荘はむしろそれに及ばないがために、語り得ないはずの「無」について述べ立ててしまっている、とする。つまり、儒教の聖人は老荘以上に老荘思想の深奥を体得している存在だというのである。そこで王弼は「無」や「道」をめぐる合理的思弁を徹底的に突き詰めることにより、その先の形而上的至高を指し示す方途を模索した。一方、こうした理知的な追究とは異なる位相において、内的に形而上的至高へ肉薄しようとする者もあった。竹林七賢の一人、阮籍は「昔年十四五、志尚《たか》くして詩〔『詩経』〕書〔『尚書』〕を好む。褐を被《き》て珠玉を懐き、顔〔顔淵〕閔〔閔子騫〕と相与に期す（昔年十四五、志尚好詩書。被褐懐珠玉、顔閔相与期）」〔阮籍「詠懐詩」其十五〕と述べたように、もともとは経学的素養をたたえた人物であったが、彼の生活は魏晋交替期の混沌とした世相の中で、隠逸的傾向を有するようになった。その阮籍には、あらゆる哲学的思弁を撥無してしまうような神秘的な直接体験があるとみられている（三八）。それは美女との邂逅に託して、次のように語られる。

意流盪而改慮兮　意は流盪〔溶解〕して慮を改め
心震動而有思　心は震動して思有り
若有来而可接兮　来りて接すべきもの有るが若く
若有去而不辞　去るも辞せざるもの有るが若し

心恍忽而失度(三九)　心は恍忽として度を失い
情散越而靡治　情は散越して治まること靡し
豈覚察而明真兮　豈に覚察して真を明らかにせんや
誠雲夢其如茲　誠に雲夢　其れ茲の如きか

［阮籍「清思賦」］

ここに提示された神秘的合一は極度に内的なものであり、また阮籍自身も「豈に覚察して真を明らかにせんや（豈覚察而明真兮）」と述べているように、その「真」の実相を分析的に記述すること（理性的思惟によりあとづけること）はかなわない。その意味において阮籍の体験の内実は語り得ないのであるが、しかしこの阮籍の体験は、王弼とは異なりつつも、当時の形而上的至高の最深奥へと貫通してしまうものであったといえるだろう。このほか、同じく竹林七賢の一人である嵇康も「好みを老荘に託し、物を賤として身を貴とす。志は樸を守るに在り、素を養い真を全うせんとす（託好老荘、賤物貴身。志在守樸、養素全真）」［嵇康「幽憤詩」］と述べており、老荘的隠逸を「真」であるとして志向していた(四〇)。彼は「六経は抑引［抑制］を以て主と為すも、人性は欲に従うを以て歓と為す。抑引せらるれば則ち其の願に違い、欲に従えば則ち自然を得ん。然らば則ち自然の得らるるは、抑引の六経に由らず、性を全うするの本は、情を犯すの礼律を須《もち》いず（六経以抑引為主、人性以従欲為歓。抑引則違其願、従欲則得自然。然則自然之得、不由抑引之六経、全性之本、不須犯情之礼律）」［嵇康「難自然好学論」］と述べ、経学的規範とは本来的「自然」を毀損するものであると位置づけており、また「夫れ神仙は目に見えざると雖も、然れども記籍の載する所、前史の伝うる所、較べて之を論ずれば、其の有ること必せり（夫神仙雖不目見、然記籍所載、前史所伝、較而論之、其有必矣）」［嵇康「養生論」］として、神仙の実在を肯定していた(四一)。よって彼の「真」への志向もまた、経学的探究とは異なる位相においておこなわれるものであった。その後、竹林七賢の志向する「真」は、やはり言語的地平を隔絶した境域を示すものとして、東晋・陶淵明に引き継がれることとなった。(四一) これらを総じて、魏晋期に出現した思想史的潮流には、形而上学的気運が濃厚であったといえる。

一方で、かかる形而上的至高への急進に抵抗しようとする者もあった。「唯だ老荘を談ずるを事と為す（唯談老荘為事）」〔『晋書』王衍伝〕と評された王衍を代表とする当時の清談的気風に対して、西晋・裴頠はこれを憂慮し「崇有論」を著して「虚無は奚《いずく》んぞ已有の群生に益あらんや（虚無奚益於已有之群生哉）」〔裴頠「崇有論」〕と述べ、いたずらに形而上学的思索にふけることを批判した。彼は「夫れ至無とは、以て能く生ずること無し。故に始めて生ずる者は自ずから生ずるなり（夫至無者、無以能生。故始生者自生也）」〔裴頠「崇有論」〕として、「無」と「有」のあいだには生成論的関係はないということを主張していた。また郭象も「無は既に無なれば、則ち有を生ずる能わず（無既無矣、則不能生有）」〔『荘子』斉物論注〕と、同様のことを述べているが、郭象によれば「物に妄然たること無きは、皆天地の会にして、至理の趣《おもむ》くところなり（物無妄然、皆天地之会、至理之趣）」〔『荘子』徳充符注〕とあるように、個別的事物は「理」によって整序され、秩序あるものとして存在している。(四二) この場合の「理」とは、具体的事物から抽出される法則性というべきものとして、やはり抽象度の高いものであった。

玄学的思惟とともに、当時の知識層の関心事となったものに「文（文章）」があった。沈約が「建安に至りて、曹氏基《はじ》めて命ぜられ〔天命を受けて〕、二〔曹操・曹丕〕祖・陳王〔曹植〕、咸《みな》盛藻を蓄《つ》む。甫《はじ》めて乃ち情を以て文を緯《お》り、文を以て質を被《おお》う（至于建安、曹氏基命、二祖陳王、咸蓄盛藻。甫乃以情緯文、以文被質）」〔『宋書』謝霊運伝論〕と述べたごとく、後漢末・建安年間以降、精美な文章が実質をつつみこむようになり、それらのすぐれた文章は国家統治の関鍵をなすとされた。曹丕による「蓋し文章は経国の大業にして、不朽の盛事なり。年寿は時有りて尽き、栄楽は其の身に止まる。二者は必至の常期あり、未だ文章の無窮なるに若かず（蓋文章経国之大業、不朽之盛事。年寿有時而尽、栄楽止乎其身。二者必至之常期、未若文章之無窮）」〔『典論』論文〕との言は、当時の文章観を示すものとしてつとに高名である。また西晋・摯虞は「文章とは、上下の象を宣べ、人倫の叙を明らかにし、理を窮め性を尽くし、以て万物の宜を究むる所以の者なり（文章者、所以宣上下之象、明人倫之叙、窮理尽性、以究万物之宜者也）」〔摯虞『文章流別論』〕として、「文章」の効用が「窮理尽性」にあるとみていた。このほか、陸機は「伊《こ》れ茲《こ》の文の用たる、固に衆理の因る所なり（伊茲文之為用、固衆理之所因）」〔陸機「文賦」〕と述べ、個別的事物を貫通する「理」は「文」に依拠してこそ発現するとしていた。さらには、彼が「音声の迭《たが》いに代わるに曁《およ》びては、五色の相《たが》いに宣《あき》らかなるが若し（曁音声之迭代、若五色之相宣）」〔陸機「文賦」〕と対偶的に述べ、五色を基本色としてあらゆる色彩が出現するように五音《〔ペンタトニック・スケール〕》（宮・商・角・徴・羽）の配合を捉えたことは、のちに大いに盛行する声律論の先駆となるものであった。[四四]

東晋期になると「老荘は浮華なり。先王の法言に非ず。行うべからざるなり。君子は当に其の衣冠を正し、其の威儀を摂すべし（老荘浮華。非先王之法言。不可行也。君子当正其衣冠、摂其威儀）」〔『晋書』陶侃伝〕として、晋朝南渡の原因となった軽佻浮薄な清談的気風を批判する者もあったが、しかし知識人のあいだには「俗の所謂聖人とは、皆治世の聖人にして、得道の聖人に非ず。得道の聖人は、則ち黄《〔黄帝〕》老《〔老子〕》是れなり。治世の聖人は、則ち周《〔周公〕》孔《〔孔子〕》是れなり（俗所謂聖人者、皆治世之聖人、非得道之聖人。得道之聖人、則黄老是也。治世之聖人、則周孔是也）」〔『抱朴子』辨問〕とあるように、儒道を融和的に捉える視座が引き続いていた。そこでは桓温が『礼記』に関する講義を聞いた際に「時に入心の処有り。便ち玄門に咫尺《〔拝謁〕》するを覚ゆ（時有入心処。便覚咫尺玄門）」〔『世説新語』言語篇〕と述べたごとく、儒教的規範（礼）はまた「玄門」[四五]にも通じるものとされていた。かかる思潮はさらに、当時本格的に受容され、盛行した仏教思想との融和をもたらした。殷浩はあるとき仏典を読み、そこにも「理」があることを知ったという（四六）。また孫綽は「周《［周公］》孔《［孔子］》は極弊を救い、仏教は其の本を明らかにするのみ。共に首尾を為すも其の致は殊《こと》ならず（周孔救極弊、仏教明其本耳。共為首尾其致不殊）」［孫綽「喩道論」］として、儒教と仏教とを本質において符合するものとみていた。同様の発言は、仏教を信奉する立場からもなされていた。慧遠が「道法《［仏法］》の名教《［儒教］》における、如来《［釈迦］》の尭孔《［孔子］》における、発致は殊なると雖も、潜かに相い影響し、出処は誠に異なるも、終期は則ち同じなり（道法之与名教、如来之与尭孔、発致雖殊、潜相影響、出処誠異、終期則同）」［慧遠「沙門不敬王者論」］と述べたように、仏教と儒教とは出自を異にするものの、終局的には一致するとみられていた（四七）。のちに北周・道安は「仏教とは、窮理尽性の格言にして、出世入真の軌轍なり（仏教者、窮理尽性之格言、出世入真之軌轍）」［道安「二教論」］と規定しているが、そこではついに、仏教が儒教の「窮理尽性」に合致するものと位置づけられるまでになった。

東晋期以降、知識層を魅了したのは江南の山水であった。ただしそれは、宗炳「画山水序」に「夫れ聖人は神を以て道に法り、賢者は通ず。山水は形を以て道に媚び、仁者は楽しむ。亦た幾《ちか》からずや（夫聖人以神法道、而賢者通。山水以形媚道、而仁者楽。不亦幾乎）」とあるように「道」に連なるものであり、あるいは「理」の顕現であり、「真」を包含するものであった。いまここには王羲之と謝霊運の詩をそれぞれ挙げておく。

仰視碧天際　　仰ぎては碧天の際を視て
俯瞰淥水浜　　俯しては淥水の浜《［水際］》を瞰《み》る
寥閴無涯観　　寥《［ひそやか］》閴として涯《はて》し無き観《なが》め
寓目理自陳　　目に寓まるもの　理は自ずから陳なる

［王羲之「蘭亭詩」其一］

雲日相輝映　雲日は相いに輝《［きらめく］》映し
空水共澄鮮　空水は共に澄《［すみわたる］》鮮たり
表霊物莫賞　霊《［祥瑞］》を表すも物《ひと》の賞する莫く
蘊真誰為伝　真を蘊《つつ》むも誰か伝うるを為さん
［謝霊運「登江中孤嶼」］

雄大な眺望への没入について、謝霊運は「此を観て物慮を遺《わす》れ、一たび悟りて遺《す》つる所を得たり（観此遺物慮、一悟得所遣）」［謝霊運「従斤竹澗越嶺渓行」］と述べている。これは『荘子』斉物論の郭象注「既に是非を遣て、又た其の遣つることを遣つ。之を遣て又た之を遣てて以て無遣に至る（既遣是非、又遣其遣。遣之又遣之以至於無遣）」を典拠とするが、一面においては仏教における悟得、とくに竺道生が提唱した頓悟説の影響を受けるものでもあった。[四八] またこの頃には、張湛が「夫れ虚静の理は、心慮の表《そと》、形骸の外に、求めて之を得るに非ず。即ち我の性なり。内に諸《これ》を己に安んずれば、則ち自然の真全し（夫虚静之理、非心慮之表、形骸之外、求而得之。即我之性。内安諸己、則自然真全矣）」『列子』天瑞篇注］と述べたように、魏晋交替期には形而上的至高として措定されていた「理」が内面化される傾向にあったが、これもまた仏教における悟得と関連するものであるといえるだろう。[四九] これらの思想史的事態は、東晋・劉宋期の知識層への仏教的思惟の浸透が、かなりの程度進行していたことを示すものであるが、また一面においては、形而上学的思索をことととする魏晋儒教の延長上に位置づけることもできるだろう。儒教は老荘の形而上学を媒介としつつ、外来思想である仏教を摂取したのである。

斉梁期になると「少《おさな》くして学に篤く、儒玄に洞達す。万機多務なりと雖も、猶お巻は手を輟《はな》れず。燭を燃やし光を側にして、常に戊夜《夜明け前》に至る（少而篤学、洞達儒玄。雖万機多務、猶巻不輟手。燃燭側光、常至戊夜）」〔『梁書』武帝紀〕とされた梁・武帝蕭衍をはじめとして、南斉・竟陵王蕭子良や梁・昭明太子蕭統、簡文帝蕭綱、元帝蕭繹のごとく、皇族に好学者が多くあらわれ、それぞれが文人を厚遇したために、結果として文化的諸価値が皇室権力の内部に収斂するという事態になった。これが隋唐統一時代へと向かう歴史的趨勢の文明的側面であることは疑いのないところであるが、そうである以上、ここに収斂された文化価値の内部には、皇室権力の正統性を支える儒教的エートスが潜在しているはずである。その内実については、梁・王褒が「吾幼学《十歳》に始まり、知命《五十歳》に及ぶまで、既に周《周公》孔《孔子》の教を崇び、兼ねて老《老子》釈《釈迦》の談に循う。江左《東晋》以来、斯業は墜ちず（吾始乎幼学、及于知命、既崇周孔之教、兼循老釈之談。江左以来、斯業不墜）」〔王褒「幼訓」〕と述べたように、東晋期以来の儒仏道三教の融和的傾向が依然として引き続いてはいたが、この当時の学問思潮の最大の特徴は、やはり「文（文章）」の隆盛にあった。劉勰『文心雕龍』は「文」について体系的に論究しており、また「文」の選集として『文選』が編纂されたのもこの時代であった。南朝の最繁栄期は「文（文章）」の隆盛期と一致しているのである。

そもそも儒教は「天」を中心に据えるものであり、六朝以前、漢代には「天」の法則的秩序すなわち「天理」を客観的に論証するための数理科学的営為がさまざまになされていた。そしてその「天理」に対応するものとして考えられていたのが「人文」であり、六朝時代の知識層はそれを「人」における合理的秩序（文）としての「言語」に求めた。ゆえに六朝時代には、詩賦をはじめとする音律的（＝数理的）整合性をたたえた有韻の「文（文章）」が知識層共通の文化的基盤になり、それにともなって数多くの文章論が著されたのであった。[五〇] すでに南斉・永明年間には「若し文章の音韻を以て、弦管の声曲と同じくすれば、則ち美悪妍蚩、頓《とみ》に相い乖反するを得ず（若以文章之音韻、同弦管之声曲、則美悪妍蚩、不得頓相乖反)」〔沈約「答陸厥書」〕と書して四声八病説を主張する沈約を筆頭に、音律の比例的秩序には並々ならぬ関心が払われており、その細微にわたる形式重視の風潮は、蕭綱を中心とする宮体詩へと継承された。[五一] これらの詩文は徐陵撰『玉台新詠』に収録されているが、そこには宴席で制作された艶詩でさえも「言志」――儒教的正統性に連なるものであるとの認識が潜在していた。[五二] また劉勰は「文」を縦横に論じた『文心雕龍』において「唯だ文章の用は、実に経典の枝條にして、五礼は之に資《よ》りて以て成り、六典は之に因りて用を致す。君臣の炳煥たる所以、軍国の昭明なる所以は、其の本源を詳かにすれば、経典に非ざるは莫し(唯文章之用、実経典枝條、五礼資之以成、六典因之致用。君臣所以炳煥、軍国所以昭明、詳其本源、莫非経典)」〔『文心雕龍』序志篇〕と述べ、あらゆる「文章」を経典的価値のもとに集束させているが、それはすべての「文章」が本来的には「五礼」「六典」といった国家秩序を確立するための資源であり、[五三] 君臣関係や軍事、国務にわたる綱紀を明確化する、そのような役割を担うものと考えられたことによる。かくして「文(文章)」は、皇室権力と強固な結びつきを有していたのであった。かかる思潮は、近代的「文学」概念とは一線を画しており、いわば国家思想としての「文学」といえるのであるが、それは『陳書』文学伝に「夫れ文学とは、蓋し人倫の基づく所か。是を以て君子は衆庶に異なる。昔仲尼〔孔子〕の四科を論ずるに、徳行に始まりて、文学に終わる。斯れ則ち聖人も亦た貴ぶ所なり(夫文学者、蓋人倫之所基歟。是以君子異乎衆庶。昔仲尼之論四科、始乎徳行、終於文学。斯則聖人亦所貴也)」とあるように、六朝最末期にまで踏襲されることになるのであった。

　上述の見通しのもと、本書では以下「建安期の学問思潮(第一章～第三章)」「魏晋期の形而上学(第四章～第六章)」「東晋期の仏教受容(第七章～第九章)」「斉梁期の文学思想(第十章～第十二章)」を主たる対象とした全十二章にわたる探究をおこなう。各章の概要は次の通りである。

「第一章　大道の中――徐幹『中論』の思想史的位置――」では、建安七子の一人、徐幹をとりあげる。徐幹『中論』は伝統的儒家思想に立脚しつつも、儒教の理想を『周易』の「窮理」に依拠しながら形而上的境位に求めていた。本書では、儒教の古典的正統性や規範・教化の淵源である「大道の中（大道之中）」「『中論』覈辯篇」の語に着目し、彼の行論が魏晋玄学の先駆をなす一面を有していたことを論じる。

「第二章　経国の大業――曹丕文章経国論考――」では、三国魏文帝・曹丕による文章経国論について、彼が「一家の言を成す（成一家言）」「『典論』論文」と称揚した徐幹『中論』の議論を参照しつつ、その内実を探究する。またあわせて、曹丕による文章の制作が彼自身による「一家の言（一家言）」を構想するものであったことについても論及する。

「第三章　建安文質論考――阮瑀・応瑒の「文質論」とその周辺――」では、建安期の「文質論」とその背後にある思想的堆積について検証する。またとくに応瑒「文質論」をめぐって、彼が従来の文質説に対してことさらに「文」を重要視していたことの思想史的意義を検討する。

「第四章　王弼形而上学再考」では、魏晋玄学の旗手である三国魏・王弼の形而上学的思索をめぐって、「道」と「無」を同一視する主流的見解に対し、近年のヨーロッパにおける解釈をふまえつつ再考する。そしてとくに概念的把握（称）という観点から「道」と「無」とが同一ではないことを論証する。

「第五章　言尽意・言不尽意論考」は、魏晋玄学における言尽意・言不尽意問題について、何晏（言不尽意）、欧陽建（言尽意）の議論を検討する。また王弼が語ること（言語）と示すこと（卦象）という二重の方法により「尽意」を模索していたことについて、『周易略例』明象篇を中心に考察する。

「第六章　言外の恍惚の前に――阮籍の三玄論――」では、竹林七賢の一人、阮籍による老荘易三玄の解釈を検討する。阮籍は『老子』『荘子』『周易』の三玄すべてについて「論」を著すことで形而上的至高の理知的把捉を試みたが、彼の思弁的構想は、その究極的至高の手前において途絶していた。本書では、かかる途絶こそが、言語を超絶した彼の内的経験の純粋性・絶対性を保証するものであったことを論じる。

「第七章　言語と沈黙を超えて――王坦之「廃荘論」考――」は、東晋・王坦之「廃荘論」を考察の対象とする。彼は当時の放達的気運の思想的元凶を『荘子』に求め、儒教唱導の立場から「廃荘論」を著したのであるが、その行論は、批判の対象である『荘子』を含めた老荘易三玄に依拠するものであり、また王弼、郭象など、魏晋玄学の影響が濃厚であった。本書ではさらに、王坦之が当時の仏教的思惟の影響下にありながら、言語／沈黙の相対的対立を超える地平を開示しようとしていたことを究明する。

「第八章　形而上への突破――孫綽小考――」では、東晋・孫綽が老荘的「道」を紐帯としつつ、儒仏道三教を融和的に統合していたことを論じる。さらに孫綽「遊天台山賦」にもとづき、彼が魏晋玄学や仏教的思惟を踏襲しながら、実際に形而上的境位への突破を志向していたことを検証する。

「第九章　逍遙の彼方へ――支遁形而上学考――」では、東晋の沙門・支遁の『荘子』逍遙遊解釈と般若思想解釈とをとりあげ、彼が般若思想を媒介として魏晋玄学の形而上学的思惟にさらなる展開をもたらしたことを論じる。支遁は万物の基底的実在のさらなる深奥を模索し、その体認を企図していたが、かかる基底中の基底について、本書では思弁的追跡とその忘却とに着目して討究する。

「第十章　辞人の位置――沈約『宋書』謝霊運伝論考――」では、『宋書』謝霊運伝論における「辞人」の評価に着目し、沈約があらゆる「文章」を儒教の古典的正統性の内部に位置づけようとしていたことを論じる。そしてそのための理論的根拠として、彼が音律の数理的整合性を律暦思想（数理科学）に裏付けられてきた儒教的正統性に重ねていたことに論及する。

「第十一章　経典の枝條──『文心雕龍』の立文思想──」は、劉勰『文心雕龍』を考察の対象とする。とくに「経典の枝條（経典枝條）」〔『文心雕龍』序志篇〕の語に着目し、彼があらゆる「文章」を経典的価値のもとに集束させ、国家秩序の確立のための資源とみていたことを論じ、またあわせて彼の経書観、文章観にもとづく立文思想を探究する。

「第十二章　隠──『文心雕龍』の言語思想──」では、劉勰『文心雕龍』における「隠」という概念について、従来指摘されてきたような単なる修辞上の余韻、含蓄というものではなく、劉勰が『周易』の「互体」という卦爻操作に依拠しながら、言外の境位を言語以外の知的構造において把捉する可能性をみていたことを論じる。

《注》

（一）本書序論、とくに西晋期以前に関する記述には、堀池信夫『漢魏思想史研究』（明治書院、一九八八）をふまえるところがある。これは序論第二節で述べるように、本書が該書の漢魏思想への視角を立脚点としつつ、さらに該書の歴史的後方、すなわち「建安期の学問思潮（第一章～第三章）」「魏晋期の形而上学（第四章～第六章）」「東晋期の仏教受容（第七章～第九章）」「斉梁期の文学思想（第十章～第十二章）」という構想をもつからである。

（二）王粲「七哀詩」は『文選』李周翰注に「此の詩は、漢の乱るるを哀しむなり（此詩、哀漢乱也）」とあるように漢末の戦乱を述べたものである。なお鈴木修次『漢魏詩の研究』（大修館書店、一九六七）は「子を棄てる飢婦という場面設定は、おそらくは民間歌謡から導かれるものがあったであろう」と指摘する。

(三) 九品中正制度については、堀敏一「九品中正制度の成立をめぐって――魏晋の貴族制社会にかんする一考察」(『東洋文化研究所紀要』四五、一九六八)参看。なお専著には、宮崎市定『九品官人法の研究――科挙前史』(同朋舎、一九五六)がある。

(四)『世説新語』文学篇注に「四本とは、才性の同、才性の異、才性の合、才性の離を言うなり。尚書傅嘏同を論じ、中書令李豊異を論じ、侍郎鍾会合を論じ、屯騎校尉王広離を論ず(四本者、言才性同、才性異、才性合、才性離也。尚書傅嘏論同、中書令李豊論異、侍郎鍾会論合、屯騎校尉王広論離)」とあるように、人の発揮する「才」と本来的「性」の関係をめぐっては、当時さまざまな議論があった。岡村繁「「才性四本論」の性格と成立――あわせて唐長孺氏の「魏晋才性論的政治意義」を駁す」(『名古屋大学文学部研究論集』二八、一九六二)参看。また後漢におこなわれた人物批評の実態については、岡村繁「後漢末期の評論的気風について」(『名古屋大学文学部研究論集』二二、一九六〇)参看。

(五) 六朝時代を通じて、貴族層の邸宅には大規模な四合院住宅が建設された。また園林の造設がさかんにおこなわれていた。当時の建築については、劉敦楨(田中淡・沢谷昭次訳)『中国の住宅』(鹿島出版会、一九七六)参看。

(六) このほか曹植「吁嗟篇」にも「吁嗟《ああ》此の転蓬、居世何ぞ独り然るや。長く本根を去りて逝き、宿夜休閑無し(吁嗟此転蓬、居世何独然。長去本根逝、宿夜無休閑)」とあり、自身の境遇が「転蓬」に重ねられている。大上正美「仮構の力――曹植の文学への問い」(『創文』四九七、二〇〇七)参看。

(七) 魏晋期の人々の飲酒に関するエピソードは枚挙に遑がないほどであるが、いまここには竹林七賢の一人でもあり、『酒徳頌』を著した劉伶が、夫人に酒を断つよう求められた際、神前において述べた言を挙げておく。

天は劉伶を生じ、酒を以て名を為さしむ。一たび飲すれば一斛〔十斗〕、五斗にして酲〔二日酔い〕を解く。婦人の言は、慎んで聴くべからず。

(天生劉伶、以酒為名。一飲一斛、五斗解酲。婦人之言、慎不可聴。)　『世説新語』任誕篇

（八）『世説新語』容止篇注引『魏略』に「晏《〔何晏〕》は性自ら喜び、動静に粉帛《〔パウダー・パフ〕》手より去らず。行歩して影を顧みる（晏性自喜、動静粉帛不去手。行歩顧影）」とある。

（九）『世説新語』言語篇に「何平叔《〔何晏〕》云く、五石散を服すれば、唯だ病を治すのみに非ず。亦た神明の開朗を覚ゆと（何平叔云、服五石散、非唯治病。亦覚神明開朗）」とある。『抱朴子』金丹に「五石とは、丹砂《〔硫化水銀〕》、雄黄《〔硫化砒素〕》、白礬《〔ミョウバン〕》、曽青《〔銅青〕》、慈石《〔酸化鉄〕》なり（五石者、丹砂、雄黄、白礬、曽青、慈石也）」とあるように、五石散には毒性を有する鉱物が含まれている。六朝時代の五石散処方については、川原秀城『毒薬は口に苦し――中国の文人と不老不死』（大修館書店、二〇〇一）参看。

（一〇）『世説新語』徳行篇に「王平子《〔王澄〕》・胡母彦国《〔胡母輔之〕》の諸人は、皆任放を以て達と為し、或は裸体なる者有り（王平子胡母彦国諸人、皆以任放為達、或有裸体者）」とある。また『世説新語』任誕篇には、劉伶に関する以下のエピソードがある。

劉伶恒に酒を縦《ほしいまま》にし放達なり。或いは衣を脱ぎ裸形にして屋中に在り。人見て之を譏る。伶曰く、我は天地を以て棟宇と為し、屋室を幝衣と為す。諸君何為れぞ我が幝中に入ると。

（劉伶恒縦酒放達。或脱衣裸形在屋中。人見譏之。伶曰、我以天地為棟宇、屋室為幝衣。諸君何為入我幝中。）

〔『世説新語』任誕篇〕

（一一）東晋期に成立した「竹林七賢」伝説については、福井文雅「竹林の七賢についての一試論」（『フィロソフィア』三七、一九五九）参看。また阮籍・嵆康を中心とする六朝言志派の思索と表現については、大上正美『阮籍・嵆康の文学』（創文社、二〇〇〇）参看。

（一二）『世説新語』汰侈篇に「石崇は王愷と豪を争い、並びに綺麗を窮め以て輿服を飾る（石崇与王愷争豪、並窮綺麗以飾輿服）」とある。以下のエピソードはいずれも『世説新語』汰侈篇による。

（一三）『世説新語』汰侈篇には「王《〔王愷〕》石《〔石崇〕》も未だ作すを知らざる所なり（王石所未知作）」とある。

（一四）「風景」の語をめぐっては、齋藤希史「「風景」――六朝から盛唐まで」（興膳教授退官記念中国文学論集編集委員会編『興膳教授退官記念中国文学論集』、汲古書院、二〇〇〇）参看。

（一五）『梁書』文学伝庾肩吾に「斉永明中、文士王融・謝朓・沈約は文章に始めて四声を用い、以て新変を為す。是に至りて転《ます》ます声韻に拘り、弥《いよ》いよ麗靡を尚ぶこと、復た往時を踰ゆ（斉永明中、文士王融謝朓沈約文章始用四声、以為新変。至是転拘声韻、弥尚麗靡、復踰於往時）」とある。彼らの詩文については、網祐次『中国中世文学研究――南斉永明時代を中心として』（新樹社、一九六〇）参看。

（一六）『隋書』律暦志に「古の九数《［算法］》は、円周率は三、円径率は一にして、其の術は疏舛たり。……［中略］……宋末、南徐州従事史祖沖之、更に密法を開き、円径一億を以て一丈と為す。円周の盈数は三丈一尺四寸一分五釐九毫二秒七忽、朒数は三丈一尺四寸一分五釐九毫二秒六忽、正数は盈・朒二限の間に在り。密率は、円径一百一十三、円周三百五十五、約率は、円径七、周二十二（古之九数、円周率三、円径率一、其術疏舛。……［中略］……宋末、南徐州従事史祖沖之、更開密法、以円径一億為一丈。円周盈数三丈一尺四寸一分五釐九毫二秒七忽、朒数三丈一尺四寸一分五釐九毫二秒六忽、正数在盈朒二限之間。密率、円径一百一十三、円周三百五十五、約率、円径七、周二十二）」とある。

（一七）蕭衍の生涯と事蹟については、森三樹三郎『梁の武帝――仏教王朝の悲劇』（平楽寺書店、一九五六）参看。

（一八）ただし『文選』研究の現段階においては、『文選』の実質的編纂者が蕭統であるという考え方は相対化されてきている。岡村繁『文選の研究』（岩波書店、一九九九）は『文選』が蕭統の手になるものではなく、先行する既存の選集に依拠しつつ編纂された二次的な選集であるとし、また清水凱夫『新文選学――『文選』の新研究』（研文出版、一九九九）は劉孝綽主導説を主張している。

（一九）皮錫瑞『経学歴史』第五章「経学中衰時代」に「漢学の衰廃は、尽《ことごと》く鄭君《［鄭玄］》を咎とする能わず。而れども鄭は今古文を采るに、復た分別せず。両漢の家法亡びて考うるべからざらしむれば、則ち亦た失《［過失］》無きこと能わず。故に経学は鄭君に至りて一変す（漢学衰廃、不能尽咎鄭君。而鄭采今古文、不復分別。使両漢家法亡不可考、則亦不能無失。故経学至鄭君一変）」とある。

（二〇）皮錫瑞『経学歴史』第五章「経学中衰時代」に「鄭《［鄭玄］》王《［王粛］》両家の是非に斷斷《［喧々］》として、両漢の顓門は復た過問せらるること無し（斷斷於鄭王両家之是非、而両漢顓門無復過問）」とある。

（二一）皮錫瑞『経学歴史』第五章「経学中衰時代」に「注を以て論ずれば、魏晋は漢人に譲らざるが似《ごと》し。而れども魏晋の人の注は卒に漢者に及ぶ能わず（以注而論、魏晋似不譲漢人矣。而魏晋人注卒不能及漢者）」とある。

（二二）「南学」については皮錫瑞『経学歴史』第六章「経学分立時代」に「南学は則ち王輔嗣《王弼》の玄虚、孔安国の偽撰、杜元凱《杜預》の臆解を尚ぶ（南学則尚王輔嗣之玄虚、孔安国之偽撰、杜元凱之臆解）」とあり、また「北学」については「而れども北学の反って南に勝る者は、北人の俗の樸純を尚び、未だ清言の風、浮華の習に染まらざるに由るが故に、能く専ら鄭《鄭玄》服《服虔》を宗び、偽孔《孔安国》王《王弼》杜《杜預》の惑わす所と為らず。此れ北学の純正にして南に勝る所以なり（而北学反勝於南者、由於北人俗尚樸純、未染清言之風、浮華之習、故能専宗鄭服、不為偽孔王杜所惑。此北学所以純正勝南也）」とある。

（二三）皮錫瑞『経学歴史』第六章「経学分立時代」に「夫れ漢学の重は明経に在り、唐学の重は疏注に在り。漢学已に往きて唐学未だ来らざるの絶続の交に当たりて、諸儒倡《はじ》めて義疏の学を為す。功は後世に甚大なるもの有り（夫漢学重在明経、唐学重在疏注。当漢学已往唐学未来絶続之交、諸儒倡為義疏之学。有功於後世甚大）」とある。

（二四）狩野直喜『中国哲学史』第四篇第三章「魏晋南北朝の哲学」概説による。以下同。

（二五）このことは狩野直喜『中国哲学史』第四篇「漢唐時代の思想」の各章題において、魏晋南北朝時代についてのみ「経学」の語が用いられていないことにもうかがわれる。該書は第四篇第一章「西漢の経学」第二章「東漢の経学」第四章「唐時代の経学」に対し、第三章のみ章題を「魏晋南北朝の哲学」としている。

（二六）武内義雄『中国思想史』第十九章「中世期哲学の概観」による。

（二七）たとえば儒教思想史の専著である戸川芳郎・蜂屋邦夫・溝口雄三『儒教史』（山川出版社、一九八七）においても、六朝時代については儒教の相対化に関する独立した一章が設けられている。その『儒教史』第三章「儒教権威の相対化――三教交渉の時代」は、魏晋交替期を玄学の時代とし、東晋以降を諸文化・諸思想交渉の時代と規定する。

（二八）中国の詩論に関する研究は、鈴木虎雄『支那詩論史』（弘文堂、一九二五）を嚆矢とし、青木正児『支那文学思想史』

（岩波書店、一九四三）により継承されてきた。鈴木虎雄は三国魏を「文学は其れ自身に価値を有するものなりとの思想」が生じた「支那の文学上の自覚時代」と位置づけ、青木正児は魏晋時代の特徴が「純文学評論の興起」にあると理解する。

（二九）加賀栄治「魏晋玄学の推移とその実相（一）」（『人文論究』一八、一九五八）参看。

（三〇）引用は加賀栄治「魏晋玄学の推移とその実相（二）」（『人文論究』一九、一九五九）による。

（三一）加賀栄治の「合理的精神」と堀池信夫の「形象を超える真理」の両論の主眼は、理知と非理知への志向という点において、一見対立するかにも見える。しかし実際には、加賀栄治の論理主義を極限まで先鋭化していった（合理性を究極まで発揮した）その先に開示される地平を堀池信夫は「形象を超える真理」と名指したのであり、両者は層次的に定立し、相互に妨げあうものではない。このことに関してはまた、辛賢「三国時代の思想——言語観の射程」（『創文』四九六、二〇〇七）参看。

（三二）「儒教国家」の成立については、渡邉義浩『後漢国家の支配と儒教』（雄山閣出版、一九九五）および渡邉義浩『後漢における「儒教国家」の成立』（汲古書院、二〇〇九）参看。また六朝貴族と貴族制全体の見通しについては、渡邉義浩「所有と文化——中国貴族制研究への一視角」（『中国——社会と文化』一八、二〇〇三）がある。

（三三）渡邉義浩はすでに「所有と文化——中国貴族制研究への一視角」（前掲）の見通しに沿いながら六朝時代を対象とする研究を継続的に発表しており、その成果には渡邉義浩『三国政権の構造と「名士」』（汲古書院、二〇〇四）、渡邉義浩『西晋「儒教国家」と貴族制』（汲古書院、二〇一〇）などがある。

（三四）『後漢書』鄭玄伝の論賛には、鄭玄以前の漢代経学について「秦の六経を焚けるより、聖文埃滅す。漢興りて諸儒頗る芸文を修む。東京〔後漢〕に及び、学者は亦た各《おの》おの家に名づく。而して守文の徒は、稟くる所に滞固し、異端紛紜として、互相《たが》いに詭激し、遂に経に数家有り、家に数説有らしむ。章句の多き者は或いは乃ち百余万言なれば、学徒は労するも功少なく、後生は疑うも正すこと莫し（自秦焚六経、聖文埃滅。漢興、諸儒頗修芸文。及東京、学者亦各名家。而守文之徒、滞固所稟、異端紛紜、互相詭激、遂令経有数家、家有数説。章句多者或乃百余万言、学徒労而少功、後生疑而莫正）」と総括している。

（三五）『春秋公羊伝』哀公十四年に「君子曷為《なんす》れぞ春秋を為《つく》るや。乱世を撥《おさ》め諸《これ》を正しきに反すは、春秋より近きは莫し（君子曷為為春秋。撥乱世反諸正、莫近乎春秋）」とあり、『論語』先進篇に「季氏周公より富めり。而れども求〔冉求〕や、之が為に聚斂して之に附益す。子曰く、吾が徒に非ざるなり。小子鼓を鳴らして之を攻めて可なりと（季氏富於周公。而求也、為之聚斂而附益之。子曰、非吾徒也。小子鳴鼓而攻之可也）」とある。なお鄭玄は「鳴鼓とは、其の罪を声《の》べて以て之を責むるなり（鳴鼓、声其罪以責之）」と解している。また『礼記』曲礼には「道徳仁義は、礼に非ざれば成らず。教訓俗を正すも、礼に非ざれば備わらず（道徳仁義、非礼不成。教訓正俗、非礼不備）」とある。

（三六）「窮理尽性」はもともとは伏羲による易の制作を述べたものである。のちに東晋・韓康伯は「命とは生の極なり。窮理とは則ち其の極を尽くすなり（命者生之極。窮理則尽其極也）」と注している。

（三七）『世説新語』文学篇に「阮宣子〔阮脩〕令聞有り。太尉王夷甫〔王衍〕見えて問いて曰く、老荘と聖教と同じきか異なるかと。対えて曰く、将た同じきこと無からんやと。太尉其の言を善とし、之を辟して掾と為す。世に三語の掾と謂う（阮宣子有令聞。太尉王夷甫見而問曰、老荘与聖教同異。対曰、将無同。太尉善其言、辟之為掾。世謂三語掾）」とある。

（三八）阮籍とその神秘体験に関する議論は、Holzman, Donald., *Poetry and politics: The life and works of Juan Chi*, Cambridge University Press, 1976、福永光司「阮籍における懼れと慰め——阮籍の生活と思想」（『東方学報（京都）』二八、一九五八）および堀池信夫『漢魏思想史研究』（前掲）参看。

（三九）「心悦忽而失度」の一句は、「嗟博賤而失庚」に作るものもある。本書における阮籍の引用は、陳伯君『阮籍集校注』（中華書局、一九八七）に依拠している。

（四〇）「素を養い真を全うせんとす（養素全真）」について、『文選』李善注は『老子』第十九章「素を見し樸を抱き、私を少なくし欲を寡なくす（見素抱樸、少私寡欲）」および『荘子』盗跖「子〔孔子〕の道は狂狂汲汲として、詐巧虚偽の事なり。以て真を全うすべきに非ざるなり（子之道狂狂汲汲、詐巧虚偽事也。非可以全真也）」を典拠として指摘する。

（四一）嵇康の行論については、加賀栄治「嵇康の『論』に関する一考察」（『語学文学』九、一九七一）参看。また嵇康の神仙信仰については、堀池信夫「神仙の復活」(『哲学・思想学系論集』五、一九七九) 参看。

(四二) 陶淵明「飲酒」其五の末二句に「此中《ここ》に真意有り、辯ぜんと欲するも已に言を忘る (此中有真意、欲辯已忘言)」とあることはあまりにも有名である。陶淵明に関しては、福永光司「陶淵明の真について——淵明の生活とその周辺」(『東方学報』三三、一九六三) の精緻な論証が委細を尽くしている。

(四三) このことはすでに王弼に先例がある。王弼は『周易略例』明象篇において「物は妄然たること無く、必ず其の理に由る。之を統ぶるに宗有り、之に会するに元有り。故に繁なるも乱れず、衆なるも惑わず (物無妄然、必由其理。統之有宗、会之有元。故繁而不乱、衆而不惑)」と述べ、万物が構造的秩序をなしているのは「理」に由来するとみていた。なお『周易』乾卦文言伝注には「夫れ物の動くを識れば、則ち其の然る所以の理は、皆知るべきなり (夫識物之動、則其所以然之理、皆可知也)」との言もある。裴頠・郭象についてはまた、堀池信夫『漢魏思想史研究』(前掲) 参看。

(四四) 詩文の制作に関して、自覚的に「四声」による音韻の配合に言及したのは、沈約らの斉梁期にはじまるとされる (前注一五参看)。ただしここで陸機は声律に言及しており、またその行論自体も声律的に調整されたものであった。興膳宏「文学理論史上から見た「文賦」」(『未名』七、一九八八) は、陸機の音声諧和説について「文学理論において声律の問題に論究した嚆矢といえる」と評している。

(四五) 『世説新語』言語篇に「劉尹《劉惔》、桓宣武《桓温》と共に礼記を講ずるを聴く (劉尹、与桓宣武共聴講礼記)」とある。「玄門」は当然『老子』第一章の末句「玄の又た玄、衆妙の門 (玄之又玄、衆妙之門)」からくる語彙である。

(四六) 『世説新語』文学篇に「殷中軍《殷浩》仏経を見て云く、理は亦た応に阿堵《これ》の上にあるべしと (殷中軍見仏経云、理亦応阿堵上)」とある。

(四七) なお慧遠「答難沙門祖服論」にも「道訓の名教におけるや、釈迦の周孔におけるや、発致は殊なると雖も、而れども潜かに相いに影響し、出処は誠に異なるも、終期は則ち同じなり (道訓之与名教、釈迦之与周孔、発致雖殊、而潜相影響、出処誠異、終期則同)」との言がある。

（四八）吉川忠夫『六朝精神史研究』（同朋舎、一九八四）参看。謝霊運が竺道生の頓悟説を支持していたこと自体は、謝霊運「辨宗論」にもとづくものである。なお『高僧伝』釈慧叡伝には、范泰や謝霊運が常々「六経典文は本より俗を済い治を為すに在り。必ず霊性の真奥を求むるに、豈に仏経を以て指南と為さざるを得んや（六経典文本在済俗為治。必求霊性真奥、豈得不以仏経為指南耶）」と述べていたとの言があり、これによれば謝霊運は、究極的な本質（霊性真奥）は中国固有の古典思想ではなく、仏教に依拠しながら求めるべきだとしていた。

（四九）ただし張湛は『列子』序において「然れども明らかにする所は往往にして仏経と相い参わるも、大帰は老荘に同じきなり。辞を属り類を引くこと、特に荘子と相い似たり（然所明往往与仏経相参、大帰同於老荘。属辞引類、特与荘子相似）」と述べ、『列子』一書に関しては仏教的思惟に共通する部分はあるものの、その本質は老荘、とくに『荘子』に通じるものであるとしている。なお、仏教研究の立場から張湛に論及したものに、伊藤隆寿『中国仏教の批判的研究』（大蔵出版、一九九二）がある。

（五〇）これらの詩文については、近代以降、日中両国の中国文学研究者による研究がすでに重層をなしており、それらの成果には重要なものが数多くあるが、しかしその探究の多くは近現代的観点を前提に、言語による芸術としての「文学」を古典古代に発見しようとする取り組みでもあった。しかし後述する資料が示すように、六朝時代における「文（文章）」は国家統治の関鍵たる地位にあり、それは儒教経典を筆頭にしながらあらゆる文体を含み込むものとしてあった。したがって六朝時代における「文（文章）」の思想の興隆は、その実態を儒教思想との関連から検討する必要がある。

（五一）宮体詩の形成における沈約の果たした先駆的役割については、興膳宏「艶詩の形成と沈約」（『日本中国学会報』二四、一九七二）参看。

（五二）大村和人「六朝時代の宴における「言志」――梁詩はなぜ千篇一律か」（『六朝学術学会報』八、二〇〇七）は、宴席における「艶詩」の集団制作について、列席者が「志」を同じくし、ともに国家繁栄を祈願するという点で「言志」の伝統を継承するとみている。

（五三）「五礼」は『尚書』舜典「五礼を修む（修五礼）」の伝に「吉・凶・賓・軍・嘉の礼を修む（修吉凶賓軍嘉之礼）」とあるように、吉礼（祭祀）、凶礼（喪葬）、賓礼（賓客）、軍礼（軍旅）、嘉礼（冠婚）の五礼を指す。『礼記』祭統には「凡そ人を治むるの道、礼より急なるは莫し。礼に五経有り、祭より重きは莫し（凡治人之道、莫急於礼。礼有五経、莫重於祭）」とあり、鄭玄は「礼に五経有りとは、吉礼・凶礼・賓礼・軍礼・嘉礼を謂うなり（礼有五経、謂吉礼凶礼賓礼軍礼嘉礼也）」と注している。「六典」は『周礼』天官大宰に「大宰の職は、邦の六典を建てて、以て王の邦国を治むるを佐《たす》くるを掌る（大宰之職、掌建邦之六典、以佐王治邦国）」とあり、そこには「治典」「教典」「礼典」「政典」「刑典」「事典」の六種が治国のための法典として挙げられている。

第一章　大道の中――徐幹『中論』の思想史的位置――

序

後漢最末期を生きた徐幹は、いわゆる建安七子の一人として、つとに名を知られている。しかしその文名に対して、徐幹が『中論』を著したということは、これまであまり注目されてこなかったように思われる。けれども徐幹について、三国魏文帝・曹丕は「中論二十余篇を著し、一家の言を成す。辞義典雅にして、後に伝うるに足る。此の子不朽たり（著中論二十余篇、成一家之言。辞義典雅、足伝于後。此子為不朽矣）」〔曹丕「与呉質書」〕と述べ、建安七子のうちでも彼のみが後世への規範たり得る者であることを称揚した。曹丕による徐幹の称揚は、徐幹が「一家の言（一家之言）」である『中論』を著したことによるのであるが、では、その『中論』とはどのようなものだろうか。

徐幹による『中論』執筆をめぐって、無名氏『中論』原序[一]には「辞人の美麗の文、時を並べて作《おこ》るを見るも、曽て大義を闡弘し、道教を敷散し、上は聖人の中を求め、下は流俗の昏を救う者無し。故に詩・賦・頌・銘・賛の文を廃し、中論の書二十篇を著す（見辞人美麗之文、並時而作、曽無闡弘大義、敷散道教、上求聖人之中、下救流俗之昏者。故廃詩賦頌銘賛之文、著中論之書二十篇）」とある。これによれば、徐幹は単に言語の華美のみを追求する時流とは一線を画し、「大義」や「道教（儒教）[二]」といった内実をともなうものを討究せんとして『中論』を執筆したのであった。このような徐幹の著述態度は、前漢末の大儒・揚雄の姿勢を踏襲するものとみることができる。(三)それゆえか、徐幹『中論』の思想は、単に伝統的な儒家思想を祖述したものであり、ときとして独創性を欠いたものであるともみなされてきた。(四)ところが『中論』には「大道の中（大道之中）」という語が見えており、このことから、徐幹は儒教の理想を一種の抽象化されたものとして措定していたことがうかがえる。そしてその抽象化とは、のちに魏晋玄学において展開される形而上学的思索へと連なる思想史的事態でもあった。かかる思想史的位置をめぐっては、なおその詳細について探究する余地があるように思われる。そこで本章は『中論』の内容についていささかの検討をおこない、徐幹が伝統的儒家思想に立脚しつつも、同時に魏晋期へ向かう新たな思想史的潮流を開拓するものであったことを論じる。

I

先行する儒家系文献同様、(五)徐幹『中論』の関心事もまた、基本的には「学」ということにあった。『中論』の冒頭において、徐幹は次のように述べている。

昔の君子は成徳もて行を立て、身没するも名は不朽なり。其の故は何ぞや。学なり。学なる者は、神を疏《とお》し思を達し、情を怡《よろこ》ばせ性を理《おさ》むる所以にして、聖人の上務なり。

（昔之君子成徳立行、身没而名不朽。其故何哉。学也。学也者、所以疏神達思、怡情理性、聖人之上務也。）

〔『中論』治学篇〕

これは「学」の重要性を宣明するものである。徐幹は『周易』乾卦文言伝「君子は成徳を以て行を為し、日に之を行に見《あらわ》すべきなり（君子以成徳為行、日可見之行也）」および『春秋左氏伝』襄公二十四年「大上は徳を立つること有り、其の次は功を立つること有り、其の次は言を立つること有り。久しと雖も廃せず。此を之れ不朽と謂う（大上有立徳、其次有立功、其次有立言。雖久不廃。此之謂不朽）」にもとづきつつ、「学」が君子による不朽の成徳の実践にとって、その根拠となるものであることを明言する。では「徳」のための「学」とはどのようなものだろうか。

大楽の成は、一音より取るに非ず。嘉膳の和は、一味より取るに非ず。聖人の徳は、一道より取るに非ず。故に曰く、学とは群道を総《す》ぶる所以なりと。群道の己の心に統べられ、群言の己の口に一《す》べらるるは、唯だ之を用うる所なり。故に出でては則ち元《おお》いに亨《とお》り、処りては則ち貞《ただ》しきに利《よろ》しく、黙せば則ち象を立て、語れば則ち文を成す。

（大楽之成、非取乎一音。嘉膳之和、非取乎一味。聖人之徳、非取乎一道。故曰、学者所以総群道也。群道統乎己心、群言一乎己口、唯所用之。故出則元亨、処則利貞、黙則立象、語則成文。）

『中論』治学篇

徐幹によれば、「徳」の理想は「一道」ではなく「群道」「群言」を総合的に兼修することにある。とりわけ聖人の場合には「群道」「群言」を総合することにより、いわゆる「四徳」(六)を獲得し、またその出処黙語——言動がいかなるものであれ、万全なものとなるのである。(七)「徳」を基礎づける「学」の本質とは「一」に対する「群」にあるのではあるが、ではその「群」とは、より具体的には何を指しているのだろうか。

昔顔淵の聖人に学ぶや、一を聞きて以て十を知る。子貢は一を聞きて以て二を知る。斯れ皆類に触れて之を長じ、篤く思いて之を聞く者なり。唯だ賢者のみ聖人に学ぶに非ず。聖人も亦た相《たが》いに因りて学ぶなり。孔子は文武［周王朝］に因り、文武は成湯［殷王朝］に因り、成湯は夏后［夏王朝］に因り、夏后は堯舜に因る。故に六籍とは群聖相《たが》いに因るの書なり。其の人亡ぶと雖も、其の道は猶お存す。

（昔顔淵之学聖人也、聞一以知十。子貢聞一以知二。斯皆触類而長之、篤思而聞之者也。非唯賢者学於聖人。聖人亦相因而学也。孔子因於文武、文武因於成湯、成湯因於夏后、夏后因於堯舜。故六籍者群聖相因之書也。其人雖亡、其道猶存。）

［『中論』治学篇］

徐幹は「学」について、『論語』公冶長篇(八)の顔回や子貢のように「一」から「十」（群）あるいは「二」（群）へと展開するものとみていた。それはまた『周易』において八卦から六十四卦が生成展開するように、敷衍され、推し広げられていく、そのようなものでもあった。(九)さらには「学」とは単に賢人が聖人を模範とするだけではなく、聖人においても、堯舜から夏殷周三代を経て孔子に至るまでの歴史的展開を遡及することによってなされるものであった。ここで徐幹は、孔子から堯舜までの聖人を「学」という契機により直列に結びつけている。そしてその「学」の系譜にとって、紐帯となるものは「六籍」である。「学」とは具体的には経学であり、とりわけ「六籍」全体に通暁することが、徐幹においては理想とされたのであった。なお徐幹には「人に美質有りと雖も、而れども道を習わざれば、則ち君子と為らず。故に学とは、道を習うを求むるなり（人雖有美質、而不習道、則不為君子。故学者、求習道也）」［『中論』治学篇］との言もある。「学」の目的は「道」にこそあるのであり、そしてその「道」はまさに「六籍」に反映されているのであった。

ところで、経学史において「六籍」全体への通暁を志向することは、すでに後漢期にあっては一般的な事態であった。たとえば王充『論衡』には次のような議論が見えている。

> 問いて曰く、一経を説くの儒は、力有る者と謂うべきかと。曰く、力有る者に非ざるなりと。……［中略］……諸生能く百万言を伝うるも、古今を覧る能わず。師法を守信するは、辞説多しと雖も、終に博たらず。殷周以前は、頗る六経に載れば、儒生の能く説く所なり。秦漢の事は、儒生見ざれば、力劣りて覧る能わざるなり。周は二代［夏殷］に監み、漢は周秦に監む。周秦以来は、儒生知らず。漢は観覧せんと欲するも儒生力無し。儒生をして博く観覧せしむれば、則ち文儒とならん。文儒とは、力、儒生より多し。
>
> （問曰、説一経之儒、可謂有力者。曰、非有力者也。……［中略］……諸生能伝百万言、不能覧古今。守信師法、雖辞説多、終不為博。殷周以前、頗載六経、儒生所能説也。秦漢之事、儒生不見、力劣不能覧也。周監二代、漢監周秦。周秦以来、儒生不知。漢欲観覧儒生無力。使儒生博観覧、則為文儒。文儒者、力多於儒生。）
>
> 『論衡』効力篇

王充による議論の後半部は、「六経」に記載のない近時の事項を見通すことのできない「儒生」を批判するものではあるが、しかし一方で王充は、一経典のみに精通する儒者を「博」ではないとして否定している。こうした事態をふまえるならば、徐幹の経学は、後漢時代の学問観として、まずは穏当なものであったといえるだろう。

Ⅱ

徐幹によれば「学」とは経学であり、とりわけ「六籍」全体に博通することにより、聖人の「道」を学ぶことが目指されていた。しかし実際のところ、孔子以降の学問はすでに途絶しており、聖人の「道」を学ぶことは困難であった。『中論』には次の言がある。

> 仲尼［孔子］の没してより、今に数百年なり。其の間聖人作らず。唐［堯］虞［舜］の法微《おとろ》え、三代［夏殷周］の教息《や》み、大道陵遅し、人倫の中定まらず。是に於いて惑世盗名の徒、夫の民の聖教を離れて日久しきに因りて、邪端を生じ、異術を造《な》し、先王の遺訓を仮りて以て之を縁飾す。文は同じきも実は違い、貌は合するも情は遠くして、自ら聖人の真を得たりと謂うなり。各《おの》おの特論を兼説し、一世の人を誣謡す。
>
> （仲尼之没、於今数百年矣。其間聖人不作。唐虞之法微、三代之教息、大道陵遅、人倫之中不定。於是惑世盗名之徒、因夫民之離聖教日久也、生邪端、造異術、仮先王之遺訓以縁飾之。文同而実違、貌合而情遠、自謂得聖人之真也。各兼説特論、誣謡一世之人。）
>
> ［『中論』考偽篇］

ここには孔子以降、聖人の不在と規範の断絶、そして「惑世盗名の徒（惑世盗名之徒）」による邪飾の説があたかも「聖人の真（聖人之真）」であるかのように一世を風靡した様子が述べられており、学問上の混乱が後漢最末期にまで引き続いていたことがうかがえる。ただし、このように孔子以後における学問の断絶を指摘することは、早くは

『孟子』(一〇)の時点から、すでにおこなわれてきたことであった。たとえば『漢書』芸文志の冒頭は、以下の言にはじまる。

昔仲尼没して微言絶え、七十子喪して大義乖く。故に春秋《『春秋』》は分ちて五と為り、詩《『詩経』》は分ちて四と為り、易《『易経』》は数家の伝有り。

（昔仲尼没而微言絶、七十子喪而大義乖。故春秋分為五、詩分為四、易有数家之伝。）　〔『漢書』芸文志〕

班固はここで、前漢の学問が経書を中心としつつも、その解釈には複数のものがあり、それぞれが異説をなしていたことを指摘する。かかる事情について、班固は『漢書』儒林伝の賛において、次のように裁断する。

賛に曰く、武帝の五経博士を立つるより、弟子員を開き、科・射策を設け、勧むるに官禄を以てす。元始に訖《いた》るまで百有余年、業を伝うる者寖《ようや》く盛んにして、支葉蕃滋す。一経の説は百余万言に至り、大師の衆は千余人に至る。蓋し禄利の路の然ればなり。

（賛曰、自武帝立五経博士、開弟子員、設科射策、勧以官禄。訖於元始百有余年、伝業者寖盛、支葉蕃滋。一経説至百余万言、大師衆至千余人。蓋禄利之路然也。）　〔『漢書』儒林伝賛〕

これは前漢・武帝期以後、学者の数が次第に増加し、それにともなって学説の枝葉末節が煩雑となる、そうした事態を述べたものである。かかる趨勢について、班固はそれを「禄利の路（禄利之路）」であると指摘している。この時点で経学は万言を費やす煩瑣な学問に陥り、その本質を失っていたのであった。同様のことはまた、次の言にも見えている。

後世、経と伝と既已《すで》に乖離し、博学者は又た多く聞きて疑わしきを闕《か》くの義を思わず。而して義を砕きて難を逃れんと務め、便辞巧説もて形体を破壊し、五字の文を説くに、二三万言に至る。後進は弥《いよ》いよ以て馳逐す。故に幼童にして一芸を守り、白首にして而る後に能く言《ものい》う。其の習う所に安んじて、見ざる所を毀ち、終に以て自ら蔽《おお》わる。此れ学者の大患なり。

（後世、経伝既已乖離、博学者又不思多聞闕疑之義。而務砕義逃難、便辞巧説破壊形体、説五字之文、至於二三万言。後進弥以馳逐。故幼童而守一芸、白首而後能言。安其所習、毀所不見、終以自蔽。此学者之大患也。）　［『漢書』芸文志］

班固は『論語』為政篇「子曰く、多く聞きて疑わしきを闕《か》き、慎みて其の余を言えば則ち尤《とがめ》寡し。多く見て殆《あや》うきを闕き、慎みて其の余を行えば則ち悔寡し（子曰、多聞闕疑、慎言其余則寡尤。多見闕殆、慎行其余則寡悔）」を典拠としつつ、このように堅実な学問が当時には省みられることがなかったと述べる。経書解釈はもはや経書本来の意義を離れたところでおこなわれ、その解釈の言辞はいたずらに弁論のために費やされ、きわめて煩雑で膨大なものとなった。[一一] そのために学問は細分化し、学者は「一芸」のうちにとどまるようになってしまう。それが前漢に生じた学問的状況であった。

ところが後漢になると、そのような学風に変化が生じることになる。

是れより遊学増《ます》ます盛んにして、三万余生に至る。然れども章句漸く疏《おろそ》かにして、多く浮華を以て相いに尚び、儒者の風蓋し衰う。

（自是遊学増盛、至三万余生。然章句漸疏、而多以浮華相尚、儒者之風蓋衰矣。）　『後漢書』儒林伝序（一一）

ここには「章句」の学が次第に衰退し、当時の学問が「浮華」に流れていった、とある。実際に後漢期においては、もはや「章句」の学は衰退傾向にあった。たとえば『後漢書』班固伝には次の言がある。

能く文を属り、詩《『詩経』》書《『尚書』》を誦す。長ずるに及び、遂に載籍を博貫し、九流百家の言、窮究せざること無し。学ぶ所常師無く、章句を為さず、大義を挙《つ》くすのみ。

（能属文、誦詩書。及長、遂博貫載籍、九流百家之言、無不窮究。所学無常師、不為章句、挙大義而已。）　『後漢書』班固伝

班固のように、後漢期にあって群書への博通を志向する一部の学者にとっては「章句」は否定されるものであった（一二）。そして彼らの博学とは「大義」を志向するものでもあった。徐幹もまた「大義」を優先しており、その意味では彼らと軌を同じくしている。

凡そ学とは大義もて先と為し、物名もて後と為す。大義挙《つ》くされて物名之に従う。然れども鄙儒の博学なるや、物名に務め、器械を詳かにし、詁訓に矜り、其の章句を摘みて、其の大義の極むる所を統ぶるも、以て先王

の心を獲る能わず。此れ女史の誦詩、内豎《〔宦官〕》の伝令と異なる無きなり。故に学者をして思慮を労して道を知らず、日月を費やして功を成すこと無からしむるが故に、君子は必ず師を択ぶなり。

（凡学者大義為先、物名為後。大義挙而物名従之。然鄙儒之博学也、務於物名、詳於器械、矜於詁訓、摘其章句、而不能統其大義之所極、以獲先王之心。此無異乎女史誦詩、内豎伝令也。故使学者労思慮而不知道、費日月而無成功、故君子必択師焉。）

『中論』治学篇

徐幹もまた「章句」を否定し、「大義」を重視している。ただし、ここで徐幹は同時代の「博学」の気風をも否定的に捉えている。すでにみたように、徐幹の経学は「六籍」全体への博通を志向するものであった。しかしそれは聖人の「道」を習得するために目指されたものであり、単なる「六籍」に関する該博な知識の獲得にとどまるものではなかった。また、徐幹は当時の学問的状況について、私利私欲を求める傾向にあり、それらが聖人の「道」に向かうものではないともみていた[一四]。ここにおいて徐幹の学問観は、これまでの思想史的潮流に立脚しつつも、実際の学問的状況を否定的に捉えることで、それらとは若干異なった様相を呈するものとなるのである。

Ⅲ

徐幹が同時代の学問的状況を否定的に述べていたことは、前節の通りである。そのような事態を招いた当時の「俗士」をめぐり、徐幹は『中論』覈辯篇において、「辯」ということに着目して論じる。まず、「俗士」における「辯」とは次のようなものである。

俗士の所謂辯とは、辯に非ざるなり。辯に非ずして之を辯と謂うとは、蓋し辯の名を聞くも、辯の実を知らざればなり。故に之を目すること妄なり。俗の所謂辯とは、利口なる者なり。彼の利口なる者は、苟《かりそめ》に其の声気を美《よ》くし、其の辞令を繁くすること、激風の至るが如く、暴雨の集うが如し。是非の性を論ぜず、曲直の理を識らず、不窮を期して、必勝に務む。以故《ゆえ》に浅識にして好奇なる者は、其の此の如きを見るや、固《まこと》に以て辯と為すなり。木訥にして道に達する者の、口屈すと雖も心は服さざるを知らざるなり。

（俗士之所謂辯者、非辯也。非辯而謂之辯者、蓋聞辯之名、而不知辯之実。故目之妄也。俗之所謂辯者、利口者也。彼利口者、苟美其声気、繁其辞令、如激風之至、如暴雨之集。不論是非之性、不識曲直之理、期於不窮、務於必勝。以故浅識而好奇者、見其如此也、固以為辯。不知木訥而達道者、雖口屈而心不服也。）　『中論』覈辯篇

徐幹は「俗士」の「辯」と本来的な「辯」とを区別する。[一五]「俗士」の「辯」とは「利口」すなわち弁舌に巧みであることをいうが、その言辞は整ったものであっても、内容は空疎であり、是非曲直といった本質の根底的部分（性・理）には関わることがない。徐幹によれば、当時はこのような「俗士」の「辯」が、本来的な「辯」であるかのように、一定の支持を得ていたのであった。『論語』陽貨篇「利口の邦家を覆す者を悪む（悪利口之覆邦家者）」の孔安国注に「利口の人は多言なるも実少なく、苟《かりそめ》に能く時君に悦媚すれば、国家を傾覆す（利口之人多言少実、苟能悦媚時君、傾覆国家）」とあるように、空疎な言説が横行し採用されるとなると、それは国家をも転覆させかねない危機的状況をもたらすことになる。徐幹は後漢最末期にあって、まさにそのような国家的危機に直面していた。かかる事態を前にして、徐幹は本来的な「辯」のあり方について、次のように述べる。

夫れ辯とは、人心を服するを求むるなり。人口を屈するに非ざるなり。故に辯の言たる、別なり。其の善く事類を分別して明らかに之に処するを為すなり。言辞切給にして以て人を陵蓋するを謂うに非ざるなり。
（夫辯者、求服人心也。非屈人口也。故辯之為言、別也。為其善分別事類而明処之也。非謂言辞切給而以陵蓋人也。）

『中論』覈辯篇

「辯」とは本来、単なる弁舌の技巧をいうものではない。徐幹は「辯は、別なり（辯、別也）（一六）」という訓詁に依拠しながら、「辯」とは対象を適切に析別し、明確な判断を下すことである、と述べる。それは口先で巧妙に捲し立てることで他者を凌ぐのではなく、むしろ「譬えば宝の玄室《［暗室］》に在るが如きは、求むる所有れども見えず。白日焉《これ》を照らせば、則ち群物斯に辯ぜらる。学とは、心の白日なり（譬如宝在於玄室、有所求而不見。白日照焉、則群物斯辯矣。学者、心之白日也）」『中論』治学篇」とあるように、白日の照射するがごとく明晰な判断によって他者を心服させる、そのようなものであった。このことはまた、以下の記述にも見えている。

君子の辯や、以て大道の中を明らかにするを欲するなり。是れ豈に一坐の勝を取るならんや。
（君子之辯也、欲以明大道之中也。是豈取一坐之勝哉。）

『中論』覈辯篇

「君子」における「辯」とは、単に談論の場において秀でることではない。それは「大道の中（大道之中）」を明確に理解しようとするものであった。では「君子」が志向する「大道の中（大道之中）」とはどのようなものだろうか。

まず「大道」については『礼記』礼運に以下の言がある。

孔子曰く、大道の行なわるると、三代の英とは、丘［孔子］未だ之に逮《およ》ばざるなり。而れども志有り。大道の行なわるるや、天下を公と為し、賢を選び能に与《くみ》し、信を講じ睦を修む。

（孔子曰、大道之行也、与三代之英、丘未之逮也。而有志焉。大道之行也、天下為公、選賢与能、講信修睦。）

『礼記』礼運

これは、孔子以前の理想的な治世を述べたものである。これについて鄭玄注には「大道とは、五帝の時を謂うなり（大道、謂五帝時也）」とある。このほか『孟子』滕文公下には「天下の広居に居り、天下の正位を立て、天下の大道を行う（居天下之広居、立天下之正位、行天下之大道）」とあり、その趙岐注には「大道は、仁義の道なり（大道、仁義之道也）」とある。以上によれば「大道」とは、儒教において五帝時代の伝説的遺業をもととする古典的正統性をいうものであり、それはまた「君子」にとっては実践すべき規範でもあった[一七]。

さらに、「中」については『礼記』中庸に以下の言がある。

喜怒哀楽の未だ発《あらわ》れざる、之を中と謂う。発れて皆節に中る、之を和と謂う。中なる者は、天下の大本なり。和なる者は、天下の達道なり。

（喜怒哀楽之未発、謂之中。発而皆中節、謂之和。中也者、天下之大本也。和也者、天下之達道也。）

『礼記』中庸

「中」とは喜怒哀楽の未分化な状態であり、天下の大道の根源である。鄭玄注はこれについて「中を大本と為す者は、其の喜怒哀楽を含むを以てなり。礼の生ずる所由《ゆえん》、政教此より出づるなり（中為大本者、以其含喜怒哀楽。礼之所由生、政教自此出也）」として、情への展開を胚胎する原初的状態こそが、諸々の規範・教化の根拠であると規定した。したがって「大道の中（大道之中）」とは儒教における古典的正統性であり、また、具体的・実践的な規範・教化の淵源ともいうべきものである。(一八) 徐幹によればこの「大道の中（大道之中）」こそが、いわば儒教の理想として、「君子」の「辯」によって志向されるべき対象であった。徐幹においては、儒教の理想とは単なる経典や単なる事跡そのものではなく、「大道の中（大道之中）」という、一段、抽象度の上がったものなのであった。

IV

徐幹において、「君子」の「辯」とは「大道の中（大道之中）」を志向するものであった。そしてそれは天下の大道の原初的状態として、一種の抽象化をなされつつ、古典的正統性にもとづきつつ、実際上の規範・教化の根拠となるものとして措定されていた。では、そのような儒教の理想に対して、人はどのようにして迫り、捉え得るのだろうか。このことをめぐって、徐幹は『中論』において「士或いは明哲窮理《［最高度の知性］》、或いは志行純篤《［最高度の徳行］》、二者兼ぬるべからざれば、聖人将た何れをか取らん（士或明哲窮理、或志行純篤、二者不可兼、聖人将何取）」［『中論』智行篇］という問いに対し、次のような議論を展開している。

対えて曰く、其れ明哲なるか。夫れ明哲の用たるや、乃ち能く民を殷《さか》んにし利を阜《さか》んにし、万物をして其の極を尽くさざる者無からしむるなり。聖人の及ぶべきは、徒《た》だ空行するに非ざるなり。智なり。伏羲は八卦を作り、文王は其の辞を増す。斯れ皆神を窮め化を知るなり。豈に徒特《た》だ善を行うのみならんや。易《［周易］》の離《［離卦］》の象《［象伝］》に称す、大人以て明を継ぎて、四方を照らすと。且《そ》れ大人とは聖人なり。其の余の象には皆君子と称す。蓋し君子は賢者に通ずるなり。聡明は惟だ聖人のみ能く之を尽くす。大才・通人有るも尽くすこと能わざるなり。

（対曰、其明哲乎。夫明哲之為用也、乃能殷民阜利、使万物無不尽其極者也。聖人之可及、非徒空行也。智也。伏羲作八卦、文王増其辞。斯皆窮神知化。豈徒特行善而已乎。易離象称、大人以継明、照於四方。且大人聖人也。其余象皆称君子。蓋君子通於賢者也。聡明惟聖人能尽之。大才通人有而不能尽也。）

［『中論』智行篇］

徐幹は、質問者の掲げる「明哲窮理」「志行純篤」の二者については「明哲窮理」をより重視し、「行」に対する「智」を優先する立場にあった（一九）。「明哲」とは『尚書』説命に「嗚呼、之を知るを明哲と曰い、明哲実に則を作す（嗚呼、知之曰明哲、明哲実作則）」とあるように、みずからの知にもとづいて規範をなすことをいう（二〇）。そしてその知的対象は「窮理」ということにあるのであるが、この「窮理」とは『周易』説卦伝にもとづくものであった。

道徳に和順して義を理《おさ》め、理を窮め性を尽くして以て命に至る。

（和順於道徳而理於義、窮理尽性以至於命。）

［『周易』説卦伝］

『周易』説卦伝の記述はもともと、伏犠による易の制作をいうものである。これについて、のちに韓康伯注は「命とは生の極なり。窮理とは則ち其の極を尽くすなり（命者生之極。窮理則尽其極也）」としており、さらに孔穎達疏はこれを「又た能く万物深妙の理を窮極し、生霊の稟くる所の性を究尽すれば、物理既に窮まり、生性又た尽くさる（又能窮極万物深妙之理、究尽生霊所稟之性、物理既窮、生性又尽）」とパラフレーズする。[二一] こうした解釈を参照すると、「窮理」とは万物の背後にひそんでいる深淵微妙な「理」や、人に潜在的に存在する本来的性の究極のところを模索することである。徐幹はこのような、いわば人間の知における極北のところを見据えていたのであった。

さらに、徐幹の述べる「窮神知化」の語もまた『周易』を典拠としている。

神を窮め化を知るは、徳の盛んなるなり。　［『周易』繋辞下伝］
（窮神知化、徳之盛也。）

これについて孔穎達疏は「人理の極（人理之極）」のさらに先において「微妙の神を窮極し、変化の道を暁知するは、乃ち是れ聖人の徳の盛極なり（窮極微妙之神、暁知変化之道、乃是聖人徳之盛極也）」と述べる。すなわち聖人の知とは、人間の通常の思索を超えたところで機能し、精妙微妙な神、生成変化の道へと到達するものなのである。そしてそのことこそが、聖人の徳における最高度のものであった。このように日常的な知の範囲をふみこえて究極的な知に到達し、それにもとづいて規範を打ち立てるものが、徐幹においては「明哲」とされ、理想とされたのである。『周易』離卦象伝「大人以て明を継ぎ、四方を照らす（大人以継明、照於四方）」の引用は、徐幹における理想が、まさにこのような究極のところにあったことを示すものである。[二二]

このように徐幹の行論は、経書『周易』の形而上学的思索をきわめて濃厚にふまえるものであった。徐幹は『周易』に依拠することで、当時の儒教の理想を『周易』に由来する形而上学の中に見出そうとしたのである。

結

本章では徐幹『中論』の思想をめぐって、若干の検討をおこなってきた。

徐幹における「学」すなわち経学は「六籍」全体への通暁により聖人の「道」を把握することを目指すものであった。このことは後漢期の思想として、いわばありふれたものではあるが、しかし徐幹は両漢の学問的状況を否定的に捉えることにより、それらとは異なる議論を展開してもいた。徐幹は後漢末の混乱をもたらした「俗士」に対して、「君子」の明晰な判断が「大道の中（大道之中）」すなわち儒教における古典的正統性や規範・教化の淵源ともいうべきところにまで到達し得るとみていた。そのような儒教の理想について、徐幹は「六籍」のなかでもとくに『周易』に由来する形而上学のうちに見出そうとしたのであるが、かかる行論は、魏晋玄学の嚆矢とも呼ぶべきものといえる。徐幹の経学は魏晋期の学問的方向性を決定づける、そのためのいわば礎石であり、思想史上のメルクマールとしての役割を果たしていたのである。

《注》

（一）『中論』原序の著者をめぐって、陳振孫『直斎書録解題』は「序有るも名氏無し。蓋し同時人の作る所なり（有序而無名氏。蓋同時人所作）」とし、『四庫提要』も「今其の文を験するに、頗る漢人の体格に類す。振孫〔陳振孫〕の言う所は誣ならずと為す（今験其文、頗類漢人体格。振孫所言為不誣）」と、陳振孫説を支持する。また『全三国文』は『意林』に『中論』任氏注」とあることを根拠として、「任嘏は幹〔徐幹〕と時を同じくし、著述多し。疑うらくは此の序及び注は、皆任嘏の作ならん。敢えて之を定めず（任嘏与幹同時、多著述。疑此序及注、皆任嘏作。不敢定之）」と述べ、原序の著者は任嘏ではないかと推測する。なお串田久治「徐幹の政論――賢人登用と賞罰」（『愛媛大学法文学部論集（文学科編）』一八、一九八五）も「序」の作者が任嘏である可能性は極めて高い」と述べる。

（二）『尚書』湯誥「恒有るの性に若《したが》いて克く厥の猷《みち》を綏《やす》んずるは、惟れ后《きみ》たり（若有恒性克綏厥猷、惟后）」の孔安国伝に「人に常有るの性に順いて、能く其の道教を安立するは、則ち惟れ君たるの道なり（順人有常之性、能安立其道教、則惟為君之道）」とあるように、儒教における道は、当時にあっては「道教」とも呼称されていた。

（三）『漢書』揚雄伝下に「又た頗る俳優の淳于髠・優孟の徒に似、法度の存する所、賢人君子の詩賦の正に非ざるなり。是に於いて輟《や》めて復た為さず（又頗似俳優淳于髠優孟之徒、非法度所存、賢人君子詩賦之正也。於是輟不復為）」とあるように、揚雄は当時の賦には詩賦本来の正統性がそなわっていないとみて、あえて自身の詩文をひとたび捨て去り、その後に『太玄経』および『法言』を著したのであった。なお、徐幹が揚雄を踏襲していることについてはまた、串田久治「徐幹の政論――賢人登用と賞罰」（前掲）参看。

（四）『中論』について、『四庫提要』には「義理を闡発し経訓に原本《もと》づき、之を聖賢の道に帰するが故に、前史皆之を儒家に列す（闡発義理原本経訓、而帰之於聖賢之道、故前史皆列之儒家）」とある。狩野直喜『魏晋学術考』（筑摩書房、一九六八）は「此れは経訓を本とし、聖賢己を修め人を治むる要を説きしものにて、其中独創の見なしと雖、純然たる儒家の議論にして、漢人の著述、例へば王符の潜夫論、荀悦の申鑒などと、其趣を一にして、つまり伝統的な儒家思想を述べたるものとして、文章も鋭利な所はなけれども、典雅にして、品よきものなり」と評する。なお、狩野直喜は『中国哲学史』（岩波書店、一九五三）において『中論』を「別に叙述すべき新説もないから省略する」と裁断するが、このような見方に対して池田秀三「徐幹中論校注（上）」（『京都大学文学部研究紀要』二三、一九八四）は「解題」において異を唱え、思想史上の意義を強調している。

（五）『論語』の巻頭に学而篇が位置してより、『荀子』勧学篇、『法言』学行篇、『潜夫論』賛学篇など、いわゆる儒家系文献の冒頭には「学」をめぐる議論が多く見えている。『中論』治学篇もまた、かかる伝統に連なるものである。

（六）「四徳」については『周易』乾卦文言伝に「元とは、善の長なり。亨とは、嘉の会なり。利とは、義の和なり。貞とは、事の幹なり。君子は仁を体して以て人に長ずるに足り、嘉会にして以て礼に合するに足り、物を利して以て義に和するに足り、貞固にして以て事に幹たるに足る。君子は此の四徳を行う者なり。故に曰く、乾は元亨利貞なりと（元者、善之長也。亨者、嘉之会也。利者、義之和也。貞者、事之幹也。君子体仁足以長人、嘉会足以合礼、利物足以和義、貞固足以幹事。君子行此四徳者。故曰、乾元亨利貞）」とある。

（七）「出処黙語」について『周易』繋辞上伝には「君子の道は、或いは出でて或いは処り、或いは黙し或いは語る（君子之道、或出或処、或黙或語）」とある。のちに東晋・韓康伯は「君子の出処黙語、其の中に違わざれば、則ち其の跡異なると雖も、道同じければ則ち応ず（君子出処黙語、不違其中、則其跡雖異、道同則応）」と注している。

（八）『論語』公冶長篇に「回《顔回》や一を聞きて以て十を知る。賜《子貢》や一を聞きて以て二を知る（回也聞一以知十。賜也聞一以知二）」とある。

（九）『周易』繋辞上伝には「八卦にして小成す。引きて之を伸ばし、類に触れて之を長ずれば、天下の能事畢《つ》くさる（八卦而小成。引而伸之、触類而長之、天下之能事畢矣）」とある。これは、八卦から六十四卦への拡張展開をいうものである。

（一〇）『孟子』滕文公下には「聖王作らず、諸侯放恣す。処士横議し、楊朱・墨翟の言天下に盈つ（聖王不作、諸侯放恣。処士横議、楊朱墨翟之言盈天下）」とある。これは、聖人の不在によって恣意的な議論が引き起こされたことを指摘するものである。

（一一）実際に、当時の経書解釈は想像を絶するほどに煩雑をきわめたものであった。たとえば『尚書』解釈をめぐって、『漢書』当該箇所の顔師古注に引く桓譚『新論』には「秦延君能く堯典を説く。篇目両字の説は十余万言に至り、但だ曰若稽古を説くに三万言もてす（秦延君能説堯典。篇目両字之説至十余万言、但説曰若稽古三万言）」とある。また、『春秋』解釈について、何休『春秋公羊解詁』序は「春秋を伝うる者は一に非ず。本より乱に拠りて作《おこ》り、其の中、常に非ざるの異義、怪しむべきの論多し。説者は疑い惑い、経に倍《そむ》き意に任せ、伝に反《そむ》き違い戻《もと》る者有るに至る。其の勢雖《た》だ問いて、広げざるを得ず。是を以て師言を講誦するは百万に至るも、猶お解せざる有り。時に嘲辞を加醸し、他経を援引し、其の句読を失し、無を以て有と為す。甚だ閔笑すべき者、勝《あ》げて記すべからざるなり。是を以て古学を治め文章を貴ぶ者、之を俗儒と謂う（伝春秋者非一。本拠乱而作、其中、多非常異義、可怪之論。説者疑惑、至有倍経任意、反伝違戻者。其勢雖問、不得不広。是以講誦師言至於百万、猶有不解。時加醸嘲辞、援引他経、失其句読、以無為有。甚可閔笑者、不可勝記也。是以治古学貴文章者、謂之俗儒）」と述べ、古学（左伝）による恣意的解釈を批判している。

（一二）この前文に「本初元年［AD146］、梁太后詔して曰く……［後略］（本初元年、梁太后詔曰……［後略］）」とあるように、ここで述べられている「儒者の風蓋し衰う（儒者之風蓋衰矣）」という風潮は、徐幹出生の少し前のことである。

（一三）このほか『後漢書』桓譚伝にも「博学にして多く通じ、五経を偏習し、皆大義を詁訓して、章句を為さず（博学多通、偏習五経、皆詁訓大義、不為章句）」とある。これもまた「章句」を否定して「大義」を重視するものである。なお加賀栄治『中国古典解釈史（魏晋篇）』（勁草書房、一九六四）は、前漢の「章句の学」が「前漢末から後漢に至って、特に博学といわれている学者から否定されるようになった」と述べ、その具体例として『漢書』揚雄伝、『後漢書』桓譚伝、班固伝、逸民伝（梁鴻）、王充伝、荀淑伝、盧植伝、韓詔伝附韓融伝の記述を挙げている。

（一四）徐幹は『中論』譴交篇で「桓［桓帝］霊［霊帝］の世は其の甚しき者なり。公卿大夫、州牧郡守よりして、王事に恤《あわれ》まず、賓客を務めと為す。冠蓋門を填《うず》め、儒服道を塞ぎ、饑うるも餐に暇あらず、倦くるも已むを獲ず。……［中略］……詳らかに其の為を察するや、国を憂い民を恤み、道を謀り徳を講ぜんと欲するに非ざるなり。徒だ己を営み私を治め、勢を求め利を逐うのみ（桓霊之世其甚者也。自公卿大夫、州牧郡守、王事不恤、賓客為務。冠蓋填門、儒服塞道、饑不暇餐、倦不獲已。……［中略］……詳察其為也、非欲憂国恤民、謀道講徳也。徒営己治私、求勢逐利而已）」と述べ、当時の私利私欲に飽くことのない風潮を批判している。

（一五）このことの着想自体は『荀子』非相篇にもとづくものである。『荀子』非相篇には「是を以て小人の辯は険を言い、君子の辯は仁を言うなり（是以小人辯言険、而君子辯言仁也）」とあり、「小人」の「辯」を「君子」の「辯」と区別している。

（一六）「辯は、別なり（辯、別也）」という訓詁は、徐幹と同時代にも多く見えている。たとえば『周易』坤卦文言伝「之を辯ずることの早く辯ぜざるに由るなり（由辯之不早辯也）」の『釈文』は、馬融の説を引いて「馬〔馬融〕云う、別なり（馬云、別也）」とする。また『周易』繫辞下伝「困は、徳の辯なり（困、徳之辯也）」の鄭玄注には「辯は、別なり（辯、別也）」とある。

（一七）なお『中論』務本篇には「夫れ小事とは味甘にして、大道とは醇淡なり。近物は験し易くして、遠数は効《いた》し難し。大明の君子に非ざれば、則ち兼通する能わざる者なり（夫小事者味甘、而大道者醇淡。近物者易験、而遠数者難効。非大明君子、則不能兼通者也）」との言がある。

（一八）なお「大道の中（大道之中）」の語は、こののち、王弼『老子道徳経注』にも見えている。『老子』第五十三章「大道は甚だ夷《たい》らかなるも、民は径を好む（大道甚夷、而民好径）」の王弼注に「言うこころは大道は蕩然として正平なるも、民は猶《な》尚お之を舎てて由らず、邪径に従うを好む。況んや復た施為して以て大道の中を塞ぐをや（言大道蕩然正平、而民猶尚舎之而不由、好従邪径。況復施為以塞大道之中乎）」とある。

（一九）これに関連して、池田秀三「徐幹の人間観」（『哲学研究』五七一、二〇〇一）は、徐幹の思想的価値が「政治を一種の技術とみ、その技術・知識を身につけた百官有司、いわばテクノクラートによって運営されるものとみる点」およびその根底にある「才智の徳行に対する優位を主張し、技芸を君子の業として一定の評価を与える人間観」にあると指摘する。なお串田久治「徐幹の政論——賢人登用と賞罰」（前掲）は、徐幹が『中論』で述べる政論について、後漢王朝再建のためではなく「来るべき新時代、将来を見通す英明の君主（曹氏）に希望を託してなした」ものであるとする。そうであるならば、徐幹による議論は曹操が徹底しておこなった唯才主義を理論的に保証するものといえる。実際に『中論』智行篇には「盛才は人を服せしむる所以なり（盛才所以服人也）」との言もある。このことに関しては、渡邉義浩「曹丕の『典論』と政治規

範」（『三国志研究』四、二〇〇九）参看。

（二〇）孔安国伝に「事を知れば則ち明智と為す。明智なれば則ち能く法則を制作す（知事則為明智。明智則能制作法則）」とある。

（二一）なお孔穎達は「窮理」について「此れ賦する所の命は、乃ち自然の至理なるが故に、窮理とは則ち其の極を尽くすなり（此所賦命、乃自然之至理、故窮理則尽其極也）」とも述べている。

（二二）「明哲」が規範たり得るということについて、徐幹は『中論』智行篇において次のように述べている。

夫れ明哲の士とは、威さるるも慴れず、困《きわ》まるも能く通ず。嫌を決し疑を定め、物を辨じ方しきに居き、禍を忽杪に禳い、福を未だ萌さざるに求む。変事を見れば則ち其の機に達し、経事を得れば則ち其の常に循う。巧言の推す能わず、令色の移す能わず。動作は観て則るべく、辞を出せば師表と為る。諸《これ》を志行の士に比ぶるは、亦た謬りならずや。

（夫明哲之士者、威而不慴、困而能通。決嫌定疑、辨物居方、禳禍於忽杪、求福於未萌。見変事則達其機、得経事則循其常。巧言不能推、令色不能移。動作可観則、出辞為師表。比諸志行之士、不亦謬乎。）

第二章　経国の大業
――曹丕文章経国論考――

序

三国魏文帝・曹丕による『典論』論文の「文章は経国の大業にして、不朽の盛事なり（文章経国之大業、不朽之盛事）」との言は、古来人口に膾炙している。しかし、よく知られたものであるにもかかわらず、この一文の解釈には、解釈する側の立場もあり、現在でも見解に揺動するところがあると思われる。本章は上述の一文を契機として、「不朽」の語に着目しつつ『典論』論文の背後にある思想的堆積を検証し、またとくに曹丕自身が「一家の言を成す（成一家言／成一家之言）」（『典論』論文／「与呉質書」）と称揚した徐幹『中論』の議論を参照しながら、文章経国論の内実および曹丕自身による「文章」制作の意図を探究する。

Ⅰ

周知のように、曹丕による文章経国論は『典論』論文の最後段において展開される。

蓋し文章は経国の大業にして、不朽の盛事なり。年寿は時有りて尽き、栄楽は其の身に止まる。二者は必至の常期あり。未だ文章の無窮なるに若かず。是を以て古の作者は、身を翰墨に寄せ、意を篇籍に見《あらわ》す。良史の辞に仮《よ》らず、飛馳の勢に託せずして、声名自ら後に伝わる。故に西伯〔周文王〕は幽せられて易を演《の》べ、周旦〔周公旦〕は顕《あらわ》れて礼を制す。隠約を以て務めざるにあらず、康楽を以て思を加うるにあらず。……〔中略〕……融〔孔融〕等已に逝く。唯だ幹〔徐幹〕のみ論を著して一家の言を成す。

（蓋文章経国之大業、不朽之盛事。年寿有時而尽、栄楽止乎其身。二者必至之常期。未若文章之無窮。是以古之作者、寄身於翰墨、見意於篇籍。不仮良史之辞、不託飛馳之勢、而声名自伝於後。故西伯幽而演易、周旦顕而制礼。不以隠約而弗務、不以康楽而加思。……〔中略〕……融等已逝。唯幹著論成一家言。）〔『典論』論文〕

ここで曹丕は「文章」を「年寿」「栄楽」と対置している。各人各様の寿命や栄華にはそれぞれ固有の限度があるけれども、「文章」にはそのような限定がともなわない。「文章」およびそれによる「声名」は、おのずと後世へ継承されるものなのである。そのことを曹丕は、周文王の『周易』および周公旦の『周礼』をもって証示しようとする。これらによって曹丕は、「文章」の不朽性が、その制作者の個別的な境遇には規定されないということを示そうとしたのである。（二）また同時に曹丕は『周易』『周礼』を挙げることによって、「文章」が後世への規範となり、継承され得るものになるということを、儒教経典を根拠として示そうとした。くわえて、そのような経典にも匹敵・類するものとして、曹丕はまた同時代の建安七子の中から徐幹一人を「一家の言を成す（成一家言）」ものと称揚する。

ところで、ここに掲げた文章経国論は、後世、とくに近代以降の「文学」研究を中心としておおいに注目され、ことに「文章は経国の大業にして、不朽の盛事なり（文章経国之大業、不朽之盛事）」との一文は、いわゆる「文学史」における画期をなすものと位置づけられてきた。つとに鈴木虎雄は、三国魏を「支那文学上の自覚期」と規定したうえで、曹丕については「文学の無窮の生命あることを認めた」と述べ、漢末までの文学が「単に道徳の思想を鼓吹する手段」であったのに対し、三国魏以降には「文学は其れ自身に価値を有するものなりとの思想」が生じたと指摘した。[二] さらに青木正児は『典論』論文について「専ら文章を評論し、文学をして卓然独立せしめんと欲する抱負を示した」と評し、「魏晋時代純文学評論の興起」と位置づけた。[三] これらの解釈は、漢代においては軽視されていた[四]「辞」「賦」をも含めたあらゆる「文章」の価値が、三国魏の士大夫世界において公的に認められてきたことを示そうとし、またあわせてそこには近代文学的精神が当時すでに存在していたことを主張しようとするものでもあった。[五] 一方で網祐次は、文章経国論が「文章を広く指しているかとも考えられるのであるが、しかし又、とくに一家言的なものについて云ったものかとも考えられる」と述べ、[六] 岡村繁は「辞賦をはじめとする純文学を指して述べられたものでは決してなく、一部のまとまった思想的著書を対象にした立論」であるとして、「文学に対して何ら新しい価値づけをしたものでなかった」とする。[七] 古川末喜は文章経国論を「「文章」の不朽性を称揚し、声名を無窮に伝えるため、一家言的文章を著すべく努力すべきだという勉励の言葉」であると理解する。[八] 渡邉義浩もまた「すべての文章を「経国の大業」で「不朽の盛事」と考えているわけではなく、「一家の言」の不朽を主張している」と述べている。[九] これらの解釈は、『典論』論文における「文章」の内容を近代的「文学」概念から切り離し、「一家の言」に限定して捉えようとするものである。[一〇] また、牧角悦子は岡村繁を引用しつつも、「確かに「文章」は純文学を指すものではないけれども、必ずしも思想的著作を指しているとは言えない」との見解を示しており、『典論』論文については「儒家的な功名主義の枠から、あまり大きくははずれていないものだ」と評している。[一一] このように、当該箇所についてはさまざまな解釈がある。そしてそのことは、とくに近現代以降の論者においては、近代文学という集合的刷り込みのもと、一部の論者を除いてほとんどは、近代的「文学」概念を適用しつつ解釈がおこなわれてきたということであった。

Ⅱ

そもそも、文章経国論の「不朽」の語は『春秋左氏伝』襄公二十四年にもとづくものである。

大上は徳を立つること有り、其の次は功を立つること有り、其の次は言を立つること有り。久しと雖も廃せず。此を之れ不朽と謂う。
（大上有立徳、其次有立功、其次有立言。雖久不廃。此之謂不朽。）　〔『春秋左氏伝』襄公二十四年〕

これによれば、「不朽」には「立徳」「立功」「立言」の序列が存在する。[一二] 孔穎達疏はこの「立言」について「立言とは、其の要を言い得て、理として伝うべきに足るを謂うなり（立言、謂言得其要、理足可伝）」と規定しており、その該当する範囲は、経書以外にも諸子・辞賦・史書にまで及ぶとみなしている。[一三] このような後世の解釈を参照するならば、曹丕の文章経国論における「文章」は、単に経書のみにとどまるものではなく、広く文章一般を指しているとみてよいと思われる。実際に曹丕は「夫れ文は本同じきも末異なる。蓋し奏・議は宜しく雅なるべく、書・論は宜しく理あるべし。銘・誄は実を尚び、詩・賦は麗を欲す。此の四科は同じからざるが故に、之を能くする者は偏るなり。唯だ通才のみ能く其の体を備う（夫文本同而末異。蓋奏議宜雅、書論宜理。銘誄尚実、詩賦欲麗。此四科不同、故能之者偏也。唯通才能備其体）」（『典論』論文」と述べており、「詩」「賦」をも含めた諸種の「文」が、それぞれに末梢的差異があるにせよ、根源的には同じものであるとみなしているのである。

また『春秋左氏伝』にもとづく「不朽」の語は、曹丕「与王朗書」にも見えている。

「生くるには七尺の形有るも、死すれば唯だ一棺の土のみ。唯だ立徳・揚名は、以て不朽たるべし。其の次は篇籍を著すに如くは莫し。疫癘数《しばしば》起こり、士人彫落す。余独り何人にして、能く其の寿を全うせんや」と。故に著する所の典論詩賦を論撰すること、蓋し百余篇なり。諸儒を粛城門内に集め、大義を講論し、侃侃として倦むこと無し。

（生有七尺之形、死唯一棺之土。唯立徳揚名、可以不朽。其次莫如著篇籍。疫癘数起、士人彫落。余独何人、能全其寿。故論撰所著典論詩賦、蓋百余篇。集諸儒於粛城門内、講論大義、侃侃無倦。）　（『三国志』魏書文帝紀注引王沈『魏書』）

この場合、曹丕は「篇籍を著す（著篇籍）」ことを「立徳」「揚名」の後位に位置づけている。この序列は『春秋左氏伝』における「立徳」「立功」「立言」の序列に対応しているが、そうであるならば、曹丕の言及する「篇籍を著す（著篇籍）」とは、当然ながら『春秋左氏伝』という儒教経典の価値のもとに収斂するものとして編成されたものということになる。さらに、ここで曹丕は『典論』のほかに「詩」「賦」についても編纂し、諸儒を集めて議論をおこなったとされる。ということは、やはり曹丕は「詩」「賦」をも含めたあらゆる「文章」が経書を根底とする文化的正統性の内部にある、あるいは「文章」をそのようなものとしようという企図をもっていたということになる。（一四）

Ⅲ

曹丕による文章経国論は『春秋左氏伝』襄公二十四年の立言不朽説を典拠とするものであったが、そうした古典古代の経典のみならず、さらに曹丕にとって身近なものとしては、彼自身が「一家の言を成す（成一家言）」（『典論』論文）と称揚した徐幹『中論』の議論があった。徐幹は『中論』の冒頭において「昔の君子は成徳もて行を立て、身没するも名は不朽なり。其の故は何ぞや。学なり（昔之君子成徳立行、身没而名不朽。其故何哉。学也）」（『中論』治学篇）と述べている。ここで徐幹は『春秋左氏伝』襄公二十四年とともに『周易』乾卦文言伝[一五]に依拠しつつ、「君子」の「不朽」ということに言及している。また、『中論』夭寿篇には「寿」をめぐる議論があり、そこにもまた「不朽」の語が見えている。

或るひと問う、孔子は仁者は寿《いのちなが》しと称するも、而れども顔淵は早夭す。積善の家には必ず余慶有るも、而れども比干・子胥、身は大禍に陥る。豈に聖人の言は信ならずして後人を欺くかと。

（或問、孔子称仁者寿、而顔淵早夭。積善之家必有余慶、而比干子胥、身陥大禍。豈聖人之言不信而欺後人耶。）

（『中論』夭寿篇）

『論語』雍也篇には、仁者の長命が述べられている[一六]。しかし、顔回は短命であった。また『周易』坤卦文言伝は、善不善に応じた福禍が後世に及ぶとする[一七]。にもかかわらず、比干・子胥はいずれも王を諌めた、すなわち善をおこなったために殺害された。[一八] では、孔子の発言は後世を欺くものだったのか、という発問である。この発問に対して『中論』夭寿篇においては荀爽と孫翺、そして徐幹自身の三者による回答が示される。まずは、荀爽である。

以為《おもえ》らく古人に言有り。死して不朽なりと。太上には立徳有り、其の次には立功有り、其の次には立言有るを謂うなり。其の身没すれども、其の道は猶お存するが故に、之を不朽と謂う。

（以為古人有言。死而不朽。謂太上有立徳、其次有立功、其次有立言。其身没矣、其道猶存、故謂之不朽。）

『中論』夭寿篇

荀爽の発言は『春秋左氏伝』襄公二十四年にもとづきつつ、[一九]「不朽」とは必ずしも身体についてではなく、「道」について述べられたものであるとする。そのことはまた、次のようにも論じられる。

夫れ形体は固より自ずから朽弊消亡の物なり。寿と不寿とは、数十歳に過ぎず。徳義の立つと立たざるとは、差《たが》うこと数千歳なり。豈に日を同じくして言うべけんや。顔淵の時に百年の人有るも、今寧《いずくん》ぞ復た其の姓名を知らんや。

（夫形体固自朽弊消亡之物。寿与不寿、不過数十歳。徳義立与不立、差数千歳。豈可同日言也哉。顔淵時有百年之人、今寧復知其姓名耶。）

『中論』夭寿篇

顔回の短命を論拠とした「或るひと」の発問に対し、荀爽は「徳義」の不朽によって、その批判をしりぞけている。短命と長命とは数十年の差に過ぎないが、「徳義」に関しては数千年もの差が生じる。実際に、顔回の時代に長命であった人は、現在に名を残せてはいない。むしろ短命であった顔回こそ「徳義」によって名を残しており、その意味において「不朽」なのである。荀爽の回答は、以上のようなものであった（二〇）。

次に、孫翺である。

以為らく死生命有りとは、他人の致す所に非ざるなり。善を積みて慶有り、仁を行いて寿を得るが若きは、乃ち教化の義なり。人を誘いて善に納るるの理なり。

（以為死生有命、非他人之所致也。若積善有慶、行仁得寿、乃教化之義。誘人而納於善之理也。）　［『中論』夭寿篇］

孫翺によれば、そもそも『論語』顔淵篇に「死生命有り、富貴天に在り（死生有命、富貴在天）」とあるように、短命／長命は天与のものである。そうであるならば、「或るひと」の掲げた孔子の発言は、いずれも人を善に向かわせることを目的とした、教化のための言説として機能するものである、ということになる。

以上のような荀爽・孫翺の行論に対し、徐幹はより分析的な議論を展開している。

夫れ寿に三有り。王沢の寿有り、声聞の寿有り、行仁の寿有り。書《『尚書』》に曰く、五福。一に曰く寿と。此れ王沢の寿なり。詩《『詩経』》に云く、其の徳爽《たが》わず、寿考忘られずと。此れ声聞の寿なり。孔子曰く、仁者寿《いのちなが》しと。此れ行仁の寿なり。孔子の爾《しか》く云う者は、仁者寿《いのちなが》ければ、万物を利養し、万物も亦た利を受くるを以てなり。故に必ず寿とするなり。

（夫寿有三。有王沢之寿、有声聞之寿、有行仁之寿。書曰、五福。一曰寿。此王沢之寿也。詩云、其徳不爽、寿考不忘。此声聞之寿也。孔子曰、仁者寿。此行仁之寿也。孔子云爾者、以仁者寿、利養万物、万物亦受利矣。故必寿也。）

〔『中論』夭寿篇〕

徐幹によれば、「寿」には「王沢」「声聞」「行仁」の三種があるという。「王沢の寿（王沢之寿）」とは『尚書』洪範にもとづくもので、長命を意味する。[一一] また「声聞の寿（声聞之寿）」とは、『毛詩』小雅「蓼蕭」の「蓼たり彼の蕭、零露瀼瀼《あふれんばかり》たり。既に君子を見れば、龍《〔寵〕》を為し光を為す。其の徳爽《たが》わず、寿考忘られず（蓼彼蕭斯、零露瀼瀼。既見君子、為龍為光。其徳不爽、寿考不忘）」を典拠とするものである。これについて毛序は「蓼蕭は、沢の四海に及ぶなり（蓼蕭、沢及四海也）」と述べ、鄭箋は「寵を為し光を為すは、天子の恩沢光耀、己に被及するを言うなり（為寵為光、言天子恩沢光耀、被及己也）」と規定する。すなわち、まずは天子の恩寵があまねく行きわたり、その後にそのことを祝賀する（寿《ことほ》ぐ）ことなのである。さらに、「行仁の寿（行仁之寿）」は『論語』雍也篇「仁者は寿し（仁者寿）」を典拠とする。これは「或るひと」の発問にも引用されたものであるが、徐幹はここで、「仁者」が「寿」であるのは万物に利益するものであるからとの解釈をくわえている。

このように徐幹の行論は、荀爽・孫翱とくらべて、より分析的である。また同時に、徐幹は単なる長命や単なる名声というよりも、むしろその背後には仁者（ことに天子）による万物へ利益を与える作用・はたらきが先立って存在するということを述べている。これは『中論』冒頭における「君子」による「成徳」の「不朽」ということとおおいに関連するものであり、また「天子」としての曹丕のあり方にとって、きわめて示唆的なものであったといえる。[一二] そして曹丕は、このような内容を含む徐幹『中論』が「一家の言（一家言）」〔『典論』論文〕であるとして、同時代の著作のうちでただ一つ、経書にも比肩しうるものとして称揚したのであった。

Ⅳ

さて、正史には曹丕と徐幹との関係が次のように述べられている。

始め文帝〔曹丕〕五官将と為り、平原侯植〔曹植〕と皆文学を好む。粲〔王粲〕は北海の徐幹字は偉長、広陵の陳琳字は孔璋、陳留の阮瑀字は元瑜、汝南の応瑒字は徳璉、東平の劉楨字は公幹と、並びに友とせられて善し。幹〔徐幹〕は司空軍謀祭酒掾属、五官将文学と為る。

（始文帝為五官将、及平原侯植皆好文学。粲与北海徐幹字偉長、広陵陳琳字孔璋、陳留阮瑀字元瑜、汝南応瑒字徳璉、東平劉楨字公幹、並見友善。幹為司空軍謀祭酒掾属、五官将文学。）

〔『三国志』魏書王粲伝〕

当該時期について『文心雕龍』は、五言詩が台頭した時期であり、徐幹はその潮流の中で活躍していたから評価されたものとして「建安の初めに曁《およ》びて、五言騰踊す。文帝〔曹丕〕・陳思〔曹植〕は、轡を縦《ほしいまま》にして以て節を騁せ、王〔王粲〕徐〔徐幹〕応〔応瑒〕劉〔劉楨〕は、路を望みて駆を争う（曁建安之初、五言騰踊。文帝陳思、縦轡以騁節、王徐応劉、望路而争駆）」〔『文心雕龍』明詩篇〕と述べている。しかし実は、曹丕は徐幹の「詩」については必ずしも高い評価を下してはいなかった。

王粲は辞賦に長ず。徐幹は時に斉気有るも、然れども粲の匹《たぐい》なり。粲の初征、登楼、槐賦、征思、幹の玄猿、漏巵、圓扇、橘賦の如きは、張〔張衡〕蔡〔蔡邕〕と雖も過ぎざるなり。然れども他文に於いては、未だ是に称《かな》う能わず。

（王粲長於辞賦。徐幹時有斉気、然粲之匹也。如粲之初征、登楼、槐賦、征思、幹之玄猿、漏巵、圓扇、橘賦、雖張蔡不過也。然於他文、未能称是。）

『典論』論文

曹丕は、徐幹には「斉気」[二三]すなわち斉国特有の緩慢な調子が認められるものの、「辞賦」においては王粲と併称し得るほどにすぐれている、と評している。王粲・徐幹の「辞賦」は、かの張衡や蔡邕でも及ばないほどのものである。しかし「辞賦」以外の「文」については、そうはいえないとしているのである。[二四]このように評する一方で、曹丕は徐幹による議論の内容については、次のように称揚していた。

融〔孔融〕等已に逝く。唯だ幹〔徐幹〕のみ論を著して一家の言を成す。

（融等已逝。唯幹著論成一家言。）

『典論』論文

李周翰注に「著論とは、徐幹の中論二十篇を著すを謂うなり（著論、謂徐幹著中論二十篇）」とあるように、徐幹に対する曹丕の好評は、「一家の言（一家言）」『典論』論文」を内容としてもつ「論」すなわち『中論』を著したことによる。このことはまた曹丕「与呉質書」において、より詳しく述べられている。

古今の文人を観るに、類《おおむね》細行を護らず、能く名節を以て自立するもの鮮《すくな》し。而れども偉長〔徐幹〕は独り文を懐き質を抱き、恬淡寡欲にして、箕山の志有り。彬彬たる君子なる者と謂うべきなり。中論二十余篇を著し、一家の言を成す。辞義典雅にして、後に伝うるに足る。此の子不朽たり。

（観古今文人、類不護細行、鮮能以名節自立。而偉長独懐文抱質、恬淡寡欲、有箕山之志。可謂彬彬君子者矣。著中論二十余篇、成一家之言。辞義典雅、足伝于後。此子為不朽矣。）

『文選』所収曹丕「与呉質書」

「与呉質書」は、建安七子の相次ぐ病没を哀惜するものである。(一五) ここでも曹丕は、やはり徐幹のみを取り上げて、「文質彬彬」であり「君子」たる者であると評している。(一六) また、その品行については『老子』および堯と許由との説話に依拠しつつ、清白であるさまを述べている。(一七) これらを総じて、張銑注は「言うところは幹［徐幹］の才は文質兼備するも、恬淡無欲にして、隠人の志有り（言幹之才文質兼備、恬淡無欲、有隠人之志）」としている。

　このように曹丕は、さまざまな場面で徐幹『中論』を好評している。そして曹丕自身も『典論』を著したのであるが、そもそも曹丕にとって「論」とは「書・論は宜しく理あるべし（書論宜理）」（『典論』論文）とあるように、「理」が文章において顕現する、そのようなものとして考えられていた。そしてそのような内実をもった文章を、曹丕は経書にも匹敵するものとして重要視したのである。ゆえに曹丕は、建安七子のうちで「論」を著した徐幹のみをことさらに特記し、称揚したのであった。

　ところで「与呉質書」において曹丕は、徐幹の著作を「一家の言（一家之言）」であるとし、また『典論』論文においても、徐幹が「一家の言（一家言）」をなしたことを述べていた。それではそもそも、この「一家の言（一家之言／一家言）」とはどのようなものなのか。実はこれは、もともと司馬遷がみずからの著書『史記』を指して述べた語であった。司馬遷は「報任少卿書」において、次のように述べる。

　僕窃かに不遜なれども、近《このごろ》自ら無能の辞に託し、天下の放失するの旧聞を網羅し、略《ほぼ》其の行事を考え、其の終始を綜べ、其の成敗興壊の紀を稽《かんが》え、上は軒轅〔黄帝〕より計り、下は茲《ここ》に至るまで、十表・本紀十二・書八章・世家三十・列伝七十、凡そ百三十篇を為《つく》る。亦た以て天人の際を究め、古今の変に通じ、一家の言を成さんと欲す。

（僕窃不遜、近自託於無能之辞、網羅天下放失旧聞、略考其行事、綜其終始、稽其成敗興壊之紀、上計軒轅、下至於茲、為十表本紀十二書八章世家三十列伝七十、凡百三十篇。亦欲以究天人之際、通古今之変、成一家之言。）

〔司馬遷「報任少卿書」〕

また、『史記』太史公自序には次のようにある。

　序略以て遺を拾い芸を補い、一家の言を成す。厥れ六経の異伝を協《ととの》え、百家の雑語を整斉《ととの》え、之を名山に蔵し、副は京師に在《のこ》し、後世の聖人君子を俟《ま》つ。

（序略以拾遺補芸、成一家之言。厥協六経異伝、整斉百家雑語、蔵之名山、副在京師、俟後世聖人君子。）

〔『史記』太史公自序〕

　司馬遷は「報任少卿書」において「天人の際（天人之際）」「古今の変（古今之変）」と述べ、みずからの著作である『史記』は空間・時間をくまなく窮め尽くすものであり、世界の全体を語り尽くそうとするものであるとする。また

『史記』太史公自序では、『史記』が経書を補完するものであり、かつ同時に諸種の言説をも完備するものであるとし、「後世の聖人君子（後世聖人君子）」が継承するために遺されたものであるとする。すなわち「一家の言（一家之言／一家言）」とは、世界全体を網羅的に記述し、そのことによって後世へと継承される価値を有する、そのようなものであった。

曹丕が徐幹を称揚したのは、『中論』がこのような後世への規範性を獲得し、また世界全体を著作にこめようとするものであるとみていたことによる。曹丕によれば徐幹『中論』はまさにそのような「文章」としての理想を充たすものであり、ゆえに曹丕はそれを「一家の言（一家之言／一家言）」と称揚したのであった。

V

曹丕は徐幹『中論』を「一家の言（一家之言／一家言）」として、「文章」における理想であるとみていたのであるが、曹丕自身もまた、経書を根底とする文化的正統性の内にある「文章」を志向していた。その「文章」とは、やはり「一家の言（一家之言／一家言）」としての不朽性を有するものでもあった。そのために曹丕は『典論』や『皇覧』を制作するのであるが、曹丕はそれらの著作にも徐幹同様の規範性や世界全体の記述ということが果たされていなくてはならないと考えていたのであった。このことについてはまず、荀彧が曹丕の父・曹操に述べた言辞を以下に引用する。

既に徳を立て功を立てて、又た兼ねて言を立つ。誠に仲尼の述作の意なり。制度を当時に顕らかにし、名を後世に揚ぐ。豈に盛ならざらんや。若し武事の畢《つ》くさるるを須《ま》ちて而る後に制作し、以て治化に稽《いた》るは、事に於いて未だ敏ならず。宜しく天下の大才・通儒を集めて、六経を考論し、伝記を刊定し、古今の学を存し、其の煩重を除き、以て聖真を一《もっぱ》らにし、並びに礼学を隆んにし、漸く教化を敦くすべし。則ち王道両つながら済《な》らん。

（既立徳立功、而又兼立言。誠仲尼述作之意。顕制度於当時、揚名于後世。豈不盛哉。若須武事畢而後制作、以稽治化、於事未敏。宜集天下大才通儒、考論六経、刊定伝記、存古今之学、除其煩重、以一聖真、並隆礼学、漸敦教化。則王道両済。）

〔『三国志』魏書荀彧伝注引「彧別伝」〕

これもまた『春秋左氏伝』襄公二十四年の「立徳」「立功」「立言」を典拠とし、その規範性に言及するものである。ここでの荀彧は、曹操に「教化」と「武事」との両立を勧めている。その際に荀彧は、学者を糾合して「六経」にとどまらず「伝記」、さらには「古今の学（古今之学）」全体について議論をおこなわせるべきであるとしている。これは、国家の規範性は経書を中心としているが、諸学全体にわたってその規範性が貫かれるようにせよ、との発言である。そして、曹操の子である曹丕自身は、それを具体化し得るだけの広角的教養がそなわっていた。曹丕は『典論』自叙において、次のように述べる。

余是を以て少《おさな》くして詩《『詩経』》論《『論語』》を誦し、長ずるに及びて五経四部を備歴《あまね》くし、史《『史記』》漢《『漢書』》諸子百家の言、畢《ことごと》く覧ざるは靡し。

（余是以少誦詩論、及長而備歴五経四部、史漢諸子百家之言、靡不畢覧。）

〔『典論』自叙〕

そしてまた、呂向が「文帝の典論二十篇は、古者の経典文事を兼論す。此篇文章の体を論ずる有るなり（文帝典論二十篇、兼論古者経典文事。有此篇論文章之体也）」〔『典論』論文題下注〕としたように、曹丕自身による『典論』自体もまた、経典を中心に据えつつも、諸方面にわたる議論をそなえるものであった。その意味において『典論』は、曹丕においては「不朽」であり、「一家の言（一家之言／一家言）」に相当するものを目指すものであったといえる。くわえて曹丕は『典論』を含む文章著述以外に、もう一つの「一家の言（一家之言／一家言）」を構想していた。類書『皇覧』の編纂である。[二八]

初め帝は文学を好みて、著述を以て務めと為し、自ら勒成する所は百篇に垂《なんなん》とす。又た諸儒をして経伝を撰集し、類に随い相い従わしむること、凡そ千余篇、号して皇覧と曰う。

（初帝好文学、以著述為務、自所勒成垂百篇。又使諸儒撰集経伝、随類相従、凡千余篇、号曰皇覧。）

〔『三国志』魏書文帝紀〕

『皇覧』編纂に参加した劉劭の伝には、また次の記述がある。


黄初中、尚書郎散騎侍郎たり。詔を受けて五経・群書を集め、類を以て相い従わしめ、皇覧を作る。

（黄初中、為尚書郎散騎侍郎。受詔集五経群書、以類相従、作皇覧。）

〔『三国志』魏書劉劭伝〕

『皇覧』は経書とその解釈を中心に据えつつ、「群書」をも含み込んで分類・編纂されたものである。すなわちこれは、「五経」を根底に据えた儒教的正統性をその内にこめようとしたものであったが、また一方で、当時の諸学全体を広く取り入れるものでもあった。曹丕はそれらを複数に分類・整理し、そこに収録することで、当時の学問的状況のすべてを提示しようとしたのであった。『皇覧』の全容は現在に伝わらないが、一般に、類書の嚆矢とみなされている。類書というものは、世界全体を整合的・構造的に分類し、記述するものであり、その選定はいわば、その時代の世界像を公布するものである。(二九)曹丕がこのような類書の編纂を企図したのは、もちろん世界全体を整理して把握・提示しようとするためであったが、またそれは、現実的には国家支配ということに寄与するとみていたためであった。(三〇)くわえて『皇覧』の編纂は、曹丕自身にとって「不朽」たる「一家の言（一家之言／一家言）」の成立を目指すものでもあったといえるだろう。

結

曹丕はみずからの「天子」としての立場から、『典論』および『皇覧』を制作した。それらの著作は、徐幹『中論』を模範としつつ、「不朽」たる「一家の言（一家之言／一家言）」を目指したものである。同時に、世界全体を記述し、後世への規範を確立するという点で、経典にも匹敵するものであった。曹丕による「文章」の制作は、そのような「経国の大業（経国之大業）」の実践であった。実際に、曹丕の子である曹叡は『典論』を「不朽の格言（不朽之格言）」と評し、これを石に刻した。(三一)ここにおいて『典論』は、まさしく「一家の言（一家之言／一家言）」となったのである。曹丕による「文章は経国の大業にして、不朽の盛事なり（文章経国之大業、不朽之盛事）」との文章経国論は、近代的文学精神が古典古代に存在していたことを示すものではない。しかしまた、特定の思想的著述（子書）のみに限定して把捉すべきものでもない。それは、経典を根底にあらゆるすぐれた文章をその内にこめて、世界像の全体を提示しようとするものであり、かかる「文章」の理想は同時に、こうした『典論』および『皇覧』制作の理論的根拠となるものであった。

《注》

（一）周文王は紂王による幽閉の際に「易」を制作し、周公旦は成王の摂政の任にあたり「礼」を制定したとされる。なお、曹丕のこのような文章観は、司馬遷のいわゆる発憤著書説とは対立するものである。司馬遷「報任少卿書」には「蓋し文王は拘《とら》われて周易を演《の》べ、仲尼は厄《くる》しみて春秋を作り、屈原は放逐せられて乃ち離騒を賦し、左丘《［左丘明］》は明を失いて厥れ国語有り、孫子は臏脚せられて兵法列を脩《ととの》え、不韋《［呂不韋］》は蜀に遷りて世に呂覧を伝え、韓非は秦に囚われて説難・孤憤あり。詩三百篇は大底賢聖発憤の為作《な》す所なり（蓋文王拘而演周易、仲尼厄而作春秋、屈原放逐乃賦離騒、左丘失明厥有国語、孫子臏脚兵法脩列、不韋遷蜀世伝呂覧、韓非囚秦説難孤憤。詩三百篇大底賢聖発憤之所為作也）」とあり、周文王が苦境にあって制作した「易」には言及するものの、周公旦についての記述はない。

（二）鈴木虎雄『支那詩論史』（弘文堂書房、一九二五）参看。

（三）青木正児『支那文学思想史』（岩波書店、一九四三）参看。

（四）『漢書』王褒伝には「辞賦の大なる者は古詩と義を同じくし、小なる者は辯麗にして喜ぶべし。辟えば女工に綺縠有り、音楽に鄭衛有るが如し。今世俗猶お皆此を以て耳目を虞説す。辞賦之に比するに、尚お仁義・風諭、鳥獣・草木多聞の観有り。倡優・博奕より賢なること遠し（辞賦大者与古詩同義、小者辯麗可喜。辟如女工有綺縠、音楽有鄭衛。今世俗猶皆以此虞説耳目。辞賦比之、尚有仁義風諭、鳥獣草木多聞之観。賢於倡優博奕遠矣）」とある。これは古典的正統性を有する詩に比べて、辞賦を低くみたものである。

（五）近代以降の文章経国論解釈については、青木正児が「純文学評論」と述べたように、近代の「文学」概念（これについては、さしあたり『日本国語大辞典（第二版）』十一巻（小学館、二〇〇一）「文学」のうち「芸術体系の一様式で、言語を媒材にしたもの。詩歌・小説・戯曲・随筆・評論など、作者の、主として想像力によって構築した虚構の世界を通して作者自身の思想・感情などを表現し、人間の感情や情緒に訴える芸術作品」をあげておく）に相当するものを古典的文章の中に見出そうとするモチベーションが強く作用していたことは間違いない。すなわち「文学」の語を近代「文学」に置き換えて読むことによって、「中国文学」という近代的学問を構築しようとしていたのである。しかし、興膳宏「「文学」と「文章」」（佐藤匡玄博士頌寿記念論集刊行会編『東洋学論集　佐藤匡玄博士頌寿記念論集』、朋友書店、一九九〇）には「「文」が「学」ことに支配体制を維持するための学問である経学と相即的関係を強化することによって、その活動領域を広げていった」とある。当時の士大夫における「文章」が「辞賦」などを含むものであるにしても、その内実はやはり近代的「文学」概念とは大きく隔たり、儒教経学をバックボーンとするものであったことは、あらためて認識する必要があろう。なお中国においても、つとに魯迅「魏晋風度及文章与薬及酒之関係」（魯迅『而已集』、一九二七）が、当該時期を鈴木虎雄同様「文学自覚の時代」としているが、これについては牧角悦子「経国と文章――建安における文学の自覚（二）」（三国志学会編『林田愼之助博士傘寿記念　三国志論集』、汲古書院、二〇一二）による「魯迅の言葉の背景には、近代的文学意識の目覚めの時期に在って、自国の古典の中にそのルーツを求める、いわば国民文学的視点があったはずである」との指摘がある。

（六）網祐次「文体の変遷――南朝時代を中心として」（『お茶の水女子大学人文科学紀要』二、一九五二）参看。

（七）岡村繁「曹丕の「典論論文」について」（『支那学研究』二四・二五、一九六〇）参看。なお、岡村繁の引用文中の「純文学」および「文学」概念は、おそらくは近代文学におけるそれを指す。

（八）古川末喜「建安、三国文学思想の新動向」（『日本中国学会報』四〇、一九八八）参看。

（九）渡邉義浩「曹丕の『典論』と政治規範」（『三国志研究』四、二〇〇九）参看。

（一〇）岡村繁「曹丕の「典論論文」について」（前掲）は「一部のまとまった思想的著書」について、「伝統的ないい方に従えば「子書」」であるとする。これを承けて古川末喜「建安、三国文学思想の新動向」（前掲）は、『太平御覧』に引く陸機の言を掲げる。

陸君亡に臨みて曰く、窮通は時なり。遭遇は命なり。古人は言を立つるを貴びて以て不朽と為す。吾作る所の子書は未だ成らず。此を以て恨と為すのみ。

（陸君臨亡曰、窮通時也。遭遇命也。古人貴立言以為不朽。吾所作子書未成。以此為恨耳。）

これによれば、陸機は立言不朽説に該当する「文章」が「子書」であるとみていたということになる。

（一一）牧角悦子「建安文学に見る詩の変容——文章不朽と詩の無名性」（三国志学会編『狩野直禎先生傘寿記念　三国志論集』、汲古書院、二〇〇八）参看。なお牧角悦子「経国と文章——建安における文学の自覚（一）」（前掲）も「曹丕における文章は、あくまでも経国的価値の体系の中に存在するのである」とする。ただしその内実に関しては、単に思想的著作にとどまらずに「四科という実用文を中心とした分類を行うと同時に、賦の持つ修辞性についても十分認識していた」としている。

（一二）杜預注は「立徳」に該当するものには黄帝・堯・舜、「立功」には禹・稷、「立言」には史佚・周任・臧文仲を挙げている。

（一三）孔穎達疏には「老・荘・荀・孟・管・晏・揚・墨・孫・呉の徒は、子書を制作す。屈原・宋玉・賈誼・揚雄・馬遷〔司馬遷〕・班固以後の、史伝を撰集し及び文章を制作し、後世をして学習せしむるは、皆是れ立言なる者なり（老荘荀孟管晏揚墨孫呉之徒、制作子書。屈原宋玉賈誼揚雄馬遷班固以後、撰集史伝及制作文章、使後世学習、皆是立言者也）」とある。なお「賈誼」はもと「賈逵」に作るが、阮元の校勘記にしたがって改変した。

（一四）『春秋左氏伝』襄公二十四年に由来する「徳」「功」「言」の序列は、曹丕の弟、曹植によっても意識されていた。曹植

「与楊徳祖書」には次のようにある。

吾徳薄く、位は蕃侯たりと雖も、猶お庶幾《こいねが》わくは力を上国に勠《あわ》せ、恵を下民に流し、永世の業を建て、金石の功を留めんと。豈に徒だ翰墨を以て勲績と為し、辞賦もて君子と為さんや。若し吾が志未だ果たされず、吾が道行われざれば、則ち将に庶官の実録を採り、時俗の得失を辯じ、仁義の衷を定め、一家の言を成さんとす。

（吾雖徳薄、位為蕃侯、猶庶幾勠力上国、流恵下民、建永世之業、留金石之功。豈徒以翰墨為勲績、辞賦為君子哉。若吾志未果、吾道不行、則将采庶官之実録、辯時俗之得失、定仁義之衷、成一家之言。）

これは「徳」「功」「言（一家の言）」の序列を踏襲するものである。ただし曹植の場合は、辞賦について「辞賦は小道にして、固より未だ以て大義を揄揚し、来世に彰示するに足らざるなり（辞賦小道、固未足以揄揚大義、彰示来世也）」「曹植「与楊徳祖書」」と否定的に言及する。この点において、曹丕が辞賦をも含み込む壮大な「一家の言（一家之言／一家言）」を構想していたのとはスタンスを異にしている。かかる曹植の立場について、大上正美「曹植の対自性――〈黄初四年の上表文〉を読む」（三国志学会編『狩野直禎先生傘寿記念　三国志論集』、汲古書院、二〇〇八）は「曹植が文学への不信を語り、つねに公的文章に熱情を注いだのは、「政治＞文学」という関係をわきまえて生き、その中で書いていたからである」とする。渡邉義浩「経国と文章――建安における文学の自覚（一）」（三国志学会編『林田愼之助博士傘寿記念　三国志論集』、汲古書院、二〇一二）は、曹植による「辞賦は小道（辞賦小道）」との言は、立徳・立功・立言の儒教的規範におさまらない仮構の定立であり、叙事に対する抒情の重視を宣言するものであるとして、曹植を「近代的な意味における自覚的な「文学」の表現者と位置づけられる」とみている。

（一五）『周易』乾卦文言伝に「君子は成徳を以て行を為し、日に之を行に見《あらわ》すべきなり（君子以成徳為行、日可見之行也）」とある。

（一六）『論語』雍也篇には「子曰く、知者は水を楽しみ、仁者は山を楽しむ。知者は動き、仁者は静かなり。知者は楽しみ、仁者は寿し（子曰、知者楽水、仁者楽山。知者動、仁者静。知者楽、仁者寿）」とあり、包咸注は「性の静なる者は、寿考多し（性静者、多寿考）」とする。

（一七）『周易』坤卦文言伝に「善を積むの家には、必ず余慶有り。不善を積むの家には、必ず余殃有り（積善之家、必有余慶。積不善之家、必有余殃）」とある。

（一八）比干については『史記』殷本紀に「比干曰く、人臣たる者は、死を以て争わざるを得ずと。迺ち紂を強諫す。紂怒りて曰く、吾聖人の心に七竅有るを聞くと。比干を剖《さ》きて其の心を観る（比干曰、為人臣者、不得不以死争。迺強諫紂。紂怒曰、吾聞聖人心有七竅。剖比干観其心）」とある。また子胥については『史記』伍子胥伝に「伍子胥天を仰ぎ歎じて曰く、嗟乎《ああ》讒臣嚭《伯嚭》乱を為すに、王乃ち反って我を誅す。……［中略］……乃ち自ら剄死す（伍子胥仰天歎曰、嗟乎讒臣嚭為乱矣、王乃反誅我。……［中略］……乃自剄死）」とある。

（一九）「死して不朽なり（死而不朽）」の語も、後文の三不朽説同様に『春秋左氏伝』襄公二十四年を典拠とする。『春秋左氏伝』襄公二十四年には「穆叔晋に如《ゆ》く。范宣子之を逆《むか》う。焉に問いて曰く、古人に言有り。曰く、死して不朽なりと。何の謂ぞや（穆叔如晋。范宣子逆之。問焉曰、古人有言。曰、死而不朽。何謂也）」とある。

（二〇）また、荀爽は比干・子胥について「比干・子胥は、皆義を重んじ死を軽んずる者なり。其の軽んずる所を以て其の重んずる所を獲、仁を求めて仁を得れば、慶と謂うべし（比干子胥、皆重義軽死者也。以其所軽獲其所重、求仁得仁、可謂慶矣）」と述べ、ここでも「或るひと」の批判をしりぞけている。

（二一）『尚書』洪範九疇に「五福。一に曰く寿。二に曰く富。三に曰く康寧。四に曰く好徳を攸《な》す。五に曰く終命を考《な》す（五福。一曰寿。二曰富。三曰康寧。四曰攸好徳。五曰考終命）」とある。「寿」について孔安国伝は「百二十年」とする。孔穎達疏は「五福」について、「人の福祐を蒙るに五事有るを謂うなり（謂人蒙福祐有五事也）」とした上で、「寿」を「年の長を得るなり（年得長也）」とする。

（二二）串田久治「徐幹の政論――賢人登用と賞罰」（『愛媛大学法文学部論集（文学科編）』一八、一九八五）は、徐幹が『中論』で述べる政論について、後漢王朝再建のためではなく「来るべき新時代、将来を見通す英明の君主（曹氏）に希望を託してなした」ものであるとする。そうであるならば、ここでの徐幹の議論も直接には曹氏を念頭になされていた可能性がある。

（二三）李善は「言うこころは斉俗の文体は舒緩《〔緩慢〕》にして、徐幹も亦た斯の累有り（言斉俗文体舒緩、而徐幹亦有斯累）」としており、李周翰注にも同様の言及がある。なお『漢書』地理志には「故に斉詩に曰く、子営に之《ゆ》く、我と嶩の間に遭うと。又た曰く、我を著に竢《ま》つと。此れ亦た其の舒緩の体なり（故斉詩曰、子之営兮、遭我虖嶩之間兮。又曰、竢我於著乎而。此亦其舒緩之体也）」とある。前者は『毛詩』斉風「還」では「子之還兮、遭我乎猺之間兮」に作り、後者は『毛詩』斉風「著」では「俟我於著乎而」に作る。

（二四）徐幹について、『文心雕龍』才略篇は「徐幹は賦論を以て美を標ぐ（徐幹以賦論標美）」と評する。また『詩品』は、徐幹を「下品」に位置づけた上で「白馬《〔曹彪〕》と陳思《〔曹植〕》との答贈、偉長《〔徐幹〕》と公幹《〔劉楨〕》との往復は、莛《くき》を以て鐘を叩くと曰うと雖も、亦た能く閑雅なり（白馬与陳思答贈、偉長与公幹往復、雖曰以莛叩鐘、亦能閑雅矣）」とする。これは曹彪・徐幹の詩が「閑雅」であると一定の評価を下すものの、「上品」である曹植・劉楨に対する贈答の相手としては相応しくないということを述べたものである。

（二五）『文選』所収曹丕「与呉質書」の篇題下注に李善が引く『典略』には、「初め徐幹・劉楨・応瑒・阮瑀・陳琳・王粲等、質《〔呉質〕》と並びに太子《〔曹丕〕》に友とせらる。二十二年《〔建安二十二年〕》、魏に大疫ありて諸人多く死せり。故に太子質に書を与う（初徐幹劉楨応瑒阮瑀陳琳王粲等、与質並見友於太子。二十二年、魏大疫諸人多死。故太子与質書）」とあり、その曹丕「与呉質書」には「昔年疾疫あり。親故多く其の災に離《あ》い、徐《〔徐幹〕》陳《〔陳琳〕》応《〔応瑒〕》劉《〔劉楨〕》、一時に倶に逝く。痛むこと言うべけんや（昔年疾疫。親故多離其災、徐陳応劉、一時倶逝。痛可言邪）」との言がある。なお「与呉質書」は、『三国志』およびその裴松之注、『文選』などに引かれているが、それぞれに異同があり、それにより主眼が異なるとされる。このことについては、稀代麻也子「「与呉質書」の曹丕」（三国志学会編『狩野直禎先生傘寿記念　三国志論集』、汲古書院、二〇〇八）参看。

（二六）『論語』雍也篇に「子曰く、質、文に勝てば則ち野、文、質に勝てば則ち史、文質彬彬として、然る後に君子たり（子曰、質勝文則野、文勝質則史、文質彬彬、然後君子）」とある。包咸注は「彬彬は、文質の相い半ばするの貌なり（彬彬、文質相半之貌）」とし、邢昺疏は「文質彬彬として、然る後に君子とは、彬彬として、文質相い半ばするの貌なり。言うところは文華質朴相い半ばして、彬彬然たりて、然る後に君子と為すべきなり（文質彬彬、然後君子者、彬彬、文質相半之貌。言文華質朴相半、彬彬然、然後可為君子也）」とする。

（二七）「恬淡」は『老子』第三十一章、「寡欲」は『老子』第十九章にもとづくものであり、尭と許由との説話は『荘子』逍遙遊、『呂氏春秋』慎行論求人、『史記』伯夷列伝などに見えている。なお、徐幹の品行については『三国志』魏書王粲伝注引『先賢行状』に「幹《〔徐幹〕》は清玄にして道を体し、六行脩備す。聡識洽聞にして、翰を操れば章を成す。官を軽んじ禄を忽せにし、世栄に耽らず（幹清玄体道、六行脩備。聡識洽聞、操翰成章。軽官忽禄、不耽世栄）」とあり、また『三国志』魏書王昶伝には「北海の徐偉長《〔徐幹〕》、名の高きを治めず、苟しくも得るを求めず、澹然として自守し、惟だ道をのみ是れ務む（北海徐偉長、不治名高、不求苟得、澹然自守、惟道是務）」とある。

（二八）曹丕の『皇覧』については、津田資久「漢魏交替期における『皇覧』の編纂」（『東方学』一〇八、二〇〇四）参看。

（二九）なお後世、とくに宋明時代になると、『太平御覧』や『永楽大典』のごとく、類書と各王朝の支配理念との結びつきが顕著となる例が多く見られる。かかる類書と国家との関係もまた、『皇覧』と曹魏王朝にはじまるものである。

（三〇）渡邉義浩「曹丕の『典論』と政治規範」（前掲）は、曹丕がみずからの帝位の正当性を主張するために、文化的諸価値を君主権力に一元化することを企図していたと述べ、『皇覧』の編纂は「世界観の一元化」を目指すものであったとする。

（三一）『三国志』魏書明帝紀に「戊子、太傅三公に詔して、文帝の典論を以て石に刻み、廟門の外に立つ（戊子、詔太傅三公、以文帝典論刻石、立于廟門之外）」とある。また『三国志』魏書斉王芳紀の注には、明帝の言として「先帝昔典論を著す。不朽の格言たり（先帝昔著典論、不朽之格言）」とある。

第三章　建安文質論考
――阮瑀・応瑒の「文質論」とその周辺――

序

『宋書』謝霊運伝論に「建安に至りて、曹氏基《はじ》めて命ぜられ、二〔曹操・曹丕〕祖・陳王〔曹植〕、咸《みな》盛藻を蓄《つ》む。甫《はじ》めて乃ち情を以て文を緯《お》り、文を以て質を被《おお》う（至于建安、曹氏基命、二祖陳王、咸蓄盛藻。甫乃以情緯文、以文被質）」とあるように、後漢最末期・建安年間は「文章」の歴史においてひとつの画期をなしている。そしてその画期の性格は、沈約によれば、根底的な「情」にもとづいて「文」が制作され、その「文」が「質」を包摂する、すなわち「文」が「質」を被《おお》いこむような特徴をもっているというのである（一）。

では、その建安期における「「文」が「質」を被いこむような特徴」とは、具体的に「文」と「質」とがいかなるものとして把握されていて、そのように言われたのだろうか。そしてまたここでは「文」と「質」とが対比的に示されているわけだが、そのことは一見、単に文章論上のレトリックを問題にするもののように見える。もちろん『宋書』謝霊運伝論の第一義的テーマは文章論にあるが、ただ実は「文」と「質」に関しては、建安期以前、先秦から漢代に至るまでにさまざまな議論があり、そしてそれらのテーマは（儒教的）国家秩序としての礼制と深く関わるものが多かった。すなわち「文」と「質」との関係は、伝統的には文章論というよりも（儒教的）国家論として語られてきた問題であった。

それでは、沈約が「文を以て質を被う（以文被質）」と評しつつ、「文」「質」を文章論として捉え込もうとした建安期において、実際に「文」「質」については（建安期以前の諸議論を承けつつ）どのように議論がされていたのだろうか。そして沈約的な「文」「質」の背後にはどのような問題系が控えていたのか。本章はかかる関心から、建安期に著された阮瑀「文質論」と応瑒「文質論」を主対象として、若干の検討をおこなうものである。

I

周知のように「文」と「質」をめぐる議論（以下、これを「文質説」と呼ぶ[二]）は、そもそも孔子にはじまる。たとえば『論語』雍也篇の以下の発言は、人口に膾炙している。

> 子曰く、質、文に勝てば則ち野、文、質に勝てば則ち史、文質彬彬として、然る後に君子たり。
> （子曰、質勝文則野、文勝質則史、文質彬彬、然後君子。）　〔『論語』雍也篇〕

「文質彬彬」とは、何晏『論語集解』の引く包咸注によると、「彬彬は、文質の相い半ばするの貌なり（彬彬、文質相半之貌）」とある。すなわち「文」と「質」とがほどよく調和的である状態のことをいう。孔子は指導者としての規律ある言動（文）と、それを支える厳直な心性（質）とがともに備わっている状態こそが「君子」となるための要件であるとしているのである[三]。

一方でまた『礼記』表記には、孔子の言として次のようなものがある。

子曰く、虞夏の質、殷周の文は、至れり。虞夏の文は、其の質に勝たず。殷周の質は、其の文に勝たず。

（子曰、虞夏之質、殷周之文、至矣。虞夏之文、不勝其質。殷周之質、不勝其文。）『礼記』表記

これについて鄭玄は「言うこころは王者は質文を相い変じて、各《おの》おの多《まさ》る所有り（言王者相変質文、各有所多）」『礼記』表記注」とする。歴史上の各王朝は「質」「文」において、それぞれにすぐれたところがあったというわけである。そしてこうなってみると、もはや「文」と「質」との問題は、文章論どころか、君子（指導者）の持つべき資質、さらには国家秩序の内容にまで、広く拡張されているのである。

『礼記』表記には、夏殷周三代の治世に関して、「文」「質」を軸とする次のような記述がある。

子曰く、夏道は未だ辞を瀆《けが》さず、備を求めず、大いに民に望まざれば、民未だ其の親を厭わず。殷人は未だ礼を瀆さず、而れども民に備を求む。周人は民に強《強制》う。未だ神を瀆さざるも、而れども賞爵刑罰窮まる。

（子曰、夏道未瀆辞、不求備、不大望於民、民未厭其親。殷人未瀆礼、而求備於民。周人強民。未瀆神、而賞爵刑罰窮矣。）『礼記』表記

夏王朝はことさらに辞令を用いず、寛治にして、課税も過重ではなかった。(四) しかし時代が下降するにつれて、次第に賞爵刑罰（文）が整備されることにより、その統治は人民に対して強制的なものとなった。(五) 内的倫理（質）に訴え

ていた夏王朝に対して、徐々に外在的規範としての諸制度（文）が施行されることになったのである。

かかる情況をうけて、孔子は「虞夏の道は、民に怨寡し。殷周の道は、其の敝に勝《た》えず（虞夏之道、寡怨於民。殷周之道、不勝其敝）」〔『礼記』表記〕と総括する。これについて鄭玄は「言うこころは殷周は文を極むれば、民は恥無くして利に巧なり。後世の政は復し難きなり（言殷周極文、民無恥而巧利。後世之政難復）」〔『礼記』表記注〕と注している。すなわち、殷周に最盛をきわめた外在的規範（文）による統治は、その繁雑さゆえに、それに習熟できない人民を生じ、あるいは、その網目をかいくぐろうとする腐敗的連中の跋扈を招いたのであった。孔子自身は必ずしも「文」そのものを否定するものではないが、（六）しかし「後世作《おこ》る者有りと雖も、虞帝は及ぶべからざるのみ（後世雖有作者、虞帝弗可及也已矣）」〔『礼記』表記〕として、虞帝、すなわち舜に比類する者がないとする。そうであるならば「質」を統治の基幹に据える虞夏は、「文」を方法とする殷周よりも相対的に適切な政治をおこなっていた、そのように孔子は見ていたといえるだろう。

そのためもあろうか、これ以後の文質説は（「文」「質」の両者はいずれともに重要ではあるけれど）「文」に対して「質」をより本質的とみるものが主流をなしてゆく。たとえば『春秋繁露』玉杯には、次のような議論がある。

> 礼の重んずる所の者は其の志に在り。……〔中略〕……志〔意志〕を質と為し、物〔事物〕を文と為す。文は質に著《つ》くも、質は文に居らず。文安くんぞ質に施さんや。質文両つながら備わりて、然る後に其の礼成る。文質偏行すれば、我爾の名有るを得ず。倶に備わること能わずして之を偏行すれば、寧ろ質有りて文無からん。礼を能くするを予《ゆる》さずと雖も、尚お少しく之を善とす。
>
> （礼之所重者在其志。……〔中略〕……志為質、物為文。文著於質、質不居文。文安施質。質文両備、然後其礼成。文質偏

行、不得有我爾之名。倶不能備而偏行之、寧有質而無文。雖弗予能礼、尚少善之。）　〔『春秋繁露』玉杯〕

これは「礼」を「志（＝質）」と「物（＝文）」とに分節して論じようとするものである。「礼」は「質」と「文」の両者をまって成立する。しかし蘇輿が「言うこころは文の著く所以は質なり。苟しくも質無ければ、文は何に于いてか附かん（言文所以著質。苟無質、文于何附）」〔『春秋繁露義証』玉杯〕と指摘するように、両者の関係には先後があり、その意味において非対称的である。まずあらかじめ「質」があり、そこに「文」が附着することにより「礼」は完成するのである。沈約が文章論において「文を以て質を被う（以文被質）」と述べていたような状況が、実は礼論として説かれていたのである。そしてそこにあっては、「礼」においてより根源的で核心をなすものは「質」である、ということになる。だがそういうことのためには「文」「質」の両者がともに備わっていることが前提となる。しかし、この前提は常に成立できているものとは限らない。そこで『春秋繁露』では、やむを得ず「質」「文」のいずれか一方を欠かねばならないときには、やはり「質」を存しておき、「文」を棄却するとしている（七）。具体的なさまざまな制度や事物（文）よりも根底的真情、すなわち「志（＝質）」を重視するためである。そのことは以下の言に明らかである。

然らば則ち春秋の道を序するや、質を先にして文を後にし、志を右〔高〕にして物を左〔低〕にす。故に曰く、礼と云い礼と云うも、玉帛を云わんやと。推して之を前にすれば、亦た宜しく朝と云い朝と云うも、辞令を云わんやと曰うべし。楽と云い楽と云うも、鐘鼓を云わんやと。引きて之を後にすれば、亦た宜しく喪と云い喪と云うも、衣服を云わんやと曰うべし。

（然則春秋之序道也、先質而後文、右志而左物。故曰、礼云礼云、玉帛云乎哉。推而前之、亦宜曰朝云朝云、辞令云乎哉。楽云楽云、鐘鼓云乎哉。引而後之、亦宜曰喪云喪云、衣服云乎哉。）

〔『春秋繁露』玉杯〕

『春秋繁露』では『論語』陽貨篇「子曰く、礼と云い礼と云うも、玉帛を云わんや。楽と云い楽と云うも、鐘鼓を云わんや（子曰、礼云礼云、玉帛云乎哉。楽云楽云、鐘鼓云乎哉）」を援引しつつ、朝聘は言辞を主とするものではなく、喪礼も服装を主とするものではない、と述べる。形式や威儀（文）よりも内的心性（質）を重要視するのである。

このように漢代になると、「文」と「質」との関係は「質」を主として「文」をそれに付随するものとみる見解が広くおこなわれるようになるのである。後漢の班固『白虎通』三正の議論もまた、かかる見解を踏襲しつつ、王朝ごとの礼制の変更を当時の世界観にあてはめて論じようとするものであった。（八）

王者必ず一質一文するは何ぞや。以て天地を承け、陰陽に順うなり。陽の道極まれば、則ち陰道受け、陰の道極まれば、則ち陽道受く。二陰二陽の相い継ぐ能わざるを明らかにするなり。

（王者必一質一文何。以承天地、順陰陽。陽之道極、則陰道受、陰之道極、則陽道受。明二陰二陽不能相継也。）

〔『白虎通』三正〕

そもそも『説苑』修文には「商〔殷〕とは常なり。常とは質なり。質は天を主とす。夏とは大なり。大とは文なり。文は地を主とす。故に王者は一商一夏、再〔二〕にして復する者なり（商者常也。常者質。質主天。夏者大也。大者文也。文主地。故王者一商一夏、再而復者也）」とあり、（九）「質」と「文」とを基軸とする王朝交替が述べられている。

『白虎通』ではそのことを踏まえつつ、王朝ごとの「質」と「文」との循環の法則性を陰陽の循環に重ねて論じようとしているのである。そしてここでの「質」とは、従来のような内的心性というよりも「天」と結びついていることから、「質」自体の内部にも「天」のもつ秩序性・整合性ということが反映されるようになってきているといえるのである。そこで班固はさらにまた『尚書大伝』[一〇]および『礼』三正記に依拠しながら次のように述べる。

尚書大伝に曰く、王者の一質一文は、天地の道に拠ると。礼三正記に曰く、質は天に法り、文は地に法るなりと。帝王始めて起つに、質を先にして文を後にする者は、天下の道、本末の義、先後の序に順うなり。事には先ず質性有らざること莫くして、乃ち後に文章有るなり。

（尚書大伝曰、王者一質一文、拠天地之道。礼三正記曰、質法天、文法地也。帝王始起、先質後文者、順天下之道、本末之義、先後之序也。事莫不先有質性、乃後有文章也。）　〔『白虎通』三正〕

前掲『説苑』にも「質は天を主とす（質主天）」「文は地を主とす（文主地）」とあるように、やはり「質」は「天」に、「文」は「地」にそれぞれ対応する。したがって「質」が「文」に対して優位にあることは、『周易』繫辞上伝に「天高く地卑し（天高地卑）」とあるような天地の定理に合致する以上、絶対不可侵な理念として堅持されなくてはならない。「文」に対する「質」の優先は、このように当時の世界観／宇宙観を根底に据えて規定されていたのであった。かかる根拠をもって、こうした見解が『春秋繁露』や『白虎通』をはじめ、両漢の儒教において広くおこなわれていたのである。

そうした漢代の言説のなかでも、時期的に建安期に近い言説としては、何休による議論がある。『春秋公羊伝』桓公十一年「春秋の伯子男は一なり。辞は貶《けな》す所無し（春秋伯子男一也。辞無所貶）」の注において、何休は次のような議論を展開する。

王者起こるに必ず質文を改むる所以の者は、衰乱を承け、人の失を救うが為なり。天道は下に本づき、親を親として質省、地道は上を敬して、尊を尊として文煩なり。故に王者始めて起つに、先ず天道に本づきて、以て天下を治め、質にして親を親とす。其の衰敝に及びては、其の失や、親を親とするも尊ばず。故に後王起こるに、地道に法りて、以て天下を治め、文にして尊を尊とす。其の衰敝に及びては、其の失や、尊を尊として親しまず。故に復た之を質に反すなり。

（王者起所以必改質文者、為承衰乱、救人之失也。天道本下、親親而質省、地道敬上、尊尊而文煩。故王者始起、先本天道、以治天下、質而親親。及其衰敝、其失也、親親而不尊。故後王起、法地道、以治天下、文而尊尊。及其衰敝、其失也、尊尊而不親。故復反之於質也。）

〔『春秋公羊伝』桓公十一年注〕

これもまた、王者による「質」「文」の改制を述べるものである。何休は「天道」が「質省」であり、「地道」が「文煩」であると規定する。そして「文」が発揮されるのは「質」が衰微した場面であることを指摘する。すなわち「天道」にもとづく統治は本来「親を親とす（親親）」るものであるが、それが行き過ぎると「尊」を欠く事態を招くことになる。ここにおいてはじめて「文」を方途として差等を明確にし、「尊を尊とす（尊尊）」る状況を構築しなくてはならないのである[一二]。何休の議論もまた、まずは「質」を基幹とする「天道」からはじまり、それが閉塞し、限界を迎えるにあたって、はじめて「文」が要請されるという点において、「質」を優先するそれまでの思想史的潮流に連なるものである。

建安期の「文」「質」をめぐる議論の背後には、まずは孔子の発言を原基としつつ、このような文質説の歴史的堆積が層をなしていたといえる。

Ⅱ

前節では、孔子から両漢に至るまでの文質説を概観してきた。それらは礼制、とくに王朝ごとの改制という国家論を背景にしつつ、「文」に対して「質」をより本来的・核心的なものとして重要視する、そのような傾向性を有していた。

一方、これら一連の主流的見解に対して、「文」それ自体の価値を「質」と対比させつつ主張する見解をもつものも、わずかながら存在していた。漢の揚雄もそのなかの一人であった。揚雄『法言』には、次のような議論が見えている。

> 聖人は、質を文《かざ》る者なり。車《〔車馬〕》服《〔衣服〕》以て之を彰《あき》らかにし、藻色《〔衣冠〕》以て之を明らかにし、声音以て之を揚げ、詩《『詩経』》書《『書経』》以て之を光《かがや》かす。籩豆《〔祭器〕》陳《つら》ねず、玉帛分かたず、琴瑟鏗《な》らず、鐘鼓抎《おこ》らざれば、則ち吾は以て聖人を見ること無し。
>
> （聖人、文質者也。車服以彰之、藻色以明之、声音以揚之、詩書以光之。籩豆不陳、玉帛不分、琴瑟不鏗、鐘鼓不抎、則吾無以見聖人矣。）
>
> 〔『法言』先知篇〕

聖人は「質」（内実）に対して秩序（「文」）をほどこす者である。車馬や衣冠の装飾は、貴賤尊卑を明確にするためにある。[一二]管弦をしたがえた歌唱は聖人の徳を讃美するためにあり、経書に記載することによって聖人の功績は顕彰され、後世へと伝えられる。[一三]揚雄によれば、こうした「文」に立脚してこそ、はじめて聖人の審級が他と明確に弁別されるのであり、したがって、祭器（文）や楽器（文）を用いなければ、そもそも聖人の存在を認めることはできないのであった。ここで揚雄は、まず先に「質」があり、それを種々の「文」により修飾するとしており、その行論自体は「質」が「文」に先立つという点で、これまでの主流的見解と同様であるかに見える。しかし揚雄は、聖人がいかなる「質」をそなえていようとも、「文」を発揮させなければその聖人たることの把捉は不可能であるとする。すなわち「文」に依拠することによって、はじめて「質」が確立するのである。

「文」こそが「質」の確立に貢献する、という揚雄の行論は、前節の諸議論とは異なり、「質」に対して「文」が重要な関鍵をなしていることを主張する。そしてかかる見解もまた、実は『論語』を典拠とする。『論語』顔淵篇には、子貢の発言として「文は猶お質のごときなり。質は猶お文のごときなり。虎豹の鞟《なめし皮》は猶お犬羊の鞟のごときなり（文猶質也。質猶文也。虎豹之鞟猶犬羊之鞟）」とある。虎豹の毛皮には鮮やかな紋様（文）があるけれど、ひとたび体毛を刈り取り、なめし皮として加工してしまえば、[一四]それはもはや犬や羊のものと見分けがつかない。つまり、虎豹と犬羊（質）の区別をそのようにあらしめているものは、各々の表面を覆う体毛（文）なのである。揚雄はかかる古典的論拠にもとづきつつ、「質」との対比における「文」の価値を積極的に認めようとしていたのである。このことはまた、以下の言にも見えている。

或るひと曰く、良玉は彫らず、美言は文《かざ》らずとは、何の謂ぞやと。曰く、玉彫らざれば、璵璠〔魯の宝玉〕も器と作《な》らず、言文らざれば、典謨〔『尚書』〕も経と作《な》らず。〔『法言』寡見篇〕

（或曰、良玉不彫、美言不文、何謂也。曰、玉不彫、璵璠不作器、言不文、典謨不作經。）

一般に、宝玉や美言には、あえてさらなる装飾をくわえる必要はない。このことを前提として、質問者はその理由を尋ねている。そしてこの質問に関していえば、当時一般的には、『淮南子』説林訓に「白玉の雕らざる、美珠の文《かざ》らざるは、質に余有ればなり（白玉不雕、美珠不文、質有余也）」とあり、また『説苑』反質篇にも「丹漆は文《かざ》らず、白玉は雕らず、寶珠は飾らず。何となれば、質に余有る者は、飾を受けざればなり（丹漆不文、白玉不雕、寶珠不飾。何也、質有余者、不受飾也）」とあるように、すでに「質」が充実しているものには、それ以上のことさらな修飾（文）を必要としない、という解答が通例であった。しかし揚雄の解答は、そもそも質問者と前提を共有しない。揚雄によれば、美しい宝玉（質）にも雕琢（文）は必要であり、すぐれた言説である経書（質）にもまた整合的言辞（文）が必要なのであった。このように揚雄の議論は、「文」「質」をめぐる当時の支配的見解とは色調を異にしており、「質」のみならず積極的に「文」の重要性を提唱するものであった。そしてそれは、その後に展開する六朝期の文章論——それは文章のレトリックのみを論ずる議論のように見えるが、その根底にはもちろん「質」としての儒教が前提的に潜在している——にとって、ひとつの基礎的な論拠となる、そのような意義を有するものでもあった[一五]。

Ⅲ

本章ではここまで、建安期「文質論」の思想的基底・前提たる古典的言説を取り上げ、その内容をうかがってきた。

では建安期の実際にあって、当時の人々は、こうした基盤の上にどのような議論を展開していたのだろうか。『宋書』謝霊運伝論にあったような「文を以て質を被う（以文被質）」というような文章論に実際に託されていたのは、より具体的には、当時の世界観のどのようなところの反映であったのだろうか。

建安期の著名な文人である建安七子のうち、阮瑀と応瑒の二人には、それぞれ「文質論」という文章があった。(六) そこで両者の行論を見てみると、応瑒「文質論」は阮瑀「文質論」の言を引きつつ、それに反論をくわえている。そこで、まずは阮瑀「文質論」について検討する。

『三国志』魏書王粲伝に「瑀［阮瑀］は少《わか》くして学を蔡邕に受く（瑀少受学於蔡邕）」とあるように、阮瑀の学問は後漢儒教の本流を継承するものであった。また、彼は陳琳とともに曹操に用いられ、書記官として多くの文章を残していた。(七) まさに当代を代表する文章家であった。その阮瑀が著した「文質論」は、以下のようにはじまる。

> 蓋し聞く、日月の天に麗《つ》くは、瞻《み》るべくして附［近接］き難し。群物の地に著《つ》くは、見るべくして制［統御］し易し。夫れ遠くして識るべからざるは、文の観なり。近くして察するを得るは、質の用なり。文は虚しきも質は実《み》ち、遠は疏なるも近は密なり。

（蓋聞、日月麗天、可瞻而難附。群物著地、可見而易制。夫遠不可識、文之観也。近而得察、質之用也。文虚質実、遠疏近密。）

［阮瑀「文質論」］

阮瑀「文質論」の冒頭は、まずは世界観の提示である。日月は高く天蓋にあって輝きを放つ。だが、それは仰ぎ見る（瞻）ことはできても手には届かない。一方、地上にさまざまに生起する諸事物は、はっきりと目に見えて了解可能（見）であり、それゆえそれらはコントロールすることができる。阮瑀によれば、天の形貌（観＝天文）とは、遠くて実体を知りがたいもの、その意味で実体性を欠いた空疎なるもの（虚／疏）である。これに対して、地上の群物の運動（用）の根底には、知覚可能であり、経験的了解の確実性がある（実／密）ということがある。ここで阮瑀が提示している世界観は、従来の文質説と大きな懸隔がある。すなわち、これまでの文質説がいずれも「質」を「天」に、「文」を「地」に配当させていたのに対し、阮瑀は天体の運行を「文」とし、地上における万物の運動を「質」としているのである。「天」「地」と「質」「文」の連関が反転しているのである。このように「天」「地」と「質」「文」とを反転させることは、従来の世界観を反転させることに等しい。それは世界を従来とは異なるものとして、新たに根底から見直そうとする営為である。そのようにして彼は「天」とは「文」であり、「地」とは「質」であるとみる。このような阮瑀の立場からすると、地上に生起する万物は、みな「質」を備えている、あるいは「質」を備えている必要がある、ということになる。

若し乃ち陽春は華を敷《ひら》くも、衝風に遇《あ》いて隕落す。素葉［落葉］は秋を変ずるも、既に物に究まりて体を定む。麗物は苦偽［脆弱］なるも、醜器は牢［堅牢］きもの多し。華璧［宝玉］は砕かれ易きも、金鉄は陶［変化矯正］え難し。故に言に方［方向性］多き者は、中は処り難きなり。術に津［方法］饒《おお》き者は、要は求め難きなり。意に弘博なる者は、情は足り難きなり。性に明察なる者は、下は事え難きなり。通士は四奇を以て人に高ければ、必ず四難の忌有り。且《そ》れ言辞に少なき者は、政は煩ならざるなり。知見に寡なき者は、物は擾れざるなり。一道に専らなる者は、思は散ぜざるなり。濛蔑に混る者は、民は備えざるなり。質士は四短を以て人に違えば、必ず四安の報有り。

（若乃陽春敷華、遇衝風而隕落。素葉変秋、既究物而定体。麗物苦偽、醜器多牢。華璧易砕、金鉄難陶。故言多方者、中難処也。術饒津者、要難求也。意弘博者、情難足也。性明察者、下難事也。通士以四奇高人、必有四難之忌。且少言辞者、政不煩也。寡知見者、物不擾也。専一道者、思不散也。混濛蔑者、民不備也。質士以四短違人、必有四安之報。）

［阮瑀「文質論」］

たとえば春に咲く花（文）は、突風にさらされると散り落ちてしまう。一方で、秋に落葉を終えた裸木（質）は、外見の変化にもかかわらず、樹木それ自体であるということに変わりはない。見栄えのよいものの実態は不安定であり、醜悪に見えるものこそが、実は安定しているのである。阮瑀は「文」「質」が必ずしも両立し得ないとみている。そして彼はこの「文」「質」の論理を、当時盛んにおこなわれていた人物評価に応用する[18]。すなわち「通士」と「質士」という概念を提起し、それを比較検討するのである。「通士」とは、さまざまな方向へと言辞を操り、さまざまな方法をもって事に臨み、そのうえ幅広く思考し、本質を悟ることに俊敏であるような、諸事に熟達するすぐれた人物のことを指す。しかし阮瑀によれば、このような人物こそ、実は「四難の忌（四難之忌）」を免れないという。言語を様々に駆使すればするほど、安定的な中庸に落ち着いていることはできないし、行為が繁雑になればなるほど、核心を見定めるのが困難になる。思考の散漫は、定まった方向性を有するはずの「情」の欠損をもたらす。そして明察な者は、かえって下々の者にとっては仕えにくい存在である。一見、多くの美点をそなえた「通士」は、実際には多くの問題点を抱え込んでいるのである。阮瑀の主張はこのようなものであった。

一方で阮瑀は「通士」に対して、「質」をたたえた人物たる「質士」を高く評価する。言語に朴訥であっても、それはかえって政治の煩雑化を防ぐし、知見に乏しくとも、それはかえって物事の混乱を遠ざけることになる。ひとつのことのみに専念すれば思索は散漫に陥らない。指導者が状況をそのままに受け容れているならば、民は過剰な措置を講ずる必要がない。欠点にも見える「質士」の「四短」は、むしろ「四安の報（四安之報）」をもたらすものである。

このようにして阮瑀は通常の人物評価を逆転させ、一見、愚昧にも見える「質士」を称揚するのである。そしてかかる行論の根底にあった世界観はやはりそれまでの「質」と「天」、「文」と「地」との連関を反転させたものにほかならないといえるだろう。

しかし、そうした世界の反転という独創性をそなえつつも、それでも彼の主張する「質」の重視ということ自体は、やはり先行する文質説と軌を一にするものだったといわざるを得ない。その点においては、彼の思想はまだ従来からの支配的文脈の埒内にあるものであった。

そしてこれをさらに超克しようとするもの、それが応場「文質論」である。

Ⅳ

『文心雕龍』才略篇に「応場は学優にして以て文を得たり（応場学優以得文）」とあるように[一九]、後世からの応場に対する評価の焦点は、まさに「文」ということにあった。また曹丕は応場について「徳璉《〔応場〕》は常に斐然として述作の意有り。其の才学は以て書を著すに足るも、美志遂げられず。良《まこと》に痛惜すべし（徳璉常斐然有述作之意。其才学足以著書、美志不遂。良可痛惜）」〔曹丕「与呉質書」〕と述べ、その死を哀悼している。ここには曹丕の応場に対する評価がはっきりとうかがわれる。曹丕は、『中論』一書を著して「不朽」と称せられた徐幹[二〇]にも匹敵する才能をもっていると見ていたのである。

応場「文質論」もまた、阮瑀と同様に、世界観を提示することからはじまる。

> 蓋し皇穹《〔天蓋〕》肇《はじ》めて載《の》り、陰陽初めて分かれて、日月は其の光を運《めぐ》らし、列宿は其の文を曜《かがや》かせ、百穀は土に麗《つ》き、芳華は春に茂し。是を以て聖人は徳を天地に合し、気を淳霊に稟《う》け、仰ぎては象を玄表に観て、俯しては式を群形に察す。神を窮め化を知れば、万物は是れ経《おさ》まる。故に否・泰易趨《〔推移変動〕》するも、道に一なる攸《ところ》無し。
> （蓋皇穹肇載、陰陽初分、日月運其光、列宿曜其文、百穀麗於土、芳華茂於春。是以聖人合徳天地、稟気淳霊、仰観象於玄表、俯察式於群形。窮神知化、万物是経。故否泰易趍、道無攸一。）　〔応場「文質論」〕

この世界は天地陰陽をもとに構成される。ただしそれらは、ただとりとめもなく存在しているというのではない。天にあっては日月が定期的運行をなし、星々が紋様を織りなしている。地上にはさまざまな植物が芽吹き、季節ごとに香しい花を咲かせる。これらは各々が秩序（文）を有し、それを反映しながら、それぞれのありかたで存在しているのである。応場はここで『周易』に依拠しながら、聖人もまた、かかる秩序に連なる存在であるという[二一]。そうであればこそ、聖人は通常の知性を超出して最高度の徳を発揮し（窮神知化）[二二]、これによって世界は適切な統治に至る。

そしてそのような統治に至れば、たとえ天地陰陽が反転するような事態に直面しても[二三]、万事に過不足なく対応できる、というのである。応瑒の提示する世界観は、まずは万物を貫通する秩序（文）に着眼するものであり、聖人がそれにもとづいた統治をおこなうことを述べている。そしてその世界観の根底にあるものは、経書『周易』であった。

つづけて応瑒は「文」と「質」とに言及する。

> 二政代序するに、文有り質有り。乃ち陶唐《［堯］》の国を建て、成周《［洛邑］》の命を革《あらた》むるが若きは、九官咸《みな》乂《おさ》まること、済済休令《［優良］》たり。火龍黼黻《［礼服の刺繍］》は、廊廟に暐韡たり。袞冕《［衣冠］》旂旒《［幟旗］》は、朝廷に舄奕たり。徳を百王に冠して、其の政に参すること莫し。是を以て仲尼《［孔子］》は煥乎の文に嘆じ、郁郁の盛に従うなり。
>
> （二政代序、有文有質。若乃陶唐建国、成周革命、九官咸乂、済済休令。火龍黼黻、暐韡於廊廟。袞冕旂旒、舄奕乎朝廷。冠徳百王、莫参其政。是以仲尼嘆煥乎之文、従郁郁之盛也。）［応瑒「文質論」］

これは従来の文質説と同様に、上古の歴史的展開のなかに「文」と「質」とを見出そうとする行論である。ただし『白虎通』や『尚書大伝』に「一質一文」とあるのとは対照的に、応瑒は「有文有質」として「文」を「質」の前に位置づけている。実際に彼の行論は、ここでもやはり「文」を強調しているように見える。応瑒によれば、かつて、国政を掌握する諸官はみな適切な統治をおこない、その威儀はすぐれて立派であった[二四]。当時は、身分を示す礼服の鮮やかな刺繍が正殿に輝きを放ち[二五]、群臣の衣冠、そして幟旗が朝廷に光り輝いていた[二六]。応瑒は、このように陶唐・成周はさまざまな「文」――整合的秩序――に彩られ、その徳は諸王に卓絶しており、そこでは、あえて政務に従事するまでもなく安定的な統治が果たされていた、とみている。だからこそ『論語』泰伯篇には、堯を讃えた「子曰く、大なるかな堯の君たるや、巍巍《〔高々〕》乎として唯だ天のみを大と為す。唯だ堯のみ之に則る。蕩蕩《〔広々〕》乎として民能く焉《これ》に名づくること無し。巍巍乎として其れ成功有るなり。煥《〔皓々〕》乎として其れ文章有り（子曰、大哉堯之為君也、巍巍乎唯天為大。唯堯則之。蕩蕩乎民無能名焉。巍巍乎其有成功也。煥乎其有文章）」との発言があり、（二七）また『論語』八佾篇には、周代の「文」を讃えて「子曰く、周は二代に監み、郁郁《〔旺盛〕》乎として文なるかな。吾は周に従わん（子曰、周監於二代、郁郁乎文哉。吾従周）」とあり、これを直接的な規範として仰いでいたのであった。かかる応瑒の行論は、古来「有文有質」であるとしながらも、明らかに国家統治における「文」の重要性を強調している。一方で「質」については、わずかに「夫れ質とは端一にして玄静、倹嗇にして潜かに化して用を利す（夫質者端一玄静、倹嗇潜化利用）」〔応瑒「文質論」〕と述べるにとどまる。（二八）「質」はひたすらに静穏質素であって、そのことがひそかに効用をなす、というのであるが、ここに「倹嗇」とあるのは『毛詩』魏風「葛屨」序を典拠とする。そこには「魏地は陿隘《〔狭隘〕》にして、其の民は機巧《〔巧詐〕》もて利に趨《はし》り、其の君は倹嗇《〔吝嗇〕》褊急《〔狭量〕》にして、徳の以て之を将《やしな》うこと無し（魏地陿隘、其民機巧趨利、其君倹嗇褊急、而無徳以将之）」とある。ここでは「倹嗇」は単に倹《つま》しいというよりも、むしろ過度な吝嗇に堕することであって、それでは政務を担うには不適当である。（二九）「葛屨」詩はそのような「君」の資質を批判しているのである。応瑒が「質」を論じて「倹嗇」と述べた背景にはこのようなことがあった。そしてさらに、これによるならば、やはり応瑒は「質」のみでは国家秩序は成立しない、そのように考えていたといえる。そこであらためて応瑒は、次のように述べる。

清泰を承けて平業を御《おさ》め、軌量《〔規範〕》に循いて成法《〔法規〕》を守れば、天に応じ民に順い、乱を撥《おさ》め世を夷《たいら》ぐに至るも、藻を摛《し》き権を奮えば、赫奕丕烈なり。禅《〔封禅〕》を紀《おさ》め律《〔尺度〕》を協《ととの》うれば、礼儀煥別たり。墳丘《〔三墳〕》を皇代《〔現代〕》に覧《しめ》さんとすれば、不刊の洪制を建て、宣尼《〔孔子〕》の典教を顕らかにせんとすれば、微言の弊う所を探る。

（承清泰御平業、循軌量守成法、至乎応天順民、撥乱夷世、摛藻奮権、赫奕丕烈。紀禅協律、礼儀煥別。覧墳丘於皇代、建不刊之洪制、顕宣尼之典教、探微言之所弊。）　［応瑒「文質論」］

たしかに安寧な日常にあって、規範・法規（過去の「文」）を遵守することは、天と人との本来的関係に一致し、それが乱世を治め天下を平定することにつながる。（三〇）しかし、それだけではない。新たな「文」――新しい秩序をもちいて権勢を行使すれば、偉大な徳がありありと目に見えるようになる。天地に対する儀礼を適切に執行し、天地の秩序を承けて律度量衡（文）を正しく制定すれば、（三一）礼の大綱は鮮やかに甄別される。伝説的聖人たちの古典的思索を現代に示すためには、不朽の典範を確立し、孔子の教化を究明するためには、微言に潜む細密な意を討究する。（三二）ここには「文」の効果・効用をさまざまに述べながら、新しい「文」を興起させようとする意志がうかがわれる。ただしそれは、応瑒にあっては必ずしも「質」を軽視することではない。阮瑀「文質論」は「質」の称揚にあたって「文」の意義を否定的に見ていたが、応瑒「文質論」は、必ずしもそのような二者択一的な論調をもたないのである。応瑒「文質論」は、新たなる「文」を方法として、すでに失われた「墳丘」（過去の「文」）や「微言」（質）を探究し、それを明確に提示することを趣旨とする。「質」は決して無用ではなく、むしろそれを発揮させるためにこそ、新しい「文」が重要なのである。その意味において彼の議論は、揚雄の主張を継承するものになっているといえる。そしてかかる立場から、応瑒は阮瑀に対する批判を展開する。

且《そ》れ言辞に少なき者は、孟僖の郊労に答うること能わざる所以なり。智見に寡なき者は、慶氏［慶封］の相鼠に困《くる》しむ所以なり。今子の五典の文を棄て、礼智の大を闇くし、管［管仲］望［呂尚］の小を信じ、老氏［老子］の蔽を尋ぬるは、所謂軌に循うこと常に趁《ひさ》しくして、未だ連環の結を釈《と》くこと能わざるなり。

(且少言辞者、孟僖所以不能答郊労也。寡智見者、慶氏所以困相鼠也。今子棄五典之文、闇礼智之大、信管望之小、尋老氏之蔽、所謂循軌常趁、未能釈連環之結也。)

[応瑒「文質論」]

これは阮瑀「文質論」に「且れ言辞に少なき者は、政は煩ならざるなり。知見に寡なき者は、物は擾れざるなり(且少言辞者、政不煩也。寡知見者、物不擾也)」とあることへの反駁である。言語に朴訥な者として、応瑒はここで孟僖を例に挙げる。『春秋左氏伝』昭公七年には「三月、公[昭公]楚に如《ゆ》く。鄭伯は師之梁[鄭の城門]に労《ねぎら》う。孟僖子は介たるも、儀を相《たす》くること能わず。楚に及ぶ。郊労に答うること能わず(三月、公如楚。鄭伯労于師之梁。孟僖子為介、不能相儀。及楚。不能答郊労)」とある。昭公が楚を訪れた際、道中で鄭伯が城門まで出迎えて慰労した。これに対して孟僖は補佐役でありながら、適切に礼を受けることができなかった。さらに楚に到着した後も、郊外での出迎えに対して適切な返答ができなかったという(二三)。このことを応瑒は、言語に拙いことにより引き起こされた外交的失態であるとみている。また、知見に乏しい者として、応瑒は慶封を例に挙げる。『春秋左氏伝』襄公二十七年には「叔孫[穆叔]は慶封と食す。不敬なり。為に相鼠を賦すも、亦た知らざるなり(叔孫与慶封食。不敬。為賦相鼠、亦不知也)」とある。穆叔が慶封と食事を共にした際に、慶封の行為は敬にもとるものであった。そこで穆叔は「相鼠」(二四)詩を吟じてそのことを暗に批判したが、慶封には理解できなかったという(二五)。知見に乏しければ、自身へ向けられた批判にも気づかず、暗愚な姿を晒し続けることになるのである。

応瑒はこれらの挙例により、阮瑀の主張が妥当性を欠くことを論証しようとし、そして阮瑀への批判を展開する。「文」や「礼」「智」を軽視し、管仲や呂尚を信奉して老子を習継するような態度は頑迷固陋である(二六)。応瑒によれば、その姿はまるで知恵の輪を解けずにうろたえているかのようである。

　では、これを脱却するためにはどうすればよいのか。応瑒は「文質論」を「言は国典を辨じ、辞は皇居を定む。然る後に質者の不足、文者の有余を知るなり（言辨国典、辞定皇居。然後知質者之不足、文者之有余）」と結んでいる。やはり新しい「言辞」（文）なくしては新国家秩序は成り立たないのである。[三七] 応瑒は、まずは「文」を縦横に発揮させることで国家の基幹を築き上げ、それらが確立したのちに、はじめて「質」の不足と「文」の余剰に目を向けて調整する、という。かかる行論は、いわば「文」を主として「質」を従とするものであり、この点において阮瑀「文質論」とは大きく異なる。のみならず、これは漢代における「文質論」の思想的堆積からも大きく逸脱するものであった。ただし、応瑒自身が「二政代序するに、文有り質有り（二政代序、有文有質）」〔応瑒「文質論」〕と述べていることからすると、「文」を重要視する彼の行論は、「質」を主とする漢代の文質説に対して、新たな理念提示にあたる。そしてそれは漢に代わる新たな王朝を念頭に構成されていた可能性がある。もちろん応瑒は、建安七子の一人として、つとに曹氏に親しんでいたし、当時、おなじく建安七子である徐幹による『中論』も、新しい曹魏王朝のために制作されたものであった。[三八] 王朝ごとに「文」「質」が反復循環することをふまえるならば、応瑒「文質論」は新たなる曹魏王朝の成立を予期しつつ、その王朝が統治において「質」に代わる「文」を核心に据えるものと捉え、「文」の意義をあらためて強調しようとしたものともいえる。そして実際にその営為は、新たに「文学」を政治的に宣揚しつつ、旧来の知識人層を打破しようとしていた曹操[三九]の立場にも連なるものであった。

結

本章では、建安期の「文質論」を、その背後にある思想史的堆積との対比において検討し、その建安期の「文質論」のもつ歴史的意義を探究してきた。

そもそも、文質説は孔子にはじまるものであり、まずは君子の条件として「文質彬彬」たることが求められていた。その一方、孔子は歴史上の王朝ごとの礼制の特質について、「文」と「質」とを基軸とする議論をおこなっていた。そしてその礼制的議論は、漢代に至ると「文」に対して「質」をより重要視する方向性が主流的となっていた。そうした背景のもとに、建安期には二つの「文質論」が登場した。

阮瑀「文質論」は、従来の天地／質文の対応構造を反転させる、世界観の転換ともいうべき独創的内容をもっていた。しかしそうした独創性にもかかわらず、なお「質」を重視しており、その点から見ると、いまだ漢代の文質説を踏襲するものであった。

一方、応瑒「文質論」は「文」の効用をさまざまに述べて、「質」を超克した新たなる「文」の興隆を志向するものであった。したがってその行論は「質」を基幹とする漢王朝に代わる、新たなる王朝のための理論という面貌をそなえていた。

沈約が「文を以て質を被う（以文被質）」と述べ、文章論において注目した建安年間という時期は、曹操が実質的に皇室権力を掌握しつつある時期に対応していた。曹魏はその統治において礼制の理念を重視して「文」を称揚した。応瑒「文質論」が示した「文」の興起は、そうした曹魏の国家観に沿うものだったといえよう。漢魏交替期を彩った三曹や建安七子における「文学」の盛行は、こうした応場のような思想的営為を背景にそなえるものだったのである。

《注》

(一) 鍾嶸『詩品』は曹植を上品に位置づけて評価するが、そこにも「骨気は奇高、詞彩は華茂なり。情は雅怨を兼ね、体は文質を被う。粲は今古に溢れ、卓爾として不群なり（骨気奇高、詞彩華茂。情兼雅怨、体被文質。粲溢今古、卓爾不群）」として、沈約と同様の評言がある。

(二) 「文」と「質」とを対比的に取り上げる言説を、本書では「文質説」と呼ぶ。この呼称は原田正己「漢儒の文質説」（『東洋思想研究』二、一九三八）にもとづく。当該論文は、先秦から両漢に至る文質説を網羅的に取り上げており、当時にあって「文」と「質」とを対立させて論じていたことについては「前漢末から王莽時代にかけてあらはれた「文」の過重を弊害とする意識が後漢の儒家に於て特に顕著になり、それを補足し、救弊するものとして、「質」への反省、その尊重が考へられて来た」との見通しを提示している。

(三) なお、のちに邢昺は「文質彬彬として、然る後に君子とは、彬彬として、文質相い半ばするの貌なり。言うこころは文華質朴相い半ばして、彬彬然たりて、然る後に君子と為すべきなり（文質彬彬、然後君子者、彬彬、文質相半之貌。言文華質朴相半、彬彬然、然後可為君子也）」と述べ、「文」は「文華」、「質」は「質朴」とパラフレーズしている。

(四) 鄭玄注に「未だ辞を瀆さずとは、時王は辞を尚ばず、民は褻《みだ》りに為さざるを謂うなり。備を求めず、大いに望まずとは、其の政寛にして、貢税軽きを言うなり（未瀆辞者、謂時王不尚辞、民不褻為也。不求備、不大望、言其政寛、貢税軽也）」とある。

（五）鄭玄注に「民に強《し》うとは、殷の変じ難きの敝を承くるを言うなり。賞爵刑罰窮まるとは、其の繁文備《ことごと》く設けらるるを言うなり（強民、言承殷難変之敝也。賞爵刑罰窮矣、言其繁文備設）」とある。

（六）『礼記』表記の言説がある一方で、たとえば『論語』八佾篇には「子曰く、周は二代に監み、郁郁乎として文なるかな。吾は周に従わん（子曰、周監於二代、郁郁乎文哉。吾従周）」との発言もあり、そこでは孔子は（それ自体が夏・殷二代を踏襲するものではあるが、直接的には）周の「文」を模範として仰いでいる。したがって孔子自身は必ずしも「文」そのものを否定しているのではない。『礼記』表記に見える発言もまた、あくまでも「文」そのものの価値を否定するのではなく、それが繁雑になりすぎるあまり、世上の混乱を招いたことを指摘するものである。

（七）このことについて、蘇輿『春秋繁露義証』は「如し已むを得ざれば、寧ろ質に偏せん（如不得已、寧偏於質）」と述べたうえで、その根拠として『論語』八佾篇「礼は其の奢らんよりは、寧ろ倹せよ。喪は其の易《おさ》めんよりは、寧ろ戚《〔哀惜〕》せよ（礼与其奢也、寧倹。喪与其易也、寧戚）」を引く。

（八）なお班固以前の言説については、佐川繭子「西漢における「二王之後」について——三正説の展開と秦の位置づけ」（『二松学舎大学論集』五〇、二〇〇七）参看。

（九）このほか、王朝の交替を「文」と「質」に重ねる行論は、すでに『春秋繁露』にも見えている。夏殷周三代の王朝交替とそれにともなう礼制改定の原理原則をめぐる具体的内容については、つとに『春秋繁露』三代改制質文に詳細な議論があり、そこでは殷の礼制が「質」であり、周の礼制が「文」であると規定されている。それぞれの記述は以下の通り。

故に湯は命を受けて王たりて、天に応じて夏を変じて殷号を作《おこ》し、時は白統を正とす。夏に親しみ虞を故として、唐を絀けて之を帝堯と謂い、神農を以て赤帝と為す。宮邑を下洛の陽に作り、相官を名づけて尹と曰う。濩楽を作りて、質の礼を制して以て天を奉ず。

（故湯受命而王、応天変夏作殷号、時正白統。親夏故虞、絀唐謂之帝堯、以神農為赤帝。作宮邑於下洛之陽、名相官曰尹。作濩楽、制質礼以奉天。）

文王は命を受けて王たりて、天に応じて殷を変じて周号を作し、時は赤統と正とす。殷に親しみ夏を故として、虞を絀けて之を帝舜と謂い、軒轅を以て黄帝と為し、神農を推して以て九皇と為す。宮邑を豊に作り、相官を名づけて宰と曰う。武楽を作りて、文の礼を制して以て天を奉ず。

（文王受命而王、応天変殷作周号、時正赤統。親殷故夏、絀虞謂之帝舜、以軒轅為黄帝、推神農以為九皇。作宮邑於豊、名相官曰宰。作武楽、制文礼以奉天。）

ただし原田正己「漢儒の文質説」（前掲）は、『春秋繁露』三代改制質文が「むしろ文質説の成立した後に書かれた」もの、すなわち後漢期になって整備されたものであると推定している。

（一〇）『文選』所収の干宝「晋紀論晋武帝革命」（巻四十九）および陸機「五等論」（巻五十四）の李善注には、それぞれ同文が『春秋元命苞』の引用として載る。

（一一）「親親」「尊尊」については、『礼記』喪服小記に「親を親とし、尊を尊とし、長を長とし、男女の別有るは、人道の大なる者なり（親親、尊尊、長長、男女之有別、人道之大者也）」とあり、両者が人道の基本原則であることが示されている。

（一二）『法言』先知篇の李軌注には「車服の等差は、貴賤を辨彰す。藻色の軽重は、尊卑を顕明にす（車服等差、辨彰貴賤。藻色軽重、顕明尊卑）」とある。

（一三）『法言』先知篇の李軌注には、それぞれ「管絃に歌うは、其の徳の美を詠ずるなり（歌於管絃、詠其徳美）」「其の功徳を載せるは、後世に光照《かがや》かすなり（載其功徳、光照後世）」との言がある。

（一四）孔安国注には「皮の毛を去るを鞟と曰う（皮去毛曰鞟）」とある。

（一五）揚雄の「言文《かざ》らざれば、典謨も経と作らず（言不文、典謨不作経）」という経書観は、『文心雕龍』序志篇に「古来文章は、雕縟を以て体を成す（古来文章、以雕縟成体）」とあるように、劉勰の文章観と重なるものである。劉勰はまた『文心雕龍』宗経篇において「楊子〔揚雄〕の玉を雕りて以て器を作《な》すに比するは、五経の文を含むを謂うなり（楊子比雕玉以作器、謂五経之含文也）」と述べており、揚雄の言説を支持している。

（一六）阮瑀と応瑒の「文質論」は、いずれも『芸文類聚』巻二二・質文に収載されている。本書での引用は『芸文類聚』（上海古籍出版社、一九六五）にもとづくが、適宜、兪紹初輯校『建安七子集』（中華書局、二〇〇五）を参照した。

（一七）『三国志』魏書王粲伝に「太祖《曹操》並びに琳《陳琳》瑀《阮瑀》を以て司空軍謀祭酒と為し、記室を管《つかさど》らしむ。軍国の書檄は、多く琳瑀の作る所なり（太祖並以琳瑀為司空軍謀祭酒、管記室。軍国書檄、多琳瑀所作也）」とある。

（一八）後漢末期における人物評価の盛行については、岡村繁「後漢末期の評論的気風について」（『名古屋大学文学部研究論集』二二、一九六〇）参看。

（一九）なお、この評言のうち「学優」ということは『論語』を典拠とする。『論語』子張篇には子夏の発言として「仕えて優なれば則ち学び、学びて優なれば則ち仕う（仕而優則学、学而優則仕）」とあり、馬融は「優」とは「余力」のあることとしている。

（二〇）曹丕「与呉質書」には、徐幹について「中論二十余篇を著し、一家の言を成す。辞義は典雅にして、後に伝うるに足る。此の子不朽たり（著中論二十余篇、成一家之言。辞義典雅、足伝于後。此子為不朽矣）」との評言がある。また『典論』論文にも「融《孔融》等已に逝く。唯だ幹《徐幹》のみ論を著して一家の言を成す（融等已逝。唯幹著論成一家言）」とある。

（二一）応瑒の行論は、『周易』乾卦文言伝「夫れ大人とは、天地と其の徳を合し、日月と其の明を合し、四時と其の序を合し、鬼神と其の吉凶を合す（夫大人者、与天地合其徳、与日月合其明、与四時合其序、与鬼神合其吉凶）」および『周易』繫辞下伝「古者《いにしえ》包犧氏の天下に王たるや、仰ぎては則ち象を天に観、俯しては則ち法を地に観、鳥獣の文と地の宜とを観て、近きは諸《これ》を身に取り、遠きは諸を物に取る（古者包犧氏之王天下也、仰則観象於天、俯則観法於地、観鳥獣之文与地之宜、近取諸身、遠取諸物）」にもとづいている。

（二二）『周易』繫辞下伝に「神を窮め化を知るは、徳の盛なり（窮神知化、徳之盛也）」とある。のちに孔穎達が「若し能く此を過ぎて以往なれば、則ち微妙の神を窮極し、変化の道を暁知す。乃ち是れ聖人の徳の盛極なり（若能過此以往、則窮極微妙之神、暁知変化之道。乃是聖人徳之盛極也）」と注するように、「窮神知化」とは聖人の徳において最高度のものである。

（二三）六十四卦において「否」卦は、上卦が乾、下卦が坤であり、「泰」卦は、上卦が坤、下卦が乾である。たがいに上下が真逆になっており、いわゆる反卦の関係をなしている。とくに「否」「泰」の関係は、上下の陰陽がまるごと反転している。なお『周易』雑卦伝に「否・泰は、其の類を反するなり（否泰、反其類也）」とある。

（二四）「済済」は『毛詩』大雅「文王」に「済済たる多士、文王以て寧《やす》し（済済多士、文王以寧）」とある。有能な群臣により、文王の治世は安定していたのである。毛伝には「済済とは、威儀多きなり（済済、多威儀也）」とある。「休令」は後漢の朱浮「為幽州牧与彭寵書」に「惜しいかな、休令の嘉名を棄つ（惜乎、棄休令之嘉名）」とある。

（二五）それぞれの紋様について、『春秋左氏伝』桓公二年の伝「火龍黼黻は、其の文を昭らかにするなり（火龍黼黻、昭其文也）」の注に「火は、火を画くなり。龍は、龍を画くなり。白と黒と、之を黼と謂い、形は斧の若し。黒と青と、之を黻と謂い、両已相いに戻る〔二つの已字が反転している〕（火、画火也。龍、画龍也。白与黒、謂之黼、形若斧。黒与青、謂之黻、両已相戻）」とある。

（二六）「袞冕」は、袞服と冕冠を指す。『周礼』春官・司服には王の吉服について「先王を享すれば則ち袞冕す（享先王則袞冕）」という。「旂旒」は、はたとはたあしを指す。その紋様について『周礼』春官・司常には「交龍を旂と為す（交龍為旂）」という。「旒」は『玉篇』に「旌旗の垂るる者なり（旌旗垂者）」とある。

（二七）この「文章」について、何晏は「煥とは、明なり。其の文を立て制を垂るること又た著明《あき》らかなり（煥、明也。其立文垂制又著明）」とする。

（二八）この一文について、兪紹初輯校『建安七子集』（前掲）は、文章に脱誤がある可能性を指摘している。

（二九）なお『論語』雍也篇に「子曰く、如《も》し周公の才の美有るも、驕且つ吝ならしむれば、其の余は観るに足らざるのみ（子曰、如有周公之才之美、使驕且吝、其余不足観也已）」とあるように、孔子はたとえ周公旦ほどの人物であっても、吝嗇であれば評価に値しないという。

（三〇）ここには『春秋』のいわゆる「撥乱反正」の理念が投影されている。『春秋公羊伝』哀公十四年には「君子曷為《なんす》れぞ春秋を為《つく》るや。乱世を撥《おさ》め諸《これ》を正に反すは、春秋より近きは莫し（君子曷為為春秋。撥乱世反諸正、莫近乎春秋）」とある。

（三一）『漢書』郊祀志に「帝王の事は天の序を承くるより大なるは莫し。天の序を承くるは郊祀より重きは莫し（帝王之事莫大乎承天之序。承天之序莫重於郊祀）」とあるように、皇帝は祭祀を方法として天の秩序を承継し、それを地上に反映させる。それは具体的には『尚書』舜典に「時月を協《ととの》え、日を正しくし、律度量衡を同じくす（協時月、正日、同律度量衡）」とあるように、社会生活における基準を制定することである。

（三二）「不刊」については、杜預『春秋左氏伝』序に「左丘明経を仲尼より受けて以為《おもえ》らく、経とは不刊の書なりと（左丘明受経於仲尼、以為経者不刊之書也）」とある。「微言」は『漢書』芸文志「仲尼没して微言絶ゆ（仲尼没而微言絶）」の顔師古注によれば「精微要妙の言（精微要妙之言）」である。

（三三）「郊労」については、『周礼』秋官・小行人に「凡そ諸侯入りて王《〔朝見〕》すれば、則ち逆《むか》えて畿に労う。郊労し、館を眂《み》、幣を将《おこな》うに及びて、承《〔丞〕》と為りて擯す（凡諸侯入王、則逆労于畿。及郊労、眂館、将幣、為承而擯）」とある。

（三四）「相鼠」は、『毛詩』鄘風の詩題であり、詩序に「相鼠は、礼無きを刺るなり（相鼠、刺無礼也）」とあるように、礼儀にもとる者を批判する内容をもつ。「相鼠」第一章には「人にして儀無ければ、死せずして何をか為さん（人而無儀、不死何為）」、第二章には「人にして止無ければ、死せずして何をか俟たん（人而無止、不死何俟）」、第三章には「人にして礼無ければ、胡《なん》ぞ遄《すみ》やかに死せざらん（人而無礼、胡不遄死）」との言がある。

（三五）なお、襄公二十八年にも、慶封が「詩」に込めた寓意を理解できなかったという記事がある。

（三六）たとえば『管子』牧民に「倉廩満ちて礼節を知り、衣食足りて栄辱を知る（倉廩実則知礼節、衣食足則知栄辱）」とあるように、管仲は経済的基盤に対して礼節が二次的なものであるとする。また『史記』斉世家に「太公国に至り、政を修むるに、其の俗に因りて、其の礼を簡にし、商工の業を通じ、魚塩の利を便にす。而して人民多く斉に帰し、斉は大国と為す（太公至国、修政、因其俗、簡其礼、通商工之業、便魚塩之利。而人民多帰斉、斉為大国）」とあるように、太公望呂尚の政治的手腕は、礼を簡約化する方向性をもつものであった。また『老子』第三十八章には「夫れ礼とは、忠信の薄きにして、乱の首《はじ》めなり（夫礼者、忠信之薄、而乱之首）」との言がある。いずれも「礼」を簡素化したり、軽視したりするものである。

（三七）「国典」については『礼記』月令に「天子乃ち公卿・大夫と共に国典を飭《ととの》え、時令を論じ、以て来歳の宜を待つ（天子乃与公卿大夫、共飭国典、論時令、以待来歳之宜）」とあり、鄭玄は「国典を飭うとは、六典の法を和《ととの》うるなり（飭国典者、和六典之法也）」と注している。

（三八）串田久治「徐幹の政論——賢人登用と賞罰」（『愛媛大学法文学部論集（文学科編）』一八、一九八五）によると、徐幹『中論』の議論は、後漢王朝再建を目的とするものではなく、むしろ「来るべき新時代、将来を見通す英明の君主（曹氏）に希望を託してなした」議論であるという。

（三九）曹操の「文学」については、渡邉義浩「三国時代における「文学」の政治的宣揚——六朝貴族制形成史の視点から」（『東洋史研究』五四‐三、一九九五、のちに改題して渡邉義浩『三国政権の構造と「名士」』、汲古書院、二〇〇四に所収）参看。

第四章　王弼形而上学再考

序

三国魏・王弼の思想をめぐって、その中心的問題は一般に「無」や「道」を主題とする形而上学的思索にあるとみなされている。それは実際に、古典籍に記されている王弼の姿にあらわれている。『世説新語』には、何晏が王弼について「斯の若きの人、与《とも》に天人の際を論ずべし（若斯人、可与論天人之際矣）」（『世説新語』文学篇）と評したことが載り、(一) また、王弼が裴徽に対して「聖人は無を体するも、無は又た以て訓《おし》うべからず。故に言は必ず有に及ぶ。老荘は未だ有を免れず。恒に其の足らざる所を訓う（聖人体無、無又不可以訓。故言必及有。老荘未免於有。恒訓其所不足）」（『世説新語』文学篇）と述べたとの話柄も載る。(二) ほかにも、王弼が当時の権力者曹爽を前にして「道」についてばかり述べて顰蹙を買ったというエピソードもある。(三) こうした記述は、王弼の主要な関心が、いわゆる形而上学的方向にあったことを示すものだったといえよう。

さて、今日、この王弼の形而上学的思索に関しては、大別して二つの異なる理解があるように思われる。一つは、「無」と「道」とを同一の概念として扱おうとするものであり、もう一つは、王弼における「無」と「道」とを厳然と区別しようとするものである。そして、これについては「無」と「道」とを同一とする見解の方がやはり主流であるかに思われるが、本章はその問題をめぐって、近年の欧米圏での成果を視野に含みながら、王弼の形而上学についてあらためて検討しようとするものである。

Ⅰ

はじめに、王弼における「道」について考察する。『老子』第一章冒頭の「道の道《い》うべきは、常道に非ず。名の名づくべきは、常名に非ず（道可道、非常道。名可名、非常名）」に対して、王弼は次のように述べる。

道《い》うべきの道、名づくべきの名は、事を指し形に造《いた》れば、其の常に非ざるなり。故に道うべからず、名づくべからざるなり。
（可道之道、可名之名、指事造形、非其常也。故不可道、不可名也。）　〔王弼『老子道徳経注』第一章注〕

この注釈は「道うべきの道（可道）」と「常道」とを区別するものであり、(四)また「六書」の一つである「指事」の概念にもとづいている。許慎による「指事」の定義は以下である。

指事とは、視て識るべく、察して意を見るなり。上〔「上」字〕下〔「下」字〕是れなり。
（指事者、視而可識、察而見意。上下是也。）　〔許慎『説文解字』敍〕

許慎によれば、「指事」とは視覚的に理解できるもの、直感的に意味を洞察できるもののことである。それはたとえば「上」「下」のように、モノとモノとの関係をあらわす抽象的な概念を、具体的形象、すなわち文字によって指し示そうとするものであった。王弼はこの定義に依拠することで、言語的に記述される「道」（可道）は、本来は抽象的であるはずのものを具体的形象にもたらして語ってしまっているので、「常」（常道）ではない、とするのである。[五]そのため、王弼における「道」は「無形」「無名」といったように否定をともない、具体的かつ積極的に述べ立てることを回避しながら示される。[六]

言うこころは道は無形無名を以て万物を始成す。以て始まり以て成るも其の所以を知らず。

（言道以無形無名始成万物。以始以成而不知其所以。）　［第一章注］

無形無名とは、万物の宗なり。

（無形無名者、万物之宗也。）　［第十四章注］

無形を以て物を始め、繋がれずして物を成す。万物以て始まり以て成るも其の然る所以を知らず。

（以無形始物、不繫成物。万物以始以成而不知其所以然。）　［第二十一章注］

道は無形無為を以て万物を成済す。

（道以無形無為成済万物。）　［第二十三章注］

道は無形にして繫がれず、常に名づくべからず。無名を以て常と為す。故に道は常に無名と曰うなり。

（道無形不繫、常不可名。以無名為常。故曰道常無名也。）〔第三十二章注〕

これらの注釈は、いずれも「道」を「無形」「無名」「無為」あるいは「不繫（とらわれるところがない）」とパラフレーズするものである。[七] このことは、「道」がわれわれの通常の感覚や思索によっては把捉できないことを示唆している。

ところで、第三十二章注を除くこれらの引用には「万物」の語が見えており、それらの記述は「道」が万物の存在を開始し、それを完成させる契機であるとする点で共通している。同様のことはまた、以下の注釈にも見えている。

万物は皆道に由りて生ず。既に生ずるも其の由る所を知らず。

（万物皆由道而生。既生而不知其所由。）〔第三十四章注〕

凡そ物の生ずる所以、功の成る所以は、皆由る所有り。由る所有れば、則ち道に由らざる莫きなり。

（凡物之所以生、功之所以成、皆有所由。有所由焉、則莫不由乎道也。）〔第五十一章注〕

道とは、物の由る所なり。

（道者、物之所由也。）〔第五十一章注〕

以上によれば、「道」は万物が存在する根拠であり、また契機となっているものであるが、「道」それ自体を形容するにあたっては、否定的にしか立言できないものということになる。（八）そしてこのことは、道家的伝統における「道」の説明として、あるいはまた「無」の説明としても当然の説明であるように思われる。（九）しかし王弼に関してみるならば、以上の「道」についての考察を、並行移動的にそのまま「無」にも当てはめることはできないように思われる。というのは、王弼は「道」について言及する際に、一つのアポリアに直面しているからである。

無と言わんと欲するや、而れども物は由りて以て成り、有と言わんと欲するや、而れども其の形を見ず。故に無状の状、無物の象と曰うなり。

（欲言無邪、而物由以成、欲言有邪、而不見其形。故曰無状之状、無物之象也。）［第十四章注］

このアポリアは、究極的には「道」が「無」であるのか、それとも「有」であるのか、という問題にほかならない。王弼にとって、これはきわめて微妙なものであったといえる。「道」が「無」であるとすると、「ない」ものとしての「道」が万物の存在する根拠であるということと噛みあわず、「道」が「有」であるとすると、「道」が具体的形象として感覚的に捉えられないということと噛みあわない、というのである。「道」を「無」とするのか、それとも「有」とするのか。これと同様の問題は、王弼と同時代の何晏によっても模索されていた。

夫れ道とは、惟れ有とする所無き者なり。天地より已来は皆有とする所有るなり。然れども猶お之を道と謂うは、其の能く復た有とする所無きを用うるを以てなり。故に有名の域に処ると雖も、而れども其の無名の象に没す。

（夫道者、惟無所有者也。自天地已来皆有所有矣。然猶謂之道者、以其能復用無所有也。故雖処有名之域、而没其無名之象。）

〔何晏「無名論」〕

何晏によれば、「道」はそれ自体を「有」として認識できないもの（無所有）であった。しかし「道」の生成者的性格は、そのような経験的認識を超えたところにおいて機能するものである。そのため「道」はあくまでも「無名」としてのみ把捉されるが、その機能をもってすれば「有」であるといえる、そのようなものであった（一〇）。先の王弼の行論もまた、「道」が感性的認識を超えると述べていた。そして、「道」は存在者の根拠としての機能を果たしてもいた。ということは、王弼の「道」も何晏同様に「無状」「無物」としてしか捉えられないものではあったが、論理を突き詰めていけば、それは「有」である、ということになる（一一）。

王弼の「道」は、われわれの感覚や思索によっては把捉されないものである。そのため、否定をともないつつ、限定的に言及されていた。しかし、その一方で「道」は万物の存在する根拠として、われわれの経験的世界と実際に関与している。関与しているのであるから、万物の存在から遡及的に「道」の存在が導き出せる、そういった類の存在者である。そうであるならば、これをただちに「無」と同一である、と断じることはできない。

Ⅱ

しかしながら、王弼における「無」は、往々にして「道」と同一のものとして扱われてきた。「無」と「道」とを等しくみなすということは、「無」にも「道」同様の生成者的性質を認め、両者を概念的に共通のものとすることである。このことについて、高野淳一は次のように述べている。

　万物が万物として成り立つ根拠を与えている本源について、その無限定な面が「無」と、あまねく万物の本源である点が「道」と、唯一共通の本源である意味から「一」と規定されており、究極的には「無」＝「道」＝「一」と考えられていたと言えよう。(一二)

これは、王弼における形而上学的思索を一つに収斂させ、個々の形而上的概念はその各側面に対応して言表したに過ぎない、という解釈である。(一三) こうした解釈は、近代以来の王弼解釈において（『老子』そのものの解釈と連動して）やはり主流的な見解であったといえよう。高野淳一はその見解を非常に明確に述べているのである。

またアンヌ・チャンは、王弼には諸存在を統一する原理があるとして、それが『老子』をふまえた「無」であると規定した。そしてその「無」について、次のように述べている。

　「無」は、「持つ」「ある」「存在」を意味する「有」の否定として、「非在」を意味する。しかし、それは「虚無」や「何も無い」という意味ではなく、存在としての規定や限界を「持たない」という意味であり、まだ現れておらず、目に見える実在の輪郭を持たないという意味である。王弼によれば、諸存在は無限に多様であるが、それ自体によってその場に存在することはできず、必ず唯一の基盤から生じている。それゆえ、未分化の無は、

現出していない実体などではあり得ず、有がある「所以」なのだ。〔一四〕

アンヌ・チャンは「無」を「非在」とし、またそれを非限定的なるものとするが、前節において検討した「道」の不可知的側面と生成者的性格とをそのまま「無」に及ぼし、「無」を万物の根本原因、すなわち「所以」としている。〔一五〕以上のことからこの解釈は、一見すると伝統的な道家思想解釈を述べているように見える。しかしアンヌ・チャンは、さらに次のようにも述べる。

王弼によれば、「一」や「太極」は無にほかならない。彼は無という概念を、ラディカルという言葉の本来の意味〔ラテン語で「根の」という意味〕で、根本化し、それを自らの思想と存在者一般の根とした。『老子』が継起する生成のプロセスに重きを置くように見えるのに対し、王弼は一・道・無を一つの概念に融合する。この未分化の無は、『老子』では道の一つの側面でしかなかったが、王弼の解釈においては、きわめて中心的な位置を占め、ついには他の二概念〔一・道〕を組み込んで、道そのものを無の単なる一名称に還元するまでになった。〔一六〕

ここでアンヌ・チャンは、「無」の位置づけをめぐって、より根源的なものとしてそれを捉え直している。ここにおいて万物の根本原因たる「無」は、ついに他の「無」以外の形而上的諸概念をすべてそこに摂取・収斂するに至る。すなわちアンヌ・チャンは「一」「道」「無」を一つの概念として融合されたものとはしつつも、「一」や「道」を「無」のもとに下属するものと位置づけたのである。これにより、王弼の形而上学的思索においては「道」よりも

「無」が中心となることが示されたといえる。

一方、「無」と「道」とを明確に区別する立場の論考もある。

金谷治は、第四十二章注の「万物万形は、其れ一に帰するなり。何に由りて一を致すか、無に由ればなり（万物万形、其帰一也。何由致一、由於無也）」にもとづいて、「無が絶対的な統一原理としての形式概念となっている」ことを導出し、「道家の伝統的な道は、ここに至ってむしろ無の下位に属する」と述べた。さらに「無は、今やほぼ形而上学的な意味をにないながら最高の形式概念として、王弼の哲学の中心に座を占めることになった」とした。[一七]

また、堀池信夫は次の例を挙げ、語法上の特徴に着目して検討をおこなった。

凡そ有は皆無に始まるが故に、未形無名の時は、則ち万物の始めたり。　［第一章注］
（凡有皆始於無、故未形無名之時、則為万物之始。）

万物は微に始まりて而る後に成り、無に始まりて而る後に生ず。　［第一章注］
（万物始於微而後成、始於無而後生。）

言うこころは吾何を以て万物の無に始まるを知らんや。　［第二十一章注］
（言吾何以知万物之始於無哉。）

堀池信夫によれば、その特徴とは、およそ次のようなものである。

上掲の王弼注における「無」は、いずれも「無に始まる（始於無）」として、介詞構文に用いられて主語とならない。ここでの介詞「於」の機能とは、賓語による文および主語の時間的空間的限定である。賓語である「無」は介詞「於」を通じて、主語「有」「万物」、すなわち存在者を時間的空間的に限定する。そもそも現実的存在者は、時間空間の限定のうちに存在しないということはない。したがって「無」とは、その現実にあるものを、現にそのようにあるとおりに支えあらしめているもの、ということになる。それは現実の背後に実際に存在するのではないが、「有」という時には必然的に前提とされる、「理念的・論理的に設定されたもの」である。[18]

以上の検討をふまえ、堀池信夫は王弼における「無」について、次のように記述する。

> 魏の王弼の〈無〉は、基本的に何晏を承けるものだった。しかし彼は、何晏を一歩進めて、生成論的性格をひきずる〈道〉を、〈無〉と析別し、さらに〈無〉の属性たる「無い」の意味を深刻に問い詰めた。彼は有の欠如・無形、あるいは繋辞（コプラ）にともなう存在的性格など、〈無〉につきまとう存在者性を徹底的に殺ぎ落とし、独創的な概念洗練を進めた。彼の〈無〉は、純粋に論理的に存在者を支え、あらしめ、そして存在は〈無〉において全きものたりうるという存在論的探究のもとにあるものだった。[19]

金谷治は「無」を「形式概念」としていたが、堀池信夫はこれを、たとえば「理性」のような「形式概念」というよりも、「理念的・論理的に設定された」「存在論的探究のもとにあるもの」とした。「無」を存在論的な条件として根源化したのである。これらの「無」は、万物の生成においては、それと直接的には関与しないものであった。このことは「道」が万物の主宰者であることとは対照的である。「無」と「道」とを区別する解釈は、「無」と万物との直接的な接続を絶ち切り、「無」をあくまでも論理上「道」の上位に設定し、「道」と万物との関係のさらにその背後に、根源的なるものとして位置づけるものであった。(二〇)

Ⅲ

王弼の「無」と「道」をめぐる見解には、以上のようにさまざまなものがあったが、以下、本章では王弼の「無」と「道」について、さらに検討をすすめてゆくことにする。

王弼『論語釈疑』には次の言がある。『論語』本文とあわせて以下に示す。

［論語］子曰く、道に志し、徳に拠り、仁に依り、芸に遊ぶ。

（子曰、志於道、拠於徳、依於仁、遊於芸。）

［王弼］道とは、無の称なり。通ぜざる無きなり。由らざる無きなり。之を況《たと》えて道と曰うも、寂然として体無く、象を為すべからず。是の道は体すべからず、故に但だ志慕するのみ。

（道者、無之称也。無不通也。無不由也。況之曰道、寂然無体、不可為象。是道不可体、故但志慕而已。）

［『論語釈疑』述而篇］

ここには「道」が「無」に対する名称である、とある。(二一)これによれば、一見「無」と「道」とを融和的に解釈することが可能であるかのようである。しかし、王弼の老子注および「老子指略」における「称」の用例をふまえると、

「無」と「道」との関係は単なる名称、呼称とは異なるもののように思われる。まず、王弼は「老子指略」において「称」について以下のように述べている。

之に名づくれども当たる能わず、之を称すれども既《つ》くす能わず。名づくれば必ず分かるる所有り、称すれば必ず由る所有り。分かるること有れば則ち兼ねざること有り、由ること有れば則ち尽くさざること有り。兼ねざれば則ち大いに其の真に殊《こと》なり、尽くさざれば則ち以て名づくべからず。

(名之不能当、称之不能既。名必有所分、称必有所由。有分則有不兼、有由則有不尽。不兼則大殊其真、不尽則不可以名。)

[王弼「老子指略」]

名辞や呼称による概念的把握は、通常、対象に由来して、言語的にそれを分節して分析的に指示することでおこなわれる。しかし王弼はここで、全体性を分断し、言語に依拠して語ることを否定する。全体を包括しないということは対象の真を捉えきれないことであり、対象の究極のところにまで行き着かないのであれば、概念が対象を十全には指示し得ないのである。「名」や「称」すなわち概念的把握とは、王弼にとっては、きわめて限定的な理解にとどまるものでしかなかったのである。

さて、王弼は「道」という概念を次のようにみていた。

言うこころは道は物として由らざる無きに取るなり。是れ混成の中、可言の称の最大なるものなり。

(言道取於無物而不由也。是混成之中、可言之称最大也。)

[第二十五章注]

吾の之に字して道と曰う所以の者は、其の可言の称の最大に取ればなり。

(吾所以字之曰道者、取其可言之称最大也。)

［第二十五章注］

「道」は、諸事物でこれに依拠しないものはない、というものである。そして王弼はこれを「可言の称（可言之称）」において最大のものであるとする。しかし「称」としている以上、先の議論からして、この定義は「道」という概念をむしろ限定的に抑制する方向でなされたはずである。実際に「老子指略」には以下の言が見えている。

夫れ道なる者は、万物の由る所に取るなり。……［中略］……然らば則ち道・玄・深・大・微・遠の言は、各《おの》おの其の義有れば、未だ其の極を尽くさざる者なり。

(夫道也者、取乎万物之所由也。……［中略］……然則道玄深大微遠之言、各有其義、未尽其極者也。)

［王弼「老子指略」］

ここでも「道」は、万物が依拠するところ、という意味にとられている。しかしひとたび「道」として言語的に固定してしまうと、そこには言語に膠着した意味内容が生起する。そのため、対象の究極的な本質には至り得ない、と王弼は述べる。同様のことは、以下にも見えている。

凡そ物に称有り名有れば、則ち其の極に非ざるなり。道と言えば則ち由る所有り、由る所有りて然る後に之を謂いて道と為す。然らば則ち道は是れ称中の大なり。無称の大に若かざるなり。

（凡物有称有名、則非其極也。言道則有所由、有所由然後謂之為道。然則道是称中之大也。不若無称之大也。）

［第二十五章注］

王弼はここで「称中の大（称中之大）」に対して「無称の大（無称之大）」というものを設定する。「無称」とは、概念の否定である。それは「無称」が言語的制約を受けないということを含意している。その意味において、これは「可言の称（可言之称）」であった「道」とは一線を隔てたものであった。王弼が「称中」に対して「無称」というレベルを持ち出してきたのは、概念としての「道」に限界をみて、その限界を突き破ろうと企図したものであるといえる。[二二]

このように王弼は、概念的把握のその先を志向したのであったが、これこそが現実的な存在者と隔絶しつつ、「道」の上位に存在論的に設定された——すなわち「無」なのであった。

王弼は「無称」について、さらに言及する。

無称は得て名づくべからず。域と曰うなり。道・天・地・王は、皆無称の内に在るが故に、域中に四大有りと曰う者なり。

（無称不可得而名。曰域也。道天地王、皆在乎無称之内、故曰域中有四大者也。）

［第二十五章注］

これは『老子』第二十五章「域中に四大有り（域中有四大）」に対する注釈である。

「無」は本来、いかなる概念としても記述することができないものである。それゆえに「無称」と位置づけられたのであるが、ここで王弼は「無称」を「域」と呼称している。そもそも空間は、それ自体限定的な概念（称）であるから、ここで王弼が「域」としたことは、そのままでは「無称」に背くことになる。ということは「無」の本来的地位からすれば、それに違反するものではないのだろうか。

「域」は通常、世界全体にわたる空間的延長を指す語として理解される。(一二三)ところが、ルドルフ・ワーグナーはこれを「超絶 the Beyond」として、前出の第二十五章注を次のように訳出した。

命名できない無名なるものは、［ここでは］「超絶 the Beyond」と呼ばれる。道・天・地・王はみな、たしかに無名なるもの［の領野］の内部に位置づけられる。だから［『老子』本文は］「超絶の内に四つの大なるものがある」と述べているのだ。

The designationless which it is impossible to name is called [here] "the Beyond." The Way, Heaven, Earth, and the king all are indeed located within the [realm] of the designationless. That is why [the text] says: "In the Beyond there are four Great Ones!"(一二四)

ルドルフ・ワーグナーが「域」を「超絶 the Beyond」と翻訳したことは、一見すると唐突に過ぎるかのようである。(一二五)しかしこの解釈は、上述した「無」の性格、とりわけその形而上的な超絶性ということを適切に言い得ているように思われる。

王弼における「無」は、いかなる概念によっても規定されるものではなかった。したがって、そのイメージを把捉しようとするならば、理知的な思索を通じてあらゆる述語を張り巡らせた上の、さらにその彼方 beyond なるものが「無」である、といえるだろう。ルドルフ・ワーグナーの英訳は、このような「無」のイメージを伝えるところがある。

結

本章は王弼の形而上学をめぐって、これまでの主要な解釈や、近年の欧米圏での成果を参考にしながら論じてきた。王弼の「道」はわれわれの感覚や思索を超えるものであったが、同時に万物の生成する契機であった。ただ、このような「道」を「無」と同一のものであるとする解釈があり、それは通例の道家思想解釈の上からも優勢なものであった。一方で、王弼の「無」についてより緻密に検討し、「無」と「道」とをより分析的に区別しようとする解釈があり、その場合、「無」は生成者性を超えた存在論的超越性をみるというまでに至った。

こうした研究の流れをふまえて、本章では、王弼の形而上学的思索とその概念化ということに着目し、「無」と「道」との関係について検討した。「名」「称」といった概念的把握は、対象を限定的にしか把捉し得るものではなかった。そのために王弼は「称中の大（称中之大）」である「道」に対して「無称」というレベルを設定したが、その「無称」としての「無」は、経験的世界を超絶したものとして、その彼方に、まさにあるものではないと設定される、そのようなものなのであった。

《 注 》

（一）『世説新語』文学篇に「何平叔《〔何晏〕》老子に注して始めて成り、王輔嗣《〔王弼〕》に詣《いた》る。王注の精奇なるを見て、迺ち神伏して曰く、斯の若きの人、与《とも》に天人の際を論ずべしと。因りて注する所を以て道徳二論と為す（何平叔注老子始成、詣王輔嗣。見王注精奇、迺神伏曰、若斯人、可与論天人之際矣。因以所注為道徳二論）」とある。また、同じ内容が『三国志』魏書鍾会伝注引、何劭「王弼伝」にも見えている。

（二）王弼と裴徽との問答は、『世説新語』文学篇に「徽《〔裴徽〕》問いて曰く、夫れ無とは、誠に万物の資《よ》る所なれども、聖人肯て言を致す莫し。而るに老子之を申べて已むこと無きは何ぞやと。弼《〔王弼〕》曰く、聖人は無を体するも、無は又た以て訓《おし》うべからず。故に言は必ず有に及ぶ。老荘は未だ有を免れず。恒に其の足らざる所を訓うと（徽問曰、夫無者、誠万物之所資、聖人莫肯致言。而老子申之無已何邪。弼曰、聖人体無、無又不可以訓。故言必及有。老荘未免於有。恒訓其所不足）」とある。これは『三国志』魏書鍾会伝注引、何劭「王弼伝」にも見えているが、そこでは王弼の回答は「聖人は無を体するも、無は又た以て訓うべからず。故に説かざるなり。老子は是れ有なる者なり。故に恒に無を言いて足らざる所あり（聖人体無、無又不可以訓。故不説也。老子是有者也。故恒言無所不足）」とあり、文言に多少の異同がある。

（三）『三国志』魏書鍾会伝注引、何劭「王弼伝」に「初めて除《〔官職を授けられ〕》せられ、爽《〔曹爽〕》に観《まみ》え間を請う。爽為に左右を屏《しりぞ》く。而れども弼《〔王弼〕》与に道を論じ、時を移すも他に及ぶ所無し。爽此を以て之を嗤う（初除観爽請間。爽為屏左右。而弼与論道、移時無所他及。爽以此嗤之）」とある。

（四）「可道」と「常道」をめぐる老子解釈史については、堀池信夫「可道と常道——『老子』第一章「道可道非常道」をめぐって」（『六朝学術学会報』一二、二〇一一）参看。

（五）王弼における「常」は、第十六章注に「虚無を窮極して、道の常を得れば、則乃《すなわ》ち窮極ならざるに至るなり（窮極虚無、得道之常、則乃至於不窮極也）」とあるように、限定や分節を超えたものである。また『周易』恒卦象伝の王弼注には「其の常道を得るが故に、終れば則ち復た始まり、往きて窮極すること無し（得其常道、故終則復始、往無窮極）」とある。

（六）「道」について、このように否定的側面から規定することは、当時にあっては一般的な了解事項であった。『列子』天瑞篇注引、何晏「道論」には「夫れ之を道《い》えども語無く、之に名づくれども名無く、之を視れども形無く、之を聴けども声無ければ、則ち道は之れ全し（夫道之而無語、名之而無名、視之而無形、聴之而無声、則道之全焉）」とある。これは「道」が「無語」「無名」「無形」「無声」として規定されるということである。

（七）このほか、王弼注における「道」のパラフレーズには、第十章注の「無為」、第十四章注の「無状」「無象」「無声」「無響」、第三十五章注の「無識」などがある。

（八）本文中で挙げた王弼注以外においても、王弼は同様のことを述べている。王弼「老子指略」には「夫れ物の生ずる所以、功の成る所以は、必ず無形に生じ、無名に由る。無形無名とは、万物の宗なり（夫物之所以生、功之所以成、必生乎無形、由乎無名。無形無名者、万物之宗也）」とある。

（九）たとえば何晏における「無」は、実際に万物の生成者としての性格を有していた。『列子』天瑞篇注引、何晏「道論」は「有の有たるは、無を恃みて以て生ず。事にして事たるは、無に由りて以て成る（有之為有、恃無以生。事而為事、由無以成）」とし、存在者は「無」に直接依拠して成立するという。

（一〇）さらに何晏の場合、「無」もまた「道」と同様のものと考えられていた。「無」は当然否定的にしか立言され得ないが、前注九所掲「道論」によれば、「無」は万物を生成する機能を果たすものでもある。そうであるならば、何晏の言説は「無」の中に、その機能において「有」を見出すものであり、究極的には「無」が「有」である、という論理になる。形而上学的思索としてはやや不徹底な部分があるといえる。

（一一）なお池田知久は、戦国末期から前漢にかけて「道」の形而下化、万物への内在化が進行したとする。ということは『老子』自体の中にすでにそうした形而下化が萌していたといえる。池田知久『道家思想の新研究――『荘子』を中心として』（汲古書院、二〇〇九）参看。

（二）高野淳一「王弼の「分」の思想について——郭象との対比を通して」（『日本中国学会報』四一、一九八九）参看。

（三）その意味において、王弼の「無」に対して多種多様な内容をこめようとする解釈に、関正郎「王弼の無について」（『日本中国学会報』一〇、一九五八）がある。関正郎は「秩序條理関係としての無、万物万化に位置を与える虚空的無、人間の性情に対比される天地の心、宇宙の精神としての無とが考えられていた」とし、さらに「全有としての無」を加える。

（四）Anne Cheng, *Histoire de la pansée chinoise*, Éditions du Seuil, 1997. 本章での引用は、すべて邦訳（アンヌ・チャン著、志野好伸・中島隆博・廣瀬玲子訳『中国思想史』、知泉書館、二〇一〇）にしたがった。

（五）一方、ルドルフ・ワーグナーは「所以 That-by-which」について、万物の存在する根拠である「道」と、認識し得ない「玄」との相互に関連する二側面を有するものとする。Rudolf G. Wagner, *The craft of a Chinese commentator: Wang Bi on the Laozi*, State University of New York Press, 2000 には、次のようにある。

Wang Bi constructs the *Laozi* as defining the That-by-which by two interrelated aspects, namely that of being the basis of the ten thousand kinds of entities, in which capacity it is referred to as Dao, and that of being undiscernible, which is the aspect of Darkness, *xuan*.

（六）Anne Cheng, *Ibid*.

（七）金谷治「老荘の無の思想の展開——とくに実践的観念として」（『理想』三八二、一九六四）および金谷治『儒家思想と道家思想（金谷治中国思想論集　中）』（平河出版社、一九九七）参看。

（八）堀池信夫「王弼考」（『哲学・思想学系論集』四、一九七八）および堀池信夫『漢魏思想史研究』（明治書院、一九八八）参看。このほかにも堀池信夫は『老子』第四十章「天下万物は有より生まれ、有は無より生まる（天下万物生於有、有生於無）」に対して、王弼注が「天下の物は皆有を以て生と為す。有の始まる所、無を以て本と為す（天下之物皆以有為生。有之所始、以無為本）」となっていることを挙げ、王弼における「無」が生成者的性格を持たないものであり、現実に直接的に関与するものではないことを指摘する。

（一九）堀池信夫「無」（『岩波哲学・思想事典』、岩波書店、一九九八）。なお、これと同様の議論が、堀池信夫「玄学」（溝口雄三・丸山松幸・池田知久編『中国思想文化事典』、東京大学出版会、二〇〇一）にある。

（二〇）なお中島隆博は、西田幾多郎の「無」の思想について、王弼の「無」との比較から論じ、そこで堀池信夫の解釈に言及している。また、第四十章注「有は無を以て用を為す（有以無為用）」に言及し、この「無」を「"Non-Being" to benefit "Being"（存在に資する非存在）」と位置づけている。この大文字の「非存在」は単なる存在者の非在としての「無」ではなく、存在を成立させる要件としての「非存在」であり、その意味で堀池信夫の解釈よりも「無」の存在論的な能動性を認めるものである。**Takahiro Nakajima**, *The Chinese Turn In Philosophy*, UTCP (The University of Tokyo Center for Philosophy), 2007参看。

（二一）なお、この『論語』注釈の文章は、そのまま韓康伯に継承される。『周易』繋辞上伝「一陰一陽、之を道と謂う（一陰一陽、之謂道）」の韓康伯注は以下の通りである。

道とは何ぞや。無の称なり。通ぜざる無きなり。由らざる無きなり。之を況えて道と曰うも、寂然として体無く、象を為すべからず。必ず有の用極まりて無の功顕わるが故に、神の方《かぎ》り無くして易の体無きに至りて、道見《あら》わるるべし。

（道者何。無之称也。無不通也。無不由也。況之曰道、寂然無体、不可為象。必有之用極而無之功顕、故至乎神無方而易無体、而道可見矣。）

（二二）「道」の概念的限界については、第三十八章注においても発問されていた。第三十八章注には「夫れ大の極は其れ唯だ道なるか、此れより已往は豈に尊ぶに足らんや（夫大之極也其唯道乎、自此已往豈足尊哉）」とある。「有称」と「無称」についてはまた、堀池信夫『漢魏思想史研究』（前掲）参看。

（二三）第二十五章「域中有四大」は、馬王堆帛書本『老子』では「國中有四大」に作る。ただし王弼注に「域中有四大」の文字があるので、本章ではこれを「域」として論じる。「域」の訳語については注二五参看。

（二四）**Rudolf G. Wagner**, *A Chinese reading of the Daodejing: Wang Bi's commentary on the Laozi with critical text and translation*, State

University of New York Press, 2003.　日本語訳は筆者による。

（三五）実際に、英訳本『老子』では第二十五章「域中有四大」の「域」を「the universe」と訳出するのが一般的である。Ariane Rump (in collaboration with Wing-tsit Chan), *Commentary on the Lao-tzu by Wang Pi*, University of Hawaii Press, 1979, Michael LaFargue, *The Tao of the Tao Te Ching*, State University of New York Press, 1992 など。また、Richard John Lynn, *The classic of the Way and Virtue: A New Translation of the Tao-te Ching of Laozi as Interpreted by Wang Bi*, Columbia University Press, 1999 は「the realm of existence」と訳している。さらに井筒俊彦はこれを「the boundaries of the world of being」とする。Toshihiko Izutsu, *Lao-Tzu: The Way and Its Virtue*, Keio University Press, 2001 参看。

第五章　言尽意・言不尽意論考

序

前章では王弼の「無」と「道」について、形而上学的思索とその概念化ということに着目しつつ検討した。そこでは「道」が「称中の大（称中之大）」であったのに対し、「無」は「無称の大（無称之大）」として、存在論的超越性を有していた。

ところで『周易』復卦彖伝「復において其れ天地の心を見るか（復其見天地之心乎）」の王弼注には、次のようにある。

復とは、本に反るの謂なり。天地は本を以て心と為す者なり。凡そ動息《や》めば則ち静なるも、静は動に対する者に非ざるなり。語息めば則ち黙なるも、黙は語に対する者に非ざるなり。然らば則ち天地は大いに万物を富有し、雷動し風行し運化すること万変なりと雖も、寂然として至無なるは是れ其の本なり。故に動の地中に息むは、乃ち天地の心見ゆるなり。若し其れ有を以て心と為せば、則ち異類未だ具《ことごと》く存するを獲ず。

（復者、反本之謂也。天地以本為心者也。凡動息則静、静非対動者也。語息則黙、黙非対語者也。然則天地雖大富有万物、雷動風行運化万変、寂然至無是其本矣。故動息地中、乃天地之心見也。若其以有為心、則異類未獲具存矣。）

〔『周易』復卦彖伝、王弼注〕

この記述では、動と静、言語と沈黙とは、いずれも天地以下の万物と「至無」との関係のパラレルな表現である（一）。王弼にとっての回帰すべき根源とは「静」「黙」そして「至無」にあったといえるが、ここで王弼が「語」と「黙」に言及しているのは、ただ単に比喩的に取り上げたというだけのものではない。その背後には、魏晋期の言尽意・言不尽意問題という哲学的主題が潜在していたのであった（二）。

言尽意・言不尽意問題は、魏晋玄学における「三理」の一つである（三）。当時の議論には、言語が「意」と一致する（言尽意）、言語は「意」を十全には表出しない（言不尽意）という二つの立場があった。これについて従来の研究は、「言尽意」には西晋の欧陽建を、「言不尽意」には魏の荀粲や王弼を位置づけてきた。その背後には、漢代儒教の衰退と『老子』『荘子』『周易』三玄の形而上学とが言不尽意論をもたらし、言尽意論はこうした風潮への反駁であるという思想史的見通しがあった（四）。こうした先行研究をふまえつつ、本章では、まずは魏晋玄学における言尽意・言不尽意問題の先駆的事態として、後漢の辞書的定義を検討し、そのうえで何晏・欧陽建と王弼の言語思想を論じてゆくことにする。

Ⅰ

魏晋玄学において言尽意・言不尽意問題が隆盛した思想史的背景として、加賀栄治は経書の規制力が弛緩したことによる論理性・合理性への志向を挙げ、また「人物評」や「才性名理」の論が隆盛したことを指摘する。(五)さらに堀池信夫は、漢代における経典解釈言語の過剰に対する反省と、経義自体への批判とを指摘する。(六)魏晋玄学における言語をめぐる思索はこのような思想史的状況の中に出現したのであるが、これ以外にも「言」と「意」をめぐっては、すでに後漢の辞書的定義の中に、解釈の相違があらわれている。まず、許慎『説文解字』は「言」と「語」とを次のように定義する。

直言するを言と曰い、論難するを語と曰う。口に从《したが》う、䇂《けん》の聲。凡そ言の属は皆言に从う。

（直言曰言、論難曰語。从口、䇂聲。凡言之属皆从言。）

〔『説文解字』言部〕

『説文解字』はまた、「語」については以下のように規定する。

論なり。言に从う、吾の聲。

（論也。从言、吾聲。）

〔『説文解字』言部〕

これによれば「言」とは発話、発せられた言葉それ自体である。「語」は議論であり、また意見の論述である。したがって、これらには言語機能における差異がある。段玉裁によれば、こうした解釈は古文学に由来するものであった。(七)

一方、『説文解字』における「意」の定義は次の通りである。

志なり。心・音に从う。言を察して意を知るなり。

（志也。从心音。察言而知意也。）

〔『説文解字』心部〕

ここで許慎は「言」と「意」との間に対応関係があることを認めている。これは「言」が「意」を適切に表出するという信頼の表明である。許慎によれば、言語に依拠することによって「意」の理解は可能となるのであった。これに対して、劉熙『釈名』は「言」と「語」について次のように規定する。

言は、宣なり。彼此の意を宣《の》ぶるなり。

（言、宣也。宣彼此之意也。）

〔『釈名』釈言語〕

語は、叙なり。己の説かんと欲する所を叙《の》ぶるなり。

（語、叙也。叙己所欲説也。）

〔『釈名』釈言語〕

『釈名』における「言」とは、彼此の区別的意味を明らかにするものであり、(八)「語」とは、語ろうと望むものを順序立てて語る行為である。ここにも『説文解字』同様に「言」と「語」とは区別されているが、(九)劉熙はさらに、「言」や「語」に対して「意」が先立つものであるとみている。劉熙はまた「言」と「意」との関係について、次のように述べる。

嗟は、佐なり。言の以て意を尽くすに足らざるが故に、此の声を発して以て自ら佐《たす》くるなり。

（嗟、佐也。言之不足以尽意、故発此声以自佐也。）　『釈名』釈言語

劉熙は、嘆息の発語である「嗟」を「補佐」であると解釈する。そして「言」のみでは「意」の表出に不十分であるとして、嘆息・感嘆の声という言語以外の「声」を措定し、それが言語による指示を補うものであるとするのである。すなわちこれは、劉熙が言語には表出の限界があるとみていた、ということである。

『説文解字』と『釈名』とは、言語機能を分析的に区別して捉える点において共通していた。しかし、許慎は「意」を言語によって理解されるものであるとし、劉熙は言語が「意」には及び得ないとする点で理解を異にしていた。このことは言尽意・言不尽意問題の萌芽が、すでに後漢の辞書的定義の中において顕在化していたことを示している。[一〇]

II

三国魏・何晏は魏晋玄学の旗手の一人と目され、その言説は「正始の音」として王弼と並称されている。何晏の思想的立場は「道」を接点とする儒道の統合にあった。[一一]『論語集解』において、何晏は次のように述べる。

「論語」子曰く、道に志し、徳に拠り、仁に依り、芸に遊ぶ。

（子曰、志於道、拠於徳、依於仁、遊於芸。）
［何晏］志は慕なり。道は体すべからざるが故に、之を志《した》うのみ。……［後略］
（志、慕也。道不可体、故志之而已。……［後略］）

［『論語集解』述而篇］

何晏によれば、人は「徳」「仁」「芸」に対しては、各々拠り、依り、遊ぶという関係を結ぶことができるが、（二）「道」は体得できないので、慕うばかりなのである。そのような「道」について、何晏はまた次のように詳述する。これは前章に引いたところではあるが、以下に再掲する。

夫れ道とは、惟れ有とする所無き者なり。天地より已来、皆有とする所有るなり。然れども猶お之を道と謂うは、其の能く復た有とする所無きを用うるを以てなり。故に有名の域に処ると雖も、而れども其の無名の象に没す。
（夫道者、惟無所有者也。自天地已来、皆有所有矣。然猶謂之道者、以其能復用無所有也。故雖処有名之域、而没其無名之象。）

［何晏「無名論」］

何晏によれば「道」と天地以下の存在者とは、認識の可不可において峻別される。天地以下は、あらゆるものが「有」として、感性的認識が可能である（有所有）。一方、「道」はそのような認識を拒絶する（無所有）。しかし「道」はその経験的認識を超える「有とする所無き（無所有）」ところにおいて機能するものである。とはいうものの、「道」自体は「有とする所無き者（無所有者）」として、言語的に記述できない状態――「無名」に埋没している。すなわち「道」は、感性的認識や概念的把握ではなく、あくまでも直観的認識の対象として、あるいは概念による分析を超えた「無名」なるものとしてのみ把捉される、そのようなものであった。何晏の「道論」には、また以下の言が見えている。

夫れ之を道《い》えども語無く、之に名づくれども名無く、之を視れども形無く、之を聴けども声無ければ、則ち道は之れ全し。〔何晏「道論」〕

（夫道之而無語、名之而無名、視之而無形、聴之而無声、則道之全焉。）

ここにも、「道」が言語・概念・感性による認識を超えているということが述べられている。「道」をめぐるこれらの言説は、まずは道家的形而上学の伝統に依拠するものといえるが、何晏はさらに、ここに儒教的聖人を結びつけている。

民の誉むる所と為れば、則ち有名なる者なり。誉むらるること無きは、無名なる者なり。夫の聖人の若きは、無名を名とし、無誉を誉とす。無名を謂いて道と為し、無誉を大と為せば、則ち夫の無名なる者は、以て有名と言うべし。無誉なる者は、以て有誉と言うべし。然れども夫の誉むべく名づくべき者と、豈に用を同じくせんや。此れ有とする所無きに比べらるるが故に、皆有とする所有るなり。而れども有とする所有るの中に於いて、当に有とする所無きと相い従うべきにして、夫の有とする所有る者と同じくせず。

（為民所誉、則有名者也。無誉、無名者也。若夫聖人、名無名、誉無誉。謂無名為道、無誉為大、則夫無名者、可以言有名矣。無誉者、可以言有誉矣。然与夫可誉可名者、豈同用哉。此比於無所有、故皆有所有矣。而於有所有之中、当与無所有相従、而与夫有所有者不同。)

〔何晏「無名論」〕

民の賞賛を基準とした「有名」と「無名」とに対し、何晏は聖人を第三の立場に据える。その第三の立場とは、「「無名＝道」を名とする限りにおいての有名」ともいうべきものである。民に賞賛される「有名」と聖人の「有名」とは、いずれも「有」であった。しかし、聖人の「有名」は「無名」をその内に包摂しているものであり、それゆえに第一の「有名」とは異なる。これは、道家的「道」に儒家的聖人を重ね合わせようとする論理である。そこで、「道」が言表を超えているのであるならば、それに連なる聖人もまた、言語的に記述できないところがある、ということになる。その意味において何晏は「言不尽意」の立場にあったのである。

〔論語〕子曰く、吾知ること有らんや。知ること無きなり。
(子曰、吾有知乎哉。無知也。)
〔何晏〕知とは、意を知るの知なり。知とは、言未だ必ずしも尽くさず。
(知者、知意之知也。知者、言未必尽。)

〔『論語集解』子罕篇〕

何晏は、聖人の「意」を知るという「知」について、言語によっては必ずしも至り得ないとする。聖人とは、言語的には記述できない「道」に連なる存在であるがためである。そうであるならば、聖人の「意」に到達するためには「言」以外のもの、すなわち言語を超越する知が要請されることになる。では、言語を超越する知とは、どのようなものだろうか。「無名論」に連続する文章（一三）にそのことが言及されている。

夫れ唯だ無名なり。故に遍く天下の名を以て之に名づくるを得べし。然れども豈に其れ名ならんや。惟だ此れ喩《たと》うるに足れども、終に悟ること莫し。是れ泰山の崇崛を観て、元気の浩茫ならずと謂う者なり。

（夫唯無名。故可得遍以天下之名名之。然豈其名也哉。惟此足喩、而終莫悟。是観泰山之崇崛、而謂元気不浩茫者也。）

〔『列子』仲尼篇注〕

「無名」とは名の否定である。それは名称による限定を突破するということであり、概念的把握を超えるものであった。しかしそれゆえに、逆にいかなる概念による命名をも可能としてしまうものでもあった。だが、その際の命名とは言語的把捉にとどまるものであり、その限りにおいて、対象を比喩的に言表することに過ぎず、対象の本質を悟ること——真の意味で知ること——すなわち、言語を超越する知には到達し得ない。言語・概念・感性にもたらされる知のさらなる背後にある根源的知は、ただ言語を介さずに悟るしかないのである。泰山の比喩は、そのようなことを述べているのである。

何晏による儒道綜合の論理は、言語的に記述できない「道」に聖人を結びつけた。それゆえ、聖人の「意」に関して何晏は「言不尽意」の立場にあった。しかし、何晏において尽くされないとされた聖人の「意」とは、本当に言語的に記述できないものなのだろうか。このことをめぐって、王弼・欧陽建はいずれもその「意」をいかにして言語的知にもたらすかを問題としたが、それぞれの議論の方向性は異なるものであった。

III

欧陽建は当時の「言不尽意」論の隆盛（一四）に対して、あらためて言語の価値について言及し、それを知の共有における媒材であると位置づけた。欧陽建はまず「物」や「理」が言語とは関わることがなく、それ自体においてあらかじめ明らかである、と述べる。

夫れ天言《ものい》わずして四時行《めぐ》る。聖人言わずして鑑識存す。形は名を待たずして方円已に著らかなり。色は称を俟たずして黒白以《すで》に彰らかなり。然らば則ち名の物に於けるや、施す者無きなり。言の理に於けるや、為す者無きなり。

（夫天不言而四時行焉。聖人不言而鑑識存焉。形不待名而方円已著。色不俟称而黒白以彰。然則名之於物、無施者也。言之於理、無為者也。）

〔欧陽建「言尽意論」〕

欧陽建によれば「物」や「理」といった対象は、まずは言語を介することなく直截に、心に所与として区別されるのである。このことを述べるために、欧陽建は『論語』の以下の言に依拠している。

子曰く、予《われ》言無からんと欲すと。子貢曰く、子如《も》し言わざれば則ち小子何をか述べんと。子曰く、天何をか言わんや。四時行《めぐ》り、百物生ず。天何をか言わんやと。

（子曰、予欲無言。子貢曰、子如不言則小子何述焉。子曰、天何言哉。四時行焉、百物生焉。天何言哉。）

〔『論語』陽貨篇〕

これについて、王弼『論語釈疑』は「予《われ》言無からんと欲すとは、蓋し本を明らかにせんと欲し、本を挙げて末を統べて、物を極に示さんとする者なり。……〔中略〕……是を以て本を修め言を廃し、天に則りて化を行う（予欲無言、蓋欲明本、挙本統末、而示物於極者也。……〔中略〕……是以修本廃言、則天而行化）」と述べ、聖人による言語を超えた、より本質的な教化をいうものであると解釈する。それに対して欧陽建は、聖人の教化ということには立ち入らず、あくまでも認識論の問題として、まずは言語を排斥するのであった[一五]。次に欧陽建は「物」や「理」と「言」との関係について、以下のように述べる。

誠に理を以て心に得らるるも、言に非ざれば暢《の》べられず。物は彼に定まるも、言に非ざれば辯ぜられず。言の志を暢べざれば、則ち以て相い接する無し。名の物を辯ぜざれば、則ち鑑識顕らかならず。鑑識顕らかにして名品殊《こと》なり、言称接して情志暢べらる。其の所以を原《たず》ね、其の所由《ゆえん》に本づけば、物に自然の名有りて、理に必定の称有るに非ざるなり。其の実を辯ぜんと欲すれば、則ち其の名を殊にす。其の志を宣べんと欲すれば、則ち其の称を立つ。

（誠以理得於心、非言不暢。物定於彼、非言不辯。言不暢志、則無以相接。名不辯物、則鑑識不顕。鑑識顕而名品殊、言称接而情志暢。原其所以、本其所由、非物有自然之名、理有必定之称也。欲辯其実、則殊其名、欲宣其志、則立其称。）

〔欧陽建「言尽意論」〕

欧陽建の認識論は、二段階を経るものである。第一は、認識の対象が言語を介さずに心に直接与えられる段階である。第二には、言語を方法として、所与として直接把捉された対象を後次的に弁別する段階である。欧陽建における言語とは、所与として未だ言語的に記述できない「理」や「物」を分節するものである。それはまた、他者との交際や、判断の不可欠の手段であった。そのため、言語と対象とは一対一の対応関係を結ばなければならない。

名は物に逐《したが》いて遷り、言は理に因りて変ず。此れ猶お声発して響の応じ、形存りて影の附するがごとく、相い与《とも》に二たるを得ず。苟しくも其れ二ならざれば、則ち尽くさざる無し。吾故に以て尽くすと為す。
（名逐物而遷、言因理而変。此猶声発響応、形存影附、不得相与為二。苟其不二、則無不尽。吾故以為尽矣。）

［欧陽建「言尽意論」］

言語は対象の変化や差異にともなって変遷し、付随的に一対一の対応関係を堅持する。心に直接得られた認識のあとには、ひとりでに言語が追いついていくのである。音声と反響、形と影のアナロジーによって示されるように、対象と言語との間には主従関係が成立する。言語が所与としての認識にしたがい、対象に過多も過少もなく重なるということ、すなわち言語と対象とは一致するのである。欧陽建は言語についてこのようにみて「言尽意」を主張したのであった。

Ⅳ

前章において検討したように、王弼は「無」や「道」という形而上者を措定するが、それらについて言語的に記述することを拒んでいた。


道《い》うべきの道、名づくべきの名は、事を指し形に造《いた》れば、其の常に非ざるなり。故に道うべからず、名づくべからざるなり。

（可道之道、可名之名、指事造形、非其常也。故不可道、不可名也。）

〔王弼『老子道徳経注』第一章注〕

之を言う者は其の常を失い、之に名づくる者は其の真を離る。……〔中略〕……是を以て聖人は言を以て主と為さざれば、則ち其の常に違わず、名を以て常と為さざれば、則ち其の真を離れず。

（言之者失其常、名之者離其真。……〔中略〕……是以聖人不以言為主、則不違其常、不以名為常、則不離其真。）

〔王弼「老子指略」〕

王弼は何晏同様に、聖人の「意」は言語・概念によっては捉えきれないものであるとしていた[一六]。また王弼は、命名や呼称という言語行為が普遍的なものではないとみなしていた。

之を名づくれども当たる能わず、之を称すれども既《つ》くす能わず。名づくれば必ず分かるる所有り、称すれば必ず由る所有り。分かるること有れば則ち兼ねざること有り、由ること有れば則ち尽くさざること有り。兼ねざれば則ち大いに其の真に殊《こと》なり、尽くさざれば則ち以て名づくべからず。

（名之不能当、称之不能既。名必有所分、称必有所由。有分則有不兼、有由則有不尽。不兼則大殊其真、不尽則不可以名。）

〔王弼「老子指略」〕

このように王弼は、言語・概念による把握がきわめて限定的な理解にとどまることを繰り返し述べている。こうした言語への消極的ともいえる位置づけからは、一見した限りでは、王弼が「言不尽意」論を主張していたかにも思われる。しかし、王弼の言論は必ずしも単純な「言不尽意」論であるとは断定できるものではない。というのは、王弼は『周易略例』明象篇（一七）において、「言」と「意」とを直接結びつけるのではなく、その間に「象」（一八）という概念を導入し、「意」に到達するために言語ではない方法（言語以外の方法）を持ち込み、それによる「尽意」を述べるからである。

夫れ象とは、意を出だす者なり。言とは、象を明らむる者なり。意を尽くすは象に若くは莫く、象を尽くすは言に若くは莫し。言は象に生ずるが故に、言を尋ねて以て象を観るべし。象は意に生ずるが故に、象を尋ねて以て意を観るべし。意は象を以て尽くされ、象は言を以て著《あらわ》る。

（夫象者、出意者也。言者、明象者也。尽意莫若象、尽象莫若言。言生於象、故可尋言以観象。象生於意、故可尋象以観意。意以象尽、象以言著。）

〔『周易略例』明象篇〕

何晏・欧陽建は、いずれも「言」と「意」とを直接的に対応させていた。それに対して王弼は「言」と「意」とを直接結びつけず、「象」を導入することで、言—象—意の三者の関係としている。各々は「意」が「象」を生じ、「象」が「言」を生ずるという存在論的階層をなしており、一方で、その序列を遡行する認識論上の手段・目的関係を形成している。[一九] ということは「意」は直接「言」からではなく、「象」からならば到達し得る、「象」によるならば「尽意」は可能であるということに、ひとまず論理的にはなる。王弼は「意」を言語にもたらして語り得るものとはしなかったが、「象」を媒介に示すことで表出される可能性をみていたのである。そうであるならば、王弼はその「象」がいかにして「意」を把捉し得ると考えていたのだろうか。

故に言とは象を明らむる所以にして、象を得て言を忘る。象とは意を存する所以にして、意を得て象を忘る。猶お蹄とは兎を在《う》る所以にして、兎を得て蹄を忘れ、筌とは魚を在る所以にして、魚を得て筌を忘るるがごときなり。然らば則ち言とは象の蹄なり。象とは意の筌なり。

（故言者所以明象、得象而忘言。象者所以存意、得意而忘象。猶蹄者所以在兎、得兎而忘蹄、筌者所以在魚、得魚而忘筌也。然則言者象之蹄也。象者意之筌也。）

〔『周易略例』明象篇〕

ここで王弼は、言—象—意の関係を『荘子』にある「筌蹄」の手段・目的関係になぞらえている。『荘子』外物の記述は次の通りである。

荃とは魚を在《う》る所以にして、魚を得て荃を忘る。蹄とは兔を在る所以にして、兔を得て蹄を忘る。言とは意を在る所以にして、意を得て言を忘る。吾安くんぞ夫の忘言の人を得て、之と与に言わんや。

(荃者所以在魚、得魚而忘荃。蹄者所以在兔、得兔而忘蹄。言者所以在意、得意而忘言。吾安得夫忘言之人、而与之言哉。)

〔『荘子』外物〕

成玄英疏によれば「筌」は「魚笱」すなわち魚を覆い捕らえる籠であり、「蹄」は「兔罝」「兔弶」すなわち兔の脚を引っ掛ける罠である。絶え間なく流れゆく川の流れの中から魚を次第に筌に追い込んでゆくように、あるいは広大な野原の中で兔を追い込んで捕捉するように、王弼は『荘子』の論理に依拠しながら、「言」――語る、「象」――示すという二段階の絞り込みの手段を経ることによって「意」は徹底的に追い込み得るし、ついには絡め取って捕捉することができるとみていた。つまり「象」の導入により、「意」の尽くされる可能性を高く考えていたのである。

さて、王弼はこのようにして「意」に次第に肉迫し、最終的には尽くし得るとみていた。そして王弼はその後、「言」「象」を経て「意」が尽くされたのならば「言」「象」を忘れると述べている。また王弼は、それに続く一節において、さらに手段の忘却こそが目的の獲得であるとも述べている。

是の故に言に存《とど》まる者は、象を得る者に非ざるなり。象に存まる者は、意を得る者に非ざるなり。象は意に生じて、象に存まれば、則ち存まる所の者は乃ち其の象に非ざるなり。言は象に生じて、言に存まれば、則ち存まる所の者は乃ち其の言に非ざるなり。然らば則ち象を忘るる者は乃ち意を得る者なり。言を忘るる者は乃ち象を得る者なり。意を得るは象を忘るるに在り、象を得るは言を忘るるに在り。

（是故存言者、非得象者也。存象者、非得意者也。象生於意、而存象焉、則所存者乃非其象也。言生於象、而存言焉、則所存者乃非其言也。然則忘象者乃得意者也。忘言者乃得象者也。得意在忘象、得象在忘言。）

［『周易略例』明象篇］

「言」にとどまる限り「象」には到達できず、「象」にとどまる限り「意」には到達できない。王弼は「意」から生じた「象」であっても「とどまるところの象は、意をそのままに象ったもの（其象）ではない」とし、「象」から生じた「言」であっても「とどまるところの言は、象をそのまま言語にもたらしたもの（其言）ではない」とする。さらには「意」そのものではない「象」を忘却（忘象）することこそが真の「意」に到達すること（得意）であり、同様に「象」そのものではない「言」を忘却（忘言）することこそが真の「象」に到達すること（得象）であるとする。この「忘言」「忘象」ということ、すなわち手段の忘却を目的の獲得とする王弼の行論については、従来、さまざまな解釈がなされてきた。

蜂屋邦夫は、この議論全体について「言尽意と言不尽意を重層的に含んだ議論」であると留保をともないつつも「結局は意に対する言の否定的作用を述べ、言を忘れるという形で事実上言不尽意を立論している」とし[二〇]、堀池信夫は王弼の行論に「言表を超える真理の確信」を認め、「一応論理的思惟を究極したうえで」、「直観的に「意」をとらえようとしたのではないか」とした[二一]。これらは王弼の「忘言」「忘象」について、論理的整合性を欠いた説明であるとみる立場である[二二]。これらに対して中島隆博は、王弼が問題にしたのは「「尽意」のためにいったいどのような条件が言語に必要なのか」であるとし、それを「別の意を表現してしまう言語の他性をあらかじめ忘却することによって、意の恒常性・真理性・根源性を純粋に保持することができる言語」、すなわち「〈忘却された言語〉」であるとした[二三]。また、アンヌ・チャンは「忘言」「忘象」について「重要なことは、外にある指示対象に意を求めるのではなく、還元=濃縮を行って、言語のただ中に意を再発見することである」と述べた。[二四] こちらは王弼の行論を首尾一貫したものとして、無矛盾的に解釈しようとするものである。このほか、辛賢は『韓非子』解老篇の「人の生象を見ること希《まれ》なり。而れども死象の骨を得て、其の図を案じて以て其の生を想うなり。故に諸人の意想する所以の者は、皆之を象と謂うなり（人希見生象也。而得死象之骨、案其図以想其生也。故諸人之所以意想者、皆謂之象也）」を根拠として、「「言」「象」のもつ個別性・相対性・限定性を人間の意想・抽象する過程の中で溶解し（忘言忘象）、根源的「无」に立ち返って究極することを構想していた」と述べる。[二五] このように「忘言」「忘象」をめぐる解釈にはさまざまなものがあるが、それは忘却と獲得という、一見相反することがらが手段・目的関係の中で述べられていることに起因するものである。

ところで、王弼による「忘言」「忘象」の行論というものは、当然ながら、それ自体が言語によって記述されている。ところが何晏や欧陽建とは異なり、王弼は「意」と直接結びつくものとして「象」を導入しているのである。「象」は「尽意」への直接的手段である。『周易略例』明象篇において王弼は、言語にもたらして語り得ない、語ることを超えた領域にある「意」に対して、「象」を介在させることによって示し得るとしていた。しかし、このように述べてきた王弼の行論自体は、言語にもたらして語り得ない「意」について、言語的に規定して、語ろうとしてしまうものであった。それゆえ、王弼はこの隘路を脱却するためには、自分自身のおこなってきた言語的行為、すなわち『周易略例』明象篇に記された論理それ自体をも最終的には棄て去らなければならない、その必要があったのである。「忘象」を「得意」とし、「忘言」を「得象」とするのは、その意味ではそれまでに登りつめた論理的階梯を破棄することである。王弼の「意」は、みずからの論理をも最終的にはみずからの手で無効化する、そのことによってこそ、はじめて純然たる「意」そのものとして定立することができる、そのようなものであったのである。

結

「言尽意」と「言不尽意」という両命題はたがいに対立する。しかし、魏晋玄学の言尽意・言不尽意問題は全面的に対立するものではなく、むしろ立脚点を共有していた。それは、当時の形而上学的思索を背景に、言語的把握を超越する形而上者とそれに結びつく聖人の「意」について、われわれがいかにして把捉し得るのか、という問題であった。何晏の儒道を綜合的に捉える立場は、聖人の「意」を形而上学的「道」に重ねるものであり、それゆえ「言不尽意」としていたが、王弼・欧陽建はいずれも「尽意」の可能性を模索していた。その上に両者の対比が成立する。欧陽建の認識論は、対象が言語以前に直接心に与えられるとし、その所与としての知に対して、言語は付随的ながらもそれに到達し、言語と対象が一致するとしていた。一方、王弼は言語によって到達し得ない聖人の「意」に肉迫する方法として、「象」を提出した。言語で語り尽くせない「意」について、「象」を媒介とすることによって示し、尽くし得ると考えたのである。そしてそこに王弼は、言語を超える知の可能性をみたのであった。だが、それについては、そのことを語る自身の論理をもあえて棄て去ることによって、それを保全することができる、そのようなものとなるほかはなかったのであった。

《 注 》

（一）これに関連して、『老子』第十六章「吾以て復するを観る（吾以観復）」の王弼注には「虚静を以て其の反復するを観る。凡そ有は虚に起こり、動は静に起こるが故に、万物並びに動作すると雖も、卒に虚静に復帰す。是れ物の極篤なり（以虚静観其反復。凡有起於虚、動起於静、故万物雖並動作、卒復帰於虚静。是物之極篤也）」とある。

（二）言尽意・言不尽意問題は『周易』繫辞上伝の以下の言を直接の典故とし、言語と聖人の「意」との関係を主題とする。

子曰く、書は言を尽くさず、言は意を尽くさず。然らば則ち聖人の意は、其れ見るべからざるかと。

（子曰、書不尽言、言不尽意。然則聖人之意、其不可見乎。）

（三）『世説新語』文学篇には「旧云う、王丞相〔王導〕江左を過《よぎ》りてより、止《た》だ声無哀楽、養生、言尽意の三理を道《い》うのみ。然して宛転すれども生に関しては入らざる所無し（旧云、王丞相過江左、止道声無哀楽、養生、言尽意三理而已。然宛転関生無所不入）」とある。このほかには、嵆康が「三理」すべてについて論じたことが知られているが、嵆康の「言不尽意論」は散逸してしまい、現在に伝わらない。戴明揚『嵆康集校注』（人民文学出版社、一九六二）参看。

（四）このような思想史的理解は、蜂屋邦夫「言尽意論と言不尽意論」（『東洋文化研究所紀要』八六、一九八一）に代表される。蜂屋邦夫は、王弼の行論が「言不尽意」をいうものであるとしたうえで「その根底には、その不信を招来せしめた儒経・権威の失墜と漢儒による章句の学のいきすぎがあったからであろう」とする。また、欧陽建「言尽意論」については「言表への軽視もしくは不信に対して言語の価値を再確認し、荀子流の先秦儒家思想にたち返るとともに、無限定、不分明な意のなかに明快な理の観念を持ちこんだ」とし、「やはり一定の思想史的意義をもつといわなければならない」と評している。

（五）加賀栄治「魏晋玄学の推移とその実相（一）」（『人文論究』一八、一九五八）および加賀栄治『中国古典解釈史（魏晋篇）』（勁草書房、一九六四）参看。

（六）堀池信夫『漢魏思想史研究』（明治書院、一九八八）参看。

（七）段玉裁は「言」項に以下のように注を施している。

大雅毛伝に曰く、直言するを言と曰い、論難するを語と曰うと。論、正義は荅に作る。鄭〔鄭玄〕大司楽に注して曰く、端を発するを言と曰い、荅難するを語と曰うと。雑記に注して曰く、言は己の事を言い、人の為に説くを語と為すと。按ずるに三注の大略は相いに同じきなり。

（大雅毛伝曰、直言曰言、論難曰語。論、正義作荅。鄭注大司楽曰、発端曰言、荅難曰語。注雑記曰、言言己事、為人説為語。按三注大略相同。）

なお『毛詩』大雅「公劉」には「于時《ここ》に言言し、于時に語語す（于時言言、于時語語）」とあり、毛伝には「直言するを言と曰い、論難するを語と曰う（直言曰言、論難曰語）」とある。孔穎達疏には「直言するを言と曰うとは、一人自ら言うを謂い、荅難するを語と曰うとは、二人相い対するを謂う（直言曰言、謂一人自言、荅難曰語、謂二人相対）」とあり、「言」を一人の発言、「語」を二人での対話であるとする。また『周礼』春官大司楽「楽語を以て国子に興・道・諷・誦・言・語を教う（以楽語教国子興道諷誦言語）」の鄭玄注には「端を発するを言と曰い、荅述するを語と曰う（発端曰言、荅述曰語）」とあり、『礼記』雑記「三年の喪には、言いて語らず、対えて問わず（三年之喪、言而不語、対而不問）」の鄭玄注には「言は己の事を言うなり。人の為に説くを語と為す（言言己事也。為人説為語）」とある。

一方、「語」項の段注は以下の通りである。

此れ即ち毛・鄭の説なり。語とは禦なり。毛説の如ければ、一人是非を弁論すること、之を語と謂う。鄭説の如ければ、人と相い答問弁難すること、之を語と謂うなり。

（此即毛鄭説也。語者禦也。如毛説、一人弁論是非、謂之語。如鄭説、与人相答問弁難、謂之語。）

この「毛・鄭の説（毛鄭説）」とは、「言」項段注に指摘されている毛伝および鄭玄注である。

（八）なお『広韻』に「語軒の切。言語なり。釈名に曰く、言は宣なり。彼此の意を宣ぶるなりと（語軒切。言語也。釈名曰、言宣也。宣彼之意也）」とあるように、『釈名』の解釈は後世に継承されることになる。

（九）こうした区別もまた、後世に継承されるものである。『玉篇』には「言」について「魚鞬の切。言辞なり。問うなり（魚鞬切。言辞也。問也）」とある。これは『爾雅』釈詁「話・猷・載・行・訛は、言なり（話猷載行訛、言也）」の邢昺疏に「皆言辞を謂うなり（皆謂言辞也）」とあり、また「訊は、言なり（訊、言也）」の郭璞注に「相い問訊す（相問訊）」とあるように、後世に継承されるものである。なお『玉篇』「語」には「魚巨の切。言説なり（魚巨切。言説也）」とある。

（一〇）なお、すでに後漢期には「言不尽意」論の先蹤ともいえる議論が出現している。荀悦は「夫れ心と言と、言と事と、参《まじ》えて相応ずるなり（夫心与言、言与事、参相応也）」（『申鑒』政体）として「心」と「言」「事」との対応関係を指摘してはいたが、一方で次のように述べて「言不尽意」の立場を宣明していた。

凡そ情・意・心・志とは、皆性動の別名なり。情は辞に見《あら》わる、是れ情を称するなり。言は意を尽くさず、是れ意を称するなり。

（凡情意心志者、皆性動之別名也。情見乎辞、是称情也。言不尽意、是称意也。）　（『申鑒』雑言）

（一一）福永光司「何晏の立場――その学問と政治理念」（『愛知学芸大学研究報告』七、一九五八）は『論語集解』の特徴を「人倫道徳の書としての『論語』の形而上学的根拠づけ」「簡易なる世界、単純なる理法に対する関心」「統一と綜合への意欲」の三点に分類する。また謡口明「『論語集解』中の何晏注と王弼の『論語釈疑』に見る思想の特質」（『文教大学文学部紀要』九‐二、一九九六）は、『論語集解』が「典籍の的確な訓詁注釈・思想的な解明よりは、現実のあらゆる現象・思想を融合・折衷すること」に主眼を置くとし、渡邉義浩「浮き草の貴公子　何晏」（大久保隆郎教授退官記念論集刊行会編『大久保隆郎教授退官記念　漢意とは何か』、東方書店、二〇〇一）は「儒教を自己の文化の根底として身体化した上で老荘を語る何晏の思想は、諸子百家期の老子・荘子とは異なり、儒教に対する攻撃性を本来的に有していない」とする。

（一二）何晏は「徳」について「拠は杖なり。徳は形を成す有るが故に拠るべし（拠杖也。徳有成形故可拠）」、「仁」について「依は倚なり。仁とは功、人に施す。故に倚るべし（依倚也。仁者功、施於人。故可倚）」、「芸」について「芸とは六芸なり。拠依するに足らざるが故に遊と曰うなり（芸六芸也。不足拠依故曰遊也）」と述べ、この三者と「道」とは水準の異なるものとみている。

（一三）『列子』張湛注が「無名論」に後続して引用する「夏侯玄曰……」という文章が「無名論」とは別のものであるのか、あるいは「無名論」中で何晏が夏侯玄の発言を引用したものか、そうであればどこまでが夏侯玄の発言なのか、このことについての定説はない。そのため、本章では当該箇所を「「無名論」に連続する文章」と呼称する。なお、当該箇所の取り扱いをめぐる論考には、室谷邦行「何晏の論理の基礎構造——『道論』『無名論』に基づいて」（『中国哲学』二五、一九九六）がある。

（一四）欧陽建「言尽意論」には、当時の「言不尽意」が優勢であったことについての記述が見えている。

世の論ずる者、言は意を尽くさずと以為《おもえ》ること、由来は尚し。通才達識に至るも、咸《みな》以て然りと為す。夫の蒋公《［蒋済］》の眸子を論じ、鍾《［鍾会］》傅《［傅嘏］》の才性を言うが若きは、此を引きて談証を為さざるは莫し。

（世之論者、以為言不尽意、由来尚矣。至乎通才達識、咸以為然。若夫蒋公之論眸子、鍾傅之言才性、莫不引此為談証。）

（一五）なお、この行論はほかにもまた何晏「道論」の以下の文をふまえている。

員方、形を得るは此れ無形なればなり。白黒、名を得るは此れ無名なればなり。

（員方、得形而此無形。白黒、得名而此無名也。）

（一六）ただし『三国志』魏書鍾会伝注引、何劭「王弼伝」によれば、何晏と王弼の聖人理解には若干の隔たりがある。聖人には喜怒哀楽がないと主張する何晏に対して、王弼は以下のように議論している。

聖人の人に茂《すぐ》れたる者は、神明なり。人に同じき者は、五情なり。神明茂るが故に、能く冲和を体して以て無に通じ、五情同じきが故に、哀楽無きこと能わずして以て物に応ず。然らば則ち聖人の情は、物に応じて物に累うこと無き者なり。今其の無累を以て、便ち復た物に応ぜずと謂うは、之を失うこと多しと。

（聖人茂於人者、神明也。同於人者、五情也。神明茂、故能体冲和以通無、五情同、故不能無哀楽以応物。然則聖人之情、応物而無累於物者也。今以其無累、便謂不復応物、失之多矣。）

これによれば王弼は、聖人に五情がそなわっている点は常人と同様であるとする。王弼によれば、聖人はただ「神明」の優越によって「無」に通じているために、夾雑されることがないのである。

（一七）『周易略例』についての基礎的検討には、加賀栄治『中国古典解釈史（魏晋篇）』（前掲）および戸田豊三郎「王輔嗣周易略例考」（『広島大学文学部紀要』二四－一、一九六五）がある。加賀栄治は『周易略例』明象篇が「いわば易解釈の根本原則と相即不離となる関係にたつ解釈方法・態度の根本原則」、「つまり論理の根本法則」を述べるとし、戸田豊三郎は、得意忘言の行論が「漢易象数の学への痛烈な批判」であり、「若い輔嗣の一途な哲学的態度が、漢易の術数を洗滌し、義理一本に解釈を進めた趣がある」とする。

（一八）『周易略例』における「象」とは、まずは『周易』の「卦象」である。『周易』繋辞下伝には「是の故に、易とは象なり。象なる者は像なり（是故、易者象也。象也者像也）」とあり、また『周易』繋辞上伝には「聖人以て天下の賾を見る有りて、諸《これ》を其の形容に擬え、其の物の宜しきに象る。是の故に之を象と謂う（聖人有以見天下之賾、而擬諸其形容、象其物宜。是故謂之象）」とある。なお、王弼の「象」については辛賢「「象」の淵源――「言」と「意」の狭間」（『大阪大学大学院文学研究科紀要』四八、二〇〇八）、辛賢「揺れ動く「象」――その重層性をめぐっての試論」（三国志学会編『狩野直禎先生傘寿記念　三国志論集』、汲古書院、二〇〇八）および辛賢「王弼忘象論再考」（渡邉義浩編『両漢儒教の新研究』、汲古書院、二〇〇八）が詳細精緻な検討をおこなっている。

（一九）山田史生『渾沌への視座――哲学としての華厳仏教』（春秋社、一九九九）は、これについて「往還の関係」であると指摘する。

（二〇）蜂屋邦夫「言尽意論と言不尽意論」（前掲）参看。

（二一）堀池信夫『漢魏思想史研究』（前掲）参看。

（二二）蜂屋邦夫「言尽意論と言不尽意論」（前掲）はここに「詭弁性」を認め、堀池信夫『漢魏思想史研究』（前掲）は「彼の論理は、さらに突進して、ついに反転してしまっている」とする。このほか、加賀栄治『中国古典解釈史（魏晋篇）』（前掲）も「一転して断絶する」とし、山田史生『渾沌への視座――哲学としての華厳仏教』（前掲）も「不可解な説明」であると述べる。

（三）中島隆博『残響の中国哲学　言語と政治』（東京大学出版会、二〇〇七）参看。

（四）Anne Cheng, *Histoire de la pansée chinoise*, Éditions du Seuil, 1997.　本章での引用は、すべて邦訳（アンヌ・チャン著、志野好伸・中島隆博・廣瀬玲子訳『中国思想史』、知泉書館、二〇一〇）にしたがった。

（五）辛賢「王弼忘象論再考」（前掲）参看。

第六章　言外の恍惚の前に　——阮籍の三玄論——

序

『晋書』阮籍伝に「籍〔阮籍〕本《もと》済世の志有るも、魏晋の際に属し、天下に故《こと》多く、名士全うする者有ること少なし。籍是に由りて世事に与《あずか》らず。遂《かく》て酣飲するを常と為す（籍本有済世志、属魏晋之際、天下多故、名士少有全者。籍由是不与世事。遂酣飲為常）」とあるように、魏晋交替期を生きた阮籍は、竹林七賢の一人として、困難な時代の中で韜晦を方法としながら複雑に生きたことが知られている。そして連作詩「詠懐詩」を中心として、彼の思念や情況、表現営為を探究することには、すでに研究の達成として分厚いものがある。（一）その一方で、彼が「三玄」すなわち『老子』『荘子』『周易』のすべてについて「論」（二）を著していたことは、比較的注目されてこなかったといってよい。だが実際に、阮籍には「通老論」「達荘論」「通易論」の三論があり、（三）これにより彼が「三玄」への理知的・思弁的な通達を企図していたことは明白である。このことは「魏晋玄学」と呼称される当時の思想史的潮流の中に彼もまた位置していたことを示している。そこで本章は、阮籍の「三玄」をめぐる行論にもとづき、彼の玄学的思索の内実を探究する。

I

阮籍「通老論」には、「道」について次のような記述がある。

道とは自然に法りて化を為す。侯王能く之を守らば、万物将に自ずから化せんとす。易は之を太極と謂い、春秋は之を元と謂い、老子は之を道と謂う。

（道者法自然而為化。侯王能守之、万物将自化。易謂之太極、春秋謂之元、老子謂之道。）　〔阮籍「通老論」〕

阮籍の行論は『老子』第二十五章「人は地に法り、地は天に法り、天は道に法り、道は自然に法る（人法地、地法天、天法道、道法自然）」および『老子』第三十七章「侯王若し能く之を守らば、万物将に自ずから化せんとす（侯王若能守之、万物将自化）」を踏襲するものである。阮籍は『老子』にもとづきつつ、万物の基底的実在である「道」のさらなる背後には「自然」があること、(四)そしてそれは侯王の治世にとって依拠すべき規範であり、また万物が整序する根拠でもあるということを述べる。

ここで阮籍は万物の根底に「自然」を措定しているが、「自然」を基盤とする「道」については『周易』における「太極」や『春秋』における「元」と同種のものであるとみている。「太極」は『周易』繫辞上伝に「是の故に易に太極有り。是れ両儀を生ず（是故易有太極。是生両儀）」とあり、後に東晋・韓康伯は「夫れ有は必ず無に始まるが故に、太極は両儀を生ずるなり。太極とは、無称の称にして、得て名づくべからず。有の極まる所に取りて、之を太極に況《たと》うる者なり（夫有必始於無、故太極生両儀也。太極者、無称之称、不可得而名。取有之所極、況之太極者也）」と注している。「太極」とは、それ自体としては対象化して名づけることのできない「有」の究極態であり、陰陽・天地（両儀）を生成する根源となるものである。また「元」については『春秋公羊伝』隠公元年「元年とは何ぞや。君の始年なり（元年者何。君之始年也）」の何休注に「元とは気なり。無形以て起こり、有形以て分かれ、天地を造起す。天地の始めなり（元者気也。無形以起、有形以分、造起天地。天地之始也）」とある。「元」とは「気」すなわち万物の質料的元基であり、これもまた天地を構成する根拠となるものである。阮籍が「道」を「太極」や「元」に相当するものとみていたということは、「道」もまたこのような天地万物に先立ちつつある質料的基底として考えられていた、ということであるが、だがそうであるならば、阮籍にあっては「道」はもはや存在を超える至高至大な形而上者ではなく、万物に対して単に質料的《マテリアル》に先在している根拠というだけになってしまう。（五）そこで彼は「道」の背後に、万物生成をなさしめている最も根底的なるものとして「自然」を設定したのである。

阮籍は儒道の形而上学的思惟における中核的概念である「太極」「元」「道」を統一的に把握した上で、さらにそれらの背後・上位にそれらの基底としてあるものとして「自然」を措定し、「太極」「元」「道」そして万物は、その基底に依拠しながら成立するものとみていた。では、その「自然」とはどのようなものとして把握され得るものだろうか。次に「達荘論」を検討する。

Ⅱ

阮籍が「達荘論」において仮構した「縉紳好事の徒（縉紳好事之徒）」を代表する質問者は「先生」に対して以下の

ように述べている。

天道は生を貴び、地道は貞を貴び、聖人は之を修め、以て其の名を建つ。吉凶に分《〔区別〕》有り、是非に経《〔境界〕》有り、利を務め勢を高くし、死を悪み生を重んず。故に天下安んじて大功成るなり。今荘周《〔荘子〕》は乃ち禍福を斉《ひと》しくして死生を一《ひと》しくし、天地を以て一物と為し、万類を以て一指と為す。無乃《おそらく》は激惑して以て真を失うも、而れども自ら以て誠に是なりと為すなり。

（天道貴生、地道貴貞、聖人修之、以建其名。吉凶有分、是非有経、務利高勢、悪死重生。故天下安而大功成也。今荘周乃斉禍福而一死生、以天地為一物、以万類為一指。無乃激惑以失真、而自以為誠是也。）　〔阮籍「達荘論」〕

質問者は先に「吾は唐《〔堯〕》虞《〔舜〕》の後に生まれ、文《〔文王〕》武《〔武王〕》の裔に長じ、成《〔成王〕》康《〔康王〕》の隆に遊び、今者《いま》の世に盛んにして、六経の教を誦し、吾儒の迹を習う（吾生乎唐虞之後、長乎文武之裔、遊乎成康之隆、盛乎今者之世、誦乎六経之教、習乎吾儒之迹）」〔阮籍「達荘論」〕と、みずからこそが儒教の正統を践む者であることを宣明していた。しかしその主張は「天道」「地道」を標榜しつつも、実際には「利」「勢」を追究するものであり、その限りにおいて本来の儒教的正統性からは逸脱した、単に時勢における功利を優先しようとするものであった。そしてその見地から質問者は『荘子』の斉同思想を批判する。荘子は「禍福」「死生」「天地」「万類」といった相対的差異を無視しており、これらを同一のものとみなしているが[六]、それが誤謬であることに気付いていない、というのである。これに対して「先生」の回答は、「自然」についての議論を展開して、質問者の狭隘な見識を一蹴するものであった。

天地は自然に生じ、万物は天地に生ず。自然とは無外なるが故に、天地に名あり。天地とは有内なるが故に、万物生ず。其の無外なるに当たりては、誰か異なると謂わんや。其の有内なるに当たりては、誰か殊なると謂わんや。

（天地生於自然、万物生於天地。自然者無外、故天地名焉。天地者有内、故万物生焉。当其無外、誰謂異乎。当其有内、誰謂殊乎。）

［阮籍「達荘論」］

ここでは「自然」と天地以下の諸事物とが明確に甄別されている。『荘子』天下に恵施の言として「至大は無外なり。之を大一と謂う（至大無外。謂之大一）」とあるように、「無外」とは無限定で至大ということであり、ゆえに「自然」は無限定で至大なる究極的一者として措定されているのである。それゆえ『荘子』の「自然」は言語的分節になじむものではなく、ひとまず言語的分節を超えるものとされる。（七）一方、天地以下はそれぞれ「有内」なる具体的・個別的な存在者であり、相互に限定的に他者と区別されることで「名」すなわち概念的把握を可能とするものである。したがって「先生」は、概念的把握の可能な天地以下のすべての「有内」なる存在者は「自然」を根拠としている存在者であるがゆえに、万物の千差万別な個別的ありようにもかかわらず、「自然」のもとにあっては相対的差異はないとするのである。このことはまた、次のようにも述べられる。

月は東に出で、日は西に入る。随いて以て相従い、解《〔分化〕》れて而る後に合《〔統合〕》す。升《〔盛興〕》れば之を陽と謂い、降《〔衰微〕》れば之を陰と謂う。地に在りては之を理と謂い、天に在りては之を文と謂う。……［中略］……自然は一体なれば、則ち万物は其の常を経《いとな》む。入りては之を幽《〔幽隠〕》と謂い、出でては之を章《〔章灼〕》と謂う。一気の盛衰にして、変化するも傷なわれず。是を以て重陰雷電は、出を異にするに非ざるなり。天地日月は、物を殊にするに非ざるなり。故に曰く、其の異なる者より之を視れば、則ち肝胆も楚越なり。其の同じき者より之を視れば、則ち万物は一体なりと。

（月東出、日西入。随以相従、解而後合。升謂之陽、降謂之陰。在地謂之理、在天謂之文。……［中略］……自然一体、則万物経其常。入謂之幽、出謂之章。一気盛衰、変化而不傷。是以重陰雷電、非異出也。天地日月、非殊物也。故曰、自其異者視之、則肝胆楚越也。自其同者視之、則万物一体也。）

［阮籍「達荘論」］

日月の周期的運行、陰陽の盛衰、そして「天文」「地理」すなわち天地万物の整合性（文／理）は、いずれも「自然」を根拠とする法則的秩序である。万物にとっては「自然」を基盤としているからこそ「常」に則して進行・展開することができているのである。それは『周易』恒卦象伝の王弼注に「其の常道を得るが故に、終れば則ち復た始まり、往きて窮極すること無し（得其常道、故終則復始、往無窮極）」とあるように、不断不窮の変化・変動を意味するのであるが、「先生」はこの変化・変動が「一気の盛衰（一気盛衰）」として出現しているとみている。天地万物はみな可能態たる「一気」の変容的様相であり、それゆえ各々が整合的秩序をもって不断不窮の変化・変動をなし、また各々がさまざまに変幻出没しても、それらはみな「一気」の顕現でしかなく、そのことを免れることはできないのである。したがって「一気」の顕現という視点から万物を見るならば、万物の相対的差異は霧消する。ゆえに現実に見えている万物の表層的差異は、単に着眼点の相違がもたらしたものに過ぎない。このことを「先生」は『荘子』徳充符「仲尼［孔子］曰く、其の異なる者より之を視れば、肝胆も楚越なり。其の同じき者より之を視れば、万物は皆一なり（仲尼曰、自其異者視之、肝胆楚越也。自其同者視之、万物皆一也）」の引用により証示するのであった。[八]

以上は質問者の『荘子』批判に対して、「先生」が「自然」を頂点とする存在論を述べ、その批判を棄却するものである。そしてその存在論とは、無限定で至大なる「自然」を深底に据えつつも、現実には質料的元基《［一気］》がさまざまに盛衰集散し、万物として顕現するというものであった。阮籍は「太極」「元」「道」を質料的基底とし、そこから派生する天下万物のすべてを「一気」の変容的様相として把握していたのである。そして阮籍はそれらすべてを収斂する理念として「自然」を措定したのである。そこでは「自然」は、あらゆる存在者の整序を支えるために設定された理念的基盤であり、しかも基盤であるがゆえに存在者のさまざまなありように相即しているものとしてあった。換言すれば、万物と相即していればこそ、理念的基盤としての「自然」の存在は万物の現実的整合性によって証示され、万物の現実的整合性から遡及的に見出され得るのであった。

かかる立場から見れば、「一気」の顕現として本来的に斉一である万物に対して言及し、それらの表層的差異によって分断することは、対象の本質を毀損する偏頗な議論に過ぎないということになる。そこで「先生」は次のように述べる。

彼の六経の言は、分処の教なり。荘周《［荘子］》の云は、致意の辞なり。大にして之に臨めば、則ち至極にして無外、小にして之を理《おさ》むれば、則ち物に其の制有り。夫れ什五《［軍旅の兵数］》の数を守り、左右《［侍従の階級］》の名を審らかにするは、一曲《［一隅］》の説なり。自然に循い、天地を小とする者は、寥廓《［宏遠］》の談なり。

（彼六経之言、分処之教也。荘周之云、致意之辞也。大而臨之、則至極無外、小而理之、則物有其制。夫守什五之数、審左右之名、一曲之説也。循自然、小天地者、寥廓之談也。）

［阮籍「達荘論」］

これは『荘子』と経書とを大小の対称関係において規定するものである。ここで「先生」は、経書は具体的細目の弁別をこととする末梢的言説に過ぎず、一方『荘子』は相対的に「大」なる立場にあって至極無外な「自然」に沿った「寥廓の談（寥廓之談）」であるとする。[九]つまり「先生」は『荘子』に対して経書の価値をより低く見ているのであるが、それは経書が言語の分節機能を発揮してものごとを区画してしまうものであり、まさにそこにおいて全体性を欠いた限定的議論にとどまってしまうものであるとすることによるのである。このほかにも「達荘論」には「至道の極は、混一不分にして、同じく一体と為せば、得失聞こゆること無し。……［中略］……至徳の要をして、無外ならしむるのみ（至道之極、混一不分、同為一体、得失無聞。……［中略］……使至徳之要、無外而已）」とあり、「道」「徳」も至大なる一者に収斂するという見方があるが、[一〇]これについても「先生」は「夫れ別言とは、壊道の談なり。折辯とは、毀徳の端なり。気分とは、一身の疾なり。二心とは、万物の患なり（夫別言者、壊道之談也。折辯者、毀徳之端也。気分者、一身之疾也。二心者、万物之患也）」と述べ、言語による分節・切断が「道」「徳」を破壊する契機となることを指摘する。このように言語のもつ分節機能は、ものごとの本来的な斉一をそこなうものとして排除されるのであった。

ところで「自然」とは、具体的存在者のさまざまな様態がそれぞれにおいてそのようであること、すなわち自ずから然ること（自然）の背後にある理念的根拠であり、「自然」それ自体は無限定で至大なるものとして、言語による区別にはもたらされないものである。ただし「先生」の行論は「自然」に依拠（循）する言説である『荘子』を指して「致意の辞（致意之辞）」としていた。これはどのようなことだろうか。『荘子』秋水には「致意」に関連して以下の言がある。

夫れ精粗なる者は、有形を期する者なり。無形なる者は、数〔規則〕の分かつ能わざる所なり。囲むべからざる者は、数の窮む能わざる所なり。言を以て論ずべき者は、物の粗なり。意を以て致すべき者は、物の精なり。言の論ずる能わざる所、意の察致する能わざる所の者は、精粗を期せず。

（夫精粗者、期於有形者也。無形者、数之所不能分也。不可囲者、数之所不能窮也。可以言論者、物之粗也。可以意致者、物之精也。言之所不能論、意之所不能察致者、不期精粗焉。）

［『荘子』秋水］

そもそも阮籍にとって「精粗」とは「有形」（物）を前提とした相対的区別であり、その区別は規則性・法則性といった「数」（秩序あるもの）を方途としており、それは法則的に弁別し得ないもの――「無形」には対応しない。さらに「有形」のうち「粗」なるものに関しては言語を方法とする論及が可能であるが、「精」なるものは通常、言語によっては記述できずに「意」によって直感的に察知するほかにない。しかしいずれにせよ、それらは「有形」内部の問題であり、「無形」はそれらの彼方にあって「言」と「意」の両方を方法としてもなお到達し得ない境域にあるという。（一一）「先生」が『荘子』を「致意の辞（致意之辞）」と規定した背後にはこのような典拠があり、それによれば『荘子』自体は言語（辞）であるにもかかわらず、「意」を徹底的に発揮すること（致意）により「有形」の核心（精）にまで及び得るとするものであった。しかし「有形」の核心にまで及び得ること自体は、必ずしも「無形」へと突破するということではない。「達荘論」において「先生」はまた『荘子』について「道徳の妙を述べ、無為の本を叙べ、寓言して以て之を広め、物に仮《よ》りて以て之を延ばし、聊か以て無為の心を娯しみて一世に逍遥す（述道徳之妙、叙無為之本、寓言以広之、仮物以延之、聊以娯無為之心而逍遥於一世）」［阮籍「達荘論」］とも規定している。王弼が「妙」を「微の極（微之極）」とし、（一二）何晏が「本」を「基」とするように、（一三）『荘子』の言説は寓言《たとえ》や仮物《かこつけ》を方法としつつ、対象の原初的かつ根源的極致にまで迫り得るものではあったが、しかし「有形」の外側の「無形」は、いまだ言語的説明を可能とするものではなく、その意味において『荘子』においても把捉しきれないところがあった。それでは、万物の背後にあって言語による分節を超えた「無形」なるもの――「自然」に対して、阮籍はどのようなスタンスを示していたのだろうか。

Ⅲ

「自然」に関して、阮籍「達荘論」「通老論」にはそれぞれ以下の言がある。

夫れ山静かにして谷深きは、自然の道なり。之を道に得て正しきは、君子の実なり。是を以て智を作《な》し巧を造《な》す者は物に害せられ、是非に明著《あき》らかなる者は其の身を危うくし、修飾して以て潔を顕らかにする者は生に惑い、死を畏れて生を栄《さか》んにする者は其の真を失う。

（夫山静而谷深者、自然之道也。得之道而正者、君子之実也。是以作智造巧者害於物、明著是非者危其身、修飾以顕潔者惑於生、畏死而栄生者失其真。）

［阮籍「達荘論」］

聖人は天人の理を明らかにして、自然の分［本性］に達し、治化の体に通じ、大慎の訓を審らかにす。

（聖人明於天人之理、達於自然之分、通於治化之体、審於大慎之訓。）

［阮籍「通老論」］

これらによれば、「自然」とは「君子」や「聖人」といったすぐれた人物によってただ体得・悟達されるのみであり[一四]、したがってそれは、通常の理知的な裁断、言語による分節には対応しないものである。そしてそこのところを体認する理想的存在として阮籍が仮構したものが「大人先生」であった。阮籍「大人先生伝」には「自然」への飛翔に際して、以下の言がある。

> 嗚呼、時《〔四季〕》は歳《〔一年〕》に若かず、歳は天に若かず、天は道に若かず、道は神に若かず。神とは、自然の根なり。……〔中略〕……必ず世を超えて群を絶し、俗を遺《わす》れて独り往く。太始の前に登りて、沕漠の初を覧る。
> （嗚呼、時不若歳、歳不若天、天不若道、道不若神。神者、自然之根也。……〔中略〕……必超世而絶群、遺俗而独往。登乎太始之前、覧乎沕漠之初。）
> 〔阮籍「大人先生伝」〕

「大人先生」の飛翔とは、時空の内にあって区画可能な現実的地平を超え、通常の認識では把捉し得ないところ（神）にまで到達するものであり、その「神《〔超絶性〕》」とは「自然」の根幹に相当するという。そしてその「大人先生」の位境は、当然ながら世俗からは懸絶しており、万物が形を成す以前の茫惚微妙なところ――存在の淵源にまで肉迫するものであった[一五]。かかる飛翔の具体的様相については、さらに以下の言もある。

> 今吾乃ち天地の外に飄颻《〔飛揚〕》し、造化と友と為り、朝は湯谷《〔日所出〕》に食し、夕は西海に飲し、将に変化遷易して、道と周始せんとす。此の万物に於けるや豈に厚からずや。故に自然に通ぜざる者は以て道を言うに足らず、昭昭に闇《くら》き者は与《とも》に明に達するに足らず。

（今吾乃飄颻於天地之外、与造化為友、朝食湯谷、夕飲西海、将変化遷易、与道周始。此之於万物豈不厚哉。故不通於自然者不足以言道、闇於昭昭者不足与達明。）

〔阮籍「大人先生伝」〕

これもまた「大人先生」が通常の地平を超えて「造化」すなわち万物の創造化育と連接することを述べている。(一六) ここで「大人先生」は、「自然」への通達に至らない者は「道」について言及する資格がない、と一蹴する。この超俗の姿は「大人先生伝」賛の「蓋し天地を陵《しの》ぎて浮明に与《あずか》り、遨遊して始終無きは、自然の至真なり（蓋陵天地而与浮明、遨遊無始終、自然之至真也）」とも一致している。

このように阮籍は「大人先生」の仮構を方法として、存在者の基底へと遡及し、その背後にある「自然」の体得を提示しようとしていた。したがってそこでは「大人」は「自然」と一致するものとして規定される。

夫れ大人なる者は、乃ち造物と体を同じくし、天地と並び生ず。浮世に逍遥し、道と倶に成る。変化散聚して、其の形を常とせず。天地は内に制域して、浮明は外に開達す。

（夫大人者、乃与造物同体、天地並生。逍遥浮世、与道倶成。変化散聚、不常其形。天地制域於内、而浮明開達於外。）

〔阮籍「大人先生伝」〕

「大人」は天地万物の外にあって、みずから盛衰展開することにより、固定的なものとして把持されることがない。阮籍の構想によれば「大人」とは万物に対する理念的基盤である「自然」へと突破し、それと同様の機能（造化・造物）を有する一種の理念的存在なのであった。このことの典拠は『周易』乾卦文言伝に見えている。

夫れ大人とは、天地と其の徳《〔覆載〕》を合し、日月と其の明《〔照臨〕》を合し、四時と其の序《〔賞刑〕》を合し、鬼神と其の吉凶《〔禍福〕》を合す。天に先んじて天違わず、天に後れて天時を奉ず。天すら且つ違わず。而るを況んや人をや、況んや鬼神をや。

（夫大人者、与天地合其徳、与日月合其明、与四時合其序、与鬼神合其吉凶。先天而天弗違、後天而奉天時。天且弗違。而況於人乎、況於鬼神乎。）

〔『周易』乾卦文言伝〕

この一節は「大人」と天地万物との相関・相応を述べており、その連関は、仮にどちらかが先後しても過不足なく一致するほどに緊密堅牢なものである。これは「大人」の機能が天地以下の実在的世界に遍在する整合的秩序と厳密に一致し、確乎たるものとしてあった、ということである。阮籍の提示する「大人先生」とは、かかる『周易』の「大人」を範型として述べられたのであるが、そうであるならば「大人先生」は単に「自然」へと突進してその境涯において逍遥する存在というだけではなく、同時に、あくまでも天地万物との相関関係を維持し、具体的存在者を貫通する秩序法則の根拠となる、そのような存在でもあるということになる。すなわち形而上的地位としては、現実と相即するという点において、どうしても不徹底な一面もまた残存していた、ということでもあった。「大人」の機能をめぐっては、阮籍「通易論」に以下の言がある。

大人とは何ぞや。龍徳潜かに達すれば、貴賤明に通ず。位有るも称無く、大いに以て之を行う。故に大過滅し、天下に幽明を示す。大人は輝を発し光を重ね、明を継ぎて四方を照らせば、万物仰ぎ生じ、徳を天地に合し、為さずして成る。故に大人の虎変は、天徳の興なり。

（大人者何也。龍徳潜達、貴賤通明。有位無称、大以行之。故大過滅、示天下幽明。大人発輝重光、継明照于四方、万物仰生、合徳天地、不為而成。故大人虎変、天徳興也。）　［阮籍「通易論」］

そもそも『周易』乾卦九五の爻辞「飛龍は天に在り。大人を見るに利あり（飛龍在天。利見大人）」の王弼注に「龍徳天に在れば、則ち大人の路亨《とお》るなり（龍徳在天、則大人之路亨也）」とあるように、「大人」は天徳に呼応して機能を果たすものである。ただし「大人」の機能とは、ことさらな作為・能動というよりも、むしろ『周易』離卦象伝に「大人は以て明を継ぎ、四方を照らす（大人以継明、照于四方）」とあるがごとく、万物に対して照臨するものとしてあった。このことはまた「通易論」においては「為さずして成る（不為而成）」とも言及されているが、これは『老子』の「無為にして、而も為さざる無し（無為、而無不為）」［『老子』第三十七章／第四十八章］とも通底するものである（一七）。このような理念的存在を背後に持つことにより、万物は整合的秩序によって結束し、それぞれのおのずからなるありよう（自然）において顕現することになる。万物に遍在する秩序法則について、「通易論」には次のようにある。

引きて之を伸ばし、類に触れて之を長ず。陰陽を分かち、剛柔を序《ととの》え、山［艮卦］沢［兌卦］を積み、水［坎卦］火［離卦］を連ね、雑えて之を一とし、変じて之に通ず。未済［未済卦］に終わるも、六十四卦は尽きて窮まらず。是を以て天地象《かたど》りて万物形《あら》わる。吉凶［得失］著らかにして悔吝［憂虞］生ず。

（引而伸之、触類而長之。分陰陽、序剛柔、積山沢、連水火、雑而一之、変而通之。終于未済、六十四卦尽而不窮。是以天

地象而万物形。吉凶著而悔吝生。）　　　　［阮籍「通易論」］

これは伏羲による八卦の制作以降、六十四卦、そして万物への生成展開を述べるものである。阮籍は万物を貫通する秩序について、『周易』における六十四卦の法則的変動であるとみている。『周易』繫辞上伝に「是の故に四営にして易《［一変］》を成し、十有八変にして卦《［一卦］》を成し、八卦にして小成す。引きて之を伸ばし、類に触れて之を長ずれば、天下の能事畢《つ》くさる（是故四営而成易、十有八変而成卦、八卦而小成。引而伸之、触類而長之、天下之能事畢矣）」とあるように、八卦から六十四卦への拡張展開により、天下万物は易的秩序において尽くされる。そしてその六十四卦の整合的配列は『周易』序卦伝に「物は窮まるべからざるなり。故に之を受くるに未済《［未済卦］》を以てして終る（物不可窮也。故受之以未済終焉）」とあるがごとく、最終卦である未済卦において終結・断絶するのではなく、そこからさらなる変化・展開を不断に繰り返すものであった(一八)。天地万物はこのような不断に継起する易的秩序の中にあって、はじめて顕現するものである(一九)。以上の構想によれば、「自然」に由来し万物を貫通する秩序法則は、六十四卦の変動法則——記号体系として、理知的に把捉可能なものとなる。実際に「通易論」には「易の書たるや、天地に本づき、陰陽に因り、盛衰を推して、幽微より出でて以て明著に致す（易之為書也、本天地、因陰陽、推盛衰、出自幽微以致明著）」とあり、阮籍は可感的認識を超えたところ（幽微）が『周易』を媒介として明らか（明著）になるとみていた。また「通易論」には、次のような言もある。

易の書たるや、天地の道を覆燾《［覆蔽］》し、万物の情を囊括《［包蔵］》す。道は至れば反《かえ》り、事は極まれば改まる。反れば用は時《［時宜］》に応じ、改まれば用は務《［当為］》に当たる。時に応ずるが故に、天下は其の沢を仰ぎ、務に当たるが故に、万物は其の利を恃む。沢施して天下服す。此れ天下の自然に順い、生類に恵する所以なり。

（易之為書也、覆燾天地之道、嚢括万物之情。道至而反、事極而改。反用応時、改用当務。応時、故天下仰其沢、当務、故万物恃其利。沢施而天下服。此天下之所以順自然、恵生類也。）

［阮籍「通易論」］

ここには、天地万物の本質は『周易』自体に尽くされている、とある。そして阮籍は、その本質が「易」における不断の反復展開——いわゆる「変易」にあるとするのである。このことはまた、『周易』繫辞下伝の引用により「上下に常無く、剛柔相《たが》いに易《か》わりて、典要を為すべからず。惟だ変の適《ゆ》く所のままなり。故に之を易と謂う（上下無常、剛柔相易、不可為典要。惟変所適。故謂之易）」［阮籍「通易論」］とも述べられる[二〇]。阮籍は「自然」と一致する「大人先生」を仮構することで、天下万物を貫通する秩序法則の根拠とした。ゆえに万物は一貫した整合的秩序のもとに、各々の様態として存在する。そのことを阮籍は「自然」に合致する（順自然）とみるのであるが、その限りにおいて天地万物の整合的秩序は「変易」としての易理に呼応して顕現するのであり、それは六十四卦の変動として把捉可能なのであった。

結

本章は「三玄」をめぐる阮籍の行論を主な対象として、彼の玄学的思索について論じてきた。

阮籍は「太極」「元」「道」のさらなる根底に「自然」を措定したが、それは万物に対する至大無外なる理念的基盤として、言語による分節を可能とはせずに、万物のさまざまな様態から遡及的に見出されるものとしてあった。そこで阮籍は「大人先生」の仮構により、「自然」に対して悟得という方途をみようとしていたのであるが、その「大人」とは実在的世界における整合的秩序の根拠となるものでもあり、「大人」の仮構によって示唆される天地万物の整合的秩序は、六十四卦の規則的変動に相当し、準言語としての卦象を方法としながら理知的に把捉し得るものであった。

阮籍による「三玄」の思弁的構想は、万物とその背後にある理念的基盤「自然」とを徹底的に突き詰め、合理的に理解しようとするものであったが、ところがその追究の射程は、結局のところ実在的世界とその背後にある理念的基盤までにとどまっており、その意味において彼の玄学的思索は、何者にもとらわれることのない絶対究極の形而上への飛翔には至らなかった。しかし、このような思弁的構想という知的営為とは別のこととして、阮籍には超越的至高・絶対的深淵に対して、何者をも媒介としない内的な直接経験があるとみられている。(二一) その経験の内在的性質は、言語を含むあらゆる理知を撥無するほどに極度に純粋なものであり、仮に「言外の恍惚」とでも名指すほかにない、そのようなものである。(二二) そして彼は（おそらくはみずからの内的経験への確信にもとづきながら）論理的・思弁的追跡以外にも究極的至高へと突進する企図をさまざまに繰り返してもいた。(二三) しかし彼の絶対的な直接経験は、極度に内的なものであるがゆえに、いかなる回路を通じても鉤索して到達し得るものではない。ゆえに阮籍の突進という企図は、その究極の手前において途絶するのである。阮籍の「三玄」にもとづく「論」――思弁的追究もまた、以上の意味において、超越的至高へ到達するものとはならなかったのであるが、むしろ阮籍にあっては、そのさまざまな突進が究極的至高の手前で途絶することによってこそ、彼の直接経験の純粋性・超絶性が保全されるのであった。

《注》

(一)たとえば吉川幸次郎「阮籍の「詠懐詩」について」(『中国文学報』五・六、一九五六・一九五七)、鈴木修次「嵇康・阮籍から陶淵明へ――矛盾感情の文学的処理における三つの型」(『中国文学報』一八、一九六三)などがある。また大上正美による『阮籍・嵇康の文学』(創文社、二〇〇〇)をはじめとする一連の研究は、彼らの詩文の基核を「言志性」に求めており、その「言志性」とは、現実に対して言語を仮構することで、自立的で本来的な自己をどこまでも追求するということにある。

(二)「論」については、すでに曹丕『典論』論文に「書・論は宜しく理あるべし(書論宜理)」と規定される。なお『文心雕龍』論説篇には「聖哲の彝訓を経と曰い、経を述《〔祖述〕》べ理を叙《〔整序〕》ぶるを論と曰う(聖哲彝訓曰経、述経叙理曰論)」とある。

(三)ただし「通老論」の全体は散逸し、現存するものは『太平御覧』巻一および巻七十七に引く断片にとどまる。また「達荘論」は通常の「論」の体裁とは異なり、「縉紳好事の徒(縉紳好事之徒)」が『荘子』思想を体認する「先生」のもとを訪れて質問するも「先生」の行論にやりこめられて退散するという構成をとる。かかる「論」の「物語化」をめぐる文学史的考察には中島千秋「阮籍の「論」と「賦」について」(『日本中国学会報』九、一九五七)がある。このほか「通易論」については、内山俊彦「阮籍思想窺斑――「通易論」「楽論」を中心として」(日本中国学会創立五十年記念論文集編集小委員会編『日本中国学会創立五十年記念論文集』汲古書院、一九九八)および井ノ口哲也「阮籍『通易論』初探」(『六朝学術学会報』七、二〇〇六)、井ノ口哲也「経学の『易』から玄学の『易』へ」(三国志学会編『林田愼之助博士傘寿記念三国志論集』汲古書院、二〇一二)参看。

(四)『老子』第十七章「功成り事遂げられ、百姓皆我を自然と謂う(功成事遂、百姓皆謂我自然)」の王弼注に「自然とは、其の端兆は得て見るべからざるなり。其の意趣は得て観るべからざるなり(自然、其端兆不可得而見也。其意趣不可得而覩也)」とある。「自然」とは、いかなる端緒・契機もなく、可感的認識を超えたものである。なお王弼は『老子』第二十五章「道は自然に法る（道法自然）」に対して「自然に法るとは、方に在りては方に法り、円に在りては円に法る。自然に於いて違う所無きなり（法自然者、在方而法方、在円而法円。於自然無所違也）」と注し、「道」自体がおのずからそのようである（自然）と解するのであるが、これは「道」のさらに根底に「自然」を据える阮籍とは理解を異にする。堀池信夫『漢魏思想史研究』（明治書院、一九八八）参看。

（五）「道」の形而下化、あるいは万物への内在化ということは、すでに戦国末期から前漢において進行していた。池田知久『道家思想の新研究――『荘子』を中心として』（汲古書院、二〇〇九）参看。阮籍の理解もこうした延長上にあるものである。

（六）たとえば『荘子』斉物論には「天地は一指なり。万物は一馬なり（天地一指也。万物一馬也）」とあり、『荘子』田子方には「夫れ天下なる者は、万物の一なる所なり。其の一なる所を得て焉《これ》に同じくすれば、則ち四支〔肢〕百体は将に塵垢たりて、死生終始は将に昼夜たりて之を能く滑《みだ》すもの莫し。而るを況んや得喪禍福の介する所をや（夫天下也者、万物之所一也。得其所一而同焉、則四支百体将為塵垢、而死生終始将為昼夜而莫之能滑。而況得喪禍福之所介乎）」とあり、『荘子』知北遊には「生や死の徒にして、死や生の始めなり。孰か其の紀を知らん。人の生は、気の聚なり。聚まれば則ち生と為り、散ずれば則ち死と為る。若し死生の徒と為れば、吾又た何をか患えん。故に万物は一なり（生也死之徒、死也生之始。孰知其紀。人之生、気之聚也。聚則為生、散則為死。若死生為徒、吾又何患。故万物一也）」とあるなど、『荘子』中には万物斉同をめぐる議論が多数ある。

（七）なお『老子』第二十五章の王弼注にも「自然とは無称の言にして、窮極の辞なり（自然者無称之言、窮極之辞也）」とある。これは「自然」が「無称」すなわち概念としての言語的制約をもたないということである。本書第四章「王弼形而上学再考」参看。

（八）なお『淮南子』俶真訓にも「其の異なる者より之を視れば、肝膽も胡越なり。其の同じき者より之を視れば、万物は一圏なり（自其異者視之、肝膽胡越。自其同者視之、万物一圏也）」との言がある。

（九）阮籍において「寥廓」の語は、「清思賦」に「夫れ清虚寥廓なれば、則ち神物来集す。飄颻恍忽なれば、則ち幽を洞《つらぬ》き冥を貫く（夫清虚寥廓、則神物来集。飄颻恍忽、則洞幽貫冥）」とあり、また「大人先生伝」における飛翔の描写に「寥廓を歴て遐《はる》かに遊ぶ（歴寥廓而遐遊）」「寥廓茫茫として都ること靡し（寥廓茫茫而靡都兮）」とあるように、神仙思想ならびにその体認・悟得とかかわるものであった。

（一〇）「達荘論」の後文には「大均・淳固は、其の紀を弐にせず。清浄・寂寞は、空豁にして以て俟つ。善悪之を分かつこと莫く、是非争う所無し。故に万物は其の所に反《かえ》りて其の情を得るなり（大均淳固、不弐其紀、清浄寂寞、空豁以俟。善悪莫之分、是非無所争。故万物反其所而得其情也）」とある。福永光司「阮籍における懼れと慰め――阮籍の生活と思想」（『東方学報（京都）』二八、一九五八）は、これを荘子の万物斉同の思想と老子の虚静恬惔の思想との結実であるとする。なお「道」「徳」に関して、阮籍「通老論」には「三皇は道に依《よ》り、五帝は徳に仗《よ》るも、三王は仁を施し、五覇は義を行い、強国は智に任《依拠》ず。蓋し優劣の異なるは、薄厚の降ればなり（三皇依道、五帝仗徳、三王施仁、五覇行義、強国任智。蓋優劣之異、薄厚之降也）」との歴史観が示されている。これによれば「道」「徳」は三皇五帝による理想的統治の根拠となるものであり、その点では儒教の歴史的基本理念に通じていることになる。

（一一）これは「言」「意」の外側を志向するという点で、そもそも「道」や「無」を体得した聖人の「意」を極点とする魏晋玄学の言尽意・言不尽意問題の枠組にはおさまらないものである。実際、阮籍より後に郭象は「夫れ言・意とは、有なり。而れども言う所・意とする所とは、無なり。故に之を言・意の表《そと》に求め、無言無意の域に入りて、而る後に至る（夫言意者、有也。而所言所意者、無也。故求之於言意之表、而入乎無言無意之域、而後至焉）」（『荘子』秋水注）と注し、『荘子』の当該文に依拠しつつ、「言」「意」（有）のさらに根底にある潜在的契機として「所言」「所意」（無）を据えることにより言尽意・言不尽意問題の枠組を超克しようとしていた。言尽意・言不尽意問題については、本書第五章「言尽意・言不尽意論考」参看。

（一二）『老子』第一章「故に常に無欲にして、以て其の妙を観、常に有欲にして、以て其の徼を観る（故常無欲、以観其妙、常有欲、以観其徼）」の王弼注に「妙とは、微の極なり。万物は微に始まりて而る後に成り、無に始まりて而る後に生ず。故に常に無欲空虚にして、以て其の始物の妙を観るべし（妙者、微之極也。万物始於微而後成、始於無而後生。故常無欲空虚、可以観其始物之妙）」とある。「微の極（微之極）」とは、それ以上遡及することのできない存在者の萌芽的極致である。

（一三）『論語』学而篇「君子は本を務む。本立ちて道生ず（君子務本。本立而道生）」の何晏注に「本は基なり。基立ちて而る後に大成すべし（本基也。基立而後可大成）」とある。「本」とは「道」が成立するための基礎をなすものである。

（一四）このような本来的「聖人」「君子」に対して、魏晋交替期にあって阮籍の周囲は偽君子に満ちていた。阮籍「大人先生伝」には「汝の君子の礼法は、誠に天下の残賤にして、乱危死亡の術なるのみ。而れども乃ち目して以て美行不易の道と為すは、亦た過ならずや（汝君子之礼法、誠天下残賤、乱危死亡之術耳。而乃目以為美行不易之道、不亦過乎）」との言がある。

（一五）『列子』天瑞篇に「太始とは、形の始めなり（太始者、形之始也）」とある。万物が形をなすその基点となるところである。

（一六）「大人先生伝」にはまた「先生変に応じ和に順うを以て、天地を家と為し、運去り勢隤《くず》れ、魁然として独り存し、自ら以為《おもえ》らく能く造化と推移するに足るが故に、黙して道徳を探り、世と同じからずと（先生以応変順和、天地為家、運去勢隤、魁然独存、自以為能足与造化推移、故黙探道徳、不与世同）」との言もある。

（一七）なお『老子』第三十七章の「無為」の注釈において、王弼は「自然に順うなり（順自然也）」としている。

（一八）このことの根拠として、『周易』繋辞下伝には「易窮まれば則ち変じ、変ずれば則ち通じ、通ずれば則ち久し（易窮則変、変則通、通則久）」とあり、その韓康伯注には「変を通ずれば則ち窮まること无し。故に久しかるべし（通変則无窮。故可久）」とある。

（一九）「通易論」にはまた「易とは、天地を順《ととの》え、万物を序《ととの》うものなり。方円に正体有り、四時に常位有り、事業に麗《つ》く所有り、鳥獣に萃まる所有り。故に万物一ならざる莫きなり（易、順天地、序万物。方円有正体、四時有常位、事業有所麗、鳥獣有所萃。故万物莫不一也）」とあり、阮籍は易的法則秩序がそのまま天地万物にあっても一貫されるとみている。それゆえすべては「一」に収斂するのである。福永光司「阮籍における懼れと慰め——阮籍の生活と思想」（前掲）はこれを「『易』を『荘子』の万物斉同で解釈したもの」とする。

（三〇）『周易』繋辞下伝に「道たるや屢《しば》しば遷り、変動して居《とど》まらず、六虚に周流し、上下に常無く、剛柔相《たが》いに易《か》わりて、典要を為すべからず。唯だ変の適く所のままなり（為道也屢遷、変動不居、周流六虚、上下無常、剛柔相易、不可為典要。唯変所適）」とあり、「易」の本質が変化にあるとする。

（三一）福永光司「阮籍における懼れと慰め——阮籍の生活と思想」（前掲）は「大人先生」の神仙世界への逍遥が「一種のエクスタシスの境地」であり、「瞑想的な哲理として観られるのではなくして、奔騰する情念の中で生命の実感として確かめられるものであった」としつつ、その体験の内実は「一そう具体的には、音楽の世界における忘我と恍惚に成り立つもの」とみている。堀池信夫『漢魏思想史研究』（前掲）は、阮籍の「清思賦」にはそれよりも一段と深い「音楽などの人為的手段によらぬ、内的な神秘体験」があるとし、その経験の超絶性・純粋性を強調する。また「「造化」「造物」と一体化する「大人」とは、彼の神秘の体験を具現した存在であった」とする。

（三二）阮籍「清思賦」には「意は流盪《〔溶解〕》して慮を改め、心は震動して思有り。来りて接すべきもの有るが若く、去るも辞せざるものの有るが若し。心は恍忽として度を失い、情は散越して治まること靡し。豈に覚察して真を明らかにせんや、誠に雲夢其れ茲の如きか（意流盪而改慮兮、心震動而有思。若有来而可接兮、若有去而不辞。心恍忽而失度、情散越而靡治。豈覚察而明真兮、誠雲夢其如茲）」とあり、このことから阮籍には何らかの神秘的な直接体験があるとみることができる。しかし阮籍自身が「豈に覚察して真を明らかにせんや（豈覚察而明真兮）」と述べているように、その内実（真）を分析的に記述することはかなわない。

（三三）たとえば「詠懐詩」其一において阮籍は、現実を起点として現実からの逸脱を志向する。ところが末二句に「徘徊して将た何をか見ん、憂思独り心を傷ましむ（徘徊将何見、憂思独傷心）」とあるように、その逸脱はより一層の「憂思」をともなって再び現実へと回帰するほかにない。大上正美「阮籍詠懐詩試論——表現構造にみる詩人の敗北性について」（『漢文学会会報』三六、一九七七）は、この構造を「二重の敗北性」として理解する。また『晋書』阮籍伝に「時に意に率《したが》いて独り駕し、径路に由らず、車迹の窮する所、輒ち慟哭して反《かえ》る（時率意独駕、不由径路、車迹所窮、輒慟哭而反）」とある逸話も、当該詩の基本構造と対応しているとする。

第七章　言語と沈黙を超えて
——王坦之「廃荘論」考——

序

何晏・王弼を領袖とする魏晋玄学は、『老子』『荘子』『周易』のいわゆる「三玄」に依拠しつつ、「無」や「道」といった形而上的諸概念を究尽しようとするものであった。その学問的方向性は後世に多大な影響を与えていたが、一方でそれは、既存の儒教の価値を破壊させかねない内容をもつものと危険視されて受け止められてもいた。そして「無」を標榜する彼らに対抗するものとして、西晋期には裴頠・郭象らが「有」を中心に据えた議論を展開していた。（一）以上のことは思想史上、すでによく知られたことではあるが、本章はさらにその後の東晋期の言説を検討するものである。そして当時の言語思想が従来の思索を超克しようとするものであったことを、王坦之「廃荘論」を中心に、その思想の背後に存在していた歴史的な思想的堆積をも視野に入れつつ論じる。

I

西晋・東晋の学問的状況を総括的に論じた『晋書』儒林伝の記述は、次のようなものである。

有晋は中朝〔西晋〕に始まり江左〔東晋〕に迄《いた》るまで、華競を崇飾し、虚玄を祖述せざること莫し。闕里〔孔子〕の典経を擯《しりぞ》け、正始の余論を習い、礼法を指して流俗と為し、縦誕を目するに清高を以てし、遂に憲章をして弛廃せしめ、名教をして積毀せしむ。

（有晋始自中朝迄於江左、莫不崇飾華競、祖述虚玄。擯闕里之典経、習正始之余論、指礼法為流俗、目縦誕以清高、遂使憲章弛廃、名教積毀。）

〔『晋書』儒林伝〕

『晋書』儒林伝には、西晋から東晋にかけて、儒教経典の価値が失墜し、礼教の混乱や学問的混迷が長期にわたり引き続いていたことが述べられている。『晋書』儒林伝はその原因を「正始の余論（正始之余論）」すなわち三国魏・正始年間に活躍した何晏・王弼らのさらに残滓的言論を習継するばかりで、礼法を流俗とし、縦誕を清高としてしまうような、表層的に価値の逆転を言い立てる軽佻な思想の持ち主たちが主流であったがためであるとする。さらには、彼らの行為はまた、伝統的憲章を崩落させ、儒教そのものを壊滅させるに至るほどのものであったとも指摘する。

この当時、士大夫層に蔓延していたこのような放縦的気分をともなった浮薄な気運について、また干宝「晋紀総論」は以下のように言及する。

又た之に加うるに朝に純徳の士寡く、郷に不二の老乏しきを以てす。風俗は淫僻し、恥尚は所を失い、学者は荘老を以て宗と為して、六経を黜《しりぞ》け、談者は虚薄を以て辯と為して、名倹を賤しむ。身を行う者は放濁を以て通と為して、節信を狭とし、進仕する者は苟得を以て貴と為して、居正を鄙とし、官に当たる者は望空を以て高と為して、勤恪を笑う。……〔中略〕……国の将に亡びんとするに、本必ず先に顚《くつがえ》るとは、其れ此の謂か。

（又加之以朝寡純徳之士、郷乏不二之老。風俗淫僻、恥尚失所、学者以荘老為宗、而黜六経、談者以虚薄為辯、而賤名倹。行身者以放濁為通、而狭節信、進仕者以苟得為貴、而鄙居正、当官者以望空為高、而笑勤恪。……〔中略〕……国之将亡、本必先顚、其此之謂乎。）

〔干宝「晋紀総論」〕

これもまた、もはや朝野にしかるべき人材は乏しく、それゆえ儒教のもつ古典的規範性・正統性はほとんど一顧だにされていなかった様子を示すものである。このことは『文選』劉良注にも「荘老は放誕もて徳と為し、六経は荘敬を以て本と為す。言うこころは学者は皆放誕を尊びて荘敬を退く（荘老放誕為徳、六経以荘敬為本。言学者皆尊放誕而退荘敬）」とある。当時のほとんどの学者は『荘子』『老子』を根拠として放縦に走っており、礼教規範を敬遠忌避するようになっていたのである。そして干宝は、このような風潮が国家の顚霈をもたらすであろうとみて、そのことを『春秋左氏伝』(二)に依拠しつつ述べている。

では、このような国家の揺動崩落をもたらすと評される言説群の只中にあって、当のその時代の知識人たち自身は、それをどのように考えていたのだろうか。東晋初期の応詹は、元帝への上疏文の中で「元康以来、経を賤しみ道を尚び、玄虚宏放を以て夷達と為し、儒術清倹を以て鄙俗と為す。永嘉の弊、未だ必ずしも此に由らざるにあらざるなり（元康以来、賤経尚道、以玄虚宏放為夷達、以儒術清倹為鄙俗。永嘉之弊、未必不由此也）」〔『晋書』応詹伝〕と述べ、西晋末、とりわけ元康年間以降に儒教的価値が転倒し、その風潮の固着化が永嘉年間の国家的危機を招いているのだと指摘した。これと同時期の発言に、李充『学箴』がある。

聖教〔儒教〕は其の末を救い、老荘は其の本を明らかにす。本末の塗殊なるも教たるや一なり。人の迷うや、其れ日久し。形を見る者は衆《おお》きも、道に及ぶ者は尟《すくな》し。

（聖教救其末、老荘明其本。本末之塗殊而為教一也。人之迷也、其日久矣。見形者衆、及道者尟。）　〔李充『学箴』序〕

李充によれば、そもそも儒教と老荘とは対立するものではなく、老荘は本、儒教は末ではあるが、しかし相互に補足しあう「一」なる関係にあるものという。両者は機能するところがそれぞれ異なるという作用面での差異はあるものの（本／末）、その作用・機能の根源のところでは同軌のものとみているのである。(三) 李充の行論は、末たる儒教の中にあっても、少数の本質（道）を得る者は、本たる老荘に一致し得るとの見解である。その意味ではむしろ、それまでの玄学的思惟を継承するものでもあった。(四) その上で李充は、当時の（儒教・政治上の）混乱は「道」に到達できない同時代人により引き起こされたものとしている。老荘が悪いわけではない、ということである。このような立場に対して、東晋の戴逵のスタンスは異なるものであった。戴逵は西晋期の風気を総括して、次のように述べている。


元康の人の若きは、遁跡を好みて其の本を求めずと謂うべし。故に本を捐てて末に徇うの弊、実を舎てて声を逐うの行有り。是れ猶お西施を美として其の眉を顰《しか》むるを学び、有道〔郭泰〕を慕いて其の巾角を折るがごとし。慕を為す所以の者は、其の美と為す所以に非ず。徒らに貌似を貴ぶのみ。……［中略］……然れども竹林の放を為すは、疾有りて顰を為す者なり。元康の放を為すは、無徳にして巾を折る者なり。察すること無かるべけんや。

（若元康之人、可謂好遁跡而不求其本。故有捐本徇末之弊、舎実逐声之行。是猶美西施而学其顰眉、慕有道而折其巾角。所以為慕者、非其所以為美。徒貴貌似而已矣。……〔中略〕……然竹林之為放、有疾而為顰者也。元康之為放、無徳而折巾者也。可無察乎。）〔『晋書』隠逸伝・戴逵〕

『晋書』には彼の人となりについて「性高潔にして、常に礼度を以て自ら処り、深く放達を以て非道と為す（性高潔、常以礼度自処、深以放達為非道）」〔『晋書』隠逸伝・戴逵〕とあるように、戴逵は儒教的礼節を重視する立場から、当時の放達を「非道」とみなしていた。そこで戴逵は「元康の放」（西晋期の放達）と「竹林の放」（竹林七賢＝魏晋交替期の放達）とを区別し、論じ分けたのである。魏晋交替期の竹林七賢の放達は、そうせざるを得ない社会的・政治的背景があってのものであるが、西晋期の放達にはそのような背景などはなく、単なる「無徳」がそうさせているに過ぎない、とするのである。戴逵は、西晋期の放達は西施に対する醜人（五）、郭泰に対する時人のごとく（六）、ただいたずらに外面だけを模倣して必然性を欠いた、本質から大きく逸脱するものとして、そういったことごとを「非道」と裁断したのであった。

以上の言説は、おおむねのところ当時の放達的気運を批判するものであった。しかし、そうした風潮を単に批判するにとどまらず、その風潮が醸成されてくる成因にまで遡源し、それらをより一層激しく糾弾する者も現れてきた。范甯である。

范甯は「中興〔東晋〕より已来、学を崇び教を敦くすること、未だ甯〔范甯〕の如き者有らざるなり（自中興已来、崇学敦教、未有如甯者也）」〔『晋書』范甯伝〕と評されるほどに、儒教規範に対して厳直な人物であった。彼はそのような立場から、当時の状況を「時に浮虚相い扇《さか》んにして、儒雅日に替《おとろ》うるを以て、甯以為《おもえ》らく其の源は王弼・何晏に始まり、二人の罪は桀紂より深し（時以浮虚相扇、儒雅日替、甯以為其源始於王弼何晏、二人之罪深於桀紂）」〔『晋書』范甯伝〕と評し、何晏・王弼にまで遡って弾劾論を展開する。

王《〔王弼〕》何《〔何晏〕》は典文を蔑棄し、礼度に遵《したが》わず。游辞浮説は、後世を波蕩す。華言を飾りて以て実を翳い、繁文を騁せて以て世を惑わす。搢紳の徒は翻然として轍を改め、洙泗《〔孔門〕》の風は緬焉《〔消え入りそうで〕》として将に墜ちんとす。遂に仁義をして幽淪し、儒雅をして蒙塵せしめ、礼壊れ楽崩れ、中原傾覆す。古の所謂偽を言いて辯、僻を行いて堅とは、其れ斯人の徒なるか。

（王何蔑棄典文、不遵礼度。游辞浮説、波蕩後生。飾華言以翳実、騁繁文以惑世。搢紳之徒翻然改轍、洙泗之風緬焉将墜。遂令仁義幽淪、儒雅蒙塵、礼壊楽崩、中原傾覆。古之所謂言偽而辯、行僻而堅者、其斯人之徒歟。）　〔『晋書』范甯伝〕

范甯からすると、何晏・王弼の言行は儒教的規範を無効化し、孔子以来の儒家的伝統を滅し去ろうとするものであった。そしてそれは、実際に後世の士大夫に対して深刻かつ甚大な影響を及ぼし、ついには西晋王朝を転覆させてしまうことになったものであった。そこで范甯は、国家危機の元凶はまさに何晏・王弼にあるとし、二者の罪は桀・紂よりも重いと指弾したのである。[七] また范甯はさらに『礼記』王制に「偽を行いて堅、偽を言いて辯、非を学びて博、非に順いて沢、以て衆を疑わすは殺す（行偽而堅、言偽而辯、学非而博、順非而沢、以疑衆殺）」とあることから、何晏・王弼は経典的立場からすれば死罪にも値する、とみたのである。

西晋から東晋にかけての国家的混乱をもたらした老荘的放達は、以上のようにすでに当時の一部の知識人によって批判の対象となっていた。彼らは主に儒教的立場から同時代の放達を批判したのであるが、その批判は、放達の淵源となった老荘あるいは何晏・王弼にも及んでいた。では、このような思想的潮流のもとにあって、東晋期の思想はどのような方向へと展開したのであろうか。これについて本章は以下、范甯の義弟にあたる王坦之の思索に即して検討する（八）。

Ⅱ

王坦之の学問的方向性について、『晋書』には「坦〔王坦之〕之風格有り。尤も時俗の放蕩し、儒教に敦からざるを非とし、頗る刑名の学を尚ぶ（坦之有風格。尤非時俗放蕩、不敦儒教、頗尚刑名学）」（『晋書』王坦之伝）とある。これによれば王坦之は、范甯と同じく儒教的規範を篤く考える立場にあり、また厳密な法律的枠組に沿ってものごとを考える人物であった。『世説新語』品藻篇には「庾道季〔庾龢〕云く、思理倫和、吾康伯〔韓康伯〕に愧《は》づ。志力強正、吾文度〔王坦之〕に愧づ（庾道季云、思理倫和、吾愧康伯。志力強正、吾愧文度）」とあり、王坦之が剛直な気性によって一本、すじを通そうとする人物であったことが記されている（九）。では王坦之は、実際にはどのような議論をおこなっていたのだろうか。

夫れ天道は無私を以て名を成し、二儀〔天地〕は至公を以て徳を立つ。立徳は至公に存するが故に、親として理に非ざること無し。成名は無私に在るが故に、当に在りて我を忘る。此れ天地の功を成す所以にして、聖人の化を済《な》す所以なり。斯に由りて之を論ずれば、公の道は自然を体するが故に、理は泰にして愈《いよ》いよ降《くだ》る。謙の義は不足に生ずるが故に、時弊《おとろ》えて義著わる。

（夫天道以無私成名、二儀以至公立徳。立徳存乎至公、故無親而非理。成名在乎無私、故在当而忘我。此天地所以成功、聖人所以済化。由斯論之、公道体於自然、故理泰而愈降。謙義生於不足、故時弊而義著。）

〔王坦之「公謙論」〕

これは「公」と「謙」との差異を論じたものである。[一〇] 王坦之の論は、天道や天地が「無私」であり「至公」であると規定した上で、それを聖人にも重ね合わせようとするものである。天道や天地は「無私」「至公」すなわち完全に私に偏ることなく、理法的世界を形成する。そして聖人による教化もまた「無私」「至公」ということによっておこなわれるのであり、王坦之によれば、そのような教化の理想が「公」なのであった。[一一] 「公（かたよりがない）」とは「自然」にもとづくために、理法的世界は安定し、万物にあまねくゆきわたる。一方で「謙（ゆずる）」とは「不足」にはじまるものであるから、時勢の衰微にともなって出現するものなのである。[一二]

ここで王坦之は、聖人は「無私」「至公」であることにより、教化をおこなうとしている。これと同様の主張は、王坦之「廃荘論」にも見えている。そもそも「廃荘論」とは、「天下の善人少なく、不善人多し。荘子の天下を利するや少なく、天下を害するや多し。故に曰く、魯酒薄くして邯鄲囲まれ、荘生作《おこ》りて風俗積ると（天下之善人少、不善人多。荘子之利天下也少、害天下也多。故曰、魯酒薄而邯鄲囲、荘生作而風俗積）」［王坦之「廃荘論」］とあるように、同時代における頽廃の原因を『荘子』に求め、否定的に論じたものである。[一三] そこにはまた、次のような儒教唱導の言がある。

夫の礼を敦くして以て化を崇び、日用にして以て俗を成し、誠存して邪忘れられ、利損なわれて競息み、功を成し事を遂げ、百姓をして皆我を自然と曰わしむ。

（使夫敦礼以崇化、日用以成俗、誠存而邪忘、利損而競息、成功遂事、百姓皆曰我自然。）　［王坦之「廃荘論」］

王坦之はこのように儒教的礼節および教化の実践を高唱する。ただ、ここには「自然」の語が見えており、さらにはこの一文は、実は『老子』を典拠とするものでもあった。すなわち『老子』第十七章に「功成り事遂げられ、百姓皆我を自然と謂う（功成事遂、百姓皆謂我自然）」とあるのがそれである。そしてこれについて王弼は「自然とは、其の端兆は得て見るべからざるなり。其の意趣は得て観るべからざるなり（自然、其端兆不可得而見也。其意趣不可得而覩也）」と注している。「自然」とは、いかなる端緒・契機もなく、またその内実も可感的認識を超えるものとするのである。王坦之における儒教的礼節・教化とは、聖人において可能となる「無私」「至公」を方法とするものであるが、それは同時に『老子』に由来する「自然」概念を承けるものでもあった。これは王坦之が儒教的規範と『老子』とを結びつけていたことを示すものであり、彼もまた玄学的思惟を継承する者であったということを意味している。

「廃荘論」の結論部にはまた、次のような言がある。

若し夫れ利して害なわざるは、天の道なり。為して争わざるは、聖の徳なり。群方の資《よ》る所なるも誰氏なるかを知ること莫し。儒に在れども儒に非ず、道に非ざるも道有り。九流を弥貫して、彼我を玄同す。万物之を用うれども既《つ》きず、亹亹として日に新たにして朽ちず。昔吾が孔《孔子》老《老子》固より已に之を言えり。

（若夫利而不害、天之道也。為而不争、聖之徳也。群方所資而莫知誰氏。在儒而非儒、非道而有道。弥貫九流、玄同彼我。万物用之而不既、亹亹日新而不朽。昔吾孔老固已言之矣。）

［王坦之「廃荘論」］

「天の道（天之道）」「聖の徳（聖之徳）」はいずれも万物を支えあらしめるものであるが、それは儒道の相対的差異を超えつつ、さらには儒道のみならず、諸家をあまねく貫通しつつ機能する、そのようなものであった。王坦之が

「昔吾が孔老固より已に之を言えり（昔吾孔老固已言之矣）」と総括するように、実際に上掲の一節には、孔子・老子にもとづく典拠が縦横に散りばめられている。（一四）王坦之によれば、万物の基底的実在をめぐる議論について、孔子・老子の述べるところは一致しているのであった。

このように玄学的思惟に立脚した儒道綜合の論理を展開しつつ、王坦之は一方で『荘子』については否定的に「夫れ独構の唱は、唱虚しくして和莫《な》し。無感の作は、義偏りて用寡し（夫独構之唱、唱虚而莫和。無感之作、義偏而用寡）」［王坦之「廃荘論」］と述べている。『荘子』の言辞は独創的ではあるが空疎であり、それに和同する後継者もなく、偏頗な議論であって、何の現実的効用もないというのである。

ところで王坦之は、孔子・顔回について次のように評価している。

人を動かすは兼忘に由り、物に応ずるは無心に在り。孔父［孔子］は遠を体せざるに非ず。遠を体するを以ての故に用近し。顔子［顔回］は豈に徳を具えざらんや。徳の備わるを以ての故に教を膺《う》く。胡為《なんす》れぞ其れ然るや。已むを獲ずして然るなり。

（動人由於兼忘、応物在乎無心。孔父非不体遠。以体遠故用近。顔子豈不具徳。以徳備故膺教。胡為其然哉。不獲已而然也。）　［王坦之「廃荘論」］

孔子は高遠・深淵なるものに達していなかったわけではなく、顔回も徳をそなえていなかったわけではない。むしろそのようであったからこそ、孔子は必然的に身近なことがらに対するはたらきをなし、顔回もまた必然的に孔子のその教を受けることになったのである。（一五）このように孔子・顔回を好評する根拠として王坦之が掲げているのは「兼忘」「無心」である。「兼忘」「無心」であることによって、孔子・顔回はそのようにあることができたのである。ただし「兼忘」「無心」の語は、実はいずれも『荘子』を典拠とするものである。（一六）王坦之は孔子・老子に比して『荘子』については否定的に捉えていたのであるが、実は孔子・顔回を称揚するみずからの行論の根底的部分には『荘子』が流れていたのである。したがって、表層的に『荘子』を否定する王坦之のスタンスには、実際にはやや微妙なものがあるのであった。

Ⅲ

ところで王坦之「廃荘論」にはまた、次のような言がある。

> 道に執われて以て俗を離るれば、孰か達せざるを踰えんや。道を語りて其の為《機能》を失する者は、其の道に非ざるなり。徳を辯じて其の位《官位》を有する者は、其の徳に非ざるなり。言・黙の未だ究めざる所なれば、況んや之を揚げて以て風を為すをや。
> （執道以離俗、孰踰於不達。語道而失其為者、非其道也。辯徳而有其位者、非其徳也。言黙所未究、况揚之以為風乎。）
> ［王坦之「廃荘論」］

王坦之は「道」に拘泥しつつ世俗から離れた者を「不達」であるとする。これは、当時の放達的気運を批判するものであるが、そこで王坦之は「道」「徳」についていたずらに語ることを戒める。その論の基底には、「道」「徳」は言語や沈黙によって究明され得るものではなく、ましてそのような「道」「徳」を顕彰し、規範的慣習として定着させることなどは不可能である、との見方がある。そしてこの主張自体もまた、実際には『荘子』に依拠するものであった。『荘子』天道には「道を語りて其の序に非ざる者は、其の道に非ざるなり。道を語りて其の道に非ざる者は、安くんぞ道を取らん（語道而非其序者、非其道也。語道而非其道者、安取道）」とある。これは、天地・人道にはあまねく「尊卑先後の序（尊卑先後之序）」［『荘子』天道］があり、「道」について語っているのにもかかわらず、そのような秩序に反する者は「道」を得たとはいえない、というものである。そもそも「道」とは、言語で語ってすむようなものではないのである。それでは、王坦之がいう「言・黙の未だ究めざる所（言黙所未究）」すなわち「道」が言語や、さらには沈黙をも超えるというのは、どのような事態を指しているのだろうか。実はこれもまた『荘子』則陽に依拠するものであった。

言いて足らば、則ち終日言いて道を尽くすも、言いて足らざれば、則ち終日言いて物を尽くす。道・物の極は、言・黙以て載するに足らず。非言非黙にして、議に極まる所有り。
（言而足、則終日言而尽道、言而不足、則終日言而尽物。道物之極、言黙不足以載。非言非黙、議有所極。）

［『荘子』則陽］

これは結局のところ、「道」についてはいかなる言語的手段によっても規定できないということである。「道」「物」の究極のところは、言語や沈黙では及び得ない「非言非黙」の域にあるのである。この『荘子』則陽の文について郭象は「夫れ道・物の極は、常に為莫《な》くして自ずから爾るなり。言と不言とに在らず（夫道物之極、常莫為而自爾。不在言与不言）」と注し[一七]、とりわけこの議論の前半部には以下のような注を施している。

道を言・意の表《そと》に求むれば則ち足る。言を忘るること能わずして意に存《とど》まれば則ち足らず。
（求道於言意之表則足。不能忘言而存意則不足。）　〔『荘子』則陽注〕

郭象の言及は、直接には『荘子』外物[一八]を典拠とするものであるが、彼にとってより身近なものとしては、『周易』繋辞上伝の「書は言を尽くさず、言は意を尽くさず（書不尽言、言不尽意）」を淵源とする魏晋玄学における言尽意・言不尽意問題があった[一九]。そしてこの「忘言」と「存意」とは、王弼の行論に由来するものである。本書第五章「言尽意・言不尽意論考」で言及したように、王弼は「言」と「意」の中間に「象」を挿入し、「言」から「象」、「象」から「意」とたどる階梯を設定し、「意」に到達する可能性を提示した。すなわち「意」は言語によっては語り得ない（言不尽意）けれども、「象」を通ずるならば示し得るとしたのであった。王弼はその上でさらに、次のように述べる。これもまたすでに検討したところであるが、ここに再掲する[二〇]。

是の故に言に存《とど》まる者は、象を得る者に非ざるなり。象に存まる者は、意を得る者に非ざるなり。象は意に生じて、象に存まれば、則ち存まる所の者は乃ち其の象に非ざるなり。言は象に生じて、言に存まれば、則ち存まる所の者は乃ち其の言に非ざるなり。然らば則ち象を忘るる者は乃ち意を得る者なり。言を忘るる者は乃ち象を得る者なり。意を得るは象を忘るるに在り、象を得るは言を忘るるに在り。
（是故存言者、非得象者也。存象者、非得意者也。象生於意、而存象焉、則所存者乃非其象也。言生於象、而存言焉、則所存者乃非其言也。然則忘象者乃得意者也。忘言者乃得象者也。得意在忘象、得象在忘言。）

〔『周易略例』明象篇〕

王弼はここで、「言」「象」を経て「意」が尽くされたのならば、「言」「象」を忘れるとする。さらには、手段の忘却こそが目的の獲得であるとみている。これは一般に、論理の断絶であるとか、反転であると理解されてきた。それは忘却と獲得という一見相反することがらが、手段・目的関係の中で述べられていることに起因する。ところが王弼にとって「忘言」「忘象」による論理的転倒は、むしろ不可避のものであった。王弼は、言語にもたらして語り得ない、語ることを超えた領域にある「意」に対して、「象」を介在させることによって示し得るとしていたが、このように述べた王弼の行論自体が、「意」について言語的に規定し、語ろうとしてしまうものであったためである。そこで王弼は、みずからの登りつめた論理的階梯をあえて破棄することによって、「意」それ自体を厳密なかたちで定立しようとしたのであった。郭象が述べた「忘言」「存意」ということには、以上のような思想的背景があった。

ところで郭象注にはまた、「道」を「言・意の表《そと》（言意之表）」において探究する、とある。「言」「意」のさらに外側とは、王弼をふまえるならば、言語によって語り得るもの、および言語以外の体系（卦象）によって示し得るものに対して、さらにより高次のものを指示しているということになる。これについて郭象は次のように説明する。

夫れ言・意とは、有なり。而れども言う所・意とする所とは、無なり。故に之を言・意の表に求め、無言・無意の域に入りて、而る後に至れり。

（夫言意者、有也。而所言所意者、無也。故求之於言意之表、而入乎無言無意之域、而後至焉。）

〔『荘子』秋水注〕

郭象は「言」「意」（有）のさらに根底に、「所言」「所意」（無）を据えている。「所言」「所意」とは、「言」「意」の背後において、それらの潜在的な契機となっているものであるが、それ自体としては把捉することができず、「無」とするしかない、そのようなものであった。郭象は「所言」「所意」を導入することで、従来の言尽意・言不尽意という枠組を超克しようとしたといえるのであるが、それは「言」や「意」のさらに彼方、「無言」「無意」の境位に、より根源的な潜在的契機というものを見据えてのことであった。王坦之が「廃荘論」において「言・黙の未だ究めざる所（言黙所未究）」と述べたとき、それは直接には『荘子』を典拠とするものではあるが、そこにはまた王弼・郭象といった玄学的思惟がすでに先在し、それらの思想的堆積が複層的な紋様をなしつつ、彼の中に混入していたのであった。

IV

王坦之は「道」や「徳」について、「言・黙の未だ究めざる所（言黙所未究）」すなわち言語や沈黙によって究明されるものではないとみていた。それは『荘子』にもとづきつつ、また魏晋玄学の影響の延長上に「言」「黙」のさらに彼方なるものを志向するものであったが、さらに王坦之においては、この「言」「黙」の先を見据えることには、それらとはまた異なった知的伝統にも導かれていた面があったと思われる。それは当時、次第に活発に導入されつつあった、仏教であった(二二)。

『世説新語』には王坦之が「沙門不得為高士論」を著したとする記事があり、それによれば、王坦之による論の骨子はおよそ以下のようであった。

高士は必ず縦心調暢するに在り。沙門は俗外と云うと雖も、反って更に教に束《とら》わる。情性自得の謂に非ざるなり。

（高士必在於縦心調暢。沙門雖云俗外、反更束於教。非情性自得之謂也。）

〔『世説新語』軽詆篇〕

これによれば「高士」は心のあるがままに在ることを本来とするが、当時の沙門は「俗外」に在ることを自負しながらも、実際には教に囚われている、という。王坦之は「廃荘論」においても「道に執われて以て俗を離るれば、孰か達せざるを踰えんや（執道以離俗、孰踰於不達）」として、当時の放達的気運を批判していたが、この沙門についての記事もまた、同様の方向性をもつものといえる。(二二) 一方で『晋書』王坦之伝には、次のような話柄がある。


初め坦之、沙門の竺法師と甚だ厚し。毎に共に幽《［幽界］》明《［顕界］》の報応を論じて、便ち先に死する者の当に其の事を報ずべきを要《もと》む。後に年を経て、師忽ち来りて云く、貧道《［わたくし］》已に死す。罪福皆虚ならず。惟だ当に道徳を勤修して、以て神明を升済すべきのみと。言い訖《おわ》りて見えず。

（初坦之、与沙門竺法師甚厚。毎共論幽明報応、便要先死者当報其事。後経年、師忽来云、貧道已死。罪福皆不虚。惟当勤修道徳、以升済神明耳。言訖不見。）

〔『晋書』王坦之伝〕

これは、王坦之と竺法師との交友のさまを伝えるものである。(二三) 彼らは「幽明の報応（幽明報応）」すなわち生死を超えた禍福の応報ということを論じあい、そこで先に死した者が、その実態を報告しようということになった。そして、死後の竺法師が生前の王坦之のもとを訪れ、「幽明の報応（幽明報応）」は真実であるから道徳を修め、死後の「神明」を救済するようにせよ、と述べたというのである。ここには現世における行為と死後の救済との対応関係があり、これによればその点で、王坦之は仏教思想を受容していたといえる。そしてこのような仏教的思惟への近接をふまえるならば、王坦之の「言・黙の未だ究めざる所（言黙所未究）」にもまた、当時の仏教の影響がうかがえるように思われる。「黙」ということについては、次のような対話もあるからである。

支道林《〔支遁〕》即色論を造る。論成りて、王中郎《〔王坦之〕》に示す。中郎都《まった》く言無し。支曰く、黙して之を識《しる》すかと。王曰く、既に文殊無し。誰にか能く賞されんと。
（支道林造即色論。論成、示王中郎。中郎都無言。支曰、黙而識之乎。王曰、既無文殊。誰能見賞。）
〔『世説新語』文学篇〕

支遁は完成した「即色論」を王坦之に示したが、王坦之は沈黙をもって対応した。この沈黙について、支遁は『論語』述而篇の「黙して之を識《しる》す（黙而識之）」をふまえ、沈黙のうちに心に刻むということなのか、と問いかけたのであるが、王坦之は、すでに文殊菩薩が存在しない以上は誰にもわかるまい、とするのみであった。これによれば、無言＝沈黙ということには文殊菩薩にしか理解されない種のものがあり、王坦之はそのような沈黙を方法としているのである。『世説新語』劉孝標注によれば、この王坦之の沈黙は『維摩経』にもとづくものとされるが、それではそもそも、維摩詰の沈黙とはどのようなものであったのだろうか。

鳩摩羅什訳『維摩詰所説経』入不二法門品は、維摩詰による以下の発問にはじまる。[二四]

爾時維摩詰、衆菩薩に謂いて言《いわ》く、諸仁者《あなたがた》、何をか菩薩の入不二法門と云うか。各《おの》おの楽しむ所に随いて之を説けと。

（爾時維摩詰、謂衆菩薩言、諸仁者、云何菩薩入不二法門。各随所楽説之。）

〔『維摩詰所説経』入不二法門品〕

この発問に対して、三十一人の菩薩はそれぞれ、生／滅から実／不実に至るまでの「二」すなわち二項対立を提示し、「入不二法門」とはそのような二項対立を超越することにある、と回答した。そして、三十二人目の文殊菩薩の回答は、次のようであった。

文殊師利曰く、我が意の如ければ、一切法に於いて、無言無説、無示無識にして、諸問答を離るれば、是れ入不二法門たり。

（文殊師利曰、如我意者、於一切法、無言無説、無示無識、離諸問答、是為入不二法門。）

〔『維摩詰所説経』入不二法門品〕

文殊菩薩は、三十一人の菩薩がすでに提示した相対概念を含む「一切法」すなわち存在のすべてについて、言語的に区別し、議論の俎上に載せないことこそが「入不二法門」であるとした。そしてそこであらためて、文殊菩薩は同様のことを維摩詰に反問した。

是に於いて文殊師利、維摩詰に問う。我等各おの自ら説き已《お》えり。仁者《［あなた］》当に何等か是れ菩薩の入不二法門なるかを説くべしと。時に維摩詰、黙然として無言たり。文殊師利歎じて曰く、善きかな、善きかな。乃ち文字語言有ること無きに至る。是れ真に入不二法門なりと。

（於是文殊師利、問維摩詰。我等各自説已。仁者当説何等是菩薩入不二法門。時維摩詰、黙然無言。文殊師利歎曰、善哉、善哉。乃至無有文字語言。是真入不二法門。）

〔『維摩詰所説経』入不二法門品〕

文殊菩薩の質問に対し、維摩詰は沈黙を貫いた。ここに至ってはじめて文殊菩薩は、維摩詰による沈黙こそが、あらゆる言表を超えた真の「入不二法門」そのものであることを諒解するのであった。

ここには「入不二法門」に対する三つの考え方がある。第一は、三十一人の菩薩によって提起された、具体的な個々の相対概念を超えるということである。第二は、文殊菩薩が提示したように、すべての具体・個別をも超え、一切の相対的対立の彼方にあって、いかなる言語的分節にももたらされることのないものである。ただしこの場合、文殊菩薩の回答それ自体は、「入不二法門」が言語を超える（沈黙）ということを、まさに言語に依拠しながら語ってしまうものでもあった。このような方法により言語に対する沈黙を（言語依存的に）提示することは、結局のところ新たな相対概念を創出するということであり、その対立の超越へと向かうものではない。そこで言語／沈黙の相対的対立のさらなるその彼方に、文殊菩薩の提示した沈黙とは異なる「沈黙」の境位が要請される。第三の立場、すなわち維摩詰の沈黙は、言語に対する沈黙を提示するものではなく、その彼方にある境位を指示せんがための沈黙であった。これについて鳩摩羅什は「夫れ黙・語は殊なると雖も、宗を明らかにするは一なり。会する所は一なりと雖も、而れども迹に精麁有り。無言を言う有るは、未だ無言を言う無きに若かざるが故に、黙然の論は、論の妙なり（夫黙語雖殊、明宗一也。所会雖一、而迹有精麁。有言於無言、未若無言於無言、故默然之論、論之妙也）」〔『注維摩詰経』入不二法門品〕と述べ、文殊菩薩と維摩詰はいずれも「宗を明らかにする（明宗）」点で共通するが、「無言」について言及することのない維摩詰を、よりすぐれたものとする。ただし鳩摩羅什はここで、維摩詰の沈黙を「論」としてしまっていた。その後、このことを明確に述べたのは、道生であった。彼は「文殊は説くべき無き《〔言語にもたらされない〕》を明らかにすると雖も、未だ説の無説たるに明らかならざる《〔言語にもたらされないものに言及してしまうことに無自覚であった〕》なり。是を以て維摩黙然たり。無言にして以て言の不実を表す。言若《も》し果たして実あらば、豈に黙すべけんや（文殊雖明無可説、而未明説為無説也。是以維摩黙然。無言以表言之不実。言若果実、豈可黙哉）」〔『注維摩詰経』入不二法門品〕と解釈し、維摩詰の沈黙は単なる言語／沈黙という二項対立の彼方にあって、それらとは次元を異にするものであることを指摘している。王坦之が支遁に対して沈黙したことには、以上のような思想的背景があり、そのことからすると、王坦之の述べた「言・黙の未だ究めざる所（言黙所未究）」とは、当時の仏教的思惟の精華にも密接に関連しつつ、言語／沈黙の相対的対立を超えて、さらにその彼方にある「沈黙」の境位を定立しようとするものであったということになる。[二五]

結

本章では、王坦之の言語思想と、その背後にある思想的堆積について検討してきた。

王坦之は儒教的規範に厳格な立場から同時代の放達的気運を批判し、またその淵源となった『荘子』に対する批判をおこなった。その一方で、儒教的規範と『老子』とを結びつけており、その意味において彼は、玄学的思惟を継承する者でもあった。ただ王坦之は『荘子』に否定的でありつつも、彼の議論の深底は往々にして『荘子』に依拠していた。王坦之は「道」「徳」が言語や沈黙をも超えるものであるとしていたが、これは『荘子』を典拠としつつ、王弼・郭象といった玄学的思惟の影響のもと、言語／沈黙のさらにその先を志向しつつ述べられたものであった。一方、王坦之の思想には仏教の影響を引く面もあった。王坦之の支遁に対する沈黙は、『維摩経』にもとづきつつ、やはり言語／沈黙の相対的対立の彼方にある「沈黙」の境位を開示しようとするものであった。

《注》

（一）このことについては、堀池信夫「裴頠「崇有論」考」（『哲学・思想学系論集』昭和五〇年度、一九七五）および堀池信夫『漢魏思想史研究』（明治書院、一九八八）参看。

（二）『春秋左氏伝』閔公元年に斉・仲孫の発言として「臣之を聞く。国の将に亡びんとするに、本必ず先に顛り、而る後に枝葉之に従う（臣聞之。国将亡、本必先顛、而後枝葉従之）」とある。

（三）儒教・老荘双方の機能ということについては、李充『学箴』に「先王は道徳の行われざるを以ての故に、仁義を以て之を化す。仁義を行うの篤からざるが故に、礼律を以て之を検《とりしま》る。之を検ること弥《いよ》いよ繁なれば、偽も亦た愈《いよ》いよ広し。老荘は是れ乃ち無為の益を明らかにし、争欲の門を塞ぐなり（先王以道徳之不行、故以仁義化之。行仁義之不篤、故以礼律検之。検之弥繁、而偽亦愈広。老荘是乃明無為之益、塞争欲之門）」との言があり、李充は当時の儒教の現実態には末期的症状が現れているとみていた。

（四）『論語』為政篇「七十にして心の欲する所に従いて、矩を踰えず（七十而従心所欲、不踰矩）」について、皇侃『論語義疏』の引く李充の説に「聖人は微妙玄通にして、深くして識るべからず（聖人微妙玄通、深不可識）」とある。これは儒教的聖人を賞賛するのに『老子』第十五章の語彙を用いておこなうものであり、これも李充が玄学的思惟を継承していたことを示している。

（五）『荘子』天運に「故に西施心を病みて其の里に矉《しか》む。其の里の醜人之を見て之を美とし、帰りて亦た心を捧《かか》えて其の里に矉む。其の里の富人之を見るに、堅く門を閉ざして出でず。貧人之を見るに、妻子を挈《たずさ》えて去り走《に》ぐ。彼矉を美とするを知るも、而れども矉の美たる所以を知らず（故西施病心而矉其里。其里之醜人見之而美之、帰亦捧心而矉其里。其里之富人見之、堅閉門而不出。貧人見之、挈妻子而去走。彼知矉美、而不知矉之所以美）」とある。絶世の美人である西施が心臓病で顔を顰め、それを見た醜人が模倣して顔を顰めたところ、村人が逃げ去ったという故事である。

（六）『後漢書』郭太伝に「嘗て陳梁の間に於いて行きて雨に遇い、巾の一角墊《〔垂れ下がる〕》る。時人乃ち故《ことさら》に巾の一角を折りて、以て林宗《〔郭泰〕》巾と為す。其の慕わるること皆此の如し（嘗於陳梁間行遇雨、巾一角墊。時人乃故折巾一角、以為林宗巾。其見慕皆如此）」とある。なお『後漢書』では著者范曄の父の諱を避けるため、「郭泰」を「郭太」に作る。

（七）ただし范甯の行論は、当然ながら同時代に対する現実的・政治的意図も有していた。このことについて、吉川忠夫は「王何の亜流と考えられる司馬昱たち当時の清談の徒にむかって、桓温の跋扈を許した責任を追及し、彼らの覚醒をうながす意図のもとに執筆されたものではなかったか」とする。吉川忠夫『六朝精神史研究』（同朋舎、一九八四）参看。

（八）范甯と王坦之との続柄について、『世説新語』方正篇注引『王氏譜』には「王坦之は順陽郡の范汪の女を娶る。名は蓋、即ち甯《〔范甯〕》の妹なり。忱を生む（王坦之娶順陽郡范汪女。名蓋、即甯妹也。生忱）」とある。

（九）なお『世説新語』言語篇においても、庾龢は王坦之と韓康伯について「若し文度《〔王坦之〕》来たらば、我偏師を以て之を待たん。康伯《〔韓康伯〕》来たらば、河を済《わた》りて舟を焚かん（若文度来、我以偏師待之。康伯来、済河焚舟）」と述べている。これは、談論の相手が王坦之であるならば応戦するが、韓康伯ならば逃げ出すしかないということである。庾龢は、口先の弁論については、王坦之よりも韓康伯をより恐れていたのである。

（一〇）王坦之「公謙論」について、蜂屋邦夫は「坦之の論は、公を最高におき、その公（天地自然の営為）に即した聖人の為政を顕彰するものであるが、実際には、人間世界の形式としての謙を肯定しているところにその意義をもつ」としている。蜂屋邦夫「王坦之の思想――東晋中期の荘子批判」（『東洋文化研究所紀要』七五、一九七八）参看。なお、王坦之「公謙論」と韓康伯「辯謙論」については堀池信夫「無と道――韓康伯の思想」（三国志学会編『狩野直禎先生傘寿記念　三国志論集』、汲古書院、二〇〇八）参看。

（二）王坦之は生涯にわたり、一切の私的部分を排除することを最も重要視していた。このことは、『晋書』王坦之伝に「終に臨みて、謝安・桓沖に書を与えて言う、私に及ばざれ、惟だ国家の事のみを憂えよと（臨終、与謝安桓沖書言、不及私、惟憂国家之事）」とあることからも明らかである。

（三）ここで王坦之が「公」に関連して「泰」と述べたこと、および「謙」の義への言及は、どちらも『周易』を典拠とする。『周易』泰卦彖伝には「天地交わりて万物通ずるなり。上下交わりて其の志同じきなり（天地交而万物通也。上下交而其志同也）」とある。また、『周易』謙卦彖伝には「天道は盈を虧《［減損］》きて謙に益《［増益］》し、地道は盈を変《［改変］》じて謙に流《［流布］》し、鬼神は盈を害《そこ》ないて謙に福し、人道は盈を悪みて謙を好む（天道虧盈而益謙、地道変盈而流謙、鬼神害盈而福謙、人道悪盈而好謙）」とある。これについてはまた、蜂屋邦夫「王坦之の思想――東晋中期の荘子批判」（前掲）参看。

（三）ここでの『荘子』批判は、『荘子』胠篋に「天下の善人少なくして、不善人多ければ、則ち聖人の天下を利するや少なくして、天下を害するや多し。故に曰く、脣竭《やぶ》るれば則ち歯寒く、魯酒薄くして邯鄲囲まれ、聖人生じて大盗起こる（天下之善人少、而不善人多、則聖人之利天下也少、而害天下也多。故曰、脣竭則歯寒、魯酒薄而邯鄲囲、聖人生而大盗起）」とある聖人批判をほとんどそのまま『荘子』に向けて転用したものである。

（四）「利して害なわざるは、天の道なり。為して争わざるは、聖の徳なり（利而不害、天之道也。為而不争、聖之徳也）」とは、『老子』第八十一章「天の道は、利して害なわず。聖人の道は、為して争わず（天之道、利而不害。聖人之道、為而不争）」を転倒させてもちいたものである。「誰氏なるかを知ること莫し（莫知誰氏）」は『老子』第四章に「吾誰の子なるかを知らず（吾不知誰之子）」とあり、また第二十五章王弼注に「其の誰の子なるかを知らず。故に天地に先んじて生ず（不知其誰之子。故先天地生）」とある。「玄同」は『老子』第五十六章に「其の兌を塞ぎ、其の門を閉ざし、其の鋭を挫き、其の分を解き、其の光に和し、其の塵に同じくす。是を玄同と謂う（塞其兌、閉其門、挫其鋭、解其分、和其光、同其塵。是謂玄同）」とある。「之を用うれども既《つ》きず（用之而不既）」は『老子』第三十五章に「之を視れども見るに足らず、之を聴けども聞くに足らず、之を用うれども既《つ》くすに足らず（視之不足見、聴之不足聞、用之不足既）」とある。一方、「亹亹」は『周易』繋辞上伝「賾を探り隠を索《もと》め、深に鉤し遠を致し、以て天下の吉凶を定め、天下の亹亹を成す者は、蓍亀より大なるは莫し（探賾索隠、鉤深致遠、以定天下之吉凶、成天下之亹亹者、莫大乎蓍亀）」および繋辞下伝「能く諸《これ》を心に説《よろこ》び、能く諸を慮に研《みが》き、天下の吉凶を定め、天下の亹亹を成す者なり（能説諸心、能研諸慮、定天下之吉凶、成天下之亹亹者）」、「日新」は『周易』繋辞上伝「日に新たにす、之を盛徳と謂う（日新、之謂盛徳）」にもとづく。

（一五）聖人が高遠・深淵なるものを体得しているからこそ身近なところで機能するという考え方は、王弼の発言をふまえるものである。『世説新語』文学篇には、王弼が裴徽に対して「聖人は無を体するも、無は又た以て訓《おし》うべからず。故に言は必ず有に及ぶ。老荘は未だ有を免れず。恒に其の足らざる所を訓う（聖人体無、無又不可以訓。故言必及有。老荘未免於有。恒訓其所不足）」と述べたとある。

（一六）「兼忘」は『荘子』天運に「親をして我を忘れしむるは易く、天下を兼忘するは難し。天下を兼忘するは易く、天下をして我を兼忘せしむるは難し（使親忘我易、兼忘天下難。兼忘天下易、使天下兼忘我難）」とあり、郭象注は「各おの自ら忘るれば、主は其れ安くにか在るか。斯れ所謂兼忘なり（各自忘矣、主其安在乎。斯所謂兼忘也）」とする。「無心」は『荘子』天地には「記に曰く、一に通じて万事畢《つ》くされ、無心得られて鬼神服す（記曰、通於一而万事畢、無心得而鬼神服）」とあり、『荘子』知北遊には「媒媒晦晦《［暗々としていて］》、無心にして与に謀るべからず（媒媒晦晦、無心而不可与謀）」とある。

（一七）なおこれに関連して、郭象の言語思想については、高野淳一「中国中世における言語観の一側面——郭象と支遁をめぐって」（大久保隆郎教授退官記念論集刊行会編『大久保隆郎教授退官記念　漢意とは何か』、東方書店、二〇〇一）参看。

（一八）『荘子』外物の記述は以下の通り。

荃とは魚を在《う》る所以にして、魚を得て荃を忘る。蹄とは兎を在る所以にして、兎を得て蹄を忘る。言とは意を在る所以にして、意を得て言を忘る。吾安くんぞ夫の忘言の人を得て、之と与に言わんや。

（筌者所以在魚、得魚而忘筌。蹄者所以在兔、得兔而忘蹄。言者所以在意、得意而忘言。吾安得夫忘言之人、而与之言哉。）

（一九）言尽意・言不尽意問題については、蜂屋邦夫「言尽意論と言不尽意論」（『東洋文化研究所紀要』八六、一九八一）および堀池信夫『漢魏思想史研究』（前掲）、中島隆博『残響の中国哲学　言語と政治』（東京大学出版会、二〇〇七）などがある。また本書第五章「言尽意・言不尽意論考」参看。

（二〇）以下、王弼の行論についての詳細は、本書第五章「言尽意・言不尽意論考」参看。

（二一）言語と真理、あるいはその体得や伝達ということについて、当時の漢訳仏典と中国伝統思想をあわせて検討したものとしては、丘山新「東晋期仏教における言語と真理」（『東洋文化』六六、一九八六）参看。

（二二）ただし「沙門不得為高士論」執筆の経緯について、『世説新語』軽詆篇は「王北中郎《王坦之》、林公《支遁》の知る所と為らず（王北中郎、不為林公所知）」としており、沙門たる支遁の知遇を得る以前、王坦之にはやや屈折した感情があったことを示唆している。

（二三）この話柄は『高僧伝』にも見えているが、そこには「竺法師」は「竺法仰」のことであるとする。『高僧伝』支遁伝に見えている記述は以下の通り。

時に東土に復た竺法仰なる者有り。慧解致聞、王坦之の重んずる所と為る。亡後にも猶お形を見《あら》わして王に詣《いた》り、勗《はげ》ますに行業を以てす。

（時東土復有竺法仰者。慧解致聞、為王坦之所重。亡後猶見形詣王、勗以行業焉。）

（二四）『世説新語』劉孝標注には「維摩詰経に曰く、文殊師利、維摩詰に問いて云く、何者か是れ菩薩の入不二法門なるかと。時に維摩詰黙然として無言たり。文殊師利歎じて曰く、是れ真に入不二法門なり（維摩詰経曰、文殊師利、問維摩詰云、何者是菩薩入不二法門。時維摩詰黙然無言。文殊師利歎曰、是真入不二法門也）」とあるが、維摩詰の沈黙については、現存する三国呉・支謙訳『維摩詰経』には見えておらず、本書では以下、東晋・鳩摩羅什訳『維摩詰所説経』を用いて論じる。なお「入不二法門」の解釈については、橋本芳契「大乗仏教における入不二（advaya-praveśa）の哲学――維摩経第九章の一考察」（『金沢大学法文学部論集（哲学篇）』一三、一九六六）および菅野博史「中国における『維摩経』入不二法門品の諸解釈――仏教における真理と言語」（『大倉山論集』二二、一九八七）を参照した。

（三五）なお、王坦之と同じく東晋期にあって、孫綽もまた形而上的境位への突破を志向し、そのような境位においては言語／沈黙の相対的対立が霧消するとしていた。このことについては、本書第八章「形而上への突破――孫綽小考」参看。

第八章　形而上への突破 ――孫綽小考――

序

『宋書』謝霊運伝論に「有晋中興し、玄風独り振るう。学を為すは柱下〔老子〕に窮まり、物に博きは七〔『荘子』内篇〕篇に止まる。文辞に馳騁するも、義は此に単《つ》きたり（有晋中興、玄風独振。為学窮於柱下、博物止乎七篇。馳騁文辞、義単乎此）」とあるように、東晋期には老荘の祖述を旨とする、いわゆる「玄言詩」が盛行した。こうした事態について、『詩品』序は「孫綽・許詢・桓〔桓温〕・庾〔庾亮〕の諸公、詩は皆平典にして道徳論に似たり。建安の風力尽きたり（孫綽許詢桓庾諸公、詩皆平典似道徳論。建安風力尽矣）」と評し、詩史においては建安以来の画期であると位置づけている。当該時期の代表的存在は、孫綽であった。そこで本章は孫綽の「玄言」について、単に老荘的言辞のみならず、この時期に積極的に導入されてきた仏教の影響をふまえつつ検討し、孫綽による形而上学的思惟の実態を探究する。

I

『晋書』孫綽伝に「綽〔孫綽〕少《わか》くして文才を以て称を垂る。時に文士、綽を其の冠と為す（綽少以文才垂称。于時文士、綽為其冠）」とあるように、孫綽の文章は当時を代表するものとされていた。孫綽の文才は「綽〔孫綽〕は経史を博渉し、文を属るに長ず（綽博渉経史、長於属文）」『世説新語』注引、宋明帝『文章志』とされるがごとく、群書を博覧する広角的知見に裏打ちされてはいたが、実際には、孫綽自身の関心は、まずは老荘を中心とするものであった。孫綽は司馬昱に対して、みずからを以下のように説明している。

下官の才能の経る所は、悉く諸賢に如かず。時宜を斟酌し、当世を籠罩するに至りては、亦た及ばざる所多し。然れども不才を以て、時に復た懐を玄勝に託し、遠く老荘を詠じ、蕭条として高寄し、時務と懐を経ざるは、自ら謂らく、此の心与《とも》に譲る所無きなりと。
（下官才能所経、悉不如諸賢。至於斟酌時宜、籠罩当世、亦多所不及。然以不才、時復託懐玄勝、遠詠老荘、蕭条高寄、不与時務経懐、自謂、此心無所与譲也。）
『世説新語』品藻篇

これによれば孫綽は、自分自身は現実的才覚には乏しいものの、老荘的脱俗の境地にあって、それを高唱することには長じているとしている（二）。

孫綽自身の老荘への傾倒は「遂初賦」序にも語られている。

余少くして老荘の道を慕い、其の風流を仰ぐこと久し。却《しりぞ》きて於陵の賢妻の言に感じて、悵然として之を悟る。乃ち東山に経始し、五畝の宅を建つ。
（余少慕老荘之道、仰其風流久矣。却感於陵賢妻之言、悵然悟之。乃経始東山、建五畝之宅。）

〔『世説新語』注引「遂初賦」序〕

孫綽の志は「老荘の道（老荘之道）」を継承することにあったが、於陵の妻の「乱世害多ければ、妾は先生の命を保たざるを恐るるなり（乱世多害、妾恐先生之不保命也）」〔『列女伝』賢明伝〕[二]という発言の影響もあり、隠逸的傾向を帯びるものであった。[三]『世説新語』言語篇に「孫綽遂初を賦し、室を畎川に築き、自ら止足の分を見ると言う（孫綽賦遂初、築室畎川、自言見止足之分）」とあるように、孫綽の理想は「足るを知れば辱められず、止まるを知れば殆《あや》うからず。以て長久なるべし（知足不辱、知止不殆。可以長久）」〔『老子』第四十四章〕という、隠逸の中での道家的充足の境位にあったのである。

だが、このように述べる孫綽の志も、必ずしもそれが貫徹されたとは言い難いものがあった。後年、桓温が洛陽遷都を企図した際に、孫綽はそのことを諫める上疏文を著しているからである。その内容は『晋書』にも採録され、「此の議甚だ理有り（此議甚有理）」〔『世説新語』軽詆篇〕と評されるほど、時の政治における妥当性があったが、しかし桓温は「君何ぞ遂初賦を尋《つ》がずして、強いて人の家国の事を知るや（君何不尋遂初賦、而強知人家国事）」〔『世説新語』軽詆篇〕と、その現実的思考と常々の主張との一貫性のなさを批判した。孫綽の言動は、桓温には節操を欠くものと映ったのであろう。[四]

ただし、孫綽の一見矛盾するかにも見えるこうした行動は、単にその場その場でのアドホックなものではなく、一つの思想的背景を有していた。それは、謝万『八賢論』への批判にあらわれている。謝万『八賢論』は四人の隠者、四人の顕者を論じ、隠者を好評するものであるが、[五]これについて孫綽は次のように述べている。

孫綽之を難じ、以謂《おもえ》らく玄を体し遠を識る者は、出処帰を同じくすと。

（孫綽難之、以謂体玄識遠者、出処同帰。）

『世説新語』注引『中興書』

孫綽はここで「玄」「遠」すなわち形而上的境位を体認・体得する者は、その行為がいかなるものであれ、結局はおなじところに帰結するものである、とみる。この「出処」「同帰」とは、どちらも『周易』に依拠するものである。

子曰く、君子の道は、或いは出でて或いは処り、或いは黙し或いは語る。

（子曰、君子之道、或出或処、或黙或語。）

『周易』繫辞上伝

子曰く、天下何をか思い何をか慮らん。天下帰を同じくして塗を殊にし、致を一にして慮を百にす。天下何をか思い何をか慮らん。

（子曰、天下何思何慮。天下同帰而殊塗、一致而百慮。天下何思何慮。）

『周易』繫辞下伝

このそれぞれについて、韓康伯は「君子の出処黙語、其の中に違わざれば則ち、其の跡異なると雖も、道同じければ則ち応ず（君子出処黙語、不違其中、則其跡雖異、道同則応）」、および「一以て之を貫けば、慮らずして尽くさるるなり（一以貫之、不慮而尽矣）」と注している。これは、唯一の本質的「道」にさえ合致していれば、行動の末梢的差異が問題ではないとするものであり、孫綽はその本質的境位を「玄を体し遠を識る（体玄識遠）」としていたのである。

では、その体得とはどのようなものだろうか。

II

孫綽は「贈温嶠」詩の冒頭で、「道」の体得について次のように言及している。

大樸無像　　大樸は像《かたち》無く
鑽之者鮮　　之を鑽《きわ》むる者は鮮《すくな》し
玄風雖存　　玄風　存すると雖も
微言靡演　　微言　演《の》ぶること靡《な》し
邈矣哲人　　邈《はる》かなるかな　哲人
測深鈎緬　　深きを測り緬《はる》かなるを鈎《さぐ》る
誰謂道遼　　誰か謂う　道は遼《はる》かなりと
得之無遠　　之を得るに遠きこと無し

［孫綽「贈温嶠」］

「道」は可感的に捉えられるものではなく、また言語的に規定できるものでもない。このことは老荘的「道」の説明として、いわばありふれたものである。しかし孫綽は、「哲人」であれば「深きを測り緬かなるを鈎る（測深鈎緬）」ことにより、それを得ることが可能であるとする。これは温嶠の発言「深きを鈎《さぐ》り遠きを致すは、蓋し浅識の測る所に非ず（鈎深致遠、蓋非浅識所測）」［『世説新語』方正篇］を組み入れた表現であるが、もともとは『周易』繫辞上伝にもとづくものである。（六）孫綽は「哲人」が感覚や言語とは異なる方法で「道」を捉え得るとみているのであった。

ただし、孫綽における「道」の体得は、単に老荘的とは思われないところがある。皇侃『論語義疏』の引く孫綽の説には、次のようにある。

耳順とは、聴の理を廃するなり。朗然として自ずから玄悟し、復た役せずして而る後に得。所謂識らず知らず、帝の則に従うなり。

（耳順者、廃聴之理也。朗然自玄悟、不復役而後得。所謂不識不知、従帝之則也。）［皇侃『論語義疏』為政篇引］

これは、孔子の六十歳の境地である「耳順」を解釈したものである。ここで孫綽は、具体的な感官の作用を排斥することで明瞭な悟得が生じ、より本質的な規範へ至るとする。（七）ただし、その悟得自体は「玄悟」とされるように、それ自体として説明可能なものではなかった。このほか『論語』子罕篇「立つ所有りて卓爾たるが如し。之に従わんと欲すると雖も、由なきのみ（如有所立卓爾。雖欲従之、末由也已）」の注釈には、次のようにある。

常事は皆循いて之を行う。若し興立する所有れば、卓然として視聴の表に出づ。猶お天の階《はしご》して升るべからざるがごとし。

（常事皆循而行之。若有所興立、卓然出乎視聴之表。猶天之不可階而升。）［皇侃『論語義疏』子罕篇引］

『論語』本文は、顔回が孔子の「道」を賞賛しつつ、そこに至ることのできない彼自身について言及したものである。（八）これについて孫綽は、孔子の「道」が感覚的対象の外側にあって、われわれの通常の認識からは隔絶されたものであると解釈する。このことに関連して、孫綽には以下の言がある。


李老《［老子］》は無為にして、而も為さざる無し。道は堯孔《［孔子］》と一にして、跡も又た霊奇なり。

（李老無為、而無不為。道一堯孔、跡又霊奇。）

［孫綽「老子讃」］

老子と儒教的聖人（堯・孔子）とは、「道」において一致する。それはやはり可感的認識を超えるものではあるが、孫綽はここで『老子』に依拠しつつ「無為にして、而も為さざる無し（無為、而無不為）」［『老子』第三十七章／第四十八章］と述べる。孫綽における儒道の「道」の統合は『老子』を基底とする聖人観によるものであり、それは三国魏以来の玄学的思惟を継承するものであった。（九）そしてさらに孫綽は、その基底の上に仏教を位置づけ、儒仏道三教を綜合的に把捉しようとする。


世教の内に纏束し、周《［周公］》孔《［孔子］》の跡を肆観し、至徳は堯舜に窮まり、微言は老《［『老子』］》易《［『周易』］》に尽くと謂うも、焉くんぞ復た夫の方外の妙趣、冥中の玄照を観んや。

（纏束世教之内、肆観周孔之跡、謂至徳窮於堯舜、微言尽乎老易、焉復覩夫方外之妙趣、冥中之玄照乎。）

［孫綽「喩道論」］

ここでまず孫綽は、伝統思想に束縛されている人士を批判する。彼らは儒教の伝説的聖人のみを尊崇しており、その究極のところが『老子』や『周易』に尽くされるとみている。しかし彼らは、さらにその外側にある幽玄神妙な意味や、幽冥深淵な悟得には至り得ない、というのである。これは当時の玄学的思惟を前提としつつ、それを既存の伝統思想の枠内にとどまるものと捉え、その意味において限界があるということを指弾するものである。その上で孫綽は、聖人と仏とについて、次のように述べる。

周《[周公]》孔《[孔子]》は即ち仏にして、仏は即ち周孔なり。蓋し外《[外教]》内《[内教]》之に名づくるのみ。故に皇に在りては皇たり、王に在りては王たり。仏とは梵語にして、晋訓すれば覚なり。覚の義たるや、物を悟らしむるの謂なり。猶お孟軻《[孟子]》の聖人を以て先覚と為すがごときなり。其の旨は一なり。世に応じ物を軌《みちび》くは、蓋し亦た時に随う。周孔は極弊を救い、仏教は其の本を明らかにするのみ。共に首尾を為すも、其の致は殊ならず。……［中略］……淵黙の赫斯に与《お》けるや、其の跡は則ち胡越なるも、然れども其の跡する所以の者は、何ぞ常に際《[区別]》有らんや。故に逆尋する者は毎に其の二を見るも、順通する者は往きて一ならざること無し。

（周孔即仏、仏即周孔。蓋外内名之耳。故在皇為皇、在王為王。仏者梵語、晋訓覚也。覚之為義、悟物之謂。猶孟軻以聖人為先覚。其旨一也。応世軌物、蓋亦随時。周孔救極弊、仏教明其本耳。共為首尾、其致不殊。……［中略］……淵黙之与赫斯、其跡則胡越、然其所以跡者、何常有際哉。故逆尋者毎見其二、順通者無往不一。）

［孫綽「喩道論」］

孫綽は聖人と仏とを同列に位置づけており、両者が名称を異にするのは、内実の差異には関わらないとする。（一〇）また「仏」の訓が「覚」であることを根拠に、（一一）仏は先覚者である聖人と同様のものであると規定する。『孟子』万章上には「天の此民を生ずるや、先知をして後知を覚らしめ、先覚をして後覚を覚らしむるなり。予《われ》天民の先覚者なり（天之生此民也、使先知覚後知、使先覚覚後覚也。予天民之先覚者也）」とある。孫綽は、仏が儒教的聖人の立場にも相当するとみているのである。さらに、儒仏の機能的差異については、儒教は現実的対処（尾）をおこない、仏教は根源の究明（首）をこととすると述べる。孫綽は、儒仏両者が現実態（跡）においては異なるものの、本質（所以跡）においては一致しているとみているのであるが、（一二）これによれば、本質の核心的部分により接近するのは仏教である、ということになる。

では、聖人にも匹敵する仏の境位とはどのようなものだろうか。「喩道論」にはまた、以下の言がある。

夫れ仏なる者は、道を体する者なり。道なる者は、物を導く者なり。感に応じて順通し、無為にして為さざる無き者なり。無為なるが故に虚寂自然なり。為さざる無きが故に万物を神化す。
（夫仏也者、体道者也。道也者、導物者也。応感順通、無為而無不為者也。無為故虚寂自然。無不為故神化万物。）
〔孫綽「喩道論」〕

仏もまた「道」を体得するものであり、それは同時に、万物を導くものでもある。（一三）孫綽はここでも『老子』を援引し、さらに体道者の境位「無為」については「虚寂自然」、機能「無不為」については「神化」の語を用いて説明する。（一四）ここにおいて儒仏道三教は「道」を紐帯として統合されるのであるが、より本質的核心に接近している仏にあっても、その根底に位置しているのは『老子』を中心とする玄学的思惟であった。（一五）孫綽における仏を含む「道」の体得をめぐる議論は、以上のようなものであった。

Ⅲ

前節では体道者についての孫綽の思索を検討したが、孫綽の関心は、それを単に理知的に把握するのみにとどまらず、むしろ実際に形而上的境位へ突破することを志向していたように思われる。それは「遊天台山賦」の終盤部において、形而上的境位が開示されていることによる。そもそも「遊天台山賦」序には「天台山とは、蓋し山岳の神秀なる者なり（天台山者、蓋山岳之神秀者也）」とあり、その登頂までの行程は「始めは魑魅の塗を経て、卒に無人の境を践む（始経魑魅之塗、卒践無人之境）」［孫綽「遊天台山賦」］というものであった。[一六] そして仙境へ至る過程については、次のようにある。

過霊渓而一濯　霊渓を過ぎて一たび濯《すす》ぎ
疏煩想於心胸　煩想を心胸より疏《のぞ》く
蕩遺塵於旋流　遺塵〔六塵〕を旋流に蕩《そそ》ぎ
発五蓋之遊蒙　五蓋の遊蒙を発す
追羲農之絶軌　羲〔伏羲〕農〔神農〕の絶軌を追い
躡二老之玄蹤　二〔老子・老萊子〕老の玄蹤を躡《ふ》む
［孫綽「遊天台山賦」］

孫綽は、沐浴により俗念を除去することで「六塵」や「五蓋」から解放されるとする。「六塵」とは色・声・香・

味・触・法であり、すなわち煩悩を惹起するものを指す。また「五蓋」とは貪欲・瞋恚・睡眠・調戯〔嘲戯〕・疑悔であり、心を遮蔽するものである。（一七）孫綽はこれらを洗濯することにより、伝説的先哲に追従しようとするのであった。そしてついには「是に於いて遊覧既に周《あまね》く、体静かに心閑かなり。害馬已に去り、世事都《すべ》て捐《す》つ（於是遊覧既周、体静心閑。害馬已去、世事都捐）」〔孫綽「遊天台山賦」〕という境位に至るのであるが、その悟得をめぐって孫綽は、次のように述べている。

散以象外之説　散ずるに象外の説を以てし
暢以無生之篇　暢《の》ぶるに無生の篇を以てす
悟遣有之不尽　有を遣《す》つるの尽くさざるを悟り
覚渉無之有間　無に渉《わた》るの間有るを覚《さと》る

〔孫綽「遊天台山賦」〕

孫綽の悟得は「象外の説（象外之説）」すなわち「道」をめぐる道家的言説と「無生の篇（無生之篇）」すなわち仏教経典とに依拠するものである。これについて李善は「言うこころは道釈二典は、皆無を以て宗と為す。今有を悟りて非と為して之を遣《す》つ。之を遣つるも尽くさず。無を覚りて是と為して之に渉る。之に渉るも間有り。言うこころは皆有に滞《とど》まるなり（言道釈二典、皆以無為宗。今悟有為非而遣之。遣之而不尽。覚無為是而渉之。渉之而有間。言皆滞於有也）」と解釈する。李善によれば、根源的「無」へ至るには、まずは「有」を起点として漸層的に進むのであるが、「有」を悟り、それが「無」とは異なるがために棄却しようとしても、「有」を完全に撥無することはできない。さらにそこでまた「無」に到達しようとしたとしても、そこには実はまだまだ隔たりがある、という。李善はここでの孫綽の悟得が「象外の説（象外之説）」「無生の篇（無生之篇）」に依拠していること、すなわち言語的地平から完全には脱却していないことをみており、それゆえ、いまだ「有」にとどまっている、と指摘するのである。

ところが孫綽は、さらにその先のところをも志向していた。

泯色空以合跡　色・空を泯《つ》くして以て跡を合し
忽即有而得玄　忽ち有に即して玄を得
釈二名之同出　二名の同出を釈《す》て
消一無於三幡　一無を三幡に消す

［孫綽「遊天台山賦」］

孫綽はみずからの形而上的突破について、「泯色空」「即有」等の複数の例によって証示しようとする。李善が指摘するように、第一のものは『維摩経』に由来するものである。鳩摩羅什訳『維摩詰所説経』には、以下の言がある。

喜見菩薩曰く、色・色空は二たり。色とは即ち是れ空なり。色滅して空たるに非ず。色の性は自ずから空なり。……［中略］……其の中に於いて通達する者、是を入不二法門と為すと。

（喜見菩薩曰、色色空為二。色即是空。非色滅空。色性自空。……［中略］……於其中而通達者、是為入不二法門。）

［『維摩詰所説経』入不二法門品］

喜見菩薩の発言は、可感的認識により把握され得る存在（色）と固定的な実体の欠如態、非存在（空）との綜合を述べるものであり、このような相対的対立を超えたところに、絶対的境位を見出そうとするものである。また、第二については、李善注に次のような議論がある。

王弼老子注に曰く、凡そ有は皆無に始まると。又た曰く、有の始まる所、無を以て本と為すと。然らば王〔王弼〕以《おも》えらく凡そ有は皆無を以て本と為し、無は有を以て功を為すと。将に無を寤《さと》らんと欲すれば、必ず有に資《よ》る。故に曰く、有に即して玄を得るなりと。

（王弼老子注曰、凡有皆始於無。又曰、有之所始、以無為本。然王以凡有皆以無為本、無以有為功。将欲寤無、必資於有。故曰、即有而得玄也。）

『文選』所収孫綽「遊天台山賦」李善注

李善は王弼『老子道徳経注』を援引しつつ、(一八)「有」が「無」を存在論的根拠として成立するならば、「無」は「有」の存在から遡及的に示されるのであり、そうである以上、「無」の体得は「有」を通じてしかおこなわれないとする。すなわち形而上（玄）は形而下（有）に対応するかたちで到達可能である、とするのである。

孫綽が示した第一は、存在と非存在とを綜合することにより絶対的境位〔入不二法門〕へと飛翔するものであり、第二は、存在者を契機として、その背後の根源的境位〔無〕へと翻飛するものである。孫綽は、これらのようにして形而上への突破が可能であると考えていたのである。そして孫綽によれば、かかる形而上的境位とは「二名」（有名・無名）や「三幡」（色・色空・観）の相対的対立すら解消してしまう、そのようなものであった。(一九)したがって、ひとたび形而上への突破を果たしたならば、その境位はあらゆるものを捨棄した恍惚たるもののほかはなくなるのである。

恣語楽以終日　語楽を恣にして以て日を終え
等寂黙於不言　寂黙を不言に等しくす
渾万象以冥観　万象を渾じて以て冥観し
兀同体於自然　兀として体を自然に同じくす

〔孫綽「遊天台山賦」〕

これについて李周翰は「言うこころは心に営むこと無くして、自然の道に同じくするなり（言無営於心、同平自然之道也）」と注し、「道」を体得した境位が恍惚茫然たる状態であることを指摘する。このことは、孫綽が他論において述べている仏の姿にも符合している。[一〇] また張銑は「既に其の道を得たれば、語・黙自ずから斉し（既得其道、語黙自斉）」と述べ、孫綽の到達した地平においては、言語／沈黙の相対的対立が霧消するとしている。言語と沈黙については、『荘子』則陽に「言いて足らば、則ち終日言いて道を尽くすも、言いて足らざれば、則ち終日言いて物を尽くす。道・物の極は、言・黙以て載するに足らず。非言非黙にして、議に極まる所有り（言而足、則終日言而尽道、言而不足、則終日言而尽物。道物之極、言黙不足以載。非言非黙、議有所極）」とあり、これについて郭象は「夫れ道・物の極は、常に為莫《な》くして自ずから爾るなり。言と不言とに在らず（夫道物之極、常莫為而自爾。不在言与不言）」と注している。「道」の究極のところは、言語や沈黙を凌駕するのである。[一一] 孫綽における「道」の体得とは、このように諸々の相対的対立を超えるものであり、あらゆる分節・分析にもたらされない、もはや「自然」[一二] そのものなるものというほかはないものであった。

結

孫綽は「遊天台山賦」について「当に金石の声を作《な》すべきなり（当作金石声也）」（『晋書』孫綽伝」とし、五経の経典的価値のもと、それに準ずるだけの正統的音響をなすと述べた（二三）。それは孫綽が、みずからの形而上への突破について、聖人を含む体道者の境位と一致すると自負したためである。そもそも孫綽は儒仏道三教について、「道」を紐帯とすることで綜合的に把捉した。それゆえ儒教的聖人や仏および老子は、「道」を体得するものとして同一地平にあるものとされていた。そして孫綽は、その境位を単に理知的に把捉するだけではなく、みずからも実際に、形而上的境位へ突破することを志向していたのであるが、それは『維摩経』や王弼を根拠としつつも、さらにはあらゆる相対的対立の彼方へと飛翔しようとする、そのような営為としてあるものであった。

《注》

（一）孫綽はみずからの文才を大いに自負していた。支遁が孫綽と許詢との優劣を訊ねた際に、孫綽は「高情遠致、弟子は早已《つと》に服膺す。然れども一詠一吟、許〔許詢〕は将に北面せんとす（高情遠致、弟子早已服膺。然一詠一吟、許将北面矣）」（『晋書』孫綽伝」と答えている。なお、同様の記事は『世説新語』品藻篇にもある。孫綽と許詢について、『晋書』孫綽伝には「綽〔孫綽〕と詢〔許詢〕とは一時の名流たり。或るひと詢の高邁を愛すれば、則ち綽を鄙しみ、或るひと綽の才藻を愛すれば、詢を取ること無し（綽与詢一時名流。或愛詢高邁、則鄙於綽、或愛綽才藻、而無取於詢）」とある。両者は時人に並称され、なかでも孫綽のほうが文才においてより秀でていたとされる。しかし『世説新語』品藻篇注引『続晋陽秋』に「綽〔孫綽〕文才有りと雖も、而れども誕縦にして穢行多し。時人之を鄙しむ（綽雖有文才、而誕縦多穢行。時人鄙之）」とあるように、孫綽の品行には顰蹙されるものがあった。このことについては『世説新語』方正篇、軽詆篇等に多くの記事がある。

（二）『列女伝』賢明伝の「楚於陵妻」とは、実際には齊の於陵に隠棲していた陳仲子の妻である。陳仲子の廉潔については、『孟子』滕文公下等にも記述がある。

（三）孫綽の隠逸的傾向を示すものとして、皇侃『論語義疏』に引く孫綽の説に「唯だ深達の士のみ、能く智を晦《くらま》し名を蔵すを為して、以て身を全うし害を遠ざく（唯深達之士、為能晦智蔵名、以全身遠害）」とある。

（四）孫綽の上疏文および桓温による批判は『晋書』孫綽伝にも見えている。この上疏文について劉義慶は「理」があるとしていたが、蜂屋邦夫は「綽の政治議論の代表としては、はなはだ頼りない。ただし、当時の状況からいえば、衆目のみるところ遷都は無理であり、何らかの理屈をつけて議論すればそれで十分であったのかもしれない」とする。蜂屋邦夫「孫綽の生涯と思想」（『東洋文化』五七、一九七七）参看。

（五）『世説新語』注引『中興書』に「万〔謝万集〕集に其の四隠・四顕を叙べて八賢と為すの論を載す。謂く、漁父・屈原・季主・賈誼・楚老・龔勝・孫登・嵆康なり。其の旨は処者を以て優と為し、出者を劣と為す（万集載其叙四隠四顕為八賢之論。謂漁父屈原季主賈誼楚老龔勝孫登嵆康也。其旨以処者為優、出者為劣）」とある。

（六）『世説新語』方正篇には、温嶠が司馬紹を称えて「深きを鈎《さぐ》り遠きを致すは、蓋し浅識の測る所に非ず。然るに礼を以て親に侍するは、孝たりと称すべし（鈎深致遠、蓋非浅識所測。然以礼侍親、可称為孝）」と述べたとの記事がある。『周易』繋辞上伝には「賾を探り隠を索《もと》め、深きを鈎し遠きを致し、以て天下の吉凶を定め、天下の亹亹を成す者は、蓍亀より大なるは莫し（探賾索隠、鈎深致遠、以定天下之吉凶、成天下之亹亹者、莫大乎蓍亀）」とあり、孔穎達疏は「物の深処に在れば、能く之を鈎取し、物の遠方に在れば、能く之を招致す（物在深処、能鈎取之、物在遠方、能招致之）」とする。

（七）『毛詩』大雅「皇矣」に「識らず知らず、帝の則に順う（不識不知、順帝之則）」とある。なお「耳順」が可感的認識よりも悟入を主とするものであるとの解釈は、すでに王弼に先例がある。王弼『論語釈疑』には「耳順とは、心識の聞前に在るを言うなり（耳順、言心識在聞前也）」とある。

（八）当該章について、孔穎達疏には「此の章は夫子の道を美《ほ》むるなり。……［中略］……言うこころは己夫子の善誘を蒙ると雖も、猶お夫子の立つ所に及ぶ能わざるがごときなり（此章美夫子之道也。……［中略］……言己雖蒙夫子之善誘、猶不能及夫子之所立也）」とある。ただし孔子は顔回について「吾が言に於いて説《よろこ》ばざる所無し（於吾言無所不説）」［『論語』先進篇］と述べ、孔子の発言を即座に理解する賢智を称揚していた。これについて孫綽は「毎に吾が言を説ぶ所以は、理の自ずから玄同するのみ（所以毎説吾言、理自玄同耳）」［皇侃『論語義疏』先進篇引］とし、孔子の言辞に顔回がそのまま対応するとしているが、ここでも「玄同」と述べており、そのことが説明可能ではないとする。

（九）福永光司は「孫綽が儒家の聖人―孔子―を老荘的な超越的理法の体得者、無心の哲学の悟得者として理解している」とする。福永光司「孫綽の思想――東晋における三教交渉の一形態」（『愛知学芸大学研究報告』一〇、一九六一）参看。なお、聖人が老荘的境位にあることについて、王弼は「聖人は無を体するも、無は又た以て訓《おし》うべからず。故に言は必ず有に及ぶ（聖人体無、無又不可以訓。故言必及有）」［『世説新語』文学篇］と述べ、また、李充は『老子』第十五章の語彙を用いて「聖人は微妙玄通にして、深くして識るべからず（聖人微妙玄通、深不可識）」［皇侃『論語義疏』為政篇引］とする。聖人の「無為」については『論語』衛霊公篇にも「子曰く、無為にして治まる者は、其れ舜なるか（子曰、無為而治者、其舜也与）」とある。『太平御覧』所引『孫綽子』には「無為にして治まる者は、道なり（無為而治者、道也）」との言がある。

（一〇）『荘子』在宥に「吾が道を得る者は、上は皇と為りて下は王と為る（得吾道者、上為皇而下為王）」とある。これについて郭象は「皇・王の称は、世の上下に随うのみ。其の通変の道を得て以て無窮に応ずるに於けるは、一なり（皇王之称、随世之上下耳。其於得通変之道以応無窮、一也）」とし、その内実が一致するとみている。

（一一）『弘明集』所収「理惑論」に「仏の言は、覚なり（仏之言、覚也）」とある。

（一二）孫綽の言は、『荘子』天運の「夫れ六経は、先王の陳迹なり。豈に其れ迹する所以ならんや（夫六経、先王之陳迹也。豈其所以迹哉）」をふまえるものである。「所以迹」について、郭象は「迹する所以の者は、真性なり（所以迹者、真性也）」と注している。なお、儒教とその他を本末／首尾により結びつけようとする行論は、すでに李充『学箴』に先例がある。李充は儒教と老荘について「聖教は其の末を救い、老荘は其の本を明らかにす。本末の塗殊なるも教たるや一なり（聖教救其末、老荘明其本。本末之塗殊而為教一也）」と述べている。このことについては長谷川滋成『孫綽の研究――理想の「道」に憧れる詩人』（汲古書院、一九九九）にも指摘がある。

（一三）『弘明集』所収「理惑論」に「道の言は、導なり（道之言、導也）」とある。

（一四）「虚寂」は『淮南子』俶真訓に「凝滞する所無く、虚寂にして以て待す（無所凝滞、虚寂以待）」とあり、「自然」は『老子』第二十五章「道は自然に法る（道法自然）」をはじめとして多くの道家系文献に見える語彙である。「神化」については『周易』繋辞上伝に「神にして之を化す、民をして之に宜しからしむ（神而化之、使民宜之）」とある。

（一五）福永光司「孫綽の思想――東晋における三教交渉の一形態」（前掲）には、「老荘思想を媒介として儒教と仏教がその同一性を論証されている点に彼の三教一致論の特徴があるのである」とある。また、長谷川滋成『孫綽の研究――理想の「道」に憧れる詩人』（前掲）は孫綽を「理想の「道」に憧れる詩人」と位置づけ、その生涯と詩文の全体を克明に記述している。

（一六）ただし孫綽は、実際には「天台山図」にもとづいて「遊天台山賦」を制作したとされる。『文選』所収「遊天台山賦」の題下注において、李周翰は「此の山の神秀なるを聞き、以て長往すべしとす。因りて其の状を図《えが》かしめ、遥かに其の賦を為す（聞此山神秀、可以長往。因使図其状、遥為其賦）」と述べる。呂延済注にも「綽此の山を図画《えが》かしめ、観て之を慕う（綽使図画此山、観而慕之）」とあるが、一方で石川忠久「孫綽「遊天台山賦」について」（『二松』五、一九九一）は「孫綽の賦は実際に分け入る趣を持つ」と評し、「実際に訪れた可能性もある」とする。ただし孫綽賦の綿密な表現は、陳萬成「孫綽《遊天台山賦》与道教」（『大陸雑誌』八六‐四、一九九三）によれば、「道教覧図存想的修仙術」すなわち「存思法」を根拠とするものであるという。このことについて、陳萬成の見解をふまえて精緻な考証をおこなったものに、佐竹保子「「天台山に遊ぶ賦」序文の検討――「存思法」との関わり」(『東北大学中国語学文学論集』一〇、二〇〇五)がある。なお「存思法」については、山田利明『六朝道教儀礼の研究』(東方書店、一九九九)参看。

(一七)「五蓋」について、李善は『大智度論』にもとづき「貪欲・瞋恚・睡眠・調戯・疑悔」とするが、鳩摩羅什訳『大智度論』には「貪欲・瞋恚・睡眠・掉・悔疑」[大正蔵二五・五三九上]、「婬欲・瞋恚・睡眠・掉・悔疑」[大正蔵二五・五七〇下/五八九上]とある。

(一八)『老子』第一章の王弼注には「凡そ有は皆無に始まるが故に、未形無名の時は、則ち万物の始めたり(凡有皆始於無、故未形無之名時、則為万物之始)」とあり、また第四十章注には「天下の物は皆有を以て生と為す。有の始まる所、無を以て本と為す(天下之物皆以有為生。有之所始、以無為本)」とある。

(一九)「二名」をめぐっては、『老子』第一章に「無名は天地の始めにして、有名は万物の母なり。……[中略]……此の両者は同じきに出でて名を異にす。同じく之を玄と謂う(無名天地之始、有名万物之母。……[中略]……此両者同出而異名。同謂之玄)」とある。「三幡」については李善注に「三幡とは、色、一なり。色空、二なり。観、三なり。言うこころは三幡殊なると雖も、消じて一と為さしむれば、同じく無に帰するなり(三幡、色、一也。色空、二也。観、三也。言三幡雖殊、消令為一、同帰於無也)」とある。

(二〇)仏の描写として、孫綽「喩道論」には「是に於いて三界の表に遊歩し、無窮の境に恣化す。天を迴り地を舞い、山に飛び流れに結ぶ。存亡は倏忽として、神変は綿邈たり(於是遊歩三界之表、恣化無窮之境。迴天舞地、飛山結流。存亡倏忽、神変綿邈)」とある。

(二一)なお、孫綽と同時期にあって、王坦之は「言・黙の未だ究めざる所なれば、況んや之を揚げて以て風を為すをや(言黙所未究、況揚之以為風乎)」[王坦之「廃荘論」]と述べ、「道」が言語も沈黙をも超えるとしていた。このことについては本書第七章「言語と沈黙を超えて――王坦之廃荘論考」参看。

(二二)『老子』第二十五章「道は自然に法る(道法自然)」の王弼注には、「自然とは、無称の言にして、究極の辞なり(自然者、無称之言、究極之辞也）」とある。王弼は「自然」が通常の言語とは異なり、限定・制約をともなわないものであるとするのである。

（二三）『晋書』孫綽伝に「嘗て天台山賦を作る。辞致甚だ工なり。初めて成りて、以て友人范栄期に示して云く、卿試みに地に擲て。当に金石の声を作《な》すべきなりと（嘗作天台山賦。辞致甚工。初成、以示友人范栄期云、卿試擲地。当作金石声也）」とある。この話柄は『世説新語』文学篇にも見えている。なお、孫綽が「賦」を経典に倣うものとみていたことについては、『晋書』孫綽伝に「絶《はなは》だ張衡・左思の賦を重んじ、毎に云く、三都・二京は、五経の鼓吹なりと（絶重張衡左思之賦、毎云、三都二京、五経之鼓吹也）」とある。これもまた『世説新語』文学篇に見えており、その劉孝標注には「言うところは此の五賦は、是れ経典の羽翼なり（言此五賦、是経典之羽翼）」とある。「三都」とは左思の「蜀都賦」「呉都賦」「魏都賦」であり、「二京」は張衡の「西京賦」「東京賦」である。

第九章　逍遙の彼方へ
——支遁形而上学考——

序

東晋の沙門である支遁は、鳩摩羅什以前の中国仏教史にあっては、いわゆる「格義」を代表する存在とされている。ただ彼は沙門という特殊な立場にある一方で、当時を代表する多くの人士との清談的交流があり、また永和九年三月三日、王羲之が蘭亭において主催した曲水流觴の宴にも孫綽らとともに列席していた。すなわち東晋貴族社会の一員でもあったのである。

そもそも「格義」とは「経中の事数[一]を以て外書に擬配し、生解の例と為す。之を格義と謂う（以経中事数擬配外書、為生解之例。謂之格義）」（『高僧伝』竺法雅伝）とされるように、もともとは仏教経典（内典）における事数の条目について、仏書以外の記述（外書）を媒介として、それらを適宜斟酌しながら解釈を成立させようとするものであった。ただしそれは、周知のように、現在では広く仏教経典の内容を中国固有の思想・論理、すなわち中国思想の思考枠組において理解・解釈することと考えられている[二]。実際に支遁の場合は代々仏教を信奉する家系に育ち、またみずからも二十五歳で出家するのであるが[三]、一方で「述懐詩」其二には「総角[四]にして大道に敦く、弱冠[五]にして双玄を弄ぶ（総角敦大道、弱冠弄双玄）」とあり、これにより彼が幼少時から「大道[六]」を厚く重要視（敦）し、すでに出家以前の二十歳にして「双玄」（七）を手繰り寄せる（弄）ほどに老荘的思惟にも習熟していたことがうかがえる。また、彼の形而上学的思索は三国魏の王弼にも匹敵するものと評されており（八）、その意味において彼は、いわば魏晋玄学の歴史における後半期の聖火ランナーの一人と目される存在でもあった。すなわち支遁の思想的基盤には、まずは老荘、そして王弼をはじめとする玄学的思惟が礎石をなしており、支遁はそれらを継承しつつ、その上に本来出自を異にする仏教的理念をも立体的に交差させながら、さらなる思索に踏み出した思想家であった。かかる思想的交差の合流地点には、それを支える強靭な橋脚として、徹底的に堅牢無比な思弁が要請される。それはどのようなものであったのか。本章では支遁の形而上学的思索を対象として、東晋期における仏教思想と中国伝統思想とのインターセクトの実相を探究する。

I

支遁には「詠懐詩」という連作詩があり、「詠懐詩」其二の冒頭で、彼は老荘について次のように述べている。

端坐隣孤景
眇罔玄思劬
偃蹇収神轡
領略綜名書
渉老咍双玄
披荘玩太初

端坐して　孤景〔影〕を隣にし
眇罔〔渺々〕として　玄思劬《つと》む
偃蹇〔高々〕として　神轡を収むるに
領略〔綱要〕は　名書に綜べらる
老〔『老子』〕を渉《あさ》りては　双玄を咍《よろこ》び
荘〔『荘子』〕を披《めく》りては　太初を玩《よろこ》ぶ

詠発清風集　詠発すれば　清風集い
触思皆恬愉　触思すれば　皆恬愉たり　　［支遁「詠懐詩」其二］

この詩は、支遁の思索が老荘に近接していたことを明確に示すものといえる。ここで支遁は、日常的地平を超える微妙高遠なるところへの志向を語っている。そしてその形而上学的思索に向かう綱要は『老子』『荘子』の二書に尽くされているとし、とりわけその本質は『老子』の「双玄」や『荘子』の「太初」に見出し得るとしているのである。「双玄」とは『老子』第一章「玄の又た玄、衆妙の門（玄之又玄、衆妙之門）」のことであり、単なる「玄」を超える高度な境域を指示する。「太初」とは『荘子』知北遊「是の若き者は外に宇宙を観ず、内に大初を知らず（若是者外不観乎宇宙、内不知乎大初）」を典拠とする。これらはいずれも万物の基底的実在を指すが、ことに「双玄」は、あるいは単なる万物の基底的実在のさらなる深奥のところをすら示唆する[九]。この詩において支遁が思念しているのは、まずはそのようなことにほかならない。

「詠懐詩」其二の最終部において支遁はまた、次のようにいう。

悵怏濁水際　悵怏《痛嘆》す　濁水の際《ほとり》
幾忘映清渠　幾《ほとん》ど忘る　清渠に映ずるを
反鑒帰澄漠　反鑒《内省》して　澄漠に帰し
容与含道符　容与《悠然》として　道符を含む
心与理理密　心《思索》は理と与《とも》にして　理は密たり

形与物物疏　形《［身体］》は物と与にして　物は疏たり
蕭索人事去　蕭索《［閑寂］》として　人事より去り
独与神明居　独り神明と居るのみ　［支遁「詠懐詩」其二］

この引用部の背後には、まずは『荘子』山木がある。そこでは「夫子何為《なんす》れぞ頃間《このごろ》甚だ庭《こころよ》からずや（夫子何為頃間甚不庭乎）」との問いに、荘子が以下のように回答する。

荘周曰く、吾形を守りて身を忘れ、濁水を観て清淵に迷うなり。
（荘周曰、吾守形而忘身、観於濁水而迷於清淵。）　［『荘子』山木］

これについて郭象は「彼を見て明らかならざれば、即ち彼に因りて以て自ら見る。幾ど反鑒の道を忘るるなり（見彼而不明、即因彼以自見。幾忘反鑒之道也）」［『荘子』山木注］と注し、荘子が俗塵にまみれて清流を見失ったのは「反鑒の道（反鑒之道）」[一〇]を忘れたためであるとする。「詠懐詩」其二において、支遁もまたひとたびは俗流に転落したかのように述べるのであるが、彼の場合は、それを「反鑒」により恢復する。そしてそれを研ぎ澄ませた先には、「道」の端緒が開けてくるとするのである。これを支遁は「心」と「理」あるいは「形」と「物」との関係において述べている。すなわち思惟（心）は「理」と合致することによって、究極的な条理として徹底的に充実（密）したものとなり、その一方で形骸（形）は「物」とともに「疏」（粗）なるものとして棄却されるというのである。そしてそのような完全に透徹したリゴリズムを方途とするならば、[一一]「人事」を離れ「神明」にも通達する可能性があるとみている。

最終句「独り神明と居るのみ（独与神明居）」は『荘子』天下の語彙をそのまま踏襲するものである。

本を以て精と為し、物を以て粗と為し、積む有るを以て不足と為し、澹然として独り神明と居るのみ。古の道術、是に在る者有り。関尹《〔尹喜〕》・老耼《〔老子〕》、其の風を聞きて之を悦ぶ。

（以本為精、以物為粗、以有積為不足、澹然独与神明居。古之道術、有在於是者。関尹老耼、聞其風而悦之。）

『荘子』天下

これによれば「神明」への通達は、古来の体道者にも匹敵するものであるという。また『周易』繋辞下伝には伏羲による八卦の制作が述べられているが、そこにも「神明」ということがある。

是に於いて始めて八卦を作り、以て神明の徳に通じ、以て万物の情を類す。

（於是始作八卦、以通神明之徳、以類万物之情。）

『周易』繋辞下伝

陰陽徳を合して、剛柔体有り。以て天地の撰を体し、以て神明の徳に通ず。

（陰陽合徳、而剛柔有体。以体天地之撰、以通神明之徳。）

『周易』繋辞下伝

孔穎達が「以て神明の徳に通ずるとは、万物の変化は、或いは生じ或いは成る、是れ神明の徳なり。易は則ち其の変化の理に象る。是れは其れ易の能く神明の徳に通達するなり（以通神明之徳者、万物変化、或生或成、是神明之徳。易則象其変化之理。是其易能通達神明之徳也）」〔『周易』繋辞下伝孔穎達疏〕と述べるように、ここでの「神明」は通常の人知では計測しがたい神聖霊妙な作用であり、万物の生成変化の作用などがまさにそれに該当する。(一二)「詠懐詩」其二で支遁は、理知的な思索を徹底的に先鋭化させていったその先において、そのような論理的思弁には還元できない神妙幽玄なものが開示され得るとみているのである。そしてそのことが『老子』『荘子』『周易』のいわゆる「三玄」に依拠しながら述べられているのであった。

このことに関連して、支遁「詠懐詩」の其一にはまた、以下の言がある。

重玄在何許　　重玄　何許《いずく》にか在るや
採真遊理間　　真を採らんとして　理の間に遊ぶ
苟簡為我養　　苟簡　我が為に養い
逍遙使我閑　　逍遙　我をして閑たらしむ

〔支遁「詠懐詩」其一〕

「重玄」とは「双玄」同様「玄の又た玄、衆妙の門（玄之又玄、衆妙之門）」〔『老子』第一章〕のことである。(一三)これについて王弼は、次のように論じている。

玄とは、冥なり。黙然として有とすること無きなり。始・母の出づる所なり。得て名づくべからざるが故に、言うべからず。同じく名づけて玄と曰う。而して「同じく之を玄と謂う」と言うは、得て之を然りと謂うべから〔言語的に規定することができない〕ざるに取ればなり。得て之を然りと謂うべからざれば、則ち以て一玄に定むべからざる〔「玄」という概念に固定させてしまってはならない〕のみ。若し一玄に定むれば、則ち是れ名づくれば則ち之を遠きに失う。故に「玄の又た玄《［「玄」のさらなる深奥（玄）］》」と曰うなり。

（玄者、冥也。黙然無有也。始母之所出也。不可得而名、故不可言。同名曰玄。而言同謂之玄者、取於不可得而謂之然也。不可得而謂之然、則不可以定乎一玄而已。若定乎一玄、則是名則失之遠矣。故曰玄之又玄也。）

［『老子道徳経注』第一章注］

「玄」それ自体は本来的に言表することのできないものであって、万物の根源（始・母）のさらなる元基をなすものである。それは言語的に規定できないために「玄」とされるのであるが、言語的に規定できないはずのものを「玄」と命名することは、その「玄」としての本来的地位にみずから反することになってしまう。そこで王弼は、『老子』は単に「玄」とするのではなく「玄の又た玄（玄之又玄）」と呼称することにより、その論理的陥穽を免れようとし、それに成功している、とするのである。すでに王弼において『老子』の「玄の又た玄（玄之又玄）」を通じて「玄」を超えるその先がターゲットであることは予感されていたのであって、支遁はそこのところを当然ながら自覚していたであろう。

ついで「採真」「苟簡」「逍遙」は、いずれも『荘子』天運にもとづくものである。

古の至人は、道を仁に仮《よ》り、宿を義に託すも、以て逍遙の虚に遊び、苟簡の田《［ありあわせの田］》に食らい、不貸の圃《［ささやかな畑］》に立つ。逍遙とは、無為なり。苟簡とは、養い易きなり。不貸とは、出だす無きなり。古者《いにしえ》是を采真の遊と謂う。

（古之至人、仮道於仁、託宿於義、以遊逍遙之虚、食於苟簡之田、立於不貸之圃。逍遙、無為也。苟簡、易養也。不貸、無出也。古者謂是采真之遊。）

［『荘子』天運］

「至人」は「仁」「義」に仮託するところがあるとはいえ、その本領は「無為」としての「逍遙」にある。また「至人」は「苟簡の田（苟簡之田）」「不貸の圃（不貸之圃）」すなわち間に合わせ程度の、他者に与えるほどもないささやかな田畑において充足するものである。(一四) このような「至人」の簡素質朴とした自己充足は、古来「采真の遊（采真之遊）」と称されていた。「采真」について郭象は「遊びて之に任ず、則ち真采なり。采真とは、則ち色の偽ならざるなり（遊而任之、則真采也。采真、則色不偽矣）」（『荘子』天運注）と解する。「采真」とは、可感的認識の対象（色）としては人工的・人為的に措定し得ない（不偽）ものであり、その意味において、通常の思索を方途とする限りは、不可知とするしかないものである。もちろんこの『荘子』天運の「至人」の記述は、ただちに『荘子』の「逍遙遊」を想起させる。それゆえ支遁は「重玄」すなわち万物の究極的基底のさらなる深奥の探究において、それはもちろん表層的には言語的記述に依拠できるものではないのであるから、体認するという方途をみようとしていたのである。そしてその体認は、同時に『荘子』における「至人」の逍遙と符合するものである、まずはそのようにみていたのであった。

II

支遁は沙門となった後もしばしば『荘子』の「逍遙遊」に言及し、その解釈は当時の学術界において、群を抜くものであると評されていた。『高僧伝』支遁伝には次のような逸話が載る。

遁〔支遁〕嘗て白馬寺に在り、劉系之等と荘子逍遙篇を談ず。云く、各《おの》おの性に適うを以て逍遙と為すと。遁曰く、然らず。夫れ桀跖〔盗跖〕は残害を以て性と為す。若し性に適うを得と為せば、従《ほしいまま》にするも亦た逍遙たらんと。是に於いて退きて逍遙篇に注す。群儒旧学、歎服せざるは莫し。

（遁嘗在白馬寺、与劉系之等談荘子逍遙篇。云、各適性以為逍遙。遁曰、不然。夫桀跖以残害為性。若適性為得者、従亦逍遙矣。於是退而注逍遙篇。群儒旧学、莫不歎服。）　〔『高僧伝』支遁伝〕

「逍遙遊」をめぐる劉系之らの議論は、自己本来の性に適合することが「逍遙」の内実である、というものであった。これに対して支遁は、伝説的暴君の桀や盗賊である盗跖を例に挙げ、彼らの本質（性）が残虐なものである以上、その性を発揮した恣意的な言動すらも「逍遙」であったのか、と反駁している。支遁の趣意は、ただ単に自我の本質を見つめてその本来に従うということを「逍遙」だと言ってしまう、そのような低水準な思惟を認めないことにある。そしてそのような意志のもとに支遁は「逍遙遊」に注釈をほどこすことになるのであるが、その支遁注は、諸学者を感服させるものとなったという。彼の「逍遙遊」注についてはまた、『世説新語』にも記事がある。

荘子逍遙篇は旧《もと》是れ難処にして、諸名賢の鑽味すべき所なれども、而れども理を郭〔郭象〕向〔向秀〕の外に抜く能わず。支道林〔支遁〕白馬寺の中に在りて、馮太常〔馮懐〕と共に語り、因りて逍遙に及ぶ。支卓然として新理を二家の表《うえ》に標《かか》げ、異義を衆賢の外に立つ。皆是れ諸名賢の之を尋味するも得ざる所なり。後に遂に支の理を用う。

（荘子逍遙篇旧是難処、諸名賢所可鑽味、而不能抜理於郭向之外。支道林在白馬寺中、将馮太常共語、因及逍遙。支卓然標新理於二家之表、立異義於衆賢之外。皆是諸名賢尋味之所不得。後遂用支理。）　〔『世説新語』文学篇〕

古来「逍遙遊」は難解をもって知られ、郭象や向秀を凌駕する解釈は出現しなかった。ところが支遁は、それら既存の注釈や同時代の諸学者に対して独創的な新解釈を提示した。そこで以後、支遁の解釈が広く採用されたというのである。この支遁による「逍遙遊」注は散逸し、現在に伝わらない。ただ僅かに『世説新語』劉孝標注が支遁「逍遙論」を採録しており、これにより支遁の逍遙遊解釈の一端をうかがうことができる。そしてその冒頭には、「逍遙」が単に凡俗の自我と行為とを云々するものではなく、それらとは懸絶した「至人」の境位であることが明示されている。

夫れ逍遙とは、至人の心を明らかにするなり。荘生《荘子》は大道を建言して、指を鵬・鷃に寄す。鵬は生を営むの路曠きを以ての故に、適を体外に失い、鷃は近きに在りて遠きを笑うを以て、心内に矜伐《誇尚》すること有り。（夫逍遙者、明至人之心也。荘生建言大道、而寄指鵬鷃。鵬以営生之路曠、故失適於体外、鷃以在近而笑遠、有矜伐於心内。）

〔支遁「逍遙論」〕

ここで支遁は、『荘子』の「逍遙遊」の主眼が大鵬と斥鷃の寓話に仮託されているとみている。大鵬の姿は「鵬の背、其の幾千里なるかを知らざるなり。怒して《奮い立って》飛べば、其の翼は垂天の雲の若し（鵬之背、不知其幾千里也。怒而飛、其翼若垂天之雲）」〔『荘子』逍遙遊〕とされるほどに巨大であり、その飛翔は「鵬の南冥に徙るや、水に撃《うつ》つこと三千里、扶揺を摶ちて《旋風に舞い上がり》上ること九万里、去りて六月を以て息する者なり（鵬之徙於南冥也、水撃三千里、摶扶揺而上者九万里、去以六月息者也）」〔『荘子』逍遙遊〕という規模で描出される。だが、その飛翔は「風の積むや厚からざれば、則ち其の大翼を負うに力無し。故に九万里なれば、則ち風は斯れ下に在り。而る後に乃ち今風に培《の》り、背に青天を負いて之を夭閼《〔阻害〕》する者莫し（風之積也不厚、則其負大翼也無力。故九万里、則風斯在下矣。而後乃今培風、背負青天而莫之夭閼者）」『荘子』逍遙遊」とされるがごとく、その大鵬を浮揚させる雄大な大風を前提としてはじめて可能となるものであった。このことを指して支遁は、大鵬には「体外」に依拠するところがあり、その意味において真の逍遙には至っていないとみるのである。一方の斥鷃について、『荘子』には「斥鴳之を笑いて曰く、彼且《まさ》に奚《いず》くにか適《ゆ》かんとするや。我騰躍して上るも、数仞に過ぎずして下り、蓬蒿の間に翺翔す。此れ亦た飛の至りなり。而るに彼且に奚くにか適かんとするや（斥鴳笑之曰、彼且奚適也。我騰躍而上、不過数仞而下、翺翔蓬蒿之間。此亦飛之至也。而彼且奚適也）」『荘子』逍遙遊」として、大鵬の飛翔を嘲笑したことが述べられる。この嘲笑は、斥鷃には大鵬の飛翔が理解できない、ということであるが、それは斥鷃がみずからの飛翔を尺度とし、それを「至」として区画したためであり、そのことを支遁は「矜伐」と裁断しているのである。

このように支遁は、大鵬も斥鷃も逍遙を達成していないとみているのであるが、では郭象の場合はどのようであったのか。（一五）『荘子』逍遙遊の題下注には、次のようにある。

夫れ小大殊なると雖も、而れども自得の場に放たるれば、則ち物は其の性に任じ、事は其の能に称《かな》い、各《おの》おの其の分に当たり、逍遙するは一なり。豈に勝負を其の間に容《い》れんや。
（夫小大雖殊、而放於自得之場、則物任其性、事称其能、各当其分、逍遙一也。豈容勝負於其間哉。）

「『荘子』逍遙遊題下注」

郭象はこのように述べ、大小の差異に関わらず、各々がその個別・固有のありのままに自得することこそが逍遙であるとしていた。(一六) これは先に引いた劉系之らの「各《おの》おの性に適うを以て逍遙と為す（各適性以為逍遙）」〔『高僧伝』支遁伝〕とする議論と符合するものである。郭象の場合、大鵬も斥鷃も逍遙を達成しているとみているのであり、(一七) ここにおいて支遁と郭象の解釈には、「逍遙」ということについて懸絶するところがあるのであった。

では支遁は、大鵬も斥鷃も達成し得ていない逍遙、それに対して「至人」の逍遙とはどのようなものと考えているのだろうか。

至人は天正に乗りて高く興り、無窮に放浪に遊ぶ。物を物として物に物とせられざれば、則ち遥然として我を得ず。玄感して為さず、疾《いそ》がずして速ければ、則ち逍然として適かざる靡し。此れ逍遙を為す所以なり。

（至人乗天正而高興、遊無窮於放浪。物物而不物於物、則遥然不我得。玄感不為、不疾而速、則逍然靡不適。此所以為逍遙也。）

〔支遁「逍遙論」〕

支遁は「至人」の逍遙について、複数の典拠にもとづきながら論及している。まず第一のものは、『荘子』逍遙遊「夫の天地の正に乗りて、六気の辯〔変〕を御し、以て無窮に遊ぶ者の若きは、彼且《まさ》に悪《いず》くにか待たんや（若夫乗天地之正、而御六気之辯、以遊無窮者、彼且悪乎待哉）」である。この「逍遙遊」の一文に対しては、郭象が次のように注している。

天地の正に乗るとは、即ち是れ万物の性に順うなり。六気の辯〔変〕を御するとは、即ち是れ変化の塗に遊ぶなり。斯の如きより以往は、則ち何ぞ往きて窮まること有らんや。遇う所斯に乗れば、又た将に悪くにか待たんや。此れ乃ち至徳の人、彼我に玄同する者の逍遙なり。

（乗天地之正者、即是順万物之性也。御六気之辯者、即是遊変化之塗也。如斯以往、則何往而有窮哉。所遇斯乗、又将悪乎待哉。此乃至徳之人、玄同彼我者之逍遙也。）

「『荘子』逍遙遊注」

この引用部の直前において、郭象は「自然とは、為さずして自ずから然る者なり（自然者、不為而自然者也）」「『荘子』逍遙遊注」と規定した上で「故に大鵬の能く高く、斥鴳の能く下《ひく》く、椿木の能く長く、朝菌の能く短きは、凡そ此れ皆自然の能くする所なれば、為の能くする所に非ざるなり。為さずして自ずから能くす、正と為す所以なり（故大鵬之能高、斥鴳之能下、椿木之能長、朝菌之能短、凡此皆自然之所能、非為之所能也。不為而自能、所以為正也）」「『荘子』逍遙遊注」と述べ、万物に固有の性質はもともとそのようなもの（自然）であって、そこには一切の営為・作為が介在しないとする。その上で郭象は、「至徳の人（至徳之人）」「彼我に玄同する者（玄同彼我者）」の逍遙とは、天地万物の根源、生成変化の根拠としての「自然」に放下されることであり、それにより一切の呰柵が霧消した「無窮」の境位に至るとするのである。ここで郭象の述べる逍遙とは、「自然」すなわちもともとそのようであるということを極点とすることにより、何らかの具体的かつ質料的な基盤に依拠することを回避している。それゆえ、その逍遙は「無待」なるものとして、あらゆる相対的区別を揚棄し、またいかなる営為・作為としての運動とも隔絶するのであった[一八]。第一の典拠に関連して、支遁にはこのような郭象の思索が当然ながら念頭にあったと思われる。その上で支遁は、郭象が思念したところのさらにその先のところをも志向していたかに思われるのであるが、そのことは第二の典拠に示されている。第二の典拠とは、『荘子』山木の「万物の祖に浮遊し、物を物として物に物とせられず。則ち胡《なん》ぞ得て累《わずら》うべけんや（浮遊乎万物之祖、物物而不物於物。則胡可得而累耶）」というものである。[一九] 支遁はこの記述を踏襲することで、「至人」は万物の始源的位置にあり、諸事物の基幹をなしてはいるものの（物物）、しかしその「至人」自体は、その背後において主宰する一切の質料的基盤に依拠することなく、あるいは「自然」のような非質料的な論理的基盤を措定することもない（不物於物）とする。つまりここにこそ何者にも依拠しないということが徹底的に討究し尽くされているのであって、このことこそが郭象・支遁両者の決定的差異をなしているのであった。

第三の典拠は『周易』繫辞上伝である。

夫れ易は、聖人の深を極めて幾を研《みが》く所以なり。唯だ深きなり。故に能く天下の志に通ず。唯だ幾《きざ》すなり。故に能く天下の務を成す。唯だ神なり。故に疾がずして速く、行かずして至る。子曰く、易に聖人の道四有り[二〇]とは、此を之れ謂うなり。

（夫易、聖人之所以極深而研幾也。唯深也。故能通天下之志。唯幾也。故能成天下之務。唯神也。故不疾而速、不行而至。子曰、易有聖人之道四焉者、此之謂也。）　〔『周易』繫辞上伝〕

韓康伯が「未だ形《あらわ》れざるの理を極むるを、則ち深と曰い、動の微なるの会に適するを、則ち幾と曰う（極未形之理、則曰深、適動微之会、則曰幾）」〔『周易』繫辞上伝韓康伯注〕と注するように、聖人はまだ実際には顕現していない深底の機微を洞察し、その微妙微細な端緒・兆候を見定めるものである。そしてその聖人の機能とは、人知を絶しており（神）、ことさらに主体性を発揮しなくても機能を果たす（不疾而速／不行而至）、そのような超絶性を有している、というものであった。

支遁「逍遙論」は、以上のように『荘子』や『周易』といった古典的文献を駆使しながら「至人」の逍遙を規定するものであった。このことは彼が玄学的思惟を後継していたことを立証するものである。ただ支遁は、三国魏や西晋期における玄学的思惟をただ祖述するというよりも、むしろそれらに対して論理をより研ぎ澄ませ、そして最終的にはそのような思弁的追究からも脱却しようとしていた。万物の基底ということをめぐっては、そもそも『荘子』斉物論に以下の言があった。

> 始めなる者有り。未だ始めより始めなる者有らざる有り《〔その「始め」がはじまるよりもっと以前のところに、さらなる「始め」がある〕》。未だ始めより夫の未だ始めより始めなる者有らざる有らざる有り《〔さらに「始め」に先立つ「始め」に対しても、それがはじまるよりもっと以前のところに、よりさらなる「始め」がある〕》。有なる者有り。無なる者有り。未だ始めより無なる者有らざる有り。未だ始めより夫の未だ始めより無なる者有らざる有らざる有り。俄かにして無有り《〔突如として（それ以上遡及できない）「無」があらわれる〕》。
> （有始也者。有未始有始也者。有未始有夫未始有始也者。有有也者。有無也者。有未始有無也者。有未始有夫未始有無也者。俄而有無矣。）
> 〔『荘子』斉物論〕

これは「始」（はじめ）に対して、その「始」よりも以前のところに「始」（はじめのはじめ）があり、さらにそれよりもっと以前のところに「始」（はじめのはじめのはじめ）がある、ということである。『荘子』は「始」のみならず「無」についても同様に、「有」が存在する以前のところ、さらにそれよりも以前のところ……と際限なく遡及を繰り返すことを認め、その存在論的彷徨の果てにおいて、すなわちもはやその彷徨自体すらも際限がないと了解したその果てに、突然に究極的な基底としての「無」が開示されるとしていた。それは思弁的な追跡を極限にまで推し進めていったところに、その論理の継続の先にはもはや眩暈以外の何者も見えない、とわかってしまったその瞬間に突如、思惟のうちに立ち上がってくるものであり、そのように表象する以外に表象し得ないものとしてあったのである。『荘子』における究極的基底は、こうした論理的思索の極北において、論理を超出するようなかたちであらわれる、そのような性格を有するものであった。(二二) このような因果論的・無限連鎖的思索の限界とその彼方について、『荘子』にはまた、次のようにある。

天地に先んじて生ずる者有らば、物ならんや。物を物とする者は、物に非ず。物出でて物に先んずるを得ざるなり。猶お其れ物有るなり。猶お其れ物有るや、已むこと無し。

(有先天地生者、物耶。物物者、非物。物出不得先物也。猶其有物也。猶其有物也、無已。)　〔『荘子』知北遊〕

これは、事物の根源として別の何者か(物)を措定するならば、その何者か(物)に対してもさらなる質料的根源(物)を措定する必要があり、そのように無限連鎖的層次にわたって思索を重ねることは、論理的探究としての彷徨に際限がなくなることに等しく、それゆえ結局ほとんどなにも取り出せなくなるということに等しくなる、ということであり、そうした彷徨はある意味でほとんど無意味だということを語るものである。そこで『荘子』の場合は、事物の究極的基底としての「物」を探究してゆくその果てに、その探究の断念とともにそこに立ち現れてくる「物」以外――「物を物とする者は、物に非ず(物物者、非物)」としての「非物」――を導入することになるのである。これが『荘子』における論理的思索の極北において、論理を超出して措定される「非物」である。

一方、これに対して郭象は、事物の背後に存在論的根源(非物)が先立つという考え方自体を棄却する。これは『荘子』本文とは径庭のある思想である。当該箇所の郭象注は以下の通りである。

誰か物に先んずる者を得んや。吾陰陽を以て物に先んずると為すも、而れども陰陽とは即ち所謂物なるのみ。誰か又た陰陽に先んずる者ならんや。吾自然を以て之に先んずると為すも、而れども自然とは即ち物の自ずから爾るのみ。吾至道を以て之に先んずると為すも、而れども至道とは乃ち至無なり。既に以て無なれば、又た奚《なん》ぞ先んずるを為さんや。然らば則ち物に先んずる者は誰ぞや。而れども猶お物有るなり。已むこと無し。物の自ずから然りて、然らしむるもの有るに非ざるを明らかにするなり。

（誰得先物者乎哉。吾以陰陽為先物、而陰陽者即所謂物耳。誰又先陰陽者乎。吾以自然為先之、而自然即物之自爾耳。吾以至道為先之矣、而至道者乃至無也。既以無矣、又奚為先。然則先物者誰乎哉。而猶有物。無已。明物之自然、非有使然也。）

〔『荘子』知北遊注〕

郭象の行論は、一切の形而上的根源の措定を排斥し、世界を事物（物）のみで説明しようとするものである。それによれば、事物はそれ自体において自立的に生成するものであるから（自然）、いかなる存在論的基盤をも持たない、ということになる。とはいえ郭象の行論は「自然」を根底的な理念として措定し、それを万物に対して所与とするものであった。すなわち、いかなる存在論的基盤をも持たないとしつつも、「自然」が定立されるその限りにあっては、まだ依拠するところがあったというしかないものなのであった[二二]。

これに対して支遁は、そのようなものすらをふみこえて、何者にも依拠しないということをどこまでも突き詰め、それを「重玄」のような、あるいは「重玄」のような形式的思弁論理をも超えて、純粋な思弁的追究をさらに進めた深奥において捉えようとしたのである。支遁はそのことを語るに際して、まずは「至人」の逍遥に託しつつ、それを述べようとしていたのであった。

Ⅲ

支遁は中国固有の古典的思索に依拠しながら、みずからの理想的境位に近似するもの、そしてその理想的境位へと向かうひとつの正しい回路を「至人」の逍遙にみていた。だが、この「至人」の逍遙とは、支遁においては単に中国古典の枠組内部にとどまっているものではなかった。それはさらに彼の信奉する仏教思想にも連接して広がり得るものであった。「至人」について、支遁は次のようにも述べている。

> 夫れ至人は時に行きて時に止まり、或いは此に隠れ彼に顕わる。迹は忍土〔娑婆〕を絶して、冥は維衛〔毘婆戸仏〕に帰す。俗の常に徇《したが》いて以て奇に駭《おどろ》くは、固《もと》より存亡を以て之を統ぶればなり。
> （夫至人時行而時止、或隠此而顕彼。迹絶於忍土、冥帰於維衛。俗徇常以駭奇、固以存亡而統之。）
> 〔支遁「釈迦文仏像讃並序」〕

「至人」の出処進退は自在である。だがそれは、実は日常的地平とは隔絶したものであり、日常的思惟においては認識不可能なものである。そしてその「至人」とは「維衛」すなわち毘婆戸仏に回帰しているものとされる。毘婆戸仏とは、釈迦（現在仏）を第七番目とする「過去七仏」の第一番目に位置する仏である。すなわち支遁は、「至人」とは眩暈的に遠く隔たった過去七仏の劈頭にまで達し、そこに帰着するものと把握しているのである。それは支遁が

「至人」を万物の生成消滅の根本にあるもの、と捉えていたということを示している。

支遁はまた、「至人」について「夫れ道を体し神を尽くす者は、之を詰《きわ》むるに言教を以てすべからず。無に遊び虚を蹈む者は、之を形器に求むべからず。是を以て至人の物に於けるや、遂に通ずるのみ（夫体道尽神者、不可詰之以言教。遊無蹈虚者、不可求之於形器。是以至人於物、遂通而已）」〔支遁「大小品対比要抄序」〕とも述べている[二三]。これもまた「至人」が日常的地平とは懸絶し、言語を中心に置く教説では規定され得ないものであり、しかもそれはそのままに「道」「神」「無」「虚」といった形而上的諸概念に対応する、ということである。「至人」をめぐるこれらの行論は、仏教教説を説く文脈にありながらも、実際のところは前節までに検討した中国古典思想解釈と同様の性格をもっているといえる。そしてその限りにおいては、支遁は中国古典思想の伝統に仏教的理念を重ねていたといえるのである。実際、支遁はその仏教思想を解釈する際においても、中国古典思想に対するのと同様、論理的思弁を追究・究極した上で、さらなる深奥を模索するというスタンスをはっきりと示していた。そしてそのスタンスは、支遁「大小品対比要抄序」の冒頭に明確に示されている。そしてそれはもはや「至人」の逍遙を超えて、その先をも指示しているのである。

夫れ般若波羅蜜とは、衆妙の淵府、群智の玄宗、神王の所由、如来の照功なり。其の経たるや、至無空豁にして、廓然《〔空虚〕》として無物なる者なり。物に物とせらるること無き《〔個別的・固定的なものとして確定されない〕》が故に、能く物を斉しくす。智に智とせらるること無き《〔理知的な思索によって対象化されない〕》が故に、能く智を運《めぐ》らす。是の故に三脱《〔三解脱〕》を重玄《〔玄之又玄〕》に夷《ひと》しくし、万物を空同に斉しくす。諸仏の始有を明らかにし、群霊の本無を尽くし、十住《〔悟得の階梯〕》の妙階に登り、無生の径路《〔不生不滅の道〕》に趣く。何となれば、其の至無に頼《よ》るが故に、能く用を為せばなり。

（夫般若波羅蜜者、衆妙之淵府、群智之玄宗、神王之所由、如来之照功。其為経也、至無空豁、廓然無物者也。無物於物、故能斉於物。無智於智、故能運於智。是故夷三脱於重玄、斉万物於空同。明諸仏之始有、尽群霊之本無、登十住之妙階、趣無生之径路。何者耶、頼其至無、故能為用。）

〔支遁「大小品対比要抄序」〕

「大小品対比要抄序」は、大品系般若経と小品系般若経との比較論としての内容を持つものであり、この冒頭部分には、支遁による般若思想解釈が要約されているといえる。ここで支遁は「般若波羅蜜」について言及し、まずはそれを「至無空豁」であり、また「無物」であるとし、さらには「物に物とせらるること無きが故に、能く物を斉しくす（無物於物、故能斉於物）」とも述べる。（二四）これは明らかに『荘子』の論理に立脚するものである。支遁は般若思想の解釈に際して、それを『荘子』に由来する究極的基底――「無」と共通のこととしてひとまず了解するのである。（二五）支遁はこのような「至無」を、まずは般若思想のひとつの核心であるとみていた。だが、その「至無」であり、あるいは「重玄」でもある「般若波羅蜜」は、「如来の照功（如来之照功）」であり、また「諸仏の始有（諸仏之始有）」「群霊の本無（群霊之本無）」を明らかにし、尽くすべきものであり、そして「十住の妙階（十住之妙階）」に登り向かうものであった。あるいはその「至無」とは、かかる境地に向かうために依拠（頼）して「用」をなすものでもあった。すなわち支遁にあっては、この場合、少なくとも「至無」の以前、あるいはその彼方には「如来」があったのである。「至無」なる究極的基底と、そして「至無」のその先のさらなる深奥の探究において（それは「如来」という存在によって、決して幻妄的に設定されるものではないことは証示されていた）、支遁はそこにどのようにして到達可能と考えていたのだろうか。

夫れ無なる者は、豈に能く無ならんや。無は自ら無たる能わず、理も亦た理たる能わず。理の理たる能わざれば、則ち理は理に非ず。無の自ら無たる能わざれば、則ち無は無に非ず。是の故に妙階は則ち階に非ず、無生は則ち生に非ず。妙は不妙に由り、無生は生に由る。

（夫無也者、豈能無哉。無不能自無、理亦不能為理。理不能為理、則理非理矣。無不能自無、則無非無矣。是故妙階則非階、無生則非生。妙由乎不妙、無生由乎生。）　［支遁「大小品対比要抄序」］

一般に「無」や「理」といった形而上的諸概念は、それ自体として単独で措定されるものではない。「無」が「無」として了解されるには「無」に対する「有」ということがなくてはならず、「理」についても同様に、あらかじめ「理」に対応する事物が必須であって、まずはそのような対称的関係の中でしか「無」や「理」は把捉されない。[二六]したがって支遁は、仏の境涯についても「是を以て十住の称は、未だ号を定むるに足らざるに興り、般若の智は、教迹の名より生ず（是以十住之称、興乎未足定号、般若之智、生乎教迹之名）」［支遁「大小品対比要抄序」］と、言語表現との表裏的関係において相即的にあらわれざるを得ないものとする。だが支遁は、その限りでは本来的な究極的基底、そして究極的基底のさらなる深奥への到達にはまだ不十分とみていた。そしてその不十分性は、言語による拘束が大きな機序を担っており、そのような言語による拘束を超えたところに向かうことこそが真の本来的核心に到達すべき路程である、と主張する。

是の故に之を言えば則ち名生じ、教を設くれば則ち智存す。智は物に存するも、実は無迹なり。名は彼に生ずるも、理は無言なり。何となれば則ち、至理は冥壑にして、無名に帰す。無名無始は、道の体なり。可不可無きは、聖の慎なり。苟しくも理に慎みて以て動に応ずれば、則ち言に寄せざるを得ず。宜しく寄する所以を明らかにすべく、宜しく言う所以に暢《いた》るべし。

（是故言之則名生、設教則智存。智存於物、実無迹也。名生於彼、理無言也。何則、至理冥蜜、帰乎無名。無名無始、道之体也。無可不可者、聖之慎也。苟慎理以応動、則不得不寄言。宜明所以寄、宜暢所以言。）　［支遁「大小品対比要抄序」］

言語は一般に、さまざまなる教説においてその教説の展開のためには必須の手段である。だが支遁によれば、対象の本質（至理）自体は必ずしもすべてが言語に投影され得るものというわけではなく、むしろあくまでも言語の背後において「無迹」「無言」「無名」「無始」なるものとして、言語的把握の否定を媒介とすることによって、ようやく指示されることが可能となる、そのようなものである。そして支遁は、このような言語の背後にあって機能し、言語にもたらされ得ない本来的核心に対しては、いかなる理知的な（理知的であるということは言語依存的であるということとほぼ同義である）判断をも下さないというのが聖人の理想的態度であるとする。そして支遁は、単なる理知的判断・概念的把握を超えて、そのさらなる深奥を志向するのであるが、支遁はそれを根底たるもののさらに「所以」なるものであると捉えるのである。そしてそこにこそ根底・基底のさらなる深奥的基底・根底を求めようとしていた。では、その「所以」とは何か。

存を存とする者は、其の存に非ざるなり。無を希《もと》むる者は、其の無に非ざるなり。何となれば則ち、徒らに無の無と為すを知りて、［無を「無」として規定することはできるが］無なる所以を知ること莫く、［無としての本質的基幹を理解することができず］存の存と為すを知りて、［存在を「存在」として規定することはできるが］存する所以を知ること莫ければなり。［存在としての本質的基幹を理解していないからである］

（存乎存者、非其存也。希乎無者、非其無也。何則、徒知無之為無、莫知所以無、知存之為存、莫知所以存。）

〔支遁「大小品対比要抄序」〕

「存」や「無」として定立できるものは、本来的な「存」そのもの、あるいは「無」そのものではない。これはもともと『老子』第一章冒頭の「道の道とすべきは、常道に非ず（道可道、非常道）」にも連なる常套的視点ではある。言語依存的に切り取られたものは、あくまでも対象そのものではなく、その意味において対象の純粋性・本質性を毀損してしまう。したがって、支遁はここで、固定的に対象化されたものは、その時点ですでに「所以」から逸脱してしまうとするのである。このことは『荘子』天運に「夫れ六経は、先王の陳迹なり。豈に其れ迹する所以ならんや（夫六経、先王之陳迹也。豈其所以迹哉）」とあり、これについて郭象が「迹する所以の者は、真性なり（所以迹者、真性也）」〔『荘子』天運注〕としたことを、一応は踏襲するものである。ただし支遁の提示する「所以」――究極的基底、そしてさらにはその基底に対してそのさらなる深奥を志向する「所以」――は、もちろん具体的な何らかの質料的基盤ではあり得ないし、あくまでもその背後に潜在する本質的（真性）な契機として、あるいはさらにそのことをもたらす契機として、基底中の基底的位置を占めるものとしてあった。このことは、郭象の「迹する所以の者は、真性なり（所以迹者、真性也）」〔『荘子』天運注〕とは内容的には大きな径庭をもつものであったといえる。

そのような支遁の探究は、以上のような論理的思弁の鋭角さにもかかわらず、それによってすべてが完遂されるものではなかった。基底中の基底・深奥への志向は、支遁をしてこれまでの行論の理知的・論理的探究の全体を、ひとたび忘却することが必要であると述べさせるのである。いわば、理知・論理の超越の契機が忘却にこそあるとするのである。

無を希《もと》めて以て無《［「無」］》を忘る。故に無の無とする所に非ず《［無は「無」として概念的に固定されない］》。存に寄せて以て存《［「存」］》を忘る。故に存の存とする所に非ず《［存在は「存在」として概念的に固定されない］》。其の無なる所以を無みし、其の存する所以を忘るるに若くは莫し。其の存する所以を忘るれば、則ち存を存とする所とすること無く《［存在をいかなる認識の俎上に載せることもなく］》、其の無なる所以を遺《わす》るれば、則ち無を無とする所とする《［無をいかなる認識の俎上に載せることもない］》を忘る。

（希無以忘無。故非無之所無。寄存以忘存。故非存之所存。莫若無其所以無、忘其所以存。忘其所以存、則無存於所存、遺其所以無、則忘無於所無。）

［支遁「大小品対比要抄序」］

ここには基底中の基底・深奥への志向において、「無を希めて以て無を忘る（希無以忘無）」「存に寄せて以て存を忘る（寄存以忘存）」という第一段階の忘却と、「其の無なる所以を無みし、其の存する所以を忘る（無其所以無、忘其所以存）」という、より高次にある第二段階の忘却の、二重の忘却が指摘されている。

第一の忘却は「無」や「存」を志向しつつ（希／寄）、それらの思弁的追跡を棄却するというものである。これにより「無」や「存」は、固定的に対象化されることが回避されてはいる。しかしそれらはまだ、言語や概念にもたらされない（もたらされてはいない）何らかのものとして言外に確立しているものである。そしてそれらを言外に保全する根拠として「所以」が設定されるのであるが、支遁はここでさらに、その「所以」すらも忘却すべきものとしている。すなわち「無」や「存」を言外に保全することすらも棄却される、忘却の忘却、ほとんど凍結されてしまった忘却であり、これこそが第二の忘却である。したがって、この第二の忘却はもはや「無」や「存」などを志向しない、というよりもむしろそれらを一切の認識の俎上から退却させようとするものである。この局面においては、もはや「無」も「存」もなく、「無」をもたらすものも「存」をもたらすものもない、すべてが撥無された絶対凍結の世界

という しかない世界であった。

支遁がここでおこなった論理的思弁の追究とその忘却という方法は、実はすでに王弼に先例があった。王弼は魏晋玄学の言尽意・言不尽意問題に対して、「意」は「言」を手段として語り得ないが、「象」を手段として示し得る、と規定した。しかしその行論自体は、語り得ないはずの「意」を言語の俎上に載せ、語ろうとしてしまうものであった。そのために王弼は、みずからの設定した論理的階梯をあえて忘却により破棄し、それにより「意」を厳密なかたちで保全しようとしたのである。(二七) そしてこの、王弼における方法としての忘却は、対象を思弁的把捉の外側に保全しようとする点において、まさしく支遁の述べる忘却の第一段階に相当するものであった。

これに対して支遁は、王弼による忘却を一応継承しつつも、それを最上至高のものとはしなかった。支遁は王弼の忘却の上になお、さらに第二の忘却――その第二の忘却はあらゆるものが絶対的に凍結しているかのように見える、あるいはもしかすると絶対静止とでもいうべき世界であった――を方法として重ねるのであった。その二重の忘却の果ては、一切の基底やその基底以前、それらを可能とする原理としての「所以」あるいは「所以」を導き得るものすらも、認識から退却してゆく、そのようなところであった。支遁はそのことを次のように述べた。

> 無を忘るるが故に妙存し、妙存するが故に無を尽くす。無を尽くせば則ち玄を忘れ、玄を忘るるが故に無心なり。然る後に二〔「無」・「存」〕迹寄すること無く、無・有冥尽す。
>
> (忘無故妙存、妙存故尽無。尽無則忘玄、忘玄故無心。然後二迹無寄、無有冥尽。)
>
> ［支遁「大小品対比要抄序」］

ここにはもはや一切の理知が消失し(無心)、「無」や「存」といった概念の相対的差異(二迹)も雲散し、さらには「無」と「有」との対称的関係すらも融解してしまい、それゆえに一切の差別がなく恍惚茫然とするしかない（そしてその恍惚を恍惚として対象化することもできない）絶対的深奥とでもいうしかない世界が述べられている。これは支遁が思弁的追跡を徹底的に追い込んでいって、その上でさらなる深奥をみようとしていた、ということにほかならないが、ここで支遁は、その深奥に際して暫定的に「妙」と呼称していた。そして実は、この「妙」ということも、王弼の行論を継承発展させたものであった。『老子』第一章「故に常に無欲にして、以て其の妙を観、常に有欲にして、以て其の徼を観る（故常無欲、以観其妙、常有欲、以観其徼）」について、王弼は以下のように注している。

妙とは、微の極なり。万物は微に始まりて而る後に成り、無に始まりて而る後に生ず。故に常に無欲空虚にして、以て其の始物の妙を観るべし。

（妙者、微之極也。万物始於微而後成、始於無而後生。故常無欲空虚、可以観其始物之妙。）

〔『老子道徳経注』第一章注〕

王弼は「妙」について、「微の極（微之極）」であると規定する。これは個別的・具体的な万物の生成以前の段階において、それ以上遡及することのできない存在の萌芽的極致であり、いわば「無」と「存」との境界面をなす（そして境界面であるがゆえに「妙」自体は「無」とも「存」ともしようがない）ものであるが、王弼はそれこそが万物の生成論的展開の基点（始物）であるとしていた。支遁は王弼が示した生成論的基点に対して、さらなる深底を鉤索し、そして「無」も「存」もなく、さらには「無」をもたらすものも「存」をもたらすものもない、そのような絶対的凍結ともいえるフェイズへと推進し、それを「妙」（もちろんこの場合の「妙」は、王弼の「妙」とはその深度において差異がある）と呼称した。このことは、先の二重の忘却が王弼的忘却をさらに一歩進めようとする忘却であったこととあわせて、支遁の形而上学的思索が王弼を継承しつつも、それをさらに超えようとしていたことを示すものであった。支遁は般若思想を拠りどころとすることにより、魏晋玄学における形而上学に新たなる一歩を刻んだのであった。

結

支遁の形而上学的思索は、まずは老荘にもとづきつつ、万物の基底的実在のさらなる深奥（重玄、およびそのさらなる深奥）を志向するものであった。そしてその深奥は「重玄」のような言語的・理知的な方法により把捉し得るものではなかったために、支遁はそこのところを体認することを企図していたのであるが、その体認について彼は、それを『荘子』における「至人」の逍遙に託しつつ言及していた。支遁の『荘子』逍遙遊解釈は郭象のものとは一線を画しており、支遁は「至人」のみが逍遙を達成していたとみるのであるが、その逍遙とは、一切の質料的基盤に依拠することなく、またさらには論理的基盤を措定することもない、何者にも依拠しないということが徹底的に突き詰められたものであった。かかる「至人」について、支遁は単に中国古典思想の伝統にとどまらず、仏教的理念とも接合するものであるとみていた。彼の般若思想解釈もまた、論理的思弁の極北において、そのさらなる深奥を模索するものだったのである。そしてそれは『荘子』的論理における究極的基底を超出し、そのさらなる基底中の基底としての「所以」を志向していたのであった。

ただ支遁によれば、基底中の基底とは、終局的にはみずからの思弁的追跡の全体を忘却することにより目指されるものであり、彼はその忘却ということをも二重のものとして設定することにより、もはやすべてが絶対に凍結する、究極的深奥をみようとしていたのである。この忘却という方法は、すでに王弼がおこなっていたものではあったが、しかし支遁は般若思想を契機として、その忘却をより深化させ、魏晋玄学の形而上学的思惟にさらなる展開をもたらしたのである。そしてそれは中国古典思想の礎石の上に仏教的理念という資材を用いてそこに高架橋を構築しようとする営為でもあったのだが、支遁の徹底的に緻密な思弁が（ついには思弁ということをも超えてしまう）そのことを可能としたといえよう。

≪注≫

（一）『世説新語』文学篇の劉孝標注には「事数とは、五隠、十二入、四諦、十二因縁、五根、五力、七覚の属の若きを謂うなり（事数、謂若五隠、十二入、四諦、十二因縁、五根、五力、七覚之属）」とある。「五隠」とは色蘊・受蘊・想蘊・行蘊・識蘊の「五蘊」を指し、「十二入」とは目・耳・鼻・舌・身・意の「六根」と色・声・香・味・触・法の「六塵」とを合わせた「十二処」を指す。「四諦」とは苦諦・集諦・滅諦・道諦であり、「十二因縁」とは無明・行・識・名色・六処・触・受・愛・取・有・生・老死である。「五根」とは信・精進・念・定・慧の「五法」もしくは目・耳・鼻・舌・身であり、「五力」とは信力・精進力・念力・定力・慧力である。「七覚」とは択法覚支・精進覚支・喜覚支・軽安覚支・念覚支・定覚支・行捨覚支の「七覚支」を指す。

（二）湯用彤『漢魏両晋南北朝仏教史』（北京大学出版社、一九九七）には「格義」を規定して、「格とは、量《はかる》である。「格義とは」中国思想になぞらえ対応させることで、仏教経典の理解を容易にする手段である（格、量也。蓋以中国思想比擬配合、以使人易于了解仏書之方法也）」とする。僧叡「喩疑」［『出三蔵記集』巻五］に「漢末魏初、広陵・彭城の二相出家す。並《みな》能く大照を任持す。尋味の賢、始めて講次有り。而して之を恢《ひろ》むるに格義を以てし、之を迂《すす》むるに配説を以てす（漢末魏初、広陵彭城二相出家。並能任持大照。尋味之賢、始有講次。而恢之以格義、迂之以配説）」とあるように、このことは漢魏交替期にはすでにおこなわれていたとされる。なお「格義仏教」の語については、小林正美「「格義仏教」考」（高崎直道・木村清孝編『新仏教の興隆　東アジアの仏教思想Ⅱ（シリーズ東アジア仏教　第三巻）』、春秋社、一九九七）参看。

（三）『高僧伝』支遁伝には「家は世《よよ》仏に事《つか》え、早《おさな》くして非常の理を悟る。余杭山に隠居し、道行の品《〔『道行般若経』〕》を深思し、慧印の経《〔『慧印三昧経』〕》を委曲す。卓焉独抜して、自ら天心を得。年二十五にして出家す（家世事仏、早悟非常之理。隠居余杭山、深思道行之品、委曲慧印之経。卓焉独抜、得自天心。年二十五出家）」とある。

（四）「総角」とは、髪を集めて頭の両側に角状にまとめる幼児の髪型であり、転じて未だ冠笄しない小児を指す。『詩経』斉風「甫田」には「婉たり孌たり、総角丱《〔角状〕》たり（婉兮孌兮、総角丱兮）」とあり、毛伝は「総角とは、両髦を聚むるなり（総角、聚両髦也）」とする。

（五）「弱冠」については、『礼記』曲礼上に「人生まれて十年を幼と曰い、学ぶ。二十を弱と曰い、冠す。三十を壮と曰い、室有り（人生十年曰幼、学。二十曰弱、冠。三十曰壮、有室）」とある。

（六）「大道」は『老子』第十八章「大道廃れて仁義有り（大道廃有仁義）」を典拠とする。なお支遁「逍遙論」には「荘生は大道を建言して、指を鵬・鷃に寄す（荘生建言大道、而寄指鵬鷃）」とあり、「善多菩薩讃」には「所謂大道とは、心を形名の外に遣《わす》れ、都《すべ》て忘れて鄙当《〔俗流〕》を絶し、冥黙して自ら玄会す（所謂大道者、遺心形名外、都忘絶鄙当、冥黙自玄会）」とある。

（七）「双玄」は『老子』第一章「玄の又た玄、衆妙の門（玄之又玄、衆妙之門）」にもとづく。「玄の又た玄（玄之又玄）」とは、「玄」という概念的に固定できるもののさらなる深奥（玄）を指示しようとするものであるが、ここで支遁は、そのようなところをも把持する可能性をみているのである。

（八）『高僧伝』支遁伝には「幼くして神理有り、聡明にして秀徹たり。初め京師に至るに、太原の王濛甚だ之を重んじて曰く、微に造《いた》るの功は、輔嗣〔王弼〕に減《おと》らずと（幼有神理、聡明秀徹。初至京師、太原王濛甚重之曰、造微之功、不減輔嗣）」とある。なお、王濛による同様の評言は『世説新語』賞誉篇にも見えている。

（九）「玄」について、王弼は「夫れ道なる者は、万物の由る所に取るなり。……〔中略〕……然らば則ち道・玄・深・大・微・遠の言は、各《おの》おの其の義有れば、未だ其の極を尽くさざる者なり（夫道也者、取乎万物之所由也。……〔中略〕……然則道玄深大微遠之言、各有其義、未尽其極者也）」〔王弼「老子指略」〕と述べ、形而上的諸概念を言語的に固定してしまうと言語に膠着した意味内容が生起し、そのために対象の究極には至り得ないとしていた。このことについては、本書第四章「王弼形而上学再考」参看。支遁がここで「双玄」と述べているのは、単に概念として定立し得る基底的実在というよりも、むしろそのさらなる深奥（玄）を見据えてのことであった。

（一〇）「反監」について、『荘子』盗跖には「廉〔廉潔・貪欲〕貪の実は、以て外に迫らるるに非ざるなり。反りて之を度に監《て》らすなり（廉貪之実、非以迫外也。反監之度）」とある。成玄英疏には「監は、照なり。夫れ廉貪の実性は、外物に過迫《せま》らるるに非ざるなり。而して反りて内心に照らすなり。各《おの》おの度量を稟《う》くるは同じからざるなり（監、照也。夫廉貪実性、非過迫於外物也。而反照於内心。各稟度量不同也）」とある。

（一一）形而上学的思索の徹底ということは、すでに「詠懐詩」其二の冒頭においても述べられていた。そこでは、支遁はみずからの「玄思」の発揮が「神轡を収む（収神轡）」ほどであったとする。「神轡」は孫綽「丞相王導碑」に「皇徳建たず、神轡再び絶ゆ（皇徳不建、神轡再絶）」とあるように、「皇徳」に対応するほどの高度なものである。

（一二）「神明」についてはこのほか、『周易』説卦伝冒頭にも「昔者《むかし》聖人の易を作るや、神明に幽讃して蓍を生ず（昔者聖人之作易也、幽讃於神明而生蓍）」とあり、これについて朱子『周易本義』は「神明に幽賛すとは、猶お化育を賛《たす》くと言うがごとし（幽賛神明、猶言賛化育）」とする。

（一三）このほか、支遁「弥勒讃」には「恬智冥として徼妙、縹眇として重玄を詠ず（恬智冥徼妙、縹眇詠重玄）」との言もある。藤原高男「老子解重玄派考」（『漢魏文化』二、一九六一）は、杜光庭『道徳真経広聖義』にもとづきつつ、老子解釈史における南朝梁・孟智周以下の「重玄派」を取り上げるものであるが、「重玄」の語の先例として、孫登と支遁とを指摘する。この「重玄派」の隆盛について、砂山稔「道教重玄派表微——隋・初唐における道教の一系譜」（『集刊東洋学』四三、一九八〇）は、単に老子解釈史のみならず隋・初唐期における代表的道教経典を精査し、当時、劉進喜・成玄英ら「道教重玄派」と呼称すべき道教の一学派が形成されていたとする。「道教重玄派」については砂山稔に「成玄英の思想について——重玄と無為を中心として」（『日本中国学会報』三二、一九八〇）ほか一連の論考があり、それらは砂山稔『隋唐道教思想史研究』（平河出版社、一九九〇）に収録されている。

（一四）成玄英疏に「苟は、且なり。簡は、略なり。貸は、施与なり。止まるを知り足るを知り、苟簡の田に食らう。己物を損せずして、不貸の圃に立つ。而して田圃と言うとは、是れ聖人の生を養うの地なるを明らかにするなり（苟、且也。簡、略也。貸、施与也。知止知足、食於苟簡之田。不損己物、立於不貸之圃。而言田圃者、明是聖人養生之地）」とある。

（一五）郭象と支遁の逍遙遊解釈に関しては多くの論著に言及があるが、本書ではとくに蜂屋邦夫「荘子逍遙遊篇をめぐる郭象と支遁の解釈——併せて支遁の仏教理解について」（『紀要比較文化研究』八、一九六八）および大角紘一「支遁の逍遙論に関する考察」（『文芸論叢』七三、二〇〇九）を参照した。

（一六）『荘子』逍遙遊の郭象注にはまた、「苟しくも其の性に足れば、則ち大鵬と雖も以て自ら小鳥より貴きこと無く、小鳥も天池を羨むこと無くして、栄願に余有り。故に小大殊なると雖も、逍遙は一なり（苟足於其性、則雖大鵬無以自貴於小鳥、小鳥無羨於天池、而栄願有余矣。故小大雖殊、逍遙一也）」とある。

（一七）ただし郭象によれば、大鵬や斥鷃の逍遙はいまだ個別・分限を脱しきれていない「有待」なるものであり、「無待」なる「聖人」の逍遙の下位にあるものであった。『世説新語』劉孝標注は支遁「逍遙論」とともに向秀・郭象の逍遙遊解釈を掲げているが、そこには次のようにある。

向子期〔向秀〕・郭子玄〔郭象〕の逍遙義に曰く、夫れ大鵬の九万に上り、尺鷃の楡枋に起るは、小大差《たが》うと雖も、各おの其の性に任じ、苟しくも其の分に当たれば、逍遙は一なり。然れども物の芸芸たるは、同《みな》有待に資《よ》り、其の待つ所を得て、然る後に逍遥するのみ。唯だ聖人のみ物と冥にして大変に循う。能く無待にして常に通ずるを為す。
（向子期郭子玄逍遥義曰、夫大鵬之上九万、尺鷃之起楡枋、小大雖差、各任其性、苟当其分、逍遥一也。然物之芸芸、同資有待、得其所待、然後逍遥耳。唯聖人与物冥而循大変。為能無待而常通。）

なお、郭象における「有待」「無待」については、蜂屋邦夫「荘子逍遥遊篇をめぐる郭象と支遁の解釈――併せて支遁の仏教理解について」（前掲）参看。

（一八）「至徳の人（至徳之人）」「彼我に玄同する者（玄同彼我者）」の逍遥に対し、大鵬などの逍遥は、いまだ具体的な対象に依拠しており、その意味において「有待」にとどまるものであった。後続する郭象注には「苟しくも有待なれば、則ち列子の軽妙と雖も、猶お無風を以て行くこと能わざるが故に、必ず其の待つ所を得て、然る後に逍遥するのみ。而るを況んや大鵬をや（苟有待焉、則雖列子之軽妙、猶不能以無風而行、故必得其所待、然後逍遥耳。而況大鵬乎）」〔『荘子』逍遥遊注〕とある。

（一九）池田知久『道家思想の新研究――『荘子』を中心として』（汲古書院、二〇〇九）には、『荘子』の「物物者非物」はもともと形而上学的意味を有するものであるが、その後、中国古代思想史においてさまざまな意味を付与され、拡張されて用いられてきた、との指摘がある。支遁の行論も、もちろんこうした歴史的堆積に立脚するものである。

（二〇）『周易』繋辞上伝には「易に聖人の道四有り。以て言う者は其の辞を尚び、以て動く者は其の変を尚び、以て器を制する者は其の象を尚び、以て卜筮する者は其の占を尚ぶ（易有聖人之道四焉。以言者尚其辞、以動者尚其変、以制器者尚其象、以卜筮者尚其占）」とある。

（二一）『荘子』斉物論を含む「無」の思想史的展開については、堀池信夫「無と道――韓康伯の思想」（三国志学会編『狩野直禎先生傘寿記念　三国志論集』、汲古書院、二〇〇八）参看。

（二二）郭象の存在論、生成論および「自然」については、堀池信夫『漢魏思想史研究』（明治書院、一九八八）参看。

（二三）「至人」について、このほか「大小品対比要抄序」には「夫れ至人たるや、通を群妙に攬《と》り、神を玄冥に凝らし、虚霊響応し、感通無方なり（夫至人也、攬通群妙、凝神玄冥、虚霊響応、感通無方）」との言もある。

（二四）当該文は通常「物を物とすること無きが故に、能く物を斉しくす（無物於物、故能斉於物）」と訓じられてきた。これは「般若波羅蜜」が万物の成立根拠としての主体性・能動性を持たないということを強調するものである。しかし支遁「逍遙論」には「至人」について「物を物として物に物とせられざれば、則ち遥然として我を得ず（物物而不物於物、則遥然不我得）」とあり、その典拠は『荘子』山木「万物の祖に浮遊し、物を物として物に物とせられず（浮遊乎万物之祖、物物而不物於物）」であった。その用法を踏襲するならば、ここは「物に物とせらるること無きが故に、能く物を斉しくす（無物於物、故能斉於物）」と訓じ、「般若波羅蜜」が個別的・固定的なものとして確定されない、という超絶性を述べるものとして解するほうが、より妥当である。

（二五）福永光司「支遁と其の周囲——東晋の老荘思想」（『仏教史学』五-二、一九五六）は「大小品対比要抄序」の行論が老荘思想に依拠していることを指摘し、「彼は般若の空を老荘的な「道」もしくは「無」として性格づけているのである」とする。また南部松雄「支遁における仏教理解の性格」（『龍谷史壇』四五、一九五九）にも「ここには仏教老荘の両用語が併用され、般若が両方の概念に通じるものとして考えられていることがわかるが、これらは至無空豁である般若の究極的な機能とも考えられているのである」との指摘がある。

（二六）このことに関連して、支遁にはいわゆる「即色論」がある。『世説新語』劉孝標注は『支道林集』妙観章の言として「夫れ色の性なるや、自ら色有るにあらず。色の自ら有らざれば、色と雖も而れども空なり。故に曰く、色は即ち空たるも、色は復た空に異なると（夫色之性也、不自有色。色不自有、雖色而空。故曰、色即為空、色復異空）」を引く。支遁によれば、「色」すなわち可感的認識によって把捉され得るものは、実はそのままで自立的なものではなく、そうである以上、固定的な実体の欠如態としての「空」が本質にある。だがやはり「色」それ自体は「空」そのものとは異なる、として、両者を相対的関係性の中で規定しようとしている。

（二七）忘却をめぐる王弼の言説は、『周易略例』明象篇にある。

是の故に言に存《とど》まる者は、象を得る者に非ざるなり。象に存まる者は、意を得る者に非ざるなり。象は意に生じて、象に存まれば、則ち存まる所の者は乃ち其の象に非ざるなり。言は象に生じて、言に存まれば、則ち存まる所の者は乃ち其の言に非ざるなり。然らば則ち象を忘るる者は乃ち意を得る者なり。言を忘るる者は乃ち象を得る者なり。意を得るは象を忘るるに在り、象を得るは言を忘るるに在り。

（是故存言者、非得象者也。存象者、非得意者也。象生於意、而存象焉、則所存者乃非其象也。言生於象、而存言焉、則所存者乃非其言也。然則忘象者乃得意者也。忘言者乃得象者也。得意在忘象、得象在忘言。）

魏晋玄学における言尽意・言不尽意問題については、蜂屋邦夫「言尽意論と言不尽意論」（『東洋文化研究所紀要』八六、一九八一）および堀池信夫『漢魏思想史研究』（前掲）、中島隆博『残響の中国哲学　言語と政治』（東京大学出版会、二〇〇七）などがある。またとくに、王弼の忘却については本書第五章「言尽意・言不尽意論考」参看。

第十章　辞人の位置――沈約『宋書』謝霊運伝論考――

序

『宋書』巻六十七・謝霊運伝の論賛（『宋書』謝霊運伝論）において、沈約は単に謝霊運の伝に対する論賛という枠組をふみこえて、『詩経』から顔延之・謝霊運に至るまでの「文」の歴史を述べ、その歴史をふまえてみずからの声律論を展開し、「此の言の謬りに非ざるを知れ（知此言之非謬）」（『宋書』謝霊運伝論(一)）と自負している。そのためもあろうか、この論賛は古くから謝霊運伝の論賛というよりも、独立した一つの「文」に関する論文として扱われてきた。『文選』巻五十・史論「宋書謝霊運伝論」の篇題下注で、李善は「沈休文〔沈約〕は宋書百巻を修め、霊運〔謝霊運〕の是れ文士なるを見て、遂に伝下に此の書を作り、文の利害、辞の是非を説く（沈休文修宋書百巻、見霊運是文士、遂于伝下作此書、説文之利害、辞之是非）」と述べ、この論賛が単なる伝への論賛ではなく、「文」あるいは「辞」そのものを論ずるものであることを指摘する。そして、その「文」としての内容については、李善が「文の利害、辞の是非（文之利害、辞之是非）」といい、また、唐の劉知幾はこの論賛について、「全て文体を説き、備《ことごと》く音律を言う（全説文体、備言音律）」（『史通』雑説・諸史六條(二)）と評している。李善の指摘や劉知幾の評にもとづいて、後世この論賛は、六朝期の文体・声律を主題とする文論の基本的文献の一つとして捉えられてきた。そしてこれは、近代になってからはとくに「文学

史」的記述の嚆矢として着目されるようにもなってきた。[三]

本章では『宋書』謝霊運伝論について、近代以降の「文学史」的見方というよりも、沈約がこの論賛において、文章というものを、当時の士大夫文化における正統性（儒教的正統性ともいえよう）の内側に位置づけようと企図していたこと、そして沈約自身の「文」の理論（すなわち声律論）が、そのための武器であったことを論じる。

I

沈約の『宋書』謝霊運伝論は、次の言にはじまる。

> 史臣曰く、民は天地の霊を稟《う》け、五常の徳を含み、剛柔迭《たが》いに用《はたら》き、喜慍分《かな》いて情《あら》わる。夫れ志は中より動けば、則ち歌詠は外に発す。六義の因る所、四始の繫《かか》る攸《ところ》なり。謳謡を升降し、風什を紛披す。虞夏以前は、遺文観えずと雖も、気を稟け霊を懐けば、理として或いは異なること無し。然らば則ち歌咏の興る所、宜しく生民より始まるべきなり。
>
> （史臣曰、民稟天地之霊、含五常之徳、剛柔迭用、喜慍分情。夫志動於中、則歌詠外発。六義所因、四始攸繫。升降謳謡、紛披風什。雖虞夏以前、遺文不覩、稟気懐霊、理無或異。然則歌咏所興、宜自生民始也。）
>
> 『宋書』謝霊運伝論

この記述は、「文」の起源に言及したものである。人は「天地」や「五常」の本質を根拠としつつ成立しているものであり、その「天地」の属性としての「剛柔」が相互に作用しあって「喜慍」すなわち諸々の感情を表出することになる。そしてその諸々の感情が外にあらわれたものが「歌詠」なのであった。ここで沈約は「歌詠」の筆頭にくるものとして「六義」「四始」「風什」すなわち『詩経』を挙げている。ということは、「天地」の本質・人間の諸々の感情を表出する「文」とは、経書『詩経』を筆頭とする儒教的価値のもとにおいて成立するものなのである。さらには『詩経』以前から存在していた「文」も当然ながら儒教的価値のもとにあるものであり（理無或異）、その後もそうであるべきことになる。以上のことから沈約は、あらゆる「歌詠」のあらわれ方は、すべて「天地」「五常」「剛柔」といった天地宇宙の秩序・法則のもとにあるものである、と宣言しているのである（四）。

次に沈約は、周王朝以後における「文」の歴史的変遷について述べる。

周室既に衰うるも、風流弥《いよ》いよ著る。屈平《〔屈原〕》・宋玉は、清源を前に導き、賈誼・相如《〔司馬相如〕》は、芳塵を後に振るう。英辞は金石に潤《かざ》られ、高義は雲天に薄《せま》る。茲より以降、情志愈《いよ》いよ広し。王褒・劉向・揚《〔揚雄〕》・班《〔班固〕》・崔《〔崔駰〕》・蔡《〔蔡邕〕》の徒は、軌を異にすれども奔を同じくし、逓《たが》相いに師祖す。清辞麗曲、時に篇を発すと雖も、而れども蕪音累気は固より亦た多し。若《しか》くあれど夫《か》の平子《〔張衡〕》は艶発し、文は情を以て変ず。絶唱高蹤なるも、久しく響を嗣ぐもの無し。建安に至りて、曹氏基《はじ》めて命《〔天命を受けて〕》ぜられ、二祖《〔曹操・曹丕〕》・陳王《〔曹植〕》、咸《みな》盛藻を蓄《つ》む。甫《はじ》めて乃ち情を以て文を緯《お》り、文を以て質を被《おお》う。

（周室既衰、風流弥著。屈平宋玉、導清源於前、賈誼相如、振芳塵於後。英辞潤金石、高義薄雲天。自茲以降、情志愈広。王褒劉向揚班崔蔡之徒、異軌同奔、逓相師祖。雖清辞麗曲、時発乎篇、而蕪音累気、固亦多矣。若夫平子艶発、文以情変。絶唱高蹤、久無嗣響。至于建安、曹氏基命、二祖陳王、咸蓄盛藻。甫乃以情緯文、以文被質。）（五）

〔『宋書』謝霊運伝論〕

沈約は周王朝の衰退以降、『詩経』以来の「風流（諷刺詩の歴史的展開）」（六）がさまざまに広くおこなわれたことを指摘する。諷刺とは、基本的に政治のあり方に対しての一つの意見具申、あるいは異議申し立てであり、知識人としての責務ともいうべきものである。その正統的源流は屈原・宋玉にあり、賈誼・司馬相如によって展開した。だが、こうした正しく整然とした「文」がある一方で、蕪雑で調律のされていない言説も、また多くおこなわれるようになっていった。すなわち、本来「文」は儒教的価値・天地宇宙の法則にもとづくものではあれ、そのような価値・法則に応ずることのないものも、また多く出現したのであった。しかしそうであっても、その後、張衡のように根源的な「情」に遡及することで「文」に新たな秩序をもたらすものもいた。ただし、それはまさに張衡の独創であったため、その業績を継承する者は、なかなか出現しなかった。すべての「文」が「情」に遡源し、秩序・法則にもとづいて一定の正統的規範性をもつまでには至らず、張衡のような天才的文人によってのみ、整合的秩序・法則に合致し得る文章が作られるのみだったのであった。沈約はそういった点については「騒人より以来、多く年代を歴て、文体稍く精なりと雖も、此の秘未だ覩《あき》らかならず。高言妙句、音韻天成なるに至りては、皆闇に理と合し、思の至るに由るに匪ず（自騒人以来、多歴年代、雖文体稍精、而此秘未覩。至於高言妙句、音韻天成、皆闇与理合、匪由思至）」「『宋書』謝霊運伝論」と述べ、「文」の根本たる声律的秩序法則は、緻密な構成的思索にもとづくものではなかったが、たまたま天才的な人物の出現が、その法則性に合致していたのだとみている。また、後漢末・建安年間になると、曹操・曹丕や曹植、いわゆる「三曹」が出現して「情」にもとづいた「文」が「質」を包み込むという新たな展開も生ずる。

ここで沈約は、屈原・宋玉にはじまる「文」の展開を、『詩経』に端を発しつつ、その「文」の秩序・法則性の在り場所を「情」「志」との関係において捉えようとしていた。そこで「情」と「志」とは何かということになる。まず「情」については、「毛詩大序」に次のようにある。その孔穎達疏とあわせて以下に示す。

［毛詩大序］情中に動きて言に形《あら》わる。之を言いて足らず、故に之を嗟歎す。之を嗟歎して足らず、故に之を永歌す。

（情動於中而形於言。言之不足、故嗟歎之。嗟歎之不足、故永歌之。）

［孔穎達疏］情は哀楽の情を謂う。中は中心を謂う。言うこころは哀楽の情、心志の中に動けば、口より出でて言に形見《あら》わる。初言の時は、直だ之を平言するのみ。既に之を言えども意足らず。其の言の未だ志を申《の》べざるを嫌うが故に、咨嗟歎息して以て之に和続す。之を嗟歎するも猶お足らざるを嫌うが故に、長く声を引きて之を歌う。

（情謂哀楽之情。中謂中心。言哀楽之情、動於心志之中、出口而形見於言。初言之時、直平言之耳。既言之而意不足。嫌其言未申志、故咨嗟歎息以和続之。嗟歎之猶嫌不足、故長引声而歌之。）　［「毛詩大序」］

これによれば、「情」とはまず心・志の中で何事かが動き出してくるものであり、それは「文」に対して潜在的ではあるが、根底的なものとしてはたらく契機となっているものである。一方で「志」については、次のようにある。

［毛詩大序］詩とは志の之《ゆ》く所なり。心に在るを志と為し、言に発するを詩と為す。

（詩者志之所之也。在心為志、発言為詩。）

［孔穎達疏］詩とは人の志意の之適《ゆ》く所なり。適く所有りと雖も、猶お未だ口より発せずして、蘊蔵して心に在れば、之を謂いて志と為す。言に発見すれば、乃ち名づけて詩と為す。詩を作すとは、心志の憤懣を舒べて、

卒《つと》に歌詠を成す所以を言うなり。

（詩者人志意之所之適也。雖有所適、猶未発口、蘊蔵在心、謂之為志。発見於言、乃名為詩。言作詩者、所以舒心志憤懣而、卒成於歌詠。）　〔「毛詩大序」〕

「志」とは、口に発現する以前に何らかの方向性を持ちつつ、すでに心の中に包摂されているものである。沈約が「文」の歴史的展開を述べる際に論理的枠組としていた「情」「志」との関係は、以上のように漢代儒教の一規範である『毛詩』の「大序」にもとづきつつ、人の心の動き方・方向性というものを考慮して捉えようとしたものであったといえよう。(七) なお、沈約が起点とする屈原・宋玉について、沈約自身は「清源」としていたが、これは『荀子』君道篇に「源清なれば則ち流は清にして、源濁なれば則ち流は濁なり。故に上礼義を好み賢を尚べば、能く貪利の心無からしむ（源清則流清、源濁則流濁。故上好礼義尚賢、使能無貪利之心）」とあるのにもとづくもので、儒教における正統性を強調するものであったといえる。沈約は屈原・宋玉について、やはりそのような正統性という意味において起点としていたといえよう。また、建安年間において展開する「文」と「質」との対応も、やはり『論語』雍也篇の「文質彬彬」を典拠とするものであった。(八)

以上からは、沈約の論理は、きわめて濃厚に儒教の伝統をふまえるものであったといえる。一方で沈約の行論は「麗曲」「蕪音」「絶唱」というように、言語の、とりわけ音律的部分に焦点化した語彙を多用していた。これは、沈約が天地宇宙の秩序・整合性を承ける儒教的規範にもとづきつつ、その規範性をとくに音律のもつ比例的秩序、すなわち数理関係上の整合性と結びつけようとしていたことを示している。

II

前節では『詩経』から建安年間までの「文」の歴史的展開をめぐって、沈約の視点を検討してきた（九）。沈約はこれまでのところを総括して、次のように述べている。

漢より魏に至るまで、四百余年、辞人才子、文体三変す。相如《〔司馬相如〕》は巧みに形似の言を為し、班固は情理の説に長じ、子建《〔曹植〕》・仲宣《〔王粲〕》は気質を以て体と為す。並びに能を標げ美を擅《ほしいまま》にし、独り当時に映《は》ゆ。是を以て一世の士は、各《おの》おの相《たが》いに慕習す。其の飆流の始まる所を原《たず》ぬるに、祖を風《〔国風〕》騒《〔離騒〕》に同じくせざること莫し。徒だ賞好情を異にするを以ての故に、意製相い詭《たが》う。

（自漢至魏、四百余年、辞人才子、文体三変。相如巧為形似之言、（一〇）班固長於情理之説、子建仲宣以気質為体。並標能擅美、独映当時。是以一世之士、各相慕習。原其飆流所始、莫不同祖風騒。徒以賞好異情、故意製相詭。）〔『宋書』謝霊運伝論〕

ここで沈約は、漢魏四百年に「文」をなした人物を「辞人才子」と称している。「辞人」による「文」は、司馬相如（形似）、班固（情理）、曹植・王粲（気質）に代表されるが、それらはすべて「風騒」すなわち『詩経』国風や『楚辞』離騒にもとづかないものはないのであった（一一）。沈約は、それら各々の文体は変化しているものの、いずれも結局のところは儒教の古典的正統性の内部に位置づけられるものとみるのである。

ところで、沈約が用いた「辞人」の語は、漢代におけるもともとの使い方とは意味が異なっていた。もともと揚雄

『法言』は、次のように述べている。

詩人の賦は麗にして以て則り、辞人の賦は麗にして以て淫《みだ》る。如《も》し孔氏の門の賦を用うるや、則ち賈誼は堂に升り、相如は室に入らん。其の用いられざるを如何せん。

（詩人之賦麗以則、辞人之賦麗以淫。如孔氏之門用賦也、則賈誼升堂、相如入室矣。如其不用何。）　〔『法言』吾子篇〕

揚雄は「賦」には「詩人の賦（詩人之賦）」と「辞人の賦（辞人之賦）」の二つがあるとしており、これについて『法言』李軌注は「詩人の賦（詩人之賦）」とは「威儀を陳べ、法則を布く（陳威儀、布法則）」ものであり、「辞人の賦（辞人之賦）」とは「奢侈相い勝り、靡麗相い越え、正に帰せざるなり（奢侈相勝、靡麗相越、不帰於正也）」というものであるとしている。すなわち『詩経』の詩作者による「詩人の賦（詩人之賦）」は政教に資するところの、いわば礼教的規範の正統を承けるものであるが、（一二）「辞人の賦（辞人之賦）」は、そうした規範的正統性からは外れたものとされているのである。

このことをめぐって、班固は上掲の『法言』を引用しつつ議論をおこなっている。その前半部分に次のようにいう。

春秋の後周道瀀《ようや》く壊《やぶ》れ、聘問・歌詠列国に行われず。学詩の士逸《かく》れて布衣に在りて、賢人失志の賦作《おこ》る。大儒孫卿〔荀子〕及び楚臣屈原は讒に離《あ》いて国を憂い、皆賦を作りて以て風す。咸《みな》惻隠古詩の義有り。其の後宋玉・唐勒、漢興りて枚乗・司馬相如、下りては揚子雲〔揚雄〕に及ぶまで、競いて侈麗閎衍の詞を為し、其の風諭の義を没す。是を

以て揚子之を悔みて曰く、……〔引用〕

（春秋之後周道寖壊、聘問歌詠不行於列国。学詩之士逸在布衣、而賢人失志之賦作矣。大儒孫卿及楚臣屈原離讒憂国、皆作賦以風。咸有惻隠古詩之義。其後宋玉唐勒、漢興枚乗司馬相如、下及揚子雲、競為侈麗閎衍之詞、没其風諭之義。是以揚子悔之曰、……〔引用〕）　〔『漢書』芸文志、詩賦略〕

「賦」の本来は、「詩」すなわち『詩経』以来の「惻隠古詩の義（惻隠古詩之義）」を継承し、「風諭の義（風諭之義）」を有するものである。荀子・屈原の「賢人失志の賦（賢人失志之賦）」にはそのような正統性が存在していた。ところが、宋玉から揚雄に至る間に、「賦」は単に言語を過剰なまでに華美なものとする、それだけのものになってしまったのであった[一三]。揚雄『法言』における「詩人の賦（詩人之賦）」「辞人の賦（辞人之賦）」の区別は、こうした『漢書』芸文志が述べるところの「賦」の歴史に対応するものである[一四]。「詩人」と「辞人」とを区別し、「辞人」を『詩経』以来の儒教的伝統の外側に置くことは、実は沈約と同時代にもおこなわれていた。『文心雕龍』には次の言がある。

昔詩人の什篇は、情の為に文を造る。辞人の賦頌は、文の為に情を造る。何を以てか其の然るを明らかにせん。蓋し風雅の興るや、志思は憤を蓄えて、情性を吟詠して以て其の上を諷す。此れ情の為に文を造るなり。諸子の徒は、心は鬱陶に非ずして、苟《かりそめ》に夸飾を馳せ、声を鬻《う》り世を釣《〔あざむく〕》るなり。此れ文の為に情を造るなり。故に情の為にする者は要約にして真を写し、文の為にする者は淫麗にして煩濫す。

（昔詩人什篇、為情而造文。辞人賦頌、為文而造情。何以明其然。蓋風雅之興、志思蓄憤、而吟詠情性以諷其上。此為情而造文也。諸子之徒、心非鬱陶、苟馳夸飾、鬻声釣世。此為文而造情也。故為情者要約而写真、為文者淫麗而煩濫。)

〔『文心雕龍』情采篇〕

劉勰もやはり「詩人」と「辞人」とを明確に区別している。そして劉勰は、両者の差異を「文」と「情」の関係に着目して説明している。劉勰によれば「詩人の什篇(詩人什篇)」すなわち『詩経』所収の各詩は、「情」「志」の発露であり諷喩をこととするものである。そこには、まずは根底的な「情」があり、その上に為政者を諷喩するという「文」の正統が成立している。この事態は当然ながら「毛詩大序」の記述とも合致するものである。[一五]しかし「辞人の賦頌(辞人賦頌)」は「心」に蓄積する「情」が存在しないにもかかわらず、いたずらに言語の華飾のみを追求するものであり、売名のためには世を欺くものですらあるという。この事態の発生について劉勰は、「情」から「文」が成立するという順序が転倒してしまったからであるとみている。それは「毛詩大序」に由来する規範から外れることを意味するものであった。

このように「辞人」の語は、漢代から沈約の同時代に至るまで、「詩人」と対比されつつ「詩人」の持つ古典的、あるいは儒教的正統性の外側にあるものとみなされてきた。その際の「辞人」とは、ただ単に言語の華美のみを追求するだけのものであった。ところが沈約は、「辞人」による文体の変遷を述べつつも、その変遷を「祖を風騒に同じくせざること莫し(莫不同祖風騒)」〔『宋書』謝霊運伝論〕と述べ、『詩経』『楚辞』にはじまる古典的正統性の内部に位置づけているのであった。沈約の行論は、いわば漢代以来一般化していた「辞人」の位置を逆転させることで、それをあらためて古典的正統性の内部に位置づけようとしていたといえよう。[一六]

沈約による「辞人」の位置の転倒は、従来否定的に捉えられてきた「辞人」による「文」の価値を積極的に認めようとするものであり、そのことは、「詩」や「賦」を含めたあらゆる「文」を士大夫としての（儒教を基盤とする）文化的正統性の内部に繰り入れようとすることであった。では、沈約は何故、そのような価値の転倒をおこなったのだろうか。それは、すでにみた儒教的規範あるいは秩序ということが、「辞人」によるものをも含めたあらゆる「文」において成立しているべきである、と考えていたことによると思われるが、それでは、沈約が正統性の根拠とみなしているところの、「文」における秩序とはどのようなものだろうか。

『南斉書』文学伝・陸厥に引く沈約「答陸厥書」には、「若し文章の音韻を以て、弦管の声曲と同じくすれば、則ち美悪妍蚩、頓《とみ》に相い乖反するを得ず（若以文章之音韻、同弦管之声曲、則美悪妍蚩、不得頓相乖反）」とある。これによれば「文章」の「音韻」を管弦楽の響きのように調和したものにすることが、「文」に秩序をもたらすということであった。それは『宋書』謝霊運伝論によると、具体的には次のような規則によるものである。

若し夫れ衽を敷き心を論ずれば、前藻を商権するに、工拙の数、言うべきこと有るが如し。夫れ五色相《たが》いに宣《あき》らかにして、八音協《まじわ》り暢《いた》るは、玄黄律呂の、各《おの》おの物宜に適うに由る。宮羽をして相いに変じて、低昂互《こも》ごも節をなさしめんと欲すれば、若し前に浮声有れば、則ち後に切響を須《ま》つ。一簡の内、音韻尽く殊にし、両句の中、軽重悉く異にす。此の旨に妙達して、始めて文を言うべし。

（若夫敷衽論心、商権前藻、工拙之数、如有可言。夫五色相宣、八音協暢、由乎玄黄律呂、各適物宜。欲使宮羽相変、低昂互節、若前有浮声、則後須切響。一簡之内、音韻尽殊、両句之中、軽重悉異。妙達此旨、始可言文。）

〔『宋書』謝霊運伝論〕

ここで沈約はまず、彼以前の「文」について、（独創的・天才的な「文」はすでに存在するものの）工拙（技法）はいまだ完成したものではないとみている。それゆえ、そこのところを補い、完璧なものにすることによって、あらゆる「文」が整合性・秩序を持ち得ることになる、とみていたといえる。そこで沈約は「文」を「色（色彩）」や「音（楽器音）」のようなものとみて、そこから論じようとするのである。（一七）

まず「玄黄」については『周易』坤卦文言伝に「夫れ玄黄とは、天地の雑《まじ》れるなり。天は玄にして地は黄なり（夫玄黄者、天地之雑也。天玄而地黄）」とある。「玄」は天の色であり、「黄」は地の色であり、「玄黄」は天から地までのあらゆる色彩のことをあらわす。（一八）また「律呂」については『尚書』舜典「声は永に依り、律は声に和す（声依永、律和声）」の孔安国伝に「律は六律・六呂を謂うなり（律謂六律六呂）」とある。「律呂」とは、音楽に用いられるすべての音のことを指している。このように「色」や「音」はそれぞれ、すべてのものが各々秩序をもって配置されることにより、一つの整合的な全体性を成り立たせるものである。そうであるならば、沈約は「文」がそのような秩序をもった整合的体系性をそなえることにより、「文」としての規範性を獲得し得るとみていたのである。すなわち、沈約の場合はとりわけ「文」の音調が秩序あるもの、合理的・整合的であるということが、儒教的規範に対応する「文」たり得るものであるとみていたのであった。その条件を満たすのであれば、「辞人」の「文」であっても、その位置は儒教の外側にあるものではなく、儒教的正統性の内側へと繰り入れられるものである。沈約はそのようにみたのであった。そして沈約は、その条件として「宮羽」すなわち五つの基本音をもとに、音の高低の組み合わせの法則性を提示したのである。音の組み合わせ自体は本来無限ではあるが、[一九] 沈約はその中から以下の三点を要諦として示す。

① 若し前に浮声有れば、則ち後に切響を須《ま》つ。

（先に高くて軽い音［平声］がくれば、その後には重い音［仄声］を対応させる）

② 一簡の内、音韻尽く殊にし、

（一行の中で音響を全て変化させる）

③ 両句の中、軽重悉く異にす。

（二句の内では、響き方・言葉の流れの緩急を全て異なるものにする）

①は一般に、四声の抑揚、平仄のことであるとされている。[二〇] 沈約には『四声譜』[二一] という著作があり、これについてみずから「以為《おもえ》らく在昔の詞人、千載を累ぬるも寤《さと》らず。而れども独り胸衿に得て、其の妙旨を窮むと。自ら入神の作と謂う（以為在昔詞人、累千載而不寤。而独得胸衿、窮其妙旨。自謂入神之作）」［『梁書』沈約伝］と述べたとされるが、これは現在に伝わらない。それでも沈約を含む永明年間における「八友」の文章には「四声」が用いられ、「文」に音律的整備がなされた点に特徴があり、後に「永明体」と称されている。

永明末、盛んに文章を為《つく》る。呉興の沈約、陳郡の謝朓、琅邪の王融、気類を以て相い推轂す。汝南の周顒善く声韻を識る。約［沈約］等の文は皆宮商を用い、平上去入を以て四声と為す。此を以て韻を制し、増減すべからず。世に呼びて永明体と為す。

（永明末、盛為文章。呉興沈約、陳郡謝朓、琅邪王融、以気類相推轂。汝南周顒善識声韻。約等文皆用宮商、以平上去入為四声。以此制韻、不可増減。世呼為永明体。）」『南斉書』文学伝・陸厥」

このように沈約の声律論は四声、とりわけ平仄の配合ということを重要視するものであった（一一）。

②については、『文選』呂向注に「一簡は、一行を謂うなり。言うこころは一行の中、音韻・軽重は悉く須く相い避くるべくして、声を同じくすべからず（一簡、謂一行。言一行之中、音韻軽重悉須相避、不可同声）」とある。一行の中では軽妙なもの・鈍重なものを重複させないようにする、ということである。

③については、『文鏡秘府論』天巻・調声に「字の軽重・清濁を以て之を間《まじ》うるに須く穏やかなるべし。軽重有る者の如きに至りては、軽中の重、重中の軽有り。之を韻するに当りて即ち見《あら》わる（以字軽重清濁間之須穏。至如有軽重者、有軽中重、重中軽。当韻之即見）」とある。二句の中では音の響きに緩急をつける、ということである。

以上にみたように、沈約は「文」に精緻な音律的整合性をもたらすことにきわめて意識的であった。沈約は以上の条件を述べたあとに「此の旨に妙達して、始めて文を言うべし（妙達此旨、始可言文）」「『宋書』謝霊運伝論」として、この条件を満たすものこそが「文」であることを強調する。では、沈約がそのような音声による秩序性・合理性を志向したのは何故だろうか。

漢代に儒教が政治的・文化的に正統的位置を獲得したのは周知のことである。そこで、儒教が正統であるのならば、それは当然、真理でなければならない、との考えも漢代に生じてきた。では、その真理性とは、どのようにして証明されるのだろうか。儒教が正統であり、かつそれが真理であることを証明するために導入されたのは、『尚書』舜典の「時月を協《ととの》え、日を正しくし、律度量衡を同じくす（協時月、正日、同律度量衡）」との律暦説であった。儒教とは、「天」をその根源とする。宇宙の運行は（当時の理論においては）一元の年数の経過により、原初状態に復帰し、循環する。その宇宙の運行の数理は、音律の数理に合致するものであった。音律もまた、一定の数理関係において次々に生成し、そしてついには最初に戻って循環するものである。この律暦の思想は、漢代においては、まさに天地宇宙に根拠づけられる儒教の真理性を、客観的かつ合理的に説明するものとされたのである。[一三] 音律は宇宙を反映し、読み解く重要な関鍵である。そして音律の本質は、数学的な整合性・秩序性にこそある。漢代以降、暦法や音律の数理の微少・微妙な誤差の解消をはかる数学的営為はさまざまになされてきたが、宇宙と音律の対応という基本理念は続いていた。沈約にやや先立つ者として、何承天は、当時の暦法や音律思想の代表者であった。[一四] 音律とその整合性とは、まさに儒教が真理であることを立証するものであったのである。沈約が「文」の声律に注目し、そこに儒教的「文」の正統性を樹立しようとしたのは、以上のような背景があったからだと考えられる。沈約における声律論は、単に音律を整えるということのみにとどまるものではなく、むしろ音律の整合によって、儒教的正統性に基礎づけられた「文」を構築しようとする、そのようなものであったといえる。

結

沈約はみずからの声律論を述べた後に「騒人より以来、多く年代を歴て、文体稍く精なりと雖も、此の秘未だ覩らかならず。高言妙句、音韻天成なるに至りては、皆闇に理と合し、思の至るに由るに匪ず（自騒人以来、多歴年代、雖文体稍精、而此秘未覩。至於高言妙句、音韻天成、皆闇与理合、匪由思至）」（『宋書』謝霊運伝論）と述べ、また「世の音を知る者は、以て之を得ること有らば、此の言の謬りに非ざるを知れ。如《も》し然らずと曰わば、請う、来哲を待たん（世之知音者、有以得之、知此言之非謬。如曰不然、請待来哲）」（『宋書』謝霊運伝論）として、従来の声律の調和はすべて偶然によるものであって、その理論化を果たしたのが自分自身であるということを強調する。[二五] この沈約の声律論、とりわけ四声・平仄の導入ということは、今体詩の成立ということにおいて、きわめて重要な事態であった。今体詩の特徴は、律詩なり絶句なりの平仄が「表」として示されるほどに厳密な声律の構造にある。それほどまでに音律のあり方が構造的で整合的・合理的であったということは、「文」がまさしく天地宇宙に由来する整合的秩序に符合するものとなった、ということになるであろう。今体詩の理論的根拠は、すでにみた通り、沈約の声律論を端緒とするものであった。[二六] 沈約は音律的根拠をもって、「辞人」について、「詩人」とともに儒教的正統性の内部へと繰り入れようとその価値を転倒し、そして伝統的儒教の整合性・合理性に基礎づけられた「文」の世界を新たに開拓する、その一歩を記したのである。

《 注 》

（一）沈約はみずからの声律論を述べたあとに「此の言の謬りに非ざるを知れ。如《も》し然らずと曰わば、請う、来哲を待たん（知此言之非謬。如曰不然、請待来哲）」と述べ、論賛の結びとしている。なお、本章での『宋書』謝霊運伝論の引用は『宋書』（中華書局本）を底本とし、論旨に関わる異同が『文選』諸本にある場合には、注釈においてそのことを指摘する。

（二）劉知幾『史通』雑説・諸史六條は「沈侯《［沈約］》の謝霊運伝論は、全て文体を説き、備《ことごと》く音律を言う。此れ正に翰林《［『翰林論』］》の補亡、流別《［『文章流別集』］》の総説と為すべきのみ（沈侯謝霊運伝論、全説文体、備言音律。此正可為翰林之補亡、流別之総説耳）」と述べ、『宋書』謝霊運伝論を李充『翰林論』や摯虞『文章流別集』と同様の内容を述べたものであるとする。

（三）林田愼之助「『宋書』謝霊運伝論と文学史の自覚」（林田愼之助『中国中世文学評論史』、創文社、一九七九）は、『宋

書』謝霊運伝論において「古代から劉宋期に及ぶまでの文学の変遷をあとづけ、時代のすぐれた文学者を歴史のなかで洗い出し、評価してゆく文学史の具体的作業が展開されている」とし、それが「文学史にたいする自覚を促し、劉勰・鍾嶸・蕭子顕の文学史観に決定的な影響を与えた」とする。また、興膳宏「「宋書謝霊運伝論」をめぐって」（『東方学』五九、一九八〇）は『宋書』前後の正史を検討し、「文学の歴史を通時的かつ汎論的に叙した事実上の文苑伝の論賛は、実に「謝霊運伝論」に始まる」とする。このほか、稀代麻也子「『宋書』謝霊運伝について——沈約『宋書』における表現者称揚の方法」（林田愼之助博士古稀記念論集編集委員会編『林田愼之助博士古稀記念論集　中国読書人の政治と文学』、創文社、二〇〇二）は、『宋書』謝霊運伝論が「原理」を説くものであるとし、それが過去を記述することで後世の文学を向上させようとすること、すなわち「文学史の未来を見通す視点」を有すると指摘する。

（四）「天地」「五常」について、『文選』李善注は『漢書』刑法志「夫れ人は天地の貌に肖《に》、五常の性を懐き、聡明精粋、有生の最も霊なる者なり（夫人肖天地之貌、懐五常之性、聡明精粋、有生之最霊者也）」を引く。また『礼記』楽記の鄭玄注を引き、「五常とは、五行なり（五常、五行也）」とする。さらに、「五常」と「剛柔」について李善は、『漢書』地理志「凡そ民は五常の性を函《ふく》み、其の剛柔緩急、音声は同じからず（凡民函五常之性、而其剛柔緩急、音声不同）」を引く。なお「剛柔」は『周易』繫辞下伝の孔穎達疏に「是れ変化の道は、剛柔相い推すの中に在るなり。剛柔とは即ち陰陽なり。其の気を論ずれば即ち之を陰陽と謂う。其の体を語れば即ち之を剛柔と謂うなり（是変化之道、在剛柔相推之中。剛柔即陰陽也。論其気即謂之陰陽。語其体即謂之剛柔也）」とあるように、陰陽のことである。沈約が「文」を「天地」「五常」「剛柔」に由来するとしたのは、これらの持つ構造的秩序に依拠してのことであったと考えられる。

（五）「二祖」は、『文選』諸本ではいずれも「三祖」に作る。「二祖」は曹操・曹丕、「三祖」は曹操・曹丕・曹叡を指す。『文選』呂向注には「三祖は、武帝・文帝・明帝を謂うなり。陳王は、武帝の子の植を謂うなり（三祖、謂武帝文帝明帝。陳王、謂武帝子植也）」とある。

（六）「風流」について、『文選』李善注は「幽・厲の時、多く諷刺有り。在下は祖習すること、風の散ずるが如く、水の流るるが如し。故に「弥いよ著る」と曰う（幽厲之時、多有諷刺。在下祖習、如風之散、如水之流。故曰弥著）」とし、諷刺の詩が風や水の流れのごとくに展開していったさまを述べたものであるとする。なお、李周翰注にもまた「周室既に衰え、怨刺の詩、其の風流に随い、弥いよ明著を加う（周室既衰、怨刺之詩、随其風流、弥加明著）」とある。

（七）なお、六朝期における「情」「志」について、林田慎之助「漢魏六朝文学論に現れた情と志の問題」（林田慎之助『中国中世文学評論史』（前掲））は、（「情」と「志」を統一的に把握した『文心雕龍』を除いて）時代が降るにつれて、次第に「志」よりも「情」が重視されるようになったことを指摘し、そのことを、漢帝国崩壊以後の「儒教の精神的拘束をたちきって、人間の情性の解放をうたいあげる方向をたどった六朝の文学思潮」によるものとしている。ただし、沈約に関して林田慎之助は、朱自清『詩言志』に依拠しつつ、「志」と「情性」とが同義に用いられていたとする。実際に『宋書』謝霊運伝論の「夫志動於中則歌詠外発」は「毛詩大序」の「情動於中而形於言」をふまえつつも、「情」を「志」と換言しており、このことからも、沈約を六朝文学について一般に言われている「志」から「情」への展開の上にそのまま位置づけることには困難があるように思われる。

（八）『論語』雍也篇に「子曰く、質、文に勝てば則ち野、文、質に勝てば則ち史、文質彬彬として、然る後に君子たり（子曰、質勝文則野、文勝質則史、文質彬彬、然後君子）」とある。これについて、何晏『論語集解』の引く包咸注は「彬彬は、文質の相い半ばするの貌なり（彬彬、文質相半之貌）」とし、邢昺疏は「文質彬彬として、然る後に君子とは、彬彬として、文質相い半ばするの貌なり。言うこころは文華質朴相い半ばして、彬彬然たりて、然る後に君子と為すべきなり（文質彬彬、然後君子者、彬彬、文質相半之貌。言文華質朴相半、彬彬然、然後可為君子也）」とする。

（九）沈約は『宋書』謝霊運伝論の後続部分で、西晋の詩文、とりわけ潘岳・陸機が傑出していたとするが、それらについても「遺風餘烈、事は江右《［西晋］》に極まる（遺風餘烈、事極江右）」と述べ、これまでの歴史的展開を継承するものであったとみている。

（一〇）「班固」は、『文選』諸本ではいずれも「二班」に作る。『文選』李善注および劉良注は「二班は、叔皮・孟堅を謂うなり

（二班、謂叔皮孟堅也）」とする。すなわち班彪・班固の父子である。

（一一）なお檀道鸞『続晋陽秋』は、司馬相如以来の歴史について「司馬相如・王褒・揚雄の諸賢より、世《よよ》賦頌を尚び、皆體は詩・騒に則り、傍《あまね》く百家の言を綜《す》ぶ（自司馬相如王褒揚雄諸賢、世尚賦頌、皆體則詩騒、傍綜百家之言）」と言及し、それらが『詩経』『楚辞』にもとづくものであるとする。沈約『宋書』謝霊運伝論の記述は、檀道鸞『続晋陽秋』をふまえている可能性がある。このことについてはすでに興膳宏「『宋書謝霊運伝論』をめぐって」（前掲）による指摘がある。

（一二）なお『周礼』春官大師には「六詩」についての記述があり、このうちの「賦」について、鄭玄注は「賦の言は鋪なり。直だ今の政教の善悪を鋪陳するなり（賦之言鋪。直鋪陳今之政教善悪）」とし、「賦」が政教に資するものであるとする。

（一三）なお、班固は「両都賦」の序でみずから「賦とは、古詩の流なり（賦者、古詩之流也）」と述べ、自身の「賦」については「古詩」本来のあり方にしたがうものであるとみていた。

（一四）摯虞『文章流別論』には「前世の賦を為る者に、孫卿・屈原有り。尚お頗る古詩の義有り。宋玉に至れば則ち淫浮の病多し（前世為賦者、有孫卿屈原。尚頗有古詩之義。至宋玉則多淫浮之病矣）」（『太平御覧』賦）とある。これは明らかに『漢書』芸文志をふまえるものである。また同じく摯虞『文章流別論』には「古詩の賦は、情義を以て主と為し、事類を以て佐と為す。今の賦は、事形を以て本と為し、義正を以て助と為す。情義を主と為せば、則ち言省にして文に例有り。事形を本と為せば、則ち言富むも辞に常無し。文の煩省、辞の険易は、蓋し此に由るなり（古詩之賦、以情義為主、以事類為佐。今之賦、以事形為本、以義正為助。情義為主、則言省而文有例矣。事形為本、則言富而辞無常。文之煩省、辞之険易、蓋由於此）」（『芸文類聚』賦）とあり、「古詩の賦（古詩之賦）」と「今の賦（今之賦）」が対置されている。これもまた『漢書』芸文志の影響下にあるといえる。

（一五）なお、劉勰のいう「情性を吟詠して以て其の上を諷す（吟詠情性以諷其上）」との言もまた、「毛詩大序」を典拠とするものである。

（一六）和田英信「中国の文学史的思考――『漢書』芸文志詩賦略、そして『宋書』謝霊運伝論」（『お茶の水女子大学人文科学紀要』五二、一九九九）は、『宋書』謝霊運伝論について、「ここに見える「辞人」の語に否定的な響きは感じ取られない」とし、それが（とくに外交上の）「機能」を重視する『漢書』芸文志に対して「表現者が表現行為それ自体によって評価されている」と指摘する。ただし、ここでいう「表現者」とは近代的「文学」概念に由来するものであろう。

（一七）「文章」の音調を整えることを「五色」になぞらえることは、『文選』所収「宋書謝霊運伝論」の李善注に指摘されるように、すでに陸機「文賦」に見えている。陸機「文賦」には「音声の迭《たが》いに代わるに曁《およ》びては、五色の相《たが》いに宣《あき》らかなるが若し（曁音声之迭代、若五色之相宣）」とあり、その李善注は「言うこころは音声迭いに代わりて文章を成すは、五色相いに宣らかにして繡を為すが若きなり（言音声迭代而成文章、若五色相宣而為繡也）」とし、さらに『論衡』量知篇の「学士の文章は、其れ猶お糸帛の五色の功有るがごとし（学士文章、其猶糸帛之有五色之功）」を引く。なお、興膳宏「文学理論史上から見た「文賦」」（『未名』七、一九八八）は、陸機の音声諧和説が「文学理論において声律の問題に論及した嚆矢」であると指摘し、またその沈約の音律論との関連にも言及している。

（一八）なお、五行説の場合でも相勝説によれば、水火金木土の順となり、それは玄赤白青黄であり、「玄」から「黄」までのすべての色を含むということになる。このことについては『春秋繁露』五行相勝篇に議論が見えている。また「玄黄」についても陸機「文賦」の音声諧和説中に言及がある。陸機「文賦」には「玄黄の秩序を謬つが故に、淟涊として鮮かならず（謬玄黄之秩序、故淟涊而不鮮）」とあり、その李善注には「言うこころは音韻の宜しきを失いて、類繡の玄黄叙を謬つが故に、淟涊垢濁して、鮮明ならざるなり（言音韻失宜、類繡之玄黄謬叙、故淟涊垢濁、而不鮮明也）」とある。

（一九）『文鏡秘府論』天巻・四声論に引く沈約「答甄公論」には「五声は、宮・商・角・徴・羽なり。上下相い応ずれば、則ち楽声和す（五声、宮商角徴羽。上下相応、則楽声和）」とある。一方で沈約は『南斉書』文学伝・陸厥に引く「答陸厥書」で、「宮商の声は五有り、文字の別は万を累ぬ。万を累ぬるの繁を以て、五声の約に配するは、高下低昂、思力の挙《つ》くす所に非ず。又た止だ斯のごときのみに非ざるなり。十字の文は、顛倒相配すれば、字は十に過ぎざるも、巧歴すらも已に尽くすこと能わず。何ぞ況んや復た此に過ぐる者をや（宮商之声有五、文字之別累万。以累万之繁、配五声之約、高下低昂、非思力所挙。又非止若斯而已也。十字之文、顛倒相配、字不過十、巧歴已不能尽。何況復過於此者乎)」と述べ、その組み合わせが具体的には述べ尽くせないことを示唆している。

(一〇) 沈約の声律論の詳細については、つとに紀昀『沈氏四声考』がある。また清水凱夫「沈約声律論考――平頭・上尾・蜂腰・鶴膝の検討」(『学林』六、一九八五)、清水凱夫「沈約「八病」真偽考」(『学林』七、一九八六)、清水凱夫「沈約韻紐四病考――大韻・小韻・傍紐・正紐の検討」(『学林』八、一九八六)参看。

(一一)『隋書』経籍志経部小学類には沈約撰として「四声一巻」が著録されるが、現在に伝わらない。

(一二) なお、永明年間における「四声」については、梵語の影響を指摘するものもある。このことについては、吉川忠夫『六朝精神史研究』(同朋舎、一九八四)参看。

(一三) 漢代以降の儒教思想と律暦思想、音律(音楽音響)学をめぐっては、堀池信夫「京房の六十律――両漢経学の展開と律暦学」(『日本中国学会報』三一、一九七九)、堀池信夫『漢魏思想史研究』(明治書院、一九八八)および堀池信夫「中国音律学の展開と儒教」(『中国――社会と文化』六、一九九一)参看。

(一四) 実際に沈約『宋書』の志、とくに律暦志、天文志は、何承天『宋書』に依拠するものであった。なお、何承天の事蹟と思想について、暦法をめぐっては中嶋隆蔵「何承天と祖沖之――六朝時代における自然認識の一側面」(『集刊東洋学』三五、一九七六)、音律をめぐっては堀池信夫「何承天の新律――音楽音響学における古代の終焉と中世の開幕」(『筑波中国文化論叢』一、一九八二)参看。

(一五)「此の秘未だ覩らかならず(此秘未覩)」について、沈約自身は『南斉書』文学伝・陸厥において「古より辞人、豈に宮羽の殊・商徴の別を知らざらんや。五音の異を知ると雖も、而れども其の中は参差変動して、昧き所実に多し。故《かれ》、鄙意の所謂此の秘未だ覩らかならざる者なり。此を以て推せば、則ち前世の文士、便ち未だ此処を悟らざるを知る(自古辞人、豈不知宮羽之殊商徴之別。雖知五音之異、而其中参差変動、所昧実多。故鄙意所謂此秘未観者也。以此而推、則知前世文士、便未悟此処)」とする。

（二六）興膳宏「「宋書謝霊運伝論」をめぐって」（前掲）は、「沈約の四声八病説が、今体詩の詩型を確立するための理論的な出発点となった事実は認めなければならない」と指摘する。これは声律の調整を経た「辞人」による「文」について、士大夫世界において公的な価値が広く認められていったことを意味するといえよう。なお、興膳宏「四声八病から平仄へ」（『六朝学術学会報』八、二〇〇七）は、沈約らの永明年間を出発点として、六朝後期そして唐代に至るまでの声律の内実を詳細に検証するものであり、今体詩成立過程の実情を明らかにしている。また、樋口靖「四声から平仄へ」（内山知也編『中国文学のコスモロジー』、東方書店、一九九〇）は、音声学の観点によって四声から平仄への歴史的展開を明らかにしている。

第十一章　経典の枝條 ――『文心雕龍』の立文思想――

序

斉梁交替期、[一]『文心雕龍』を著した際、劉勰はまだ無名であった。そこで彼は、すでに高位にあった沈約による評価を求めて、完成した自著を背負い、沈約の車が通りかかるのを待った。車の前に立つ劉勰の姿は、あたかも商人のようであったと『梁書』は記している。[二]これにより『文心雕龍』を読んだ沈約は「深く文理を得たりと為す（為深得文理）」（『梁書』劉勰伝）と好評し、常にこれを机上に置いたとされる。[三]沈約によれば『文心雕龍』は「文」の本質に到達する、そのような評価を与えてよいものであった。

さて、後世『文心雕龍』は六朝時代の文論を代表するものと捉えられ、とくに近代以降の学術界においては、たとえば青木正児がつとに「実に完備した文学概論」「実に空前絶後の完備した評論」[四]と評したように、体系性をそなえたいわゆる「文学理論書」であるという見方が一般的であった。そしてその具体的解釈に関しては、もはや日中両国において汗牛充棟の趣があるのであるが、やはりそれらは言語による芸術という近代的「文学」概念を前提として、それに相当する理論を古典古代に発見しようとする営為が主流であるかに思われる。本章ではそのような「文学理論」あるいは「文学批評」モデルという分析枠組を用いるのではなく、劉勰があらゆる「文章」を儒教的正統性の内部に位置づけていたことを検証し、あわせてそれにもとづく彼の立文思想についても論及する。

I

『文心雕龍』全体の総序にあたる序志篇において、劉勰は書名をなす「文心」「雕龍」の各語に言及している。まず「文心」については「夫れ文心とは、文を為《つく》るの用心を言うなり（夫文心者、言為文之用心也）」〔『文心雕龍』序志篇〕とある。これは陸機「文賦」序「余毎に才士の作る所を観て、窃かに以て其の用心を得ること有り（余毎観才士之所作、窃有以得其用心）」を踏襲するものである。（五）また「雕龍」については「古来文章は、雕縟を以て体を成す。豈に騶奭の群言の雕龍なるに取らんや（古来文章、以雕縟成体。豈取騶奭之群言雕龍也）」〔『文心雕龍』序志篇〕とある。『史記』荀卿列伝には、当時の弁論に関する評語に「齊人頌して曰く、天を談ずるの衍《〔騶衍〕》、龍を雕るの奭《〔騶奭〕》、轂過を炙るの髡《〔淳于髡〕》（齊人頌曰、談天衍、雕龍奭、炙轂過髡）」とあるが、劉勰は『文心雕龍』の「雕龍」は文章の文彩雕縟に関するものであり（六）、騶奭の事例からくるものではない、というのである。これらからは『文心雕龍』が「文」の制作における核心をめぐる論述であり、そしてそれは雕琢華縟を主とするものであることがうかがえる。では何故、劉勰はそのような文章論を企図したのだろうか。このことについて『文心雕龍』序志篇には以下の言がある。

　生人より以来、未だ夫子《〔孔子〕》の如き者有らざるなり。聖旨を敷讃するは、経に注するに若くは莫し。而れども馬《〔馬融〕》鄭《〔鄭玄〕》の諸儒、之を弘むること已に精なれば、就《も》し深解有るも、未だ家を立つるに足らざらん。
（自生人以来、未有如夫子者也。敷讃聖旨、莫若注経。而馬鄭諸儒、弘之已精、就有深解、未足立家。）

「『文心雕龍』序志篇」

劉勰は『孟子』公孫丑をふまえつつ、[七]孔子が人類において傑出した存在であることを述べる。その聖人の趣意を敷衍し、また補足するためには、聖人の言説である経書に注釈を施すのが最善である。しかし劉勰は、経典注釈にはすでに馬融、鄭玄といった漢儒に代表される精細な成果があるため、たとえすぐれた解釈を提示したところで、今さら一家言を立てるほどのものとはなり得ないだろう、と考えたのである。これに続けて、劉勰は次のように述べる。

唯だ文章の用は、実に経典の枝條にして、五礼は之に資《よ》りて以て成り、六典は之に因りて用を致す。君臣の炳煥たる所以、軍国の昭明なる所以は、其の本源を詳かにすれば、経典に非ざるは莫し。

（唯文章之用、実経典枝條、五礼資之以成、六典因之致用。君臣所以炳煥、軍国所以昭明、詳其本源、莫非経典。）

「『文心雕龍』序志篇」

劉勰の行論は、あらゆる「文章」の機能を「経典の枝條（経典枝條）」と位置づけることによって、それを経典的価値のもとに収斂させようとするものである。すなわち「文章」もまた（経典注釈ほどではないにせよ）「聖旨を敷讃する（敷讃聖旨）」ために寄与するところがある、ということである。[八]ここで「文章」は、経書やその注釈同様「五礼」「六典」といった国家秩序を確立するための資源であり、[九]君臣関係や軍事、国務にわたる綱紀を明確化する、そのような役割を担うものとされる。かかる「文章」の機能は、当然ながら儒教経典を基幹として、その「枝條」たる地位にあるのであるが、しかし当時の「文章」は必ずしもそのようなものばかりではなかった。劉勰は「而れども聖を去ること久遠なれば、文体解散し、辞人は奇を愛し、言は浮詭を貴ぶ。羽を飾りて尚お画き、鞶［大帯］帨［手巾］に文繡す。本を離るること弥《いよ》いよ甚だしく、将に遂に訛濫せんとす（而去聖久遠、文体解散、辞人愛奇、言貴浮詭。飾羽尚画、文繡鞶帨。離本弥甚、将遂訛濫）」［『文心雕龍』序志篇］と述べ、当時の「文章」がいたずらに文飾を追求した結果、不必要なまでの装飾主義に堕してしまい（一〇）、本来の経典的価値から逸脱してしまったことを指摘する（一一）。そのうえで次のように宣明する。

蓋し周書［『尚書』］の辞を論ずるに、体要を貴び、尼父［孔子］の訓を陳《の》ぶるに、異端を悪む。辞訓の異、宜しく要を体すべし。是に於いて筆を搦《と》りて墨を和《まじ》え、乃ち始めて文を論ず。
（蓋周書論辞、貴乎体要、尼父陳訓、悪乎異端。辞訓之異、宜体於要。於是搦筆和墨、乃始論文。）

［『文心雕龍』序志篇］

『尚書』畢命には「政は恒有るを貴び、辞は体要を尚ぶ。惟れ異を好まざれ（政貴有恒、辞尚体要。不惟好異）」とあり、『論語』為政篇には「子曰く、異端を攻《おさ》むるは、斯れ害なるのみ（子曰、攻乎異端、斯害也已）」とある。『尚書』には孔安国が「先王に異なるが若きは、君子の好まざる所なり（若異於先王、君子所不好）」と解し、『論語』には何晏が「異端とは、帰を同じくせざるなり（異端、不同帰也）」と注するように、これらはいずれも儒教の古典的正統性からの逸脱を禁じるものである。劉勰はこれらに依拠しつつ、「文章」における異端の禁止、正統性への回帰を主張しようとしているのである（一二）。『文心雕龍』とは、かかる目的のために著された文章論であるが、そうであるならば、その内実はあくまでも「文章」を経典注釈に準ずるものと捉え、それを儒教の古典的正統性に回帰させようとする、その意味において国家紀綱に貢献するための議論であるといえる。ではまず、あらゆる「文章」の筆頭に位置する経書について、劉勰はどのような議論をしているのだろうか。

II

そもそも『文心雕龍』原道篇には「人文の元は、肇まるに太極よりす。神明に幽賛するは、易象惟れ先なり。庖犧其の始めを画し、仲尼其の終りを翼《たす》く（人文之元、肇自太極。幽賛神明、易象惟先。庖犧画其始、仲尼翼其終）」とあり、「人文」の起源が「太極」にあること、そしてそれを明らかにする第一のものが易の卦象であることが述べられる。[一三]これについて劉勰は、さらに次のように言及する。

爰に風姓〔伏羲〕より、孔氏に暨《およ》ぶまで、玄聖典を創り、素王訓を述ぶるに、道心に原《もと》づきて以て章を敷き、神理を研めて教を設けざるは莫し。

（爰自風姓、暨於孔氏、玄聖創典、素王述訓、莫不原道心以敷章、研神理而設教。）　〔『文心雕龍』原道篇〕

『尚書』大禹謨には「人心惟れ危うく、道心惟れ微なり。惟れ精惟れ一、允《まこと》に厥の中を執れ（人心惟危、道心惟微。惟精惟一、允執厥中）」とあり、そこでは「道心」は可感的に捉え難いもの（微）として措定されている。また『周易』観卦象伝には「聖人神道を以て教を設けて、天下服す（聖人以神道設教、而天下服）」とあり、韓康伯は「神とは、則ち無形なる者なり（神、則無形者也）」と注している。劉勰は聖人がそのような通常の人知を超えたところ（微／神）

にまで通達し、それに依拠しながら規範を確立して、教化をおこなうとみているのである。これについて劉勰は、具体的に「象《形象》を河《河図》洛《洛書》に取り、数《法則性》を蓍《筮竹》亀《亀甲》に問い、天文を観て以て変を極め、人文を察して以て化を成す。然る後に能く区宇《天地》を経緯《統御》し、彝憲《普遍法則》を弥綸《包摂》し、事業を発揮し、辞義を彪炳《鮮明》にす（取象乎河洛、問数乎蓍亀、観天文以極変、察人文以成化。然後能経緯区宇、弥綸彝憲、発揮事業、彪炳辞義）」〔『文心雕龍』原道篇〕としているが（一四）、さらにこれらを総括して次のように述べる。

故に知る、道は聖に沿《よ》りて以て文を垂れ、聖は文に因りて以て道を明らかにすと。旁通して滞ること無く、日《ひび》に用いて匱《つ》きず。易に曰く、天下の動を鼓する者は辞に存すと。辞の能く天下を鼓する所以の者は、廼《すなわ》ち道の文なればなり。

（故知、道沿聖以垂文、聖因文以明道。旁通而無滞、日用而不匱。易曰、鼓天下之動者存乎辞。辞之所以能鼓天下者、廼道之文也。）〔『文心雕龍』原道篇〕

劉勰によれば、微妙無形な「道」は聖人を媒介としながら、「文」すなわち明瞭で把捉可能なものとなり、聖人は「文」を方途として「道」を明示する。聖人による「文」について劉勰は『周易』乾卦文言伝の「六爻発揮して、旁《あまね》く情を通ずるなり（六爻発揮、旁通情也）」に依拠しつつ述べているが、これはもともと乾徳が六爻の発動を媒介に万物の実情を貫通する、ということである。劉勰はこれを典拠として、聖人による「文」もまた万物を貫通するということを述べる。そしてかかる機能は「用いて匱《つ》きず（用而不匱）」〔『春秋左氏伝』襄公二十九年〕とあるように、不断に利用しても尽き果てることがないものであった（一五）。以上のことを劉勰は『周易』繫辞上伝「天下の動を鼓する者は辞に存す（鼓天下之動者存乎辞）」の引用により立証する。これについて韓康伯は「辞は、爻辞なり。爻は鼓動するを以て、天下の動に効《なら》うなり（辞、爻辞也。爻以鼓動、效天下之動也）」と注し、「辞」を「爻辞」のこととしているが、劉勰はそれを拡張し、聖人による「文」が万物の変動を振起鼓舞させるのは、それが「道」に由来する「文」であるから、と述べる。[一六] したがって、微妙無形な「道」を把捉するためには、まずは聖人による「文」――経書に求めなくてはならない。『文心雕龍』徴聖篇に「文を論ずるには必ず聖に徴《もと》め、聖を窺うには必ず経を宗とす（論文必徴於聖、窺聖必宗於経）」とある所以である。では、経書とはどのようなものだろうか。


三極の彝訓、其の書を経と言う。経なる者は、恒久の至道、不刊の鴻教なり。故に天地に象り、鬼神に効《なら》い、物序を参し、人紀を制し、性霊の奥区を洞《つらぬ》き、文章の骨髄を極むる者なり。

（三極彝訓、其書言経。経也者、恒久之至道、不刊之鴻教也。故象天地、效鬼神、参物序、制人紀、洞性霊之奥区、極文章之骨髄者也。）

〔『文心雕龍』宗経篇〕

これは、経書の定義をおこなうものである。経書とは、天地人三才の不可変な規則を記載したものであり、[一七] それは永遠不変なる至極の道理であって、改削を成し得ないほどに偉大な教論である。[一八] そして劉勰は、経書が天地、鬼神それから万物や人における整合的秩序（序／紀）に合致するとみているのであるが、これは『礼記』礼運に「是の故に夫の礼は必ず天に本づき、地に殽《なら》い、鬼神に列し、喪祭・射御・冠昏・朝聘に達す。故に聖人礼を以て之に示す。故に天下国家得て正しくすべきなり（是故夫礼必本於天、殽於地、列於鬼神、達於喪祭射御冠昏朝聘。故聖人以礼示之。故天下国家可得而正也）」とあるように、国家制度の基準である「礼」とも対応するものであった。[一九] ゆえに劉勰は、経書こそが「性霊の奥区（性霊之奥区）」――人の最深奥にまで到達するとみており、[一〇] それこそが「文章の骨髄（文章之骨髄）」であるとして、あらゆる「文章」のうちで最も核心をなすものであると規定するのであった。かかる経書の絶対絶大なる規範性をめぐって、劉勰は「是を以て往者は旧と雖も、余味日に新たなり。後進追取するも晩《おそ》きに非ず、前修運用するも未だ先んぜず。太山《［泰山］》偏《あまね》く雨《あめふ》らし、河《［黄河］》千里を潤すと謂うべき者なり（是以往者雖旧、余味日新。後進追取而非晩、前修運用而未先。可謂太山偏雨、河潤千里者也）」〔『文心雕龍』宗経篇〕と述べている。経書の成立は古くとも、その意義は絶えず新たな現実に対応する。したがって後人がそれを学ぶに際して、遅すぎるということはない。しかし現実には、先人がいくら経書を駆使しようとも、経書そのものを超出することはなかった。このことを劉勰は泰山と黄河の比喩により証示している。[一一] 続けて劉勰は、さまざまな「文」の起源が聖人による「文」すなわち経書にあることを次のように述べる。

故に論説辞序は、則ち易其の首を統べ、詔策章奏は、則ち書其の源を発し、賦頌歌讃は、則ち詩其の本を立て、銘誄箴祝は、則ち礼其の端を総べ、紀伝盟檄は、則ち春秋根を為す。並《みな》高きを窮めて以て表を樹て、遠きを極めて以て疆《さかい》を啓く。百家騰躍するも、終に環内に入る所以の者なり。

（故論説辞序、則易統其首、詔策章奏、則書発其源、賦頌歌讃、則詩立其本、銘誄箴祝、則礼総其端、紀伝盟檄、則春秋為根。並窮高以樹表、極遠以啓疆。所以百家騰躍、終入環内者也。）

〔『文心雕龍』宗経篇〕

これは『文心雕龍』各篇において個別的に論及される各文体を、いずれも五経の経典的価値に集束させ、体系的に位置づけるものである。[一二] 諸文体の根源である五経は「文」の最高度の水準を示し、また広範にわたり「文」の範囲を拡張してきた。ゆえに後人による「文」の制作は、本来的には経典的価値に矛盾するものではなく、その枠内におさまるものである。[一三] そして後世の「文」の制作もまた、やはり経書に範を取りつつおこなわれるのであるが、劉勰によれば、そこには複数の基準があるという。

> 故に文の能く経を宗とするに、体に六義有り。一は則ち情深にして詭ならず。二は則ち風清にして雑ならず。三は則ち事信にして誕ならず。四は則ち義貞にして回ならず。五は則ち体約にして蕪ならず。六は則ち文麗にして淫ならず。楊子〔揚雄〕の玉を雕りて以て器を作《な》すに比するは、五経の文を含むを謂うなり。
> （故文能宗経、体有六義。一則情深而不詭。二則風清而不雑。三則事信而不誕。四則義貞而不回。五則体約而不蕪。六則文麗而不淫。楊子比雕玉以作器、謂五経之含文也。）　〔『文心雕龍』宗経篇〕

経典的価値の内部にある「文」について、劉勰は上掲の六項目を掲げて「六義」と称している。[一四] 実情に精通していて詭妄でないこと、教化が正当なものであって雑乱でないこと、事実に対して相違がなくでたらめでないこと、語義が貞正なものであって惑乱を招かないこと、これらの四項目は経典的内容を範型としつつ、それに相当する厳直な内実を志向するものである。一方で第五、第六項目は「文」の形式面に関する指針である。劉勰は体裁が簡約にして蕪雑でないことと、文章が美麗であっても淫乱でないことを挙げているが、とくに後者は、揚雄の議論を踏襲するものである。『法言』吾子篇には「詩人の賦は麗にして以て則り、辞人の賦は麗にして以て淫《みだ》る（詩人之賦麗以則、辞人之賦麗以淫）」とある。これは経書『詩経』由来の「賦」を礼教的規範の内部にあるものとみて、それ以外の辞賦を規範的正統性から逸脱したものとする行論である。[一五] 劉勰はこれをふまえて、経典的価値を満たす「文」の基準を明示したのであった。そこでさらに劉勰は、総括的に揚雄を引用する。『法言』寡見篇には「玉彫らざれば、璵璠〔魯の宝玉〕も器と作《な》らず。言文《かざ》らざれば、典謨〔『尚書』〕も経と作らず（玉不彫、璵璠不作器。言不文、典謨不作経）」とある。これはすぐれた内容を持つ経書にもまた文彩が必要ということであり、かかる揚雄の経書観は「文」の本質について「古来文章は、雕縟を以て体を成す（古来文章、以雕縟成体）」〔『文心雕龍』序志篇〕と規定した劉勰の文章観と符合するものである。劉勰の行論は、揚雄の経書観を「経典の枝條（経典枝條）」〔『文心雕龍』序志篇〕としての「文章」一般に敷衍することにより、規範的正統性を有する「文」の確立を目指すものであった。

III

ところで『文心雕龍』序志篇には該書各篇の構成についての言及があるが、そこには以下のような言がある。

蓋し文心の作や、道に本づき、聖を師とし、経を体し、緯を酌み、騒に変ず。文の枢紐は、亦た云《ここ》に極まる。
（蓋文心之作也、本乎道、師乎聖、体乎経、酌乎緯、変乎騒。文之枢紐、亦云極矣。）〔『文心雕龍』序志篇〕

ここに提示された五項目は『文心雕龍』巻頭五篇、すなわち原道篇、徴聖篇、宗経篇、正緯篇、辨騒篇を指すものである。劉勰はこの五篇を「文の枢紐（文之枢紐）」として「文章」の核心をなすものと規定している。ここで劉勰は、単に経書のみならず、緯書（正緯篇）や『楚辞』（辨騒篇）もまた「枢紐」の一端を担っているとするのであるが、ではこれらを一貫したものとみなすために、劉勰はどのような議論をおこなっているのだろうか[二六]。まずは正緯篇について検討する。

『文心雕龍』正緯篇において、劉勰は『周易』繋辞上伝「河《〔黄河〕》図を出だし、洛《〔洛水〕》書を出だして、聖人之に則る（河出図、洛出書、聖人則之）」を引用する。しかし河図洛書（緯書）に関する伝承については「但だ世夐《はる》かにして文隠れ、好みて矯誕を生ず。真は存すると雖も、偽も亦た焉《これ》に憑《よ》る（但世夐文隠、好生矯誕。真雖存矣、偽亦憑焉）」〔『文心雕龍』正緯篇〕として、現在は真偽が雑駁とした状態にあり、その内容を全面的に信用するわけにはいかないとする。ところが『文心雕龍』正緯篇にはまた、以下の言がある。

> 乃《か》の羲《〔伏羲〕》農《〔神農〕》軒《〔黄帝〕》皞《〔少皞〕》の源、山瀆《〔五岳四瀆〕》鍾律《〔音律〕》の要、白魚赤烏の符《〔祥符〕》、黄銀紫玉の瑞《〔瑞物〕》の若きは、事は奇偉に豊かなるも、辞は膏腴《〔肥沃〕》に富む。経典に益無けれども、文章に助け有り。是を以て後来の辞人は、英華を採摭す。
> （若乃羲農軒皞之源、山瀆鍾律之要、白魚赤烏之符、黄銀紫玉之瑞、事豊奇偉、辞富膏腴。無益経典、而有助文章。是以後来辞人、採摭英華。）
> 〔『文心雕龍』正緯篇〕

伝説的帝王の由来、山河図や鍾律災異説の綱要[二七]、殷周革命時の瑞祥[二八]、黄銀や紫玉といった瑞物[二九]に関する記述は、いずれも内容的にはきわめて奇怪珍妙なものがある。しかし劉勰によれば、それらの「文章」に関しては、修辞技法が豊穣であると評価できる。ゆえに経典的内容にとっては意味をなさないけれども、「文章」の制作においては参考になるところがあるというのである。同様のことは『文心雕龍』正緯篇の賛にも「譎詭を芟夷し、其の雕蔚を採れ（芟夷譎詭、採其雕蔚）」とある。虚偽の内容を剪伐し、潤沢な文飾のみを採択するならば、緯書はやはり「文」の制作において有意義であり、それ自体は必ずしも経典的価値に矛盾するものではない。劉勰は緯書についてこのようにみて、これを「文の枢紐（文之枢紐）」の一部をなす、と規定したのである。

次に、弁騒篇について検討する（三〇）。『文心雕龍』弁騒篇には『楚辞』の成立に関する以下の言がある。

> 風雅《〔『詩経』〕》声を寝《や》めてより、緒を抽くもの或ること莫し。奇文鬱《〔茂盛〕》として起こるは、其れ離騒なるかな。固より已に詩人《〔『詩経』〕》の後に軒翥し、辞家《〔漢代辞賦〕》の前に奮飛す。豈に聖を去るの未だ遠からずして、楚人の多才なるか。
> （自風雅寝声、莫或抽緒。奇文鬱起、其離騒哉。固已軒翥詩人之後、奮飛辞家之前。豈去聖之未遠、而楚人之多才乎。）
> 〔『文心雕龍』弁騒篇〕

劉勰は『楚辞』について、その歴史性に着目して論及する。『詩経』以後、正統的「文」を牽引する者は途絶してしまったが、その後もすぐれた「文」は次々と制作されることになる。それは「離騒」に代表される『楚辞』である。『楚辞』は歴史的に『詩経』と漢代辞賦との間にあってひとつの極点をなしており、劉勰はこれについて『孟子』尽心下「孔子由りして来《このかた》今に至るまで、百有余歳なれば、聖人の世を去ること、此の若く其れ未だ遠からざるなり（由孔子而来至於今、百有余歳、去聖人之世、若此其未遠也）」を踏襲しつつ評価する。『楚辞』にはまだ『詩経』の有する儒教的正統性が残存しているとみたためである。『文心雕龍』弁騒篇にはまた、以下の言がある。

> 固《もと》より知る、楚辞とは、体は三代に憲《のっと》るも、風は戦国を雑うれば、乃ち雅頌《〔『詩経』〕》の博徒にして、詞賦の英傑なりと。其の骨鯁の樹つる所、肌膚の附くる所を観るに、経旨を取鎔すと雖も、亦た自ら偉辞を鋳す。
> （固知、楚辞者、体憲于三代、而風雑于戦国、乃雅頌之博徒、而詞賦之英傑也。観其骨鯁所樹、肌膚所附、雖取鎔経旨、亦

自鋳偉辞。）　〔『文心雕龍』辨騒篇〕

『楚辞』はその本質において、夏殷周三代の古典的正統性を習継するものである。しかし、その詩風には戦国時代の俗韻が混在する。[三一] したがって『楚辞』は『詩経』からすると卑俗なものでしかないが、しかし後続する辞賦にあっては、古典的正統性の習継という点において、ひときわすぐれたものと顕彰されるのである。ゆえに劉勰は、これを経典的価値の継承とみて「文の枢紐（文之枢紐）」に繰り入れたのであった。

以上の行論により、劉勰は「文章」の核心をなすものとして緯書（正緯篇）や『楚辞』（辨騒篇）を含み込んだ文章制作の規範を定立し、それを「文の枢紐（文之枢紐）」と呼称した。それは劉勰にあっては、儒教経典を原基とする古典的正統性に連接するものとして構想されていた。では、そのような経典的価値にしたがって、具体的にはどのような文章制作が目指されるのか。次に、劉勰の立文思想について検討する。

Ⅳ

『文心雕龍』総術篇には、当時の「文章」の分類に関する以下の言がある。

今の常言に、文有り筆有り。以為らく無韻なる者は筆なり。有韻なる者は文なり。夫れ文は以て言を足《な》せば、理として詩〔『詩経』〕書〔『尚書』〕を兼ぬ。目を別ち名を両にするは、近代よりするのみ。
（今之常言、有文有筆。以為無韻者筆也。有韻者文也。夫文以足言、理兼詩書。別目両名、自近代耳。）

〔『文心雕龍』総術篇〕

劉勰はここで、有韻（文）と無韻（筆）の区別は近年に出現したものであり、そのような区別はさほど本質的ではないとみている。その根拠は『詩経』（有韻）と『尚書』（無韻）とがともに「文は以て言を足《な》す（文以足言）」点で一致していることにあるのであるが、この語はもともと『春秋左氏伝』にもとづくものである。

仲尼曰く、志〔古書〕に之有り。言は以て志を足《な》し、文は以て言を足《な》すと。言わざれば誰か其の志を知らん。言の文無ければ行うも遠からず。

（仲尼曰、志有之。言以足志、文以足言。不言誰知其志。言之無文行而不遠。）

〔『春秋左氏伝』襄公二十五年〕

ここには孔子の言として「文」の効用についての言及がある。古書によれば、言語は志を言表することにより確定させ、文彩を施すことはその言語の完成に寄与するのであるが、これをふまえて孔子は、言語に文彩がともなわない場合には、その影響力が広範には及ばないと述べる（三二）。すでに孔子により、言語における文彩の重視は表明されていたのである。『文心雕龍』情采篇において劉勰は、実際に聖人による言説が文彩をそなえるものであることを次のように述べる。

聖賢の書辞は、総て文章と称す。采に非ずして何ぞや。夫れ水の性虚にして淪漪〔細波〕結び、木の体実にして花蕚〔花被片〕振《ひら》くは、文の質に附くるなり。虎豹に文〔体毛〕無ければ、則ち鞹〔なめし皮〕は犬羊に同じく、犀〔サイ〕兕〔一角牛〕の皮有るも、色の丹漆《［赤漆］》に資《よ》るは、質の文を待つなり。乃《か》の性霊を綜述し、器象を敷写するが若きは、心を鳥跡《［文字］》の中に鏤《ほ》り、辞を魚網《［紙面］》の上に織る。其の彪炳たるは縟采もて名づくなり。
（聖賢書辞、総称文章。非采而何。夫水性虚而淪漪結、木体実而花萼振、文附質也。虎豹無文、則鞟同犬羊、犀兕有皮、而色資丹漆、質待文也。若乃綜述性霊、敷写器象、鏤心鳥跡之中、織辞魚網之上。其為彪炳縟采名矣。）

〔『文心雕龍』情采篇〕

聖人の言説はすべて「文章」である。そしてそれは文彩をともなうものでなくてはならない。聖人による「文章」について、つとに『論語』公冶長篇には「子貢曰く、夫子の文章は、得て聞くべきなり（子貢曰、夫子之文章、可得而聞也）」とあり、何晏は「文彩形質著見《あらわ》るれば、以て耳目循うべし（文彩形質著見、可以耳目循）」と注している。また劉勰よりやや遅れて、皇侃は「文章とは、六籍なり。六籍は是れ聖人の筌蹄なり（文章者、六籍也。六籍是聖人之筌蹄）」〔『論語義疏』公冶長篇〕として、聖人の「文章」とは経典のことであり、それは聖人を把捉するための手段である、とみている（二三）。劉勰はここで「文章」には文彩が必須であるとしたうえで、それを「文」と「質」との関係から論及する。水（質）に対する細波（文）（二四）、樹木（質）に対する花冠（文）は、いずれも「文」が「質」に付随して生起するものである。その一方で「文」に依存することで「質」が完成する、というものもある。『論語』顔淵篇には子貢の言として「文は猶お質のごときなり。質は猶お文のごときなり。虎豹の鞟《［なめし皮］》は猶お犬羊の鞟のごときなり（文猶質也。質猶文也。虎豹之鞟猶犬羊之鞟）」とある。鮮やかな虎豹の毛皮も、ひとたび体毛を刈り取り、なめし皮として加工してしまえば（二五）、それはもはや犬や羊のものと区別がつかない。したがって虎豹と犬羊（質）の区別をそのようにあらしめているものは、各々の表面を覆う体毛（文）である、ということになる。また『春秋左氏伝』宣公二年には、宋の将主・華元の「牛には則ち皮有り。犀兕は尚お多し。甲を棄つるは則ち那ぞ《〔鎧を捨てたところで何の問題もあるまい〕》（牛則有皮。犀兕尚多。棄甲則那）」という発言に対して、役人が「従《たと》い其の皮有るも、丹漆を若何せん（従《〔縦〕》其有皮、丹漆若何）」と返答したとの記載がある。牛皮（質）がいくら潤沢にあろうとも、丹漆（文）で塗り固めなければ鎧としての意味をなさない、ということである。これらの二例は、どちらも「文」こそが「質」を成立させるために不可欠であることを述べている。かかる「文」と「質」との相即不離の関係は、『論語』雍也篇の「文質彬彬」にも適合するものであるといえる。[三六]

このように劉勰は、文彩の重要性について経典的典拠にもとづきつつ強調しているが、そうである以上、これらの文彩はみな経典的価値に則してある、ということにほかならない。ゆえに劉勰の志向する文章制作は、そのような経典的価値に沿いながらなされる実践である、ということになる。劉勰によれば「性霊」や「器象」（質）を対象とするすべての文章は、文字を紙面に書きつけること（文）により完成する。[三七]そしてその雕琢華縟――文彩の鮮烈華美なるものは「縟采」と呼称される。劉勰は、かかる正統的文彩の確立には以下の三種類があるとみている。

> 故に立文の道は、其の理に三有り。一を形文と曰う、五色是れなり。二を声文と曰う、五音是れなり。三を情文と曰う、五性是れなり。五色雑わりて黼黻を成し、五音比《かな》いて韶《〔舜楽〕》夏《〔禹楽〕》を成し、五情発《あら》われて辞章を為すは、神理の数なり。
>
> （故立文之道、其理有三。一曰形文、五色是也。二曰声文、五音是也。三曰情文、五性是也。五色雑而成黼黻、五音比而成韶夏、五情発而為辞章、神理之数也。）
>
> 〔『文心雕龍』情采篇〕

劉勰は「立文」すなわち正統的文彩の確立について、その実態を三種類に分類し、分析的に言及する。[三八]

第一は「形文」であり、これには「五色」が相当する。「五色」とは『周礼』天官疾医「五気・五声・五色を以て、其の死生を眡《み》る（以五気五声五色、眡其死生）」の鄭注に「五色とは、面貌の青・赤・黄・白・黒なり（五色、面貌青赤黄白黒也）」とあるように、五種の正色を指す。なお王充は『論衡』量知篇において「学士の文章は、其れ猶お糸帛の五色の功有るがごとし（学士文章、其猶糸帛之有五色之功）」と述べ、「文章」が五色で構成される織物に匹敵するほどに彩り鮮やかなものとみていた。劉勰のいう「形文」とは、王充同様、「文章」の視覚的な文彩を豊潤にするということである。

第二は「声文」であり、これには「五音」が相当する。「声文」については『礼記』楽記に「凡そ音とは、人心より生ずる者なり。情中に動くが故に、声に形《あら》わる。声の文を成す、之を音と謂う（凡音者、生人心者也。情動於中、故形於声。声成文、謂之音）」とある。「毛詩大序」にも「情は声に発《あら》われ、声は文を成す。之を音と謂う（情発於声、声成文。謂之音）」とあり、これについて鄭箋は「声とは、宮・商・角・徴・羽なり。声は文を成すとは、宮・商上下相応ず（声、宮商角徴羽也。声成文者、宮商上下相応）」とする。これは、単独の「声」が重なり合い、整合的秩序（文）を形成するということである。「五音」とは、宮・商・角・徴・羽のことであり、音階を構成する五種の基本音を指す。劉勰のいう「声文」とは、言語の音律的整合性を厳密に秩序立てることを主眼とするものである。[三九]

第三は「情文」であり、これには「五性」と「五情」とが相当する。「五性」に関しては『大戴礼記』文王官人に「民に五性有り。喜・怒・欲・懼・憂なり（民有五性。喜怒欲懼憂也）」とある。「五情」については曹植「上責躬応詔詩表」に「形影相《たが》いに弔《あわ》れみ、五情愧じて赧《あか》らむ（形影相弔、五情愧赧）」とあり、『文選』劉良注は「五情とは、喜・怒・哀・楽・怨なり（五情、喜怒哀楽怨也）」とする。「五性」や「五情」は、いずれも喜・怒・欲・懼・憂、喜・怒・哀・楽・怨という五種の基本的な感情を指す。劉勰のいう「情文」とは、かかる感情の表出を適切におこなうということである。

このように劉勰は、正統的文彩とは「五色」「五音」「五性」あるいは「五情」のそれぞれが適正に配置されることにより完成するとみていた。[四〇]これらはすべて五行説に依拠しつつ構想されたものであり、劉勰は正統的文彩の構成を五行の相対的で緊密な組織関係にもとづきながら提起しようとしていたのであった。そして劉勰は、かかる「立文」の要件を満たす文章制作が果たされた場合、その「文章」は礼服の刺繍（黼黻）[四一]、伝説的聖人の制定した楽律（韶夏）[四二]のごとくに整調されて正統的文彩をたたえたものとなり、また精細緻密な整合性を有する「辞章」[四三]となるとする。劉勰が「立文の道は、其の理に三有り（立文之道、其理有三）」としたうえで提起したこれらの「立文」の原理は、まさしく「神理の数（神理之数）」――通常の人知では計測し難い深遠なる原理を、可視的、法則的（数）に説明可能なものとして提示するものであったが、それはまた五行説という具体的な「数」に依拠しながら制定されるものであった。劉勰はこのように厳密な整合的秩序をもとに、経典的価値に相即した正統的文彩の確立を提言したのであった。

結

本章は『文心雕龍』の立文思想に底流する儒教的思惟について、歴史的背景となる資料を参照しつつ、その内実を探究してきた。

劉勰による『文心雕龍』の著述は、いたずらな装飾主義に陥った当時の「文章」に対して、それを儒教の古典的正統性に回帰させようとするための議論であった。劉勰は「文章」とは本来的には「経典の枝條（経典枝條）」であり、経典注釈に準ずる機能を担うものであるとみていた。実際に彼は、それぞれの文体がいずれも五経を淵源とすることを示し、それらがみな経典的価値の内部にあるとするのであるが、経典が文彩をともなうのと同様に、あらゆる「文章」にも正統的文彩が必要であるとして、それを五行説にもとづく「立文の道（立文之道）」として提示した。それは視覚（形文）、聴覚（声文）そして感性面（情文）においても厳密な構成的秩序を志向するものであった。当時すでに沈約は「文章」における声律の整合的秩序をもとに、儒教的「文」の確立を目指していたが、[四四] その沈約が『文心雕龍』を「深く文理を得たりと為す（為深得文理）」（『梁書』劉勰伝）と評したのは、劉勰の行論もまた整合的秩序を重視し、それにより正統的文彩の確立を提唱する、そのような内実を有していたからである。これらの議論は、斉梁期の「文章」が皇室権力により重要視される、その理論的基盤を築くものであるといえる。[四五]

《注》

（一）『文心雕龍』時序篇に「皇斉の寳を馭するに暨《およ》び、運〔国運〕は休明を集む（暨皇斉馭寳、運集休明）」とあることから、一般に『文心雕龍』の成立は南斉末と推定されているが、これについては梁初とする説もあり、確定的なことはわからない。

（二）『梁書』劉勰伝に「既に成るも、未だ時流の称《たた》うる所と為らず。勰自ら其の文を重んじ、定を沈約より取らんと欲す。約時に貴盛なれば、由りて自ら達する無し。乃ち其の書を負い、約の出づるを候《ま》ちて、之を車前に干《もと》む。状は貨鬻する者の若し（既成、未為時流所称。勰自重其文、欲取定於沈約。約時貴盛、無由自達。乃負其書、候約出、干之於車前。状若貨鬻者）」とある。

（三）『梁書』劉勰伝に「約は便ち命じて取り読みて、大いに之を重んじ、深く文理を得たりと為すと謂い、常に諸《これ》を几案に陳す（約便命取読、大重之、謂為深得文理、常陳諸几案）」とある。

（四）引用は青木正児『支那文学概説』（弘文堂書店、一九三五）第六章「評論学」による。

（五）陸機「文賦」について、『文選』李善注には「作は、作文を謂うなり。用心は、士の心を文に用いるを言うなり（作、謂作文也。用心、言士用心於文）」とある。

（六）このことに関連して、『釈名』釈言語には「文とは、衆采を会集して以て錦繍と成す。衆字を会集して以て詞誼を成せば、文繍の如く然るなり（文者、会集衆采以成錦繍。会集衆字以成詞誼、如文繍然也）」とある。

（七）『孟子』公孫丑上に「生民より以来、未だ夫子有らざるなり（自生民以来、未有夫子也）」とあり、また「聖人の民に於けるも亦た類なり。其の類を出で、其の萃を抜くは、生民より以来、未だ孔子より盛なるもの有らざるなり（聖人之於民亦類也。出於其類、抜乎其萃、自生民以来、未有盛於孔子也）」とある。

（八）青木正児『支那文学思想史』（岩波書店、一九四三）には「文は経を翼賛するが故に価値あり、六経は凡ての文学の根元であるとして、寧ろ六経をも文学の中に包容せんと欲する大望を懐いて居るやうに見える」（強調は原著者による）との言があるが、これは論理の転倒である。

（九）『尚書』舜典「五礼を修む（修五礼）」の伝に「吉・凶・賓・軍・嘉の礼を修む（修吉凶賓軍嘉之礼）」とあるように、「五礼」とは吉礼（祭祀）、凶礼（喪葬）、賓礼（賓客）、軍礼（軍旅）、嘉礼（冠婚）を指す。なお『礼記』祭統には「凡そ人を治むるの道、礼より急なるは莫し。礼に五経有り、祭より重きは莫し（凡治人之道、莫急於礼。礼有五経、莫重於祭）」とあり、鄭玄は「礼に五経有りとは、吉礼・凶礼・賓礼・軍礼・嘉礼を謂うなり（礼有五経、謂吉礼凶礼賓礼軍礼嘉礼也）」と注している。また「六典」については『周礼』天官大宰に「大宰の職は、邦の六典を建てて、以て王の邦国を治むるを佐《たす》くるを掌る（大宰之職、掌建邦之六典、以佐王治邦国）」とあり、そこには「治典」「教典」「礼典」「政典」「刑典」「事典」の六種が治国のための法典として挙げられている。

（一〇）『荘子』列御寇には「殆《あやう》いかな圾《あやう》いかな。仲尼は方且《まさ》に羽を飾りて画き、華辞に従事す（殆哉圾乎。仲尼方且飾羽而画、従事華辞）」とあり、『法言』寡見篇には「今の学や、独り之に華藻を為すのみに非ざるなり。又た従いて其の鞶帨に繍す（今之学也、非独為之華藻也。又従而繡其鞶帨）」とある。これらはいずれも過度の修飾を批判するものである。

（二）なお『文心雕龍』宗経篇には「徳に励み声を樹つるには、聖を師とせざること莫し。而れども言を建て辞を修むるに、克く経を宗とするもの鮮《すくな》し（励徳樹声、莫不師聖。而建言修辞、鮮克宗経）」との言もある。

（三）このことに関連して、『文心雕龍』徴聖篇には「易に称す、物を辨じ言を正せば、断辞則ち備わると。書に云う、辞は体要を尚ぶ、惟れ異を好まざれと。故に知る、正言は辨を立つる所以にして、体要は辞を成す所以なりと。辞成れば異を好むの尤《とが》めなく、辯立てば断辞の美有り（易称、辨物正言、断辞則備。書云、辞尚体要、不惟好異。故知、正言所以立辨、体要所以成辞。辞成無好異之尤、辯立有断辞之美）」との言がある。ここで劉勰は『周易』繫辞下伝、『尚書』畢命に依拠しつつ、経典的価値に沿った正統的文章について言及している。また『文心雕龍』通変篇には「青を練り絳〔深紅〕を濯ぐには、必ず藍蒨に帰し、訛を矯し浅を翻すには、経誥に還宗す（練青濯絳、必帰藍蒨、矯訛翻浅、還宗経誥）」との言もある。

（三）『周易』説卦伝には「昔者《むかし》、聖人の易を作るや、神明に幽賛して蓍を生ず（昔者、聖人之作易、幽賛神明而生蓍）」とある。韓康伯は「幽は深なり。賛は明なり（幽深也。賛明也）」とする。なお「庖犠其の始めを画し、仲尼其の終りを翼く（庖犠画其始、仲尼翼其終）」〔『文心雕龍』原道篇〕とは、伏羲による八卦の制作と、孔子による十翼の制作を指す。

（四）ここには『周易』を典拠とする語が幾重にもふまえられている。「蓍亀」については『周易』繫辞上伝に「賾を探り隠を索め、深に鉤し遠を致し、以て天下の吉凶を定め、天下の亹亹を成す者は、蓍亀より大なるは莫し（探賾索隠、鉤深致遠、以定天下之吉凶、成天下之亹亹者、莫大乎蓍亀）」とあり、「天文」「人文」については『周易』賁卦彖伝「天文を観て以て時変を察し、人文を観て以て天下を化成す（観乎天文以察時変、観乎人文以化成天下）」がある。「弥綸」については『周易』繫辞上伝「易は天地と準ず。故に能く天地の道を弥綸す（易与天地準。故能弥綸天地之道）」があり、「事業」も『周易』繫辞上伝に「是の故に形而上なる者、之を道と謂い、形而下なる者、之を器と謂う。化して之を裁する、之を変と謂い、推して之を行《や》る、之を通と謂う。挙げて之を天下の民に錯《お》く。之を事業と謂う（是故形而上者、謂之道、形而下者、謂

之器。化而裁之、謂之変、推而行之、謂之通。挙而錯之天下之民、謂之事業）」とある。

（一五）『春秋左氏伝』襄公二十九年に、文王の徳を顕彰する言として「至れるかな。直にして倨《おご》らず、曲にして屈せず、邇《ちか》くして偪《せま》らず、遠くして攜《はな》れず、遷りて淫《みだ》れず、復りて厭わず、哀しみて愁えず、楽しみて荒《すさ》まず、用いて匱《つ》きず、広くして宣べず、施して費やさず、取りて貪らず、処りて底《とど》まらず、行きて流れず。五声和し、八風平かにして、節に度有り、守に序有り。盛徳の同じくする所なり（至矣哉。直而不倨、曲而不屈、邇而不偪、遠而不攜、遷而不淫、復而不厭、哀而不愁、楽而不荒、用而不匱、広而不宣、施而不費、取而不貪、処而不底、行而不流。五声和、八風平、節有度、守有序。盛徳之所同也）」とある。

（一六）「道の文（道之文）」について、『文心雕龍』原道篇には「夫れ玄黄は色雑わり、方円は体分かる。日月は璧を畳ねて、以て麗天《りてん》の象を垂れ、山川は煥綺として、以て理地の形を鋪く。此れ蓋し道の文なり（夫玄黄色雑、方円体分。日月畳璧、以垂麗天之象、山川煥綺、以鋪理地之形。此蓋道之文也）」とある。これは天地万物が単にとりとめもなく存在するのではなく、「道」の顕現であり、秩序を有するものとして存在していることを述べるものである。劉勰が聖人による「文」を「道の文（道之文）」としているのは、それが整合的秩序を有し、その秩序が「道」の顕現としての天地万物の秩序に合致しているということを意味している。

（一七）「三極」は『周易』繫辞上伝に「六爻の動きは、三極の道なり（六爻之動、三極之道也）」とあり、韓康伯は「三極とは、三材なり。三材の道を兼ぬるが故に、能く吉凶を見て、変化を成すなり（三極、三材也。兼三材之道、故能見吉凶、成変化也）」とする。「彝訓」は『尚書』酒誥「小子、惟れ土物を愛し、厥の心を臧《よ》くし、祖考の彝訓と、小大の徳とを聡聴せよ（小子、惟土物愛、厥心臧、聡聴祖考之彝訓、越〔与〕小大徳）」の伝に「言うこころは子孫皆父祖の常教を聡聴するなり（言子孫皆聡聴父祖之常教）」とある。なお『文心雕龍』論説篇には「聖哲の彝訓を経と曰い、経を述べ理を叙ぶるを論と曰う（聖哲彝訓曰経、述経叙理曰論）」との言もある。

（一八）経書を「不刊」とすることについては、杜預『春秋左氏伝』序に「左丘明経を仲尼より受けて以為らく、経とは不刊の書なりと（左丘明受経於仲尼、以為経者不刊之書也）」とある。

（一九）『礼記』礼運にはまた「故に聖人は天地に参じ、鬼神に並び、以て政を治むなり（故聖人参於天地、並於鬼神、以治政也）」との言もある。

（二〇）『漢書』刑法志に「夫れ人は天地の貌に肖《に》、五常の性を懐き、聡明精粋、有生の最も霊なる者なり（夫人肖天地之貌、懐五常之性、聡明精粋、有生之最霊者也）」とある。なお『文心雕龍』原道篇には「両儀既に生じ、惟だ人之に参ず。性霊の鍾《あつ》まる所、是を三才と謂う（両儀既生矣、惟人参之。性霊所鍾、是謂三才）」との言もある。

（二一）『春秋公羊伝』僖公三十一年に「石に触れて出で、膚寸にして合し、朝を崇《かさ》ねずして偏く天下に雨《あめふ》らす者は、唯だ泰山のみ。河海千里を潤す（触石而出、膚寸而合、不崇朝而偏雨乎天下者、唯泰山爾。河海潤於千里）」とある。これは「望祭」の対象である泰山、河、海について述べたものであるが、劉勰はこれを経書の広範な影響力を述べるために転用している。

（二二）「論説辞序」以下の各文体に関する言及は、それぞれ下記の篇に見えている。「論」「説」は論説篇。「辞」は書記篇。「序」は論説篇。「詔」「策」は詔策篇。「章」は章表篇。「奏」は奏啓篇。「賦」は詮賦篇。「頌」は頌讃篇。「歌」は明詩篇および楽府篇。「讃」は頌讃篇。「銘」は銘箴篇。「誄」は誄碑篇。「箴」は銘箴篇。「祝」は祝盟篇。「紀」「伝」は史伝篇。「盟」は祝盟篇。「檄」は檄移篇。なお、諸文体の起源を五経に配当する考え方は、のちに顔之推に継承されることになる。『顔氏家訓』文章篇には「夫れ文章とは、原《もと》五経より出ず。詔命策檄は、書より生ずる者なり。序述論議は、易より生ずる者なり。歌詠賦頌は、詩より生ずる者なり。祭祀哀誄は、礼より生ずる者なり。書奏箴銘は、春秋より生ずる者なり（夫文章者、原出五経。詔命策檄、生於書者也。序述論議、生於易者也。歌詠賦頌、生於詩者也。祭祀哀誄、生於礼者也。書奏箴銘、生於春秋者也）」とある。これは明らかに劉勰の着想を踏襲するものであるが、その分類に関しては『文心雕龍』と異なるところがある。

（二三）興膳宏「『文心雕龍』と『出三蔵記集』――その秘められた交渉をめぐって」（福永光司編『中国中世の宗教と文化』、京都大学人文科学研究所、一九八二）には、当該箇所に関して「劉勰が文体の淵源を五経に結びつけているのは、ただ単に文学ジャンル生成の史的考察としての意図からだけではなく、いま一つ、文学は経書の文章を軌範と仰いで、もう一度そこに回帰すべきだという見解を併せ持つと考えるべきである」との指摘がある。

（二四）劉勰の提示する「六義」について、岡村繁「『文心雕龍』における五経と文筆美」（『中国文学論集』一三、一九八四）は、陸機「文賦」に「区分かれて《〔文体が区別されて〕》茲に在りと雖も、亦た邪を禁じて放を制す。辞達して理挙《つ》くさるるを要す。故に冗長を取ること無し（雖区分之在茲、亦禁邪而制放。要辞達而理挙。故無取乎冗長）」とあることを挙げ、劉勰の所説は陸機による「総括的美文法則の細則に過ぎない」と評している。

（二五）「詩人の賦（詩人之賦）」について『法言』李軌注は「威儀を陳べ、法則を布く（陳威儀、布法則）」とし、「辞人の賦（辞人之賦）」については「奢侈相い勝り、靡麗相い越え、正に帰せざるなり（奢侈相勝、靡麗相越、不帰於正也）」とする。

（二六）このように劉勰が明確に巻頭五篇を一括しているにもかかわらず、後世の解釈には、巻頭五篇の結びつきを（各々固有の関心や立場にしたがって）恣意的に分断しようとするものがある。たとえば范文瀾『文心雕龍注』上（人民文学出版社、一九五八）は『文心雕龍』上篇全二十五篇の関係を体系的に図示し、各篇に位置づけを与えているが、そこでは原道篇、徴聖篇に下位するものとして、宗経篇のほかに諸子篇を繰り入れており、正緯篇は諸子篇の下位に置かれている。また辨騒篇に至っては単に最下層にある「文類」の一部をなすものとして、明詩篇〜哀弔篇と同列に位置づけられている。このような恣意的な裁断には、当然ながら数多くの批判がある。つとに林田愼之助「『文心雕龍』文学原理論の諸問題——劉勰における美の理念をめぐって」（『日本中国学会報』一九、一九六七）は、范文瀾の分断を「作為的な組み替え」と評し、「『文心雕龍』にたいして身勝手な儒教文学観による批評操作が、このような図式化にいたらしめたのである」と結論する。范文瀾は儒教的論調を重要視するあまり「正緯篇」「辨騒篇」を「文の枢紐（文之枢紐）」から除き去った、ということである。范文瀾の恣意的な裁断にはもちろんしたがえないが、本書では、劉勰にあっては「正緯篇」「辨騒篇」は必ずしも儒教の古典的正統性に矛盾するものではなかったという見地に立つ。

（二七）「山瀆」について范文瀾は、陳伯弢説に依拠しながら『遁甲開山図』『河図括地象』『古岳瀆経』を挙げ、「鍾律」については『漢書』芸文志にもとづきつつ『鍾律災応』『鍾律叢辰日苑』『鍾律消息』を挙げている。

（二八）殷周革命における瑞祥について、『史記』周本紀には「武王河を渡るに、中流にして白魚躍りて王の舟中に入る。武王俯して取りて以て祭る。既に渡る。火有りて上より下に復し、王屋に至る。流れて烏と為る。其の色赤く、其の声魄なりと云う（武王渡河、中流白魚躍入王舟中。武王俯取以祭。既渡。有火自上復于下、至于王屋。流為烏。其色赤、其声魄云）」とある。

（二九）『芸文類聚』巻八三には『礼斗威儀』の引用として「君金に乗じて王たりて、其の政平らかなれば、則ち黄金深山に見《あら》わる（君乗金而王、其政平、則黄金見深山）」および「君金に乗じて王たれば、則ち紫玉深山に見わる（君乗金而王、則紫玉見於深山）」との言がある。後者は『太平御覧』巻八〇四にも同文がある。

（三〇）「文の枢紐（文之枢紐）」と「辨騒篇」に関しては、門脇廣文に「『文心雕龍』考――「文之枢紐」の論理構造における〈辨騒〉篇の位置について」（『芸文研究』五四、一九八九）を中心とする全四篇の詳細な論考があり、それらはいずれも門脇廣文『文心雕龍の研究』（創文社、二〇〇五）に収録されている。

（三一）このことに関連して、『文心雕龍』時序篇には「屈平《〔屈原〕》は藻を日月に聯《かさ》ね、宋玉は彩を風雲に交う。其の艶説を観れば、則ち雅頌《〔『詩経』〕》を籠罩《〔捕捉〕》す。故に知る、煒燁たる奇意《〔粉飾された珍奇な着想〕》は、縦横《〔縦横家〕》の詭俗に出づるなりと（屈平聯藻於日月、宋玉交彩於風雲。観其艶説、則籠罩雅頌。故知、煒燁之奇意、出乎縦横之詭俗也）」とある。劉勰は、『楚辞』に含まれる戦国時代の俗風は縦横家の言説が原因であるとみている。

（三二）孔子の発言について、杜預注には「行うを得ると雖も猶お遠きに及ぶ能わず（雖得行猶不能及遠）」とある。

（三三）なお、このほかにも『論語』泰伯篇には堯の君徳を顕彰して「煥乎として其れ文章有り（煥乎其有文章）」とするが、これについて何晏は「煥は明なり。其の文を立て制を垂るること、又た著明《あき》らかなり（煥明也。其立文垂制、又著明）」と注している。

（三四）『毛詩』魏風「伐檀」には「河水清くして且つ漣猗たり（河水清且漣猗）」とあり、毛伝には「風行きて水の文を成すを漣と曰う（風行水成文曰漣）」とある。なお許慎『説文解字』には当該句の引用があるが、そこには「漣猗」を「淪猗」に作る。

（三五）孔安国注には「皮の毛を去るを鞟と曰う（皮去毛曰鞟）」とある。

（三六）『論語』雍也篇に「子曰く、質、文に勝てば則ち野、文、質に勝てば則ち史、文質彬彬として、然る後に君子たり（子曰、質勝文則野、文勝質則史、文質彬彬、然後君子）」とある。包咸は「彬彬は、文質の相い半ばするの貌なり（彬彬、文質相半之貌）」とする。なお「文」と「質」については、『礼記』表記に「子曰く、虞夏の質、殷周の文は至れり。虞夏の文は其の質に勝たず、殷周の質は其の文に勝たず（子曰、虞夏之質、殷周之文至矣。虞夏之文不勝其質、殷周之質不勝其文）」との言もある。鄭玄は「言うこころは王者は質文を相い変じて、各《おの》おの多《まさ》る所有り（言王者相変質文、各有所多）」とする。

（三七）「鳥跡」に関しては『説文解字』序に「黄帝の史《〔史官〕》倉頡、鳥獣蹏迒《〔足跡〕》の迹を見て、分理《〔文理〕》の相《たが》いに別異すべきを知るや、初めて書契《〔文字〕》を造る。百工以て乂《おさ》まり、万品以て察《あき》らかなり（黄帝之史倉頡、見鳥獣蹏迒之迹、知分理之可相別異也、初造書契。百工以乂、万品以察）」とある。「魚網」は『後漢書』蔡倫伝に「古より書契は多く編ずるに竹簡を以てし、其の縑帛《〔絹布〕》を用うる者は之を謂いて紙と為す。縑貴くして簡重く、並びに人に便ならず。倫《〔蔡倫〕》乃ち造意して、樹膚・麻頭及び敝布・魚網を用いて以て紙を為《つく》る（自古書契多編以竹簡、其用縑帛者謂之為紙。縑貴而簡重、並不便於人。倫乃造意、用樹膚麻頭及敝布魚網以為紙）」とある。

（三八）なお「立文の道（立文之道）」は、『文心雕龍』中にもうひとつの用例がある。『文心雕龍』指瑕篇には「夫の立文の道の若きは、惟だ字と義とのみ。字は訓を以て正しく、義は理を以て宣《あき》らかなり（若夫立文之道、惟字与義。字以訓正、義以理宣）」とある。文字に関しては訓詁の正確性を重視し、意味内容に関しては論理の明晰度を重視するということである。

（三九）なお、文章の音律的整合性を「五色」に関連づけて論じることには、すでに先例がある。陸機「文賦」には「音声の迭《たが》いに代わるに曁《およ》びては、五色の相《たが》いに宣《あき》らかなるが若し（曁音声之迭代、若五色之相宣）」とあり、これについて李善は「言うこころは音声迭いに代わりて文章を成すは、五色相いに宣らかにして繍を為すがごときなり（言音声迭代而成文章、若五色相宣而為繍也）」とする。また沈約『宋書』謝霊運伝論には「夫れ五色相いに宣らかにして、八音協《まじわ》り暢《いた》るは、玄黄律呂の、各おの物宜に適うに由る（夫五色相宣、八音協暢、由乎玄黄律呂、各適物宜）」との言がある。

（四〇）なお劉勰は、「形文」「声文」「情文」のうち、もっとも根底的なるものとして、とりわけ「情文」を重視していた。『文心雕龍』情采篇には「文采は言を飾る所以なれども、辯麗は情性に本づく。故に情とは文の経、辞とは理の緯なり。経正しくして而る後に緯成り、理定まりて而る後に辞暢べらる。此れ立文の本源なり（文采所以飾言、而辯麗本於情性。故情者文之経、辞者理之緯。経正而後緯成、理定而後辞暢。此立文之本源也）」とあり、また同篇の賛には「彩を繁くして情を寡くすれば、之を味わうもの必ず厭う（繁彩寡情、味之必厭）」との言もある。

（四一）『周礼』冬官考工記に「青と赤と、之を文と謂い、赤と白と、之を章と謂い、白と黒と、之を黼と謂い、黒と青と、之を黻と謂う。五采備わる、之を繡と謂う（青与赤、謂之文、赤与白、謂之章、白与黒、謂之黼、黒与青、謂之黻。五采備、謂之繡）」とある。また『荀子』非相篇には、君子について「人に観《しめ》すに言を以てすれば黼黻文章より美し（観人以言美於黼黻文章）」との言がある。なお『説苑』修文篇には「士の服は黻、大夫は黼、諸侯は火、天子は山龍（士服黻、大夫黼、諸侯火、天子山龍）」とあるが、これは身分に応じた各々の礼服の紋様について述べたものである。

（四二）『漢書』礼楽志に「舜は招を作り、禹は夏を作る（舜作招、禹作夏）」とあり、その注には「招は読みて韶と曰う（招読曰韶）」とある。いずれも聖人の制定した楽曲である。

（四三）『後漢書』蔡邕伝に「少《おさな》くして博学にして、太傅の胡広に師事す。辞章・数術・天文を好み、妙《たく》みに音律を操る（少博学、師事太傅胡広。好辞章数術天文、妙操音律）」とある。これは蔡邕が理数方面の知見にすぐれていたことを示す記述であるが、ここで「辞章」は「数術」や「天文」と並称されるほどに厳密な整合性を有するものとされている。

（四四）沈約の声律論と儒教的正統性に関しては、本書第十章「辞人の位置――沈約『宋書』謝霊運伝論考」参看。

(四五)なお岡村繁「『文心雕龍』における五経と文筆美」(前掲)は、劉勰の経典重視・儒教礼讃の背景には、南斉武帝より梁武帝に至る儒教重視の政策があるとし、また沈約『宋書』謝霊運伝論の影響を指摘している。

第十二章　隠 ――『文心雕龍』の言語思想――

序

『文心雕龍』隠秀篇において、劉勰は「隠」という概念を提示し、その内容を「文外の重旨（文外之重旨）」すなわち「文」の外部に重層的・複層的に重ね合わせられている意味のこととしている。この「文」の外部に重ね合わせられている意味とは、従来は、言外の含蓄や余韻のことと理解されてきた。[一]しかし、それはただ単に含蓄や余韻などの修辞的なもの、あるいは感覚的・感性的なものと捉えるだけでは十分なものとは思われないところがある。

本章は『文心雕龍』における「隠」をめぐって、それが単なる含蓄や余韻などではなく、むしろ言語においては捉えきれないもの、言語の外側にあるものを、つかみとろうとする一つの知的な構想、営為であることを論じようとするものである。

I

まず、『文心雕龍』隠秀篇の「隠」にかかわる文を引く。

文の英蕤に、秀有り、隠有り。隠なる者は、文外の重旨なる者なり。秀なる者は、篇中の独抜なる者なり。隠は複意を以て工と為し、秀は卓絶を以て巧と為す。

（文之英蕤、有秀、有隠。隠也者、文外之重旨者也。秀也者、篇中之独抜者也。隠以複意為工、秀以卓絶為巧。）

〔『文心雕龍』隠秀篇〕

劉勰は「隠」とは「文外の重旨（文外之重旨）」すなわち「文」の外側に重ね合わせられている意味のことであり、またそれは「複意」――複層的に意味が重ね合わされること――によってこそ、巧みなものであると評価できるものである、とする。

これについての従来の解釈は、すでに指摘したように表現の外に感じられる含蓄や余韻であるとするものであり、そのように「隠」を一種の修辞上の概念とするのが、現代における標準的解釈であるといえる。

こうした標準的解釈にとって、その根拠となっているのは、次の張戒『歳寒堂詩話』の言である。

沈約云く、相如〔司馬相如〕は工《たく》みに形似の言を為し、二班〔班彪・班固〕は情理の説に長ずと。劉勰云く、情の詞外に在るを隠と曰い、状の目前に溢るるを秀と曰うと。梅聖兪云く、尽くせざるの意を含みて言外に見《あら》わし、写し難きの景を状《かたど》りて目前に在るが如くすと。三人の論は、其の実は一なり。

（沈約云、相如工為形似之言、二班長于情理之説。劉勰云、情在詞外曰隠、状溢目前曰秀。梅聖兪云、含不尽之意見于言外、状難写之景如在目前。三人之論、其実一也。）

〔『歳寒堂詩話』上〕

ここで張戒が引く劉勰の言は、「隠」を「情が言葉の外にあること」としている。すなわちここでは「情」と「詞」との関係において「隠」が説明されており、「情」という語に注目する限りにあっては、「隠」を表現技巧・修辞的問題として解釈する根拠となり得るものといえる。[二] しかし「隠」は、単にそのような範囲にとどまるものとはいえないところがある。そもそも『文心雕龍』諧讔篇には「讔」という概念が示され、それは「隠」のことであるとの記事がある。

讔とは、隠なり。遯辞以て意を隠し、譎譬以て事を指すなり。
（讔者、隠也。遯辞以隠意、譎譬以指事也。）
〔『文心雕龍』諧讔篇〕

劉勰によると、「讔」とは直接、露骨に言及することを避けつつ、婉曲な表現を用いながら事態を指し示すことであるという。これについて范文瀾は、その具体例として『国語』周語の記述を挙げている。[三] 韋昭注とあわせて以下に示す。

〔国語〕秦客の朝に廋辞すること有り。
（有秦客廋辞於朝。）
〔韋昭〕廋は、隠なり。隠伏譎詭の言を以て朝に問うを謂うなり。
（廋、隠也。謂以隠伏譎詭之言問於朝也。）
〔『国語』周語〕

この『国語』の場合は、その韋昭注にあるように、「隠」によって朝廷への問責をおこなったことをいうものである。また劉勰みずからも、そのような例を『文心雕龍』に記している。

昔、還社、拯《すくい》を楚師に求むるに、眢井に喩えて麦麹を称す。叔儀、糧を魯人に乞うに、佩玉を歌いて庚癸を呼ぶ。伍挙、荊王を刺るに大鳥を以てし、斉客、薛公を譏るに海魚を以てす。荘姫は辞を竜尾に託し、臧文は書を羊裘に謬る。隠語の用は、紀伝を被うなり。

（昔、還社、求拯於楚師、喩眢井而称麦麹。叔儀、乞糧於魯人、歌佩玉而呼庚癸。伍挙、刺荊王以大鳥、斉客、譏薛公以海魚。荘姫託辞於竜尾、臧文謬書於羊裘。隠語之用、被於紀伝。）　［『文心雕龍』諧讔篇］

ここに挙げられた事例からみると、(四) 劉勰が総括するように、「隠語（讔）」の使用例は、まさに歴史を覆いつくすかのように多数存在している。そしてこれらはいずれも、当の対象には直接言及せずに、「遯辞」や「譎譬」によって相手に事態をわからせようとするものであった。この諧讔篇の「遯辞」や「譎譬」すなわち「讔」とは、言語によって語るもの以上のところに本当の意味を見よう／示そうとする、そのような意をもつものであるといえる。では、「隠」すなわち言語によって語るもの以上のところとは、「遯辞」や「譎譬」のような場合以外に、さらにどのような事態があるのであろうか。劉勰は次のように述べる。

夫れ隠の体たる、義は文外に生ず。秘響旁《あまね》く通じ、伏采潜かに発《あら》わる。譬えば爻象の互体を変じ、川瀆の珠玉を韞《つつ》むがごときなり。故に互体爻を変じて、化して四象を成し、珠玉は水に潜みて、瀾《なみ》は方円を表す。
（夫隠之為体、義生文外。秘響旁通、伏采潜発。譬爻象之変互体、川瀆之韞珠玉也。故互体変爻、而化成四象、珠玉潜水、而瀾表方円。）

〔『文心雕龍』隠秀篇〕

劉勰は「隠」すなわち「文外の重旨（文外之重旨）」を、「秘められた響《おと》（秘響）」や「伏せられた采《いろどり》（伏采）」にたとえ、またそれらを「互体」や「珠玉」のようなものとみる。それでは、「互体」と「珠玉」とはどういうことなのであろうか。このうち、まず「珠玉」について検討する。水面下に潜んだ「珠玉」は表層からは見ることができないが、そこに「珠玉」が存在しているらしいことは、川面に波立つ「方円」によってうかがうことができる。では、その「方円」から「珠玉」そのものにはどのようにして迫るのか。この「文外」の「珠玉」については典故がある。王充『論衡』自紀篇の「或るひと」の発言である。

或るひと曰く、口の辯なる者は其の言深く、筆の敏なる者は其の文沈《ふか》し。案ずるに経芸の文、賢聖の言は、鴻重優雅なるも、卒《にわ》かには暁睹し難し。世の之を読む者は、訓古して乃ち下す。蓋し賢聖の材鴻なるが故に、其の文語と俗とは通ぜざればなり。玉は石間に隠れ、珠は魚腹に匿れ、玉工珠師に非ざれば、能く采《と》り得ること莫し。寳物の隠閉して見《あら》われざるを以てすれば、実語も亦た宜しく深沈にして測り難かるべしと。
（或曰、口辯者其言深、筆敏者其文沈。案経芸之文、賢聖之言、鴻重優雅、難卒暁睹。世読之者、訓古乃下。蓋賢聖之材鴻、故其文語与俗不通。玉隠石間、珠匿魚腹、非玉工珠師、莫能采得。寳物以隠閉不見、実語亦宜深沈難測。）

〔『論衡』自紀篇〕

聖人の言葉は立派ではあるが、立派であるがゆえに、世人には即座には理解し難い。「或るひと」はこれを、「玉」や「珠」が隠れた状態にあると表現する。この「珠玉」とは、まさに文章の表層に現れてはいないけれども、その背後に本来的に存在しているものである。しかし、それは誰にでも容易に取り出せるものではない。「玉工」や「珠師」のような、その道に通じた者でなくては取り出せないものである。その意味で「珠玉」は、聖人を理解するにあたって、日常的な言語を超えて測り難い、より本質的なもの、「実語」である、という。

この『論衡』自紀篇をふまえると、劉勰が「隠」を「珠玉」になぞらえたのは、日常の言語を超える「文外の重旨（文外之重旨）」は、文に示されたものよりも、より本質的なものを措定・指示し、それを理解するためには、その方法に習熟していなければならないということであったといえる。

II

言語に対して、言語以上のところに本質を措定するということ、あるいは、言語以上、言語を超える本質を言語は語り得るのか（捉え得るのか）、語り得ないのか（捉え得ないのか）、という問題は、そもそも儒教内部においては一つの伝統的な主題であった。それは『周易』繋辞上伝の次の言を淵源とする。

子曰く、書は言を尽くさず、言は意を尽くさず。然らば則ち聖人の意は、其れ見るべからざるかと。
（子曰、書不尽言、言不尽意。然則聖人之意、其不可見乎。）

［『周易』繋辞上伝］

これは「聖人の意（聖人之意）」について、「言」は「不尽意」であるということをいうものであるが、このことが「聖人の意（聖人之意）」のみにとどまらず、言語と思惟一般の問題に拡張されたものが、魏晋玄学における言尽意・言不尽意問題であった。(五) その議論の情況について、「言尽意論」を著した西晋の欧陽建は次のように述べている。

世の論ずる者、言は意を尽くさずと以為《おもえ》ること、由来は尚し。通才達識に至るも、咸《みな》以て然りと為す。夫の蒋公〔蒋済〕の眸子を論じ、鍾〔鍾会〕傅〔傅嘏〕の才性を言うが若きは、此を引きて談証を為さざるは莫し。

（世之論者、以為言不尽意、由来尚矣。至乎通才達識、咸以為然。若夫蒋公之論眸子、鍾傅之言才性、莫不引此為談証。）

〔欧陽建「言尽意論」〕

これによると、魏晋期にあっては「言尽意」よりもむしろ「言不尽意」の立場の方が主流であったという。この思想的潮流の中で、三国魏の王弼は当時の基本的立場をふまえつつも、単純な「言不尽意」とはやや異なる議論を展開していた。

夫れ象とは、意を出だす者なり。言とは、象を明らむる者なり。意を尽くすは象に若くは莫く、象を尽くすは言に若くは莫し。……〔中略〕……意は象を以て尽くされ、象は言を以て著《あらわ》る。

（夫象者、出意者也。言者、明象者也。尽意莫若象、尽象莫若言。……〔中略〕……意以象尽、象以言著。）

〔『周易略例』明象篇〕

王弼は「言」と「意」との中間に「象」を挿入することによって、「言」と「意」とを、「尽意」か「不尽意」かの二項関係から切り離し、その一方で「言」から「象」、「象」から「意」とたどる階梯を設定することによって、「意」に到達する可能性を提示したのである。そうすることで「意」は「言」によっては語り得ないが（言不尽意）、「象」を通ずるならば示し得るとしたのである。ここで王弼がおこなった操作は、いわば「意」の記号化である。王弼は『周易』の卦象という言語以外の体系を導入することで、「言不尽意」でありつつも、「意」をシステマティックに捉えることが可能であるとしたのであった[六]。

劉勰の提示する「隠」が、こうした『周易』繋辞上伝以来の「言不尽意」の伝統を背景とすることは、すでに指摘されているのではあるが[七]、では、実際に劉勰はどのようなものとして言語以上のところを示しているのか、あるいは言語以上のところを示すために、どのように言語の限界を述べているのか。

思表の繊旨、文外の曲致に至りては、言の追わざる所なれば、筆は固より止まるを知るのみ。至精にして而る後に其の妙を闡き、至変にして而る後に其の数に通ず。伊摯、鼎を言う能わず、輪扁、斤を語る能わず。其れ微なるかな。

（至於思表纖旨、文外曲致、言所不追、筆固知止。至精而後闡其妙、至変而後通其数。伊摯、不能言鼎、輪扁、不能語斤。其微矣乎。）

〔『文心雕龍』神思篇〕

ここで劉勰は「思表の繊旨、文外の曲致（思表繊旨、文外曲致）」――思惟の外にある繊細な意味や文外の極致――

は、言語の及び得ないところのものであるとする。そしてその事態を論証するために、さまざまな典拠を用いる。まず、「至精」は『周易』繫辞上伝の次の言を典拠とする。

其の命を受くるや嚮きの如く、遠近幽深有ること无くして、遂に来物を知る。天下の至精に非ざれば、其れ孰か能く此に与らんや。

（其受命也如嚮、无有遠近幽深、遂知来物。非天下之至精、其孰能与於此。）　〔『周易』繫辞上伝〕

また、「至変」も『周易』繫辞上伝をふまえる。

其の変に通じて遂に天地の文を成す。其の数を極めて遂に天下の象を定む。天下の至変に非ざれば、其れ孰か能く此に与らんや。

（通其変遂成天地之文。極其数遂定天下之象。非天下之至変、其孰能与於此。）　〔『周易』繫辞上伝〕

劉勰は「至精」「至変」という『周易』の理想的な境位に依拠することによって、通常の分析的言表を超える「妙」や「数」を明らかにし、またそれらに通ずることができるとする。劉勰はこれにつづけて伊尹・輪扁の二つの故事を挙げて、そのことを確認している。伊尹の典拠は『呂氏春秋』孝行覧・本味である。

鼎中の変は、精妙微繊にして、口の言う能わず、志の喩る能わず。射御の微、陰陽の化、四時の数の若し。

（鼎中之変、精妙微繊、口不能言、志不能喩。若射御之微、陰陽之化、四時之数。）

〔『呂氏春秋』孝行覧・本味〕

輪扁の典拠は『荘子』天道である。

輪を斲《けず》るに、徐《ゆるや》かなれば則ち甘《ゆる》くして固ならず、疾《すばや》ければ則ち苦《せま》くして入らず。徐かならず疾からざるは、之を手に得て心に応ず。口言うこと能わず。数の其の間に存する有り。臣は以て臣の子に喩す能わず、臣の子も亦た之を臣より受くる能わず。

（斲輪、徐則甘而不固、疾則苦而不入。不徐不疾、得之於手而応於心。口不能言。有数存焉於其間。臣不能以喩臣之子、臣之子亦不能受之於臣。）

〔『荘子』天道〕

これらは両者ともに、技術の要諦は言語によっては語りきれないということを述べたものである。(八) ここで留意すべきは、『呂氏春秋』はそれを「陰陽の化（陰陽之化）」や「四時の数（四時之数）」になぞらえ、また、『荘子』もこれを「数」としていることである。このことから、これらは単純なコツとか要領というよりも、「数」すなわち一種の規則性・法則性を志向していることがうかがわれる。実際に、劉勰自身も『周易』にもとづきつつ「至変にして而る後に其の数に通ず（至変而後通其数）」〔『文心雕龍』神思篇〕と述べていた。つまり、そこには言語による以上の、秩序ある本質が存在している、というのである。劉勰は、これらの古典的思索に依拠しながら、言語以上のところに、秩序ある本質的境地というものを示そうとしているのである。また、このほかに劉勰は、次のようにも述べている。

夫れ形より上なる者、之を道と謂い、形より下なる者、之を器と謂う。神道は摹《うつ》し難く、精言も其の極を追うこと能わず。形器は写し易く、壮辞は其の真を喩すを得べし。才に短長あるに非ず、理に自ら難易あるのみ。

（夫形而上者、謂之道、形而下者、謂之器。神道難摹、精言不能追其極。形器易写、壮辞可得喩其真。才非短長、理自難易耳。）

〔『文心雕龍』夸飾篇〕

ここで劉勰は、まず『周易』繋辞上伝の文をそのまま引用している。時代的には劉勰以後になるが、孔穎達はこの繋辞上伝の「道」「器」を次のように敷衍している。

道は是れ无体の名、形は是れ有質の称なり。……〔中略〕……是れ道は形の上に在り、形は道の下に在り。故に形外より已上の者は、之を道と謂うなり。形内より下の者は、之を器と謂うなり。

（道是无体之名、形是有質之称。……〔中略〕……是道在形之上、形在道之下。故自形外已上者、謂之道也。自形内而下者、謂之器也。）

〔『周易』繋辞上伝孔穎達疏〕

また、『文心雕龍』の「神道」の典拠も『周易』観卦彖伝に見えている。そしてその王弼注、孔穎達疏はそれぞれ次のようになっている。

〔彖伝〕聖人は神道を以て教を設けて、天下服す。

（聖人以神道設教、而天下服。）

［王弼注］神とは、則ち無形なる者なり。

（神、則無形者也。）

［孔穎達疏］神道とは微妙無方にして、理として知るべからず、目として見るべからず、然る所以を知らずして然る、之を神道と謂う。

（神道者微妙無方、理不可知、目不可見、不知所以然而然、謂之神道。）

［『周易』観卦彖伝］

劉勰はこれら『周易』以来の思索に依拠しながら、言語で語り得るものの極限ということに迫ろうとしていたといえる。それは、たとえ言語がどれほど精緻であっても、具体的形象を持たない、無形なるものの究極には、言語を方法としては追いつくことができない、というものであった。そして劉勰によると、こうした言語の限界は、言語を用いる者の才能に長短があるのではなく、言語によって指示される（あるいは指示され得ない）「理」（九）の側におのずから難易があるため、その極限には至り得ないとされたのである。これらからみて、劉勰の思想的立場は、いわゆる「言不尽意」であったといえるのであるが、劉勰はこれによって『周易』以来の古典的思索を根拠として、言語にもたらし得ない、無形の本質というものがあるということを示したのである。

Ⅲ

劉勰によるいわゆる「言不尽意」の思索とは、『周易』由来の「道」や「神道」という形而上者について、それらは「文外」のものであり、言語によっては語り尽くせないとするものであった。その「文外」とは、すでに見たように「珠玉」にたとえられて、言語以上の真理を示すものと価値づけられていた。それでは、常人では取り出すことのできないとされていた、その「珠玉」は、どのようにすれば取り出し可能なのだろうか。ここで、「文外」について述べた隠秀篇の記述を再掲する。

夫れ隠の体たる、義は文外に生ず。秘響旁《あまね》く通じ、伏采潜かに発《あら》わる。譬えば爻象の互体を変じ、川瀆の珠玉を韞《つつ》むがごときなり。故に互体爻を変じて、化して四象を成し、珠玉は水に潜みて、瀾《なみ》は方円を表す。

（夫隠之為体、義生文外。秘響旁通、伏采潜発。譬爻象之変互体、川瀆之韞珠玉也。故互体変爻、而化成四象、珠玉潜水、而瀾表方円。）

『文心雕龍』隠秀篇

さらに、隠秀篇の賛の、次の言もあわせて見てみる。

深文は隠蔚として、余味曲《あまね》く包まる。辞は互体を生じ、変爻に似たる有り。

（深文隠蔚、余味曲包。辞生互体、有似変爻。）

『文心雕龍』隠秀篇・賛

これらの記述は、劉勰が言語以外の方法をもってすれば「文外」をも捉え得るかもしれない、ということを自覚していたことを示している。というのは、劉勰は「隠」について、「珠玉」と並んで、「互体」の語を引いて説明しているからである。

「互体」とは、『周易』における爻の操作方法の一つである。これについて、朱震『漢上易伝』には次のようにある。

［経］若し夫れ物を雑え徳を撰び、是と非とを弁ぜんとすれば、則ち其の中爻に非ざれば備わらず。

（若夫雑物撰徳、弁是与非、則非其中爻不備。）

［朱震］若し夫れ八卦の物を糅雑し、六爻の徳を撰定し、得失是非を弁ぜんとすれば、則ち中爻に非ざれば備わらず。中爻とは崔憬の所謂二三四五、京房の所謂互体、是れなり。

（若夫糅雑八卦之物、撰定六爻之徳、弁得失是非、則非中爻不備。中爻崔憬所謂二三四五、京房所謂互体、是也。）

［朱震『漢上易伝』繋辞下伝］

『周易』繋辞下伝の「中爻」解釈をめぐり、朱震は崔憬（一〇）と京房の言を取り上げ、そしてそこに「互体」という考えを引き出す。京房による「互体」の定義は、王応麟によると、次のようなものである。

京氏［京房］謂う、二より四に至るを互体と為し、三より五に至るを約象と為すと。儀礼疏に云う、二より四に至り、三より五に至るは、両体交互、各《おの》おの一卦を成す。先儒之を互体と謂うと。

（京氏謂、二至四為互体、三至五為約象。儀礼疏云、二至四、三至五、両体交互、各成一卦。先儒謂之互体。）

［『困学紀聞』易］

また、次の記述も王応麟による。

鄭康成《鄭玄》費氏易を学び、注九巻を為《つく》り、多く互体を論ず。互体を以て易を求むるは、左氏以来之有り。凡そ卦爻の二より四に至り、三より五に至るは、両体交互、各《おの》おの一卦を成す。是を一卦に四卦を含むと謂う。繫辞之を中爻と謂う。

（鄭康成学費氏易、為注九巻、多論互体。以互体求易、左氏以来有之。凡卦爻二至四、三至五、両体交互、各成一卦。是謂一卦含四卦。繫辞謂之中爻。）

［『輯周易鄭注』王応麟序］

以上によれば「互体」とは、一卦六爻のうちの第二・第三・第四爻、もしくは第三・第四・第五爻を取り出して新たな卦を生成する卦の操作である。[一一] その操作によるならば、「互体」とは、卦中にあらかじめ含み込まれていながらも、その表面には現れていない意味を、爻を操作することによって眼前に引き出してくるものである。そしてそこには、取り出す前の卦が決定されていると、そこから取り出される「互体」の卦が必然的に定まる、という法則がある。[一二] このように「互体」には、それ自体における一種の整序だった体系性が存在している。そしてそれは、明らかに言語によって記述されるという秩序体系とは異なったものである。

王応麟の言が示すように、「互体」の操作は、京房や鄭玄といった漢儒によって主におこなわれてきたものであった。[一三] しかしその後、三国魏に入ると「互体」をめぐる事情には変化が訪れる。

会《鍾会》嘗て易に互体無きと、才性の同異とを論ず。会の死後に及びて、会の家に于て書二十篇を得、名づけて道論と曰う。而れども実は刑名家なり。其の文は会に似たり。

（会嘗論易無互体、才性同異。及会死後、于会家得書二十篇、名曰道論。而実刑名家也。其文似会。）

〔『三国志』魏書鍾会伝〕

これは、鍾会が「易無互体」を論じたことを伝えるものである。しかし、この鍾会「易無互体」論は、現在散佚してしまっており、その議論の詳細は不明である。それでも「易無互体」という題名からは、鍾会が「互体」という方法を否定的に捉えていたことがうかがえる。また、鍾会と同時期に王弼も次のように述べている。

互体足らざれば、遂に卦変に及び、変又た足らざれば、五行を推致す。一たび其の原を失えば、巧愈弥《いよいよ》甚し。縦《たと》い復た或いは値《あ》たるも、而れども義は取る所無し。蓋し象を存して意を忘るるが由《ゆえ》なり。象を忘れて以て其の意を求むれば、義は斯に見《あら》わる。

（互体不足、遂及卦変、変又不足、推致五行。一失其原、巧愈弥甚。縦復或値、而義無所取。蓋存象忘意之由也。忘象以求其意、義斯見矣。）

〔『周易略例』明象篇〕

王弼の論は、『易』の操作をさまざまに、また複雑に用いれば用いるほど、その本質が損なわれていってしまうというものである。(一四) つまりここにも、どちらかというと「互体」を否定的に捉える視座がある。「互体」による易解釈は、三国魏においては、漢儒の頃とは異なり、比較的低調になっていたといえる。

では、劉勰は何故、そのように低調であった「互体」を敢えて導入したのだろうか。

劉勰の行論においては、「互体」とは「隠」と言語との間の論理的アナロジーとして導入されたものである。「互体」とは、卦の表面には現れていない隠れた意味を、一定の爻操作を方法として引き出すものであった。そしてその操作は、システマティックな手順をそなえている。劉勰は「互体」の方法のごとく、言語の背後に隠れている「文外の重旨（文外之重旨）」を、言語に添いつつも言語には載らない何らかのものとして、方法的法則性をもって取り出すことができるかもしれない、とみているのである。

そもそも「文外の重旨（文外之重旨）」とは、本来、通常の言語や論理では捉えられないもののことである。しかし劉勰は、それを捉えんがために、ここでひとつの飛翔をおこなうのである。すなわち、劉勰は「文外」について、言語的分析を超えつつ、言語とは別の何らかの理知的な構造・構想においてそれを捉えようとするのである。そしてその飛翔は「互体」の論理を一つの拠り所としていた。劉勰はそれによって、すでに存在はしているが、まだ見えてはいない「珠玉」――文外に隠れているものを、引き出してくることが可能であるとみていたのである。

Ⅳ

劉勰が提示した「隠」とは、以上のような内実をもつものであった。そしてこのような、劉勰が「文外」をある種の秩序・方法によって捉え得るとみるのは、また『文心雕龍』一書全体を貫通する世界像と関連するものでもあった。そもそも『文心雕龍』全体の冒頭は、次のような文によってはじまる。

文の徳たるや大なり。天地と並び生ずるは何ぞや。夫れ玄黄は色雑わり、方円は体分かる。日月は璧を畳ねて、以て麗天《りてん》の象を垂れ、山川は煥綺として、以て理地の形を鋪く。此れ蓋し道の文なり。

（文之為徳也大矣。与天地並生者何哉。夫玄黄色雑、方円体分。日月畳璧、以垂麗天之象、山川煥綺、以鋪理地之形。此蓋道之文也。）

『文心雕龍』原道篇

天地日月山川としてある万物は「道の文（道之文）」である。すなわち「道」の具体的な顕現である。これは『周易』を典拠として述べられているものである。

離は、麗なり。日月は天に麗《つ》き、百穀草木は土に麗《つ》く。

（離、麗也。日月麗乎天、百穀草木麗乎土。）

『周易』離卦彖伝

天に在りては象を成し、地に在りては形を成し、変化見《あら》わる。

（在天成象、在地成形、変化見矣。）

『周易』繫辞上伝

仰ぎては以て天文を観、俯しては以て地理を察す。

（仰以観於天文、俯以察於地理。）

『周易』繫辞上伝

物相い雑わる、故に文と曰う。

（物相雑、故曰文。）

『周易』繫辞下伝

これらによれば、万物は単にとりとめなく、ただそのありのままに出現したというものではない。「文」や「理」として——すなわち、秩序・構造をそなえて顕現するものである。つまり、万物は「道」の条理を反映して存在している。万物はそれ自体において、「道」にもとづく条理を具備しているのである。そして劉勰はさらに「故に形立てば則ち章成る。声発すれば則ち文生ずるなり。夫れ無識の物を以てするも、鬱然として彩有り。有心の器、其れ文無からんや（故形立則章成矣。声発則文生矣。夫以無識之物、鬱然有彩。有心之器、其無文歟）」〔『文心雕龍』原道篇〕としたうえで、「人文」について次のように述べる。

人文の元は、肇まるに太極よりす。神明に幽賛するは、易象惟れ先なり。庖犧其の始めを画し、仲尼其の終りを翼《たす》く。
（人文之元、肇自太極。幽賛神明、易象惟先。庖犧画其始、仲尼翼其終。）　〔『文心雕龍』原道篇〕

劉勰は「人文」すなわち人間秩序の起源を「太極」（二五）とする。「人文」と「太極」との関係は、「道の文（道之文）」である万物と「道」との関係とパラレルなものである。そしてそれらはいずれも「文」と「文外」という対称関係をなし、また同時に「文外」を根拠として「文」が成り立つという関係にある。劉勰においては「道」や「太極」は、まさに「文外の重旨（文外之重旨）」なのであった。そして劉勰は、その「文外の重旨（文外之重旨）」への遡及を、やはりここでも『周易』にもとづいて試みているのである。「道の文（道之文）」と「人文」の論において劉勰が依拠した典拠は、次のようなものであった。

昔者《むかし》、聖人の易を作るや、神明に幽賛して蓍を生ず。

（昔者、聖人之作易、幽賛神明而生蓍。）〔『周易』説卦伝〕

古者、包犠氏の天下に王たるや、仰ぎては則ち象を天に観、俯しては則ち法を地に観、鳥獣の文と地の宜を観て、近きは諸《これ》を身に取り、遠きは諸を物に取る。是に於て始めて八卦を作り、以て神明の徳に通じ、以て万物の情を類す。

（古者、包犠氏之王天下也、仰則観象於天、俯則観法於地、観鳥獣之文与地之宜、近取諸身、遠取諸物。於是始作八卦、以通神明之徳、以類万物之情。）〔『周易』繫辞下伝〕

劉勰にとって「文外」への到達には、ひとつには『周易』の卦象を通ずるという選択がモデルとして存在していたといえる。そしてそのことは、劉勰が「文外」について、言語とは異なる知的な方法によって把捉し得るものとみていたことを示すものであった。さらに、『周易』の卦象に代表される「文」こそが、「文外」を志向し、そこに到達し得るとされたのであった。

結

本章では『文心雕龍』の言語思想について、とくに「隠」を中心に探究してきた。「隠」すなわち「文外の重旨（文外之重旨）」とは、「珠玉」に比況し得る価値をもつものであったが、それはまた、言語によって記述し得る以上のところのものであった。それは『周易』における「道」や「神道」といった形而上者、あるいは無形の本質のようなものであった。そして劉勰は、言語によっては及び得ない、言語の背後に隠れている「文外の重旨（文外之重旨）」を、言語以外の何らかの方法――すなわち「互体」のような――をもって取り出すことを構想したのである。言語以上のところを言語とは別の知的な構造において把捉すること、その可能性を探究したものが劉勰の「隠」であった。

《　注　》

（一）范文瀾『文心雕龍注』下（人民文学出版社、一九五八）は、「文外の重旨（文外之重旨）」について「重旨とは、言葉が簡潔で意味内容に富み、興趣は尽きることがないこと（重旨者、辞約而義富、含味無窮）」としている。参考として『文心雕龍』の当該箇所の邦訳を掲げておく。

「文学作品の見どころには、顕著なものと隠微なものがある。隠微なものとは、文章の外ににじみ出る含蓄であり、顕著なものとは、一篇の中でひときわ目を引く秀句である。含蓄は複雑な思想に支えられてすぐれたものとなり、秀句は群を抜く見せ場を構成する事によって価値を有する。」

（興膳宏訳［一海知義・興膳宏『陶淵明・文心雕龍（世界古典文学全集）』、筑摩書房、一九六八］）

「文章の英華には秀と隠とがある。隠というのは文外にあふれ出る大切な趣き、秀というのは一篇の中の卓抜なる秀句である。隠はその文意が複雑であるのがいいのだし、秀はそのことばが卓抜であるのがねうちである。」

（目加田誠訳［目加田誠篇『文学芸術論集（中国古典文学大系）』、平凡社、一九七四］）

「文章美の極致には「秀」と「隠」ということがある。「隠」とは、表現の背後に感じ取れる含蓄のことであり、「秀」とは、表現の中でずばぬけている句のことである。「隠」は複雑な余韻のあるものが上等であり、「秀」は他の追随を許さぬものを巧妙とする。」

（戸田浩暁訳［戸田浩暁『文心雕龍（新釈漢文大系）』下、明治書院、一九七八］）

（二）ただし、ここに見えている劉勰の一文は「隠」と「秀」とを定義するものであるにもかかわらず、現行の『文心雕龍』には見えていない。『四庫提要』によると、『文心雕龍』隠秀篇にはもともと闕文があり、今日の隠秀篇は明末に補入された偽作四百余字を含むものであるという。しかし、偽作とされている部分を含め、この一文は隠秀篇には見えておらず、『歳寒堂詩話』による採録の由来は不明である。この『歳寒堂詩話』一文の内容が「隠」と「秀」との定義的なものであるため、現代の学説はこれを明代の偽入とは別の、もともとの『文心雕龍』隠秀篇の佚文であるとみなしている。隠秀篇の後代における補入や佚文の所在について、従来の説をまとめたものとしては、戸田浩暁『文心雕龍（新釈漢文大系）』下（前掲）および詹鍈『文心雕龍義証』下（上海古籍出版社、一九八九）が詳細である。

（三）范文瀾『文心雕龍注』下（前掲）参看。

（四）これらの事例について、それぞれの出典は次の通りである。「還社」の例は『春秋左氏伝』宣公十二年。「叔儀」の例は『春秋左氏伝』哀公十三年。「伍挙」の例は『史記』楚世家。「斉客」の例は『戦国策』斉策。「荘姫」の例は『列女伝』弁通伝。

（五）『世説新語』文学篇に「旧云う、王丞相〔王導〕江左を過《よぎ》りてより、止《た》だ声無哀楽、養生、言尽意の三理を道《い》うのみ（旧云、王丞相過江左、止道声無哀楽、養生、言尽意三理而已）」とある。なお、魏晋玄学における言尽意・言不尽意問題に言及した論著には、蜂屋邦夫「言尽意論と言不尽意論」（『東洋文化研究所紀要』八六、一九八一）、および堀池信夫『漢魏思想史研究』（明治書院、一九八八）、中島隆博『残響の中国哲学　言語と政治』（東京大学出版会、二〇〇七）などがある。本書第五章「言尽意・言不尽意論考」参看。

（六）ただし「意」と「象」との関係については、ただちに王弼の独創と断定できるものではない。そもそも『周易』繫辞上伝には「聖人は象を立てて以て意を尽くし、卦を設けて以て情偽を尽くす（聖人立象以尽意、設卦以尽情偽）」とある。王弼

『周易略例』の行論はあくまでも『周易』について述べたものであるから、「意」に「象」がともなうのは必然であるともいえる。しかし「言」と「意」との関係の中に「象」を導入したのは、やはり王弼の鋭さを示している。

（七）興膳宏「『文心雕龍』隠秀篇の文学理論史上における位置」（興膳宏『中国文学理論の展開（中国文学理論研究集成Ⅱ）』、清文堂、二〇〇八）および黄応全「言不尽意論与《隠秀》之「隠」」（黄応全『魏晋玄学与六朝文論』、首都師範大学出版社、二〇〇四）参看。

（八）劉勰以前の文論においても、古典にもとづいて、言語によっては技術伝達が困難であることを述べたものがある。曹丕『典論』論文は「文は気を以て主と為し、気の清濁に体有り。力強《しい》て致すべからず。諸を音楽に譬うれば、曲度均《たいら》かなりと雖も、節奏検を同じくするも、引気の斉しからず、巧拙に素有るに至りては、父兄に在りと雖も、以て子弟に移す能わず（文以気為主、気之清濁有体。不可力強而致。譬諸音楽、曲度雖均、節奏同検、至於引気不斉、巧拙有素、雖在父兄、不能以移子弟）」という。陸機「文賦」序は「夫の手に随うの変の若きは、良《まこと》に辞を以て逮《およ》び難し。蓋し能く言う所の者は、此に具にすと云う（若夫随手之変、良難以辞逮。蓋所能言者、具於此云）」とする。なお、これについて『文選』李善注は、典拠として『荘子』天道の輪扁説話を挙げている。

（九）言語的な記述以上のものについて、それを「理」の問題として論じた者に、荀粲がいる。『三国志』魏書荀彧伝注引、何劭「荀粲伝」に「粲〔荀粲〕答えて曰く、蓋し理の微なる者は、物象の挙《つ》くす所に非ざるなり。……〔中略〕……斯れ則ち象外の意、繋表の言は、固より蘊まれて出でざるなりと（粲答曰、蓋理之微者、非物象之所挙也。……〔中略〕……斯則象外之意、繋表之言、固蘊而不出矣）」とある。これは言語のみならず、物象をも超えた真理を措定するものである。このことの思想史的意義については、本書序論参看。

（一〇）『周易集解』に「崔憬曰」として、「中の四爻、主る所の事を雑合し、陳ぶる所の徳を撰集するを言うなり（言中四爻、雑合所主之事、撰集所陳之徳）」とある。崔憬によれば「中爻」とは、一卦のうち初爻・上爻を除く二三四五爻である。

（一一）王応麟が示すように、『儀礼』観礼の賈公彦疏には「凡そ卦爻の二より四に至り、三より五に至るは、両体交互、各おの一卦を成す。先儒之を互体と謂う（凡卦爻二至四、三至五、両体交互、各成一卦。先儒謂之互体）とある。

（二二）「互体」について、鈴木由次郎『漢易研究（増補改訂版）』（明徳出版社、一九七四）は「互体は一卦六爻の全体の中に個別を認め、爻変によって個別相互の関係、及び個別と全体との関係を規定しようとするもの」とする。

（二三）「互体」の初出は『春秋左氏伝』荘公二十二年に見えるものである。そこには「周史の周易を以て陳侯に見《まみ》ゆる者有り。陳侯之に筮せしむ。観の否に之《ゆ》くに遇う（周史有以周易見陳侯者。陳侯使筮之。遇観之否）」とある。これは、観卦（坤下巽上）を得たが、その第四爻を陽爻に変えて否卦（坤下乾上）を得たということであり、いわゆる変爻のことであるが、杜預はその操作「坤は、土なり。巽は、風なり。乾は、天なり。風、天と為るは、土上に於て山あるなり（坤、土也。巽、風也。乾、天也。風、為天、於土上山也）」に対して、「二より四に至る、艮の象有り。艮を山と為す（自二至四、有艮象。艮為山）」としている。これは否卦を、その第二三四爻で成る艮卦「艮を山と為す（艮為山）」［『周易』説卦伝］によって解釈するものであり、杜預はここで互体の方法が用いられた、とみるのである。

（二四）王弼は『老子』第十章注で「術に任《よ》りて以て成を求め、数を運らせて以て匿を求むる者は、智なり（任術以求成、運数以求匿者、智也）」と述べて、合理的判断や技術に依拠して何らかの隠れているものを求めることを「智」と規定する。これは王弼の行論にあっては否定されるものではあったが、こうした着想自体は劉勰の先蹤をなしていたといえる。

（二五）「太極」は『周易』繋辞上伝「是の故に易に太極有り。是れ両儀を生ず（是故易有太極。是生両儀）」に見えるものであり、それ以後、中国哲学史においては主要な概念であり続けた（ただし「帛書周易」は「大恒」に作る）。その解釈は、その時々の思想的潮流に応じてさまざまであった。この「太極」概念の変遷については、今井宇三郎・堀池信夫・間嶋潤一『易経（新釈漢文大系）』下（明治書院、二〇〇八）の「是故易有太極」の「語釈」および「補説」が、「帛書周易」から宋学・道教・中国イスラーム哲学に至るまで説き及び、詳を尽くしている。

参考文献一覧

参考文献は、〔邦文〕〔中文〕〔欧文〕に分けて掲載する。その配列は、〔邦文〕については編著者名の五十音順とし、〔中文〕についても便宜上、著者名の日本語読みにおける五十音順とする。また〔欧文〕については著者名のアルファベット順とする。なお同一著者については、刊行年順に示すことにする。

〔邦　文〕

青木　正児『清談（岩波講座・東洋思潮〔東洋思想の諸問題〕）』（岩波書店、一九三四）
青木　正児『支那文学概説』（弘文堂書房、一九三五）
青木　正児『支那文学思想史』（岩波書店、一九四三）
赤塚　　忠『詩経研究』（研文社、一九八六）
浅見　洋二『中国の詩学認識――中世から近世への転換』（創文社、二〇〇八）
浅見洋二・高橋文治・谷口高志『皇帝のいる文学史　中国文学概説』（大阪大学出版会、二〇一五）
吾妻　重二『朱子学の新研究（東洋学叢書）』（創文社、二〇〇四）
網　祐次「賦中心より詩中心へ」（『日本中国学会報』二、一九五〇）
網　祐次「文体の変遷――南朝時代を中心として」（『お茶の水女子大学人文科学紀要』二、一九五二）
網　祐次「竟陵王と親交ある八人の文人について」（『お茶の水女子大学人文科学紀要』四、一九五三）
網　祐次「南斉竟陵蕭子良の文学活動について」（『東方学論集』一、一九五四）
網　祐次『中国中世文学研究――南斉・永明時代を中心として』（新樹社、一九六〇）
安藤　信廣「顔之推の文学――「観我生賦」を中心に」（『漢文学会会報』三六、一九七七）

安藤　信廣「庾信詩論考――『擬詠懐』二十七首を中心に」（加賀博士退官記念論集刊行会編『加賀博士退官記念中国文史哲学論集』、講談社、一九七九）
安藤　信廣「『文心雕龍』と『詩品』――修辞主義への対峙と通底」（伊藤虎丸・横山伊勢雄編『中国の文学論』、汲古書院、一九八七）
安藤　信廣「謝霊運の資性と文学」（鎌田正博士八十寿記念漢文学論集編集委員会編『鎌田正博士八十寿記念　漢文学論集』、大修館書店、一九九一）
安藤　信廣「謝霊運の『山居賦』について」（『中国文化』五三、一九九五）
安藤　信廣「中国文学と自然――謝霊運を中心に」（『日本文学』（東京女子大学）八四、一九九五）
安藤　信廣「阮籍「詠懐詩」の語り手」（林田愼之助博士古稀記念論集編集委員会編『中国読書人の政治と文学』、創文社、二〇〇二）
安藤　信廣「王粲の文学――宮廷詩人と流民の視座」（『日本文学』（東京女子大学）一〇三、二〇〇七）
安藤　信廣『庾信と六朝文学（東洋学叢書）』（創文社、二〇〇八）
安藤信廣・大上正美・堀池信夫編『陶淵明　詩と酒と田園』（東方書店、二〇〇六）
安東　諒『『文心雕龍』の原理論』（小尾博士退休記念論文集編集委員会編『小尾博士退休記念　中国文学論集』、第一学習社、一九七六）
安東　諒「『文心雕龍』神思篇の周辺」（『日本中国学会報』三二、一九八〇）
安東　諒「『文心雕龍』情采・鎔裁篇」（小尾博士古稀記念事業会編『小尾博士古稀記念中国学論集』、汲古書院、一九八三）
アンヌ・チャン（志野好伸・中島隆博・廣瀬玲子訳）『中国思想史』（知泉書館、二〇一〇）
池田　秀三「『法言』の思想」（『日本中国学会報』二九、一九七七）
池田　秀三「徐幹中論校注（上）」（『京都大学文学部研究紀要』二三、一九八四）
池田　秀三「徐幹中論校注（中）」（『京都大学文学部研究紀要』二四、一九八五）
池田　秀三「徐幹中論校注（下）」（『京都大学文学部研究紀要』二五、一九八六）
池田　秀三『自然宗教の力　儒教を中心に（叢書　現代の宗教⑯）』（岩波書店、一九九八）
池田　秀三「徐幹の人間観」（『哲学研究』五七一、二〇〇一）

池田知久訳『老子（馬王堆出土文献訳注叢書）』（東方書店、二〇〇六）
池田　知久『道家思想の新研究――『荘子』を中心として』（汲古書院、二〇〇九）
池田知久訳『荘子（上）』（講談社学術文庫、二〇一四）
池田知久訳『荘子（下）』（講談社学術文庫、二〇一四）
池田　知久『『老子』　その思想を読み尽くす』（講談社学術文庫、二〇一七）
池田知久・伊藤文生・久保田知敏・中島隆博・馬淵昌也編訳『占いの創造力　現代中国周易論文集』（勉誠出版、二〇〇三）
石川　忠久「孫綽「遊天台山賦」について」（『二松』五、一九九一）
板野　長八「何晏王弼の思想」（『東方学報（東京）』一四 - 一、一九四三）
一海知義・興膳宏『陶淵明　文心雕龍（世界古典文学全集二五）』（筑摩書房、一九六八）
伊藤　隆寿「梁武帝『神明成仏義』の考察――神不滅論から起信論への一視点」（『駒澤大学仏教学部研究紀要』四四、一九八六）
伊藤　隆寿「格義仏教考――初期中国仏教の形成」（『東洋学報』七一 - 三・四、一九九〇）
伊藤　隆寿『中国仏教の批判的研究』（大蔵出版、一九九二）
伊藤虎丸・横山伊勢雄編『中国の文学論』（汲古書院、一九八七）
伊藤　正文「曹操詩補注稿」（『神戸大学教養部論集』二〇、一九七八）
伊藤　正文『建安詩人とその伝統（東洋学叢書）』（創文社、二〇〇二）
井波　律子「曹操論」（『中国文学報』二三、一九七二）
家井　　真『『詩経』の原義的研究』（研文出版、二〇〇四）
井上　一之「文学様式としての「辞」の実態（上）――漢代から『文選』まで」（『中央学院大学人間・自然論叢』九、一九九九）
井上　雅隆「陸機「文賦」に見える文質論――その特異性」（『東洋大学大学院紀要（文学（哲学・仏教））』四〇、二〇〇三）
井ノ口哲也「阮籍『通易論』初探」（『六朝学術学会報』七、二〇〇六）
井ノ口哲也「阮籍『通老論』『達荘論』初探――「通」「達」の理解のための基礎的考察」（『中国文史論叢』三、二〇〇七）
井ノ口哲也「経学の『易』から玄学の『易』へ」（三国志学会編『林田愼之助博士傘寿記念　三国志論集』、汲古書院、二〇一

二）
井ノ口哲也　『後漢経学研究序説』（勉誠出版、二〇一五）
猪股　宣泰　「『論語義疏』に見える皇侃の思想」（『集刊東洋学』八〇、一九九八）
猪股　宣泰　「『論語義疏』に見える皇侃の学問観・人間観と教化論」（『集刊東洋学』八八、二〇〇二）
猪股　宣泰　「『論語義疏』に見える郭象説と皇侃」（『日本中国学会報』五五、二〇〇三）
今井宇三郎　『易経　上（新釈漢文大系二三）』（明治書院、一九八七）
今井宇三郎　『易経　中（新釈漢文大系二四）』（明治書院、一九九三）
今井宇三郎・堀池信夫・間嶋潤一『易経　下（新釈漢文大系六八）』（明治書院、二〇〇八）
今井　裕一　「皇侃の科段説と「学」――篇題下疏について」（『筑波中国文化論叢』二五、二〇〇六）
今井　裕一　「皇侃の「命」について」（『国学院中国学会報』五四、二〇〇八）
今井　裕一　「『論語義疏』の中人観」（堀池信夫編『知のユーラシア』、明治書院、二〇一一）
今井　裕一　「王朝の正統性――皇侃『論語義疏』の禅譲観」（『長野県国語国文学会研究紀要』九、二〇一一）
今井　裕一　「王朝の柱石――皇侃『論語義疏』における聖人周公」（『宋学西漸Ⅳ』、二〇一二）
今井　裕一　「皇侃の賢人観――『論語義疏』における公冶長と冉雍」（『長野県国語国文学会研究紀要』一〇、二〇一三）
今井　裕一　「至徳の証明――皇侃『論語義疏』における泰伯」（『国学院中国学会報』六一、二〇一五）
今井　裕一　「聖・賢の境界――皇侃『論語義疏』における顔回」（『国学院雑誌』一一七‐一一、二〇一六）
今浜　通隆　「劇談と黙識と――『世説新語』の「言語」観についての一考察」（『中国古典研究』二〇、一九七五）
今浜　通隆　『儒教と「言語」観』（笠間書院、一九七八）
謡口　　明　「王弼の「無」及び「道」の論理」（中村璋八博士古稀記念論集編集委員会編『中村璋八博士古稀記念　東洋学論集』、汲古書院、一九九六）
謡口　　明　「『論語集解』中の何晏注と王弼の『論語釈疑』に見る思想の特質」（『文教大学文学部紀要』九‐二、一九九六）
内村　嘉秀　「王弼・郭象における有・無の論――〈貴無〉・〈崇有〉の問題をめぐって」（『倫理学年報』二八、一九七九）
内村　嘉秀　「王弼の道徳論」（『哲学・思想論集』一〇、一九八四）
内村　嘉秀　「訓釈・王弼「老子指略」（一）」（『国士舘大学文学部人文学会紀要』二三、一九九〇）

内村　嘉秀　「訓釈・王弼「老子指略」（二）」（『国士舘大学文学部人文学会紀要』二四、一九九一）
内山知也編　『中国文学のコスモロジー』（東方書店、一九九〇）
内山　俊彦　「「列子注」にあらわれた張湛の思想――東晋玄学の一考察」（『山口大学文学会志』一九‐一、一九六八）
内山　俊彦　「阮籍思想窺斑――「通易論」「楽論」を中心として」（日本中国学会創立五十年記念論文集編集小委員会編『日本中国学会創立五十年記念論文集』、汲古書院、一九九八）
宇都宮清吉　『中国古代中世史研究（東洋学叢書）』（創文社、一九七七）
遠藤　祐介　「孫綽撰『遊天台山賦』と般若経世界」（『智山学報』五二、二〇〇三）
遠藤　祐介　「東晋奉仏士大夫の思想と行動」（『現代密教』一七、二〇〇四）
遠藤　祐介　「鳩摩羅什門下の思想展開について――『易経』の力学」（『蓮花寺仏教研究所紀要』三、二〇一〇）
遠藤　祐介　「『弁宗論』論争について――頓悟説誕生後の初期段階」（『蓮花寺仏教研究所紀要』四、二〇一一）
遠藤　祐介　「『夷夏論』論争について」（『武蔵野大学教養教育リサーチセンター紀要』二、二〇一二）
遠藤　祐介　『六朝期における仏教受容の研究』（白帝社、二〇一四）
遠藤　祐介　「竺道生の大頓悟説の特徴について」（『武蔵野大学仏教文化研究所紀要』三〇、二〇一四）
遠藤　祐介　「六朝期における頓悟説の展開――劉虬と蕭衍の頓悟説」（『武蔵野大学仏教文化研究所紀要』三一、二〇一五）
遠藤　祐介　「蕭子良における菩薩と統治者の合一――蕭子良と孔稚珪の問答を通して」（『武蔵野大学仏教文化研究所紀要』三二、二〇一六）
遠藤　祐介　「梁代における『神滅論』批判と宗廟祭祀改革」（『武蔵野大学仏教文化研究所紀要』三三、二〇一七）
大上　正美　「陶淵明と顔延之」（東書『国語』一二九、一九七四）
大上　正美　「「六朝の詩文」の考え方」（東書『国語』一三四、一九七四）
大上　正美　「陶淵明の「欲弁已忘言」について」（東書『国語』一五三、一九七六）
大上　正美　「阮籍詠懐詩試論――表現構造にみる詩人の敗北性について」（『漢文学会会報』三六、一九七七）
大上　正美　「「飲酒其五」試解（上）」（東書『国語』一六九、一九七七）
大上　正美　「「飲酒其五」試解（下）」（東書『国語』一七一、一九七八）
大上　正美　「阮籍の「為鄭沖勧晋王牋」について」（『日本中国学会報』三四、一九八二）

大上　正美『中国古典詩聚花　思索と詠懐』（小学館、一九八五）
大上　正美「蕭統と蕭綱――『文選』と『玉台新詠』の編纂を支える文学認識」（伊藤虎丸・横山伊勢雄編『中国の文学論』、汲古書院、一九八七）
大上　正美「鍾会論」（『青山学院大学文学部紀要』三〇、一九八九）
大上　正美「嵆康論（一）――絶交書二首に見る表現の位相」（『中国文化』四七、一九八九）
大上　正美「阮籍と阮咸（上）」（東書『国語』三〇〇、一九九〇）
大上　正美「阮籍と阮咸（下）」（東書『国語』三〇二、一九九〇）
大上　正美「嵆康論（二）――『答二郭詩』に見る自立の契機」（『中国文化』四九、一九九一）
大上　正美「嵆康の文学――『述志詩』における言志の様相」（『新しい漢字漢文教育』一七、一九九三）
大上　正美「嵆康卜疑試論」（『日本中国学会報』四七、一九九五）
大上　正美「阮籍・嵆康の生と文学」（『青山語文』二六、一九九六）
大上　正美「庾信論覚え書き（一）――「哀江南賦并序」の読みへの一視角」（『青山学院大学文学部紀要』三九、一九九八）
大上　正美「「管蔡論」の方法――嵆康と情況」（『青山学院大学文学部紀要』四〇、一九九九）
大上　正美「「達荘論」と「大人先生伝」」（『比較物語研究』青山学院大学総合研究所人文学系研究センター研究叢書、一九九九）
大上　正美「阮籍と情況――伏義との往返書簡」（『六朝学術学会報』一、一九九九）
大上　正美『阮籍・嵆康の文学（東洋学叢書）』（創文社、二〇〇〇）
大上　正美「擾されず逼られず――嵆康「難自然好学論」」（『日本中国学会報』五三、二〇〇一）
大上　正美「言志の文学――阮籍と嵆康」（『大東文化大学漢学会誌』四一、二〇〇二）
大上　正美「日付を刻む――陶淵明小論」（林田愼之助博士古稀記念論集編集委員会編『中国読書人の政治と文学』、創文社、二〇〇二）
大上　正美「政治権力と隠者――隠者と阮籍・嵆康」（『月刊しにか』一四 - 三、二〇〇三）
大上　正美『言志と縁情――私の中国古典文学』（創文社、二〇〇四）
大上　正美「思想空間としての詩」（安藤信廣・大上正美・堀池信夫編『陶淵明　詩と酒と田園』、東方書店、二〇〇六）

大上　正美「言志の文学」（安藤信廣・大上正美・堀池信夫編『陶淵明　詩と酒と田園』、東方書店、二〇〇六）

大上　正美「仮構の力――曹植の文学への問い」（『創文』四九七、二〇〇七）

大上　正美「曹植の対自性――〈黄初四年の上表文〉を読む」（三国志学会編『狩野直禎先生傘寿記念　三国志論集』、汲古書院、二〇〇八）

大上　正美「美は現実をきりひらくか――六朝文学研究が背負うもの」（『東方』三五〇、二〇一〇）

大上　正美「庾信論覚え書き（二）――「擬詠懐詩」の方法について」（『青山学院大学文学部紀要』五二、二〇一一）

大上　正美『六朝文学が要請する視座　曹植・陶淵明・庾信』（研文出版、二〇一二）

大上　正美「嵆康「釈私論」試釈稿」（三国志学会編『林田愼之助博士傘寿記念　三国志論集』、汲古書院、二〇一二）

大上　正美「嵆康「太師箴」の方法」（『青山語文』四三、二〇一三）

大上　正美「明（明知）と胆（胆力）の関係をめぐる論――嵆康「明胆論」和訳」（『季刊　創文』二〇一三夏、二〇一三）

大上　正美「向秀「難養生論」私訳」（『六朝学術学会報』一六、二〇一五）

大上　正美「嵆康「釈私論」における「理」と「志」」（三国志学会編『狩野直禎先生米寿記念　三国志論集』、汲古書院、二〇一六）

大上　正美「「明胆論」に見る嵆康の思惟の原型」（『青山語文』四六、二〇一六）

大上　正美「嵆康「釈私論」の文学的考察」（『国学院雑誌』一一七‐一一、二〇一六）

大上　正美「嵆康の「家誡」と「釈私論」と――「中人」の志をめぐって」（『中国文化』七四、二〇一六）

大久保隆郎教授退官記念論集刊行会編『大久保隆郎教授退官記念　漢意とは何か』（東方書店、二〇〇一）

大角　紘一「支遁の逍遙論に関する考察」（『文芸論叢』七三、二〇〇九）

大橋　由治「『世説新語』と魏晋文化――説話に見る人物評価の実相」（『大東文化大学漢学会誌』四五、二〇〇六）

大橋　由治「『世説新語』と魏晋文化――文人と個性」（『大東文化大学漢学会誌』四六、二〇〇七）

大橋　由治「『世説新語』と魏晋文化――文人の人生観」（『大東文化大学漢学会誌』四七、二〇〇八）

大橋　由治「『世説新語』と魏晋文化――言語表現」（『大東文化大学漢学会誌』四八、二〇〇九）

大村　和人「六朝時代の宴における「言志」――梁詩はなぜ千篇一律か」（『六朝学術学会報』八、二〇〇七）

大村　和人「梁代における『詩経』「正雅」的世界の希求」（『六朝学術学会報』一二、二〇一一）

大村　和人　「儒教王朝の廃墟に佇む文学——南朝梁・蕭綱の臨終作品について」（『東アジア学術総合研究所集刊』四五、二〇一五）

大矢根文次郎「沈約の試論とその詩」（『早稲田大学教育学部学術研究』一、一九五二）

大矢根文次郎「品について——人品・詩品を中心に」（『早稲田大学教育学部学術研究』三、一九五四）

大矢根文次郎「文心雕龍・詩品・文選についての一、二の問題」（『早稲田大学教育学部学術研究』一一、一九六二）

大矢根文次郎「世説新語の言語篇について」（『早稲田大学教育学部学術研究』一七、一九六八）

大矢根文次郎『世説新語と六朝文学』（早稲田大学出版部、一九八三）

岡崎　文夫『魏晋南北朝通史』（弘文堂、一九三二）

尾形　勇『中国古代の「家」と国家』（岩波書店、一九七九）

岡村　貞雄「梁の武帝と楽府詩」（『日本中国学会報』二五、一九七三）

岡村　貞雄『古楽府の起源と継承』（白帝社、二〇〇〇）

岡村　繁「曹丕の「典論論文」について」（『支那学研究』二四・二五、一九六〇）

岡村　繁「後漢末期の評論的気風について」（『名古屋大学文学部研究論集』二二、一九六〇）

岡村　繁「「才性四本論」の性格と成立——あわせて唐長孺氏の「魏晋才性論的政治意義」を駁す」（『名古屋大学文学部研究論集』二八、一九六二）

岡村　繁「清談の系譜と意義」（『日本中国学会報』一五、一九六三）

岡村　繁「建安文壇への視角」（『中国中世文学研究』五、一九六六）

岡村　繁「揚雄の文学・儒学とその立場」（『中国文学論集』四、一九七四）

岡村　繁「蔡邕をめぐる後漢末期の文学の趨勢」（『日本中国学会報』二八、一九七六）

岡村　繁「『文心雕龍』における五経と文筆美」（『中国文学論集』一三、一九八四）

岡村繁訳注『毛詩正義訳注』第一冊（中国書店、一九八六）

岡村　繁「「文選」編纂の実態と編纂当初の「文選」評価」（『日本中国学会報』三八、一九八六）

岡村　繁『文選の研究』（岩波書店、一九九九）

岡村繁教授退官記念論集刊行会編『岡村繁教授退官記念論集　中国詩人論』（汲古書院、一九八六）

丘山　新　「東晋期仏教における言語と真理」（『東洋文化』六六、一九八六）
小川　環樹　『唐詩概説』（岩波文庫、二〇〇五）
越智　重明　「清議と郷論」（『東洋学報』四八 - 一、一九六五）
越智　重明　『魏晋南朝の貴族制』（研文出版、一九八二）
越智　重明　『魏晋南朝の人と社会』（研文出版、一九八五）
小尾　郊一　『中国文学に現れた自然と自然観――中世文学を中心として』（岩波書店、一九六二）
小尾　郊一　「昭明太子の文学論――文選序を中心として」（『広島大学文学部紀要』二七 - 一、一九六七）
小尾　郊一　「謝霊運の山水詩」（『日本中国学会報』二〇、一九六八）
小尾　郊一　「陸機の文賦の意図するもの」（『広島大学文学部紀要』二八 - 一、一九六八）
小尾　郊一　「嵇康の「養生論」――向秀との論争」（日本中国学会創立五十年記念論文集編集小委員会編『日本中国学会創立五十年記念論文集』、汲古書院、一九九八）
小尾　郊一　『沈思と翰藻　『文選』の研究（小尾郊一著作選Ｉ）』（研文出版、二〇〇一）
小尾郊一・富永一登・衣川賢次『文選李善注引書攷證　上』（研文出版、一九九〇）
小尾郊一・富永一登・衣川賢次『文選李善注引書攷證　下』（研文出版、一九九二）
小尾博士古稀記念事業会編『小尾博士古稀記念中国学論集』（汲古書院、一九八三）
小尾博士退休記念論文集編集委員会編『小尾博士退休記念　中国文学論集』（第一学習社、一九七六）
甲斐　勝二　「『文心雕龍』の基本的性格――その創作論としての編述体系」（『中国文学論集』一一、一九八二）
甲斐　勝二　「嵇康詩小考」（『中国文学論集』一四、一九八五）
甲斐　勝二　「『文心雕龍』の基本的性格　其二――寒門文士への創作論」（『中国文学論集』一八、一九八九）
甲斐　勝二　「『文心雕龍』の基本的性格　其三――『文心雕龍』の諸子性について」（『中国文学論集』一九、一九九〇）
加賀　栄治　「文心雕龍考――その史的地位」（『学芸』一 - 一、一九四九）
加賀　栄治　「『文心雕龍』に於ける文の観念」（『人文論究』三、一九五一）
加賀　栄治　「魏晋に於ける古典解釈のかたち――王弼の「周易注」について」（『人文論究』八、一九五二）
加賀　栄治　「王弼より韓康伯へ――王弼の「周易注」について（続）」（『人文論究』九、一九五三）

加賀　栄治「魏晋玄学の推移とその実相（一）」（『人文論究』一八、一九五八）
加賀　栄治「魏晋玄学の推移とその実相（二）」（『人文論究』一九、一九五九）
加賀　栄治『中国古典解釈史（魏晋篇）』（勁草書房、一九六四）
加賀　栄治「嵆康の「論」に関する一考察」（『語学文学』九、一九七一）
加賀　栄治『中国古典定立史』（汲古書院、二〇一六）
加賀博士退官記念論集刊行会編『加賀博士退官記念中国文史哲学論集』（講談社、一九七九）
垣内　智之「竺道生における理の概念と悟り」（『日本中国学会報』四八、一九九六）
郭維森（中島隆博訳）『易伝』の文学思想とその影響」（池田知久・伊藤文生・久保田知敏・中島隆博・馬淵昌也編訳『占いの創造力　現代中国周易論文集』、勉誠出版、二〇〇三）
影山　輝國「皇侃と科段説——『論語義疏』を中心に」（『斯文』一二一、二〇一三）
影山　輝國『『論語』と孔子の生涯』（中央公論新社、二〇一六）
加地　伸行『沈黙の宗教——儒教』（筑摩書房、一九九四）
加地　伸行『儒教とは何か　増補版』（中公新書、二〇一五）
加藤　国安『越境する庾信——その軌跡と詩的表象（上）』（研文出版、二〇〇四）
加藤　国安『越境する庾信——その軌跡と詩的表象（下）』（研文出版、二〇〇四）
加藤　文彬「陶淵明詩に於ける「遠」字とその展開」（『筑波中国文化論叢』三一、二〇一二）
加藤　文彬「陶淵明「読山海経」詩十三首考」（『六朝学術学会報』一四、二〇一三）
門脇　廣文「文心雕龍研究序説——劉勰の世界観とその文章論への展開について」（『集刊東洋学』四〇、一九七八）
門脇　廣文「『文心雕龍』考——劉勰の根本的思考様式について」（『集刊東洋学』四五、一九七八）
門脇　廣文「『文心雕龍』考——文学原論の成立について」（『文化』四五-一・二、一九八一）
門脇　廣文「『文心雕龍』考——〈辨騒〉篇の構成について」（『大東文化大学漢学会誌』二七、一九八八）
門脇　廣文「『文心雕龍』考——「〈辨騒〉＝文体論」説について」（『大東文化大学紀要（人文科学）』二六、一九八八）
門脇　廣文「『文心雕龍』考——劉勰の屈原・楚辞認識について」（『大東文化大学紀要（人文科学）』二七、一九八九）
門脇　廣文「『文心雕龍』考——「文之枢紐」の論理構造における〈辨騒〉篇の位置について」（『芸文研究』五四、一九八九）

門脇　廣文　『文心雕龍の研究（東洋学叢書）』（創文社、二〇〇五）
金谷　治　「老荘の無の思想の展開――とくに実践的観念として」（『理想』三八二、一九六四）
金谷　治　『儒家思想と道家思想（金谷治中国思想論集　中）』（平河出版社、一九九七）
金谷　治　『易の話――『易経』と中国人の思考』（講談社学術文庫、二〇〇三）
狩野　直喜　『中国哲学史』（岩波書店、一九五三）
狩野　直喜　『両漢学術考』（筑摩書房、一九六四）
狩野　直喜　『魏晋学術考』（筑摩書房、一九六八）
鎌田　茂雄　『中国仏教史　第三巻　南北朝の仏教　上』（東京大学出版会、一九八四）
鎌田　茂雄　『中国仏教史　第四巻　南北朝の仏教　下』（東京大学出版会、一九九〇）
鎌田正博士八十寿記念漢文学論集編集委員会編『鎌田正博士八十寿記念　漢文学論集』（大修館書店、一九九一）
神塚　淑子　「沈約の隠逸思想」（『日本中国学会報』三一、一九七九）
神塚　淑子　『六朝道教思想の研究（東洋学叢書）』（創文社、一九九九）
神塚　淑子　『老子　「道」への回帰』（岩波書店、二〇〇九）
川合　康三　「阮籍の飛翔」（『中国文学報』二九、一九七八）
川合　康三　「韓愈の「古」への志向――貞元年間を中心に」（『集刊東洋学』五一、一九八四）
川合　康三　『曹操――矛を横たえて詩を賦す』（集英社、一九八六）
川合　康三　『中国の自伝文学（中国学芸叢書）』（創文社、一九九六）
川合　康三　「古文家と揚雄」（『日本中国学会報』五二、二〇〇〇）
川合　康三　「身を焼く曹植」（『三国志研究』五、二〇一〇）
川合　安　「九品官人法創設の背景について」（『古代文化』四七－六、一九九五）
川勝　義雄　『六朝貴族制社会の研究』（岩波書店、一九八二）
川勝　義雄　『魏晋南北朝』（講談社学術文庫、二〇〇三）
河野　哲宏　「価値の操作――劉勰『文心雕龍』「序志第五十」を巡って」（『人文研紀要（中央大学）』七二、二〇一一）
川原　秀城　『毒薬は口に苦し――中国の文人と不老不死（あじあブックス）』（大修館書店、二〇〇一）

川原秀城編『中国の音楽文化　三千年の歴史と理論』（勉誠出版、二〇一六）
川本芳明『中華の崩壊と拡大――魏晋南北朝（中国の歴史）』（講談社、二〇〇五）
簡　暁　花「阮籍における「大人」について」（『東北大学文学会　文化』六四（三 - 四）、二〇〇一）
簡　暁　花「嵆康における「至人」について」（『集刊東洋学』八五、二〇〇一）
菅野　博史「中国における『維摩経』入不二法門品の諸解釈――仏教における真理と言語」（『大倉山論集』二一、一九八七）
菅野　博史『南北朝・隋代の中国仏教思想研究』（大蔵出版、二〇一二）
岸田　知子『空海と中国文化（あじあブックス）』（大修館書店、二〇〇三）
岸田　知子『空海の文字とことば』（吉川弘文館、二〇一五）
木島　史雄「類書の発生――『皇覧』の性格をめぐって」（『汲古』二六、一九九四）
稀代麻也子「『宋書』謝霊運伝について――沈約『宋書』における表現者称揚の方法」（林田愼之助博士古稀記念論集編集委員会編『中国読書人の政治と文学』、創文社、二〇〇二）
稀代麻也子『『宋書』のなかの沈約――生きるということ』（汲古書院、二〇〇四）
稀代麻也子「「与呉質書」の曹丕」（三国志学会編『狩野直禎先生傘寿記念　三国志論集』、汲古書院、二〇〇八）
北島　大悟「謝霊運における道教的背景」（『筑波中国文化論叢』二三、二〇〇三）
北島　大悟「謝霊運にみる道教的思惟の受容」（『日本中国学会報』五七、二〇〇五）
北島大悟・和久希・有馬みち・高橋恒輔・加藤文彬訳注「沈約宋書謝霊運伝論訳注」（『宋学西漸Ⅲ』、二〇一一）
衣川　賢次「謝霊運山水詩論――山水のなかの体験と詩」（『日本中国学会報』三六、一九八四）
木全　徳雄「謝霊運の『弁宗論』」（『東方宗教』三〇、一九六七）
木村英一編『慧遠研究（遺文篇）』（創文社、一九六〇）
木村英一編『慧遠研究（研究篇）』（創文社、一九六二）
喬　秀　岩『義疏学衰亡史論』（白峰社、二〇〇一）
喬　秀　岩「《論語》鄭玄注と何晏《集解》の注釈の異なる方向性について」（『東洋古典学研究』二七、二〇〇九）
京都大学中国文学研究室編『唐代の文論』（研文出版、二〇〇八）
金　文　京『三国志の世界――後漢三国時代（中国の歴史）』（講談社、二〇〇五）

串田　久治「徐幹の政論――賢人登用と賞罰」（『愛媛大学法文学部論集（文学科編）』一八、一九八五）
串田　久治「幸福論の展開――徐幹のばあい」（『愛媛大学法文学部論集（文学科編）』一九、一九八六）
久保　卓哉「魏晋における人物批評」（『宇部工業高等専門学校研究報告』二八、一九八二）
久保　卓哉「嵆康『与山巨源絶交書』の作年代及び嵆康刑死年代の考証」（『宇部工業高等専門学校研究報告』三〇、一九八四）
久保　卓哉「北朝と南朝に於ける声律の諸相――魏節閔帝・梁曹景宗と沈約の四声八病」（『六朝学術学会報』八、二〇〇七）
窪田　守弘「阮籍の「自然観」」（『聖徳学園岐阜教育大学紀要』二七、一九九四）
栗原圭介博士頌寿記念事業会編『栗原圭介博士頌寿記念　東洋学論集』（汲古書院、一九九五）
幸　承堯「青木正児における中国文学史観に関する考察（一）」（『東アジア文化交渉研究』九、二〇一六）
興膳　宏「嵆康詩小論」（『中国文学報』一五、一九六一）
興膳　宏「嵆康の飛翔」（『中国文学報』一六、一九六二）
興膳　宏訳『文心雕龍』（一海知義・興膳宏『陶淵明　文心雕龍（世界古典文学全集二五）』、筑摩書房、一九六八）
興膳　宏「『文心雕龍』と『詩品』の文学観の対立」（吉川教授退官記念事業会編『吉川博士退休記念　中国文学論集』、筑摩書房、一九六八）
興膳　宏「艶詩の形成と沈約」（『日本中国学会報』二四、一九七二）
興膳　宏「顔之推の文学論」（加賀博士退官記念論集刊行会編『加賀博士退官記念中国文史哲学論集』、講談社、一九七九）
興膳　宏「詩品と書画論」（『日本中国学会報』三一、一九七九）
興膳　宏「「宋書謝霊運伝論」をめぐって」（『東方学』五九、一九八〇）
興膳　宏「『文心雕龍』と『出三蔵記集』――その秘められた交渉をめぐって」（福永光司編『中国中世の宗教と文化』、京都大学人文科学研究所、一九八二）
興膳　宏訳「文鏡秘府論」（弘法大師空海全集編輯委員会編『弘法大師空海全集　第五巻』、筑摩書房、一九八六）
興膳　宏訳「文筆眼心抄」（弘法大師空海全集編輯委員会編『弘法大師空海全集　第五巻』、筑摩書房、一九八六）
興膳　宏「文学理論史上から見た「文賦」」（『未名』七、一九八八）
興膳　宏『中国の文学理論』（筑摩書房、一九八八）

興膳　宏　「「文学」と「文章」」（佐藤匡玄博士頌寿記念論集刊行会編『東洋学論集　佐藤匡玄博士頌寿記念論集』、朋友書店、一九九〇）
興膳　宏　「詩品から詩話へ」（『中国文学報』四七、一九九三）
興膳　宏　「五言八句詩の成長と永明詩人」（『学林』二八・二九、一九九八）
興膳　宏編　『六朝詩人伝』（大修館書店、二〇〇〇）
興膳　宏　『乱世を生きる詩人たち――六朝詩人論』（研文出版、二〇〇一）
興膳　宏編　『六朝詩人群像（あじあブックス）』（大修館書店、二〇〇一）
興膳　宏　「梁元帝蕭繹の生涯と『金楼子』」（『六朝学術学会報』二、二〇〇一）
興膳　宏　「四声八病から平仄へ」（『六朝学術学会報』八、二〇〇七）
興膳　宏　「六朝期における文学観の展開」（興膳宏『新版　中国の文学理論（中国文学理論研究集成Ⅰ）』、清文堂、二〇〇八）
興膳　宏　『新版　中国の文学理論（中国文学理論研究集成Ⅰ）』（清文堂、二〇〇八）
興膳　宏　「中国における文学理論の誕生と発展」（興膳宏『中国文学理論の展開（中国文学理論研究集成Ⅱ）』、清文堂、二〇〇八）
興膳　宏　「蕭統「文選序」の文学論」（興膳宏『中国文学理論の展開（中国文学理論研究集成Ⅱ）』、清文堂、二〇〇八）
興膳　宏　「『文心雕龍』隠秀篇の文学理論史上における位置」（興膳宏『中国文学理論の展開（中国文学理論研究集成Ⅱ）』、清文堂、二〇〇八）
興膳　宏　『中国文学理論の展開（中国文学理論研究集成Ⅱ）』（清文堂、二〇〇八）
興膳　宏　『合璧　詩品・書品』（研文出版、二〇一一）
興膳　宏　『中国詩文の美学（中国学芸叢書）』（創文社、二〇一六）
興膳宏・川合康三『隋書経籍志詳攷』（汲古書院、一九九五）
興膳教授退官記念中国文学論集編集委員会編『興膳教授退官記念中国文学論集』（汲古書院、二〇〇〇）
弘法大師空海全集編輯委員会編『弘法大師空海全集　第五巻』（筑摩書房、一九八六）
古勝　隆一　「郭象による『荘子』刪定」（『東方学』九一、一九九六）

小島　毅　『儒教の歴史』（山川出版社、二〇一七）
後藤秋正　「曹丕の文学論――文学批評の先駆」（伊藤虎丸・横山伊勢雄編『中国の文学論』、汲古書院、一九八七）
後藤基巳　『ある抵抗の姿勢　竹林七賢』（新人物往来社、一九七三）
小林　聡　「梁の武帝による礼制改革の特質――天監年間における国家祭祀の改革を中心に」（『集刊東洋学』九三、二〇〇五）
小林正美　『六朝道教史研究（東洋学叢書）』（創文社、一九九〇）
小林正美　『六朝仏教思想の研究（東洋学叢書）』（創文社、一九九三）
小林正美　「「格義仏教」考」（高崎直道・木村清孝編『新仏教の興隆　東アジアの仏教思想Ⅱ（シリーズ東アジア仏教　第三巻）』、春秋社、一九九七）
小林正美　『中国の道教（中国学芸叢書）』（創文社、一九九八）
今場正美　「『文心雕龍』と『詩品』――曹氏兄弟及び王粲・劉楨に対する評価をめぐって」（『文芸論叢』四〇、一九九三）
今場正美　「『文心雕龍』の作家論と曹丕『典論論文』との関係」（『学林』二三、一九九五）
今場正美　「玄言詩の文学史における意義」（『立命館文学』五六三、二〇〇〇）
今場正美　「沈約『宋書』隠逸伝考」（『六朝学術学会報』二、二〇〇一）
今場正美　『隠逸と文学――陶淵明と沈約を中心として』（朋友書店、二〇〇三）
齋藤智寛　「王弼の見た『老子』」（中嶋先生退休記念事業会編『中国の思想世界』、イズミヤ出版、二〇〇六）
齋藤希史　「「風景」――六朝から盛唐まで」（興膳教授退官記念中国文学論集編集委員会編『興膳教授退官記念中国文学論集』、汲古書院、二〇〇〇）
齋藤希史　『漢文スタイル』（羽鳥書店、二〇一〇）
佐伯雅宣　「簡文帝蕭綱の「与劉孝綽書」について」（『中国学研究論集』五、二〇〇〇）
佐伯雅宣　「簡文帝蕭綱の文学集団について」（中国中世文学会編『中国中世文学研究　四十周年記念論文集』、白帝社、二〇〇一）
佐伯雅宣　「劉孝綽と梁代文学集団――湘東王集団との関係を中心に」（『中国中世文学研究』三九、二〇〇一）
佐伯雅宣　「梁代の「侍宴詩」について――建安文学との関わりを中心に」（『日本中国学会報』五四、二〇〇二）

坂井　健一　『魏晋南北朝字音研究――経典釈文所引音義攷』（汲古書院、一九七五）
酒井忠夫先生古稀祝賀記念の会編『酒井忠夫先生古稀記念祝賀論集　歴史における民衆と文化』（国書刊行会、一九八二）
坂下由香里「『列子』張湛注における「理」について」（坂出祥伸先生退休記念論集刊行会編『中国思想における身体・自然・信仰　坂出祥伸先生退休記念論集』、東方書店、二〇〇四）
坂田　新「文心雕龍比興篇私疏」（『愛知県立大学創立二十周年記念論集』、一九八六）
坂出　祥伸「張湛「養生要集」佚文とその思想」（『東方宗教』六八、一九八六）
坂出祥伸先生退休記念論集刊行会編『中国思想における身体・自然・信仰　坂出祥伸先生退休記念論集』（東方書店、二〇〇四）
佐川　繭子「西漢における「二王之後」について――三正説の展開と秦の位置づけ」（『二松学舎大学論集』五〇、二〇〇七）
笹沼　俊暁「戦後国民文学論と吉川幸次郎――文学研究の再編と「中国文学」表象」（『文学研究論集』二八、二〇一〇）
佐竹　保子「鍾嶸「詩品」の選評に内在する文学的価値基準」（『集刊東洋学』四〇、一九七八）
佐竹　保子「任昉の文章――その形成過程と晩年の文体変化」（『日本中国学会報』三二、一九八〇）
佐竹　保子「遊仙詩の系譜――曹丕から郭璞まで」（『東北学院大学論集（一般教育）』八三・八四、一九八六）
佐竹　保子「張華の文学に見られる『老子』の影」（『日本中国学会報』四九、一九九七）
佐竹　保子『西晋文学論――玄学の影と形似の曙』（汲古書院、二〇〇二）
佐竹　保子「孫綽「天台山に遊ぶ賦」の修辞――『楚辞』より謝霊運詩賦に至る」（『集刊東洋学』九三、二〇〇五）
佐竹　保子「「天台山に遊ぶ賦」序文の検討――「存思法」との関わり」（『東北大学中国語学文学論集』一〇、二〇〇五）
佐竹　保子「孫綽「天台山に遊ぶ賦」の描く理想境――先秦から劉宋に至る理想境描写における位相」（『立命館文学』五九八、二〇〇七）
佐竹　保子「『世説新語』の「賞」」（『六朝学術学会報』一〇、二〇〇九）
佐藤匡玄博士頌寿記念論集刊行会編『東洋学論集　佐藤匡玄博士頌寿記念論集』（朋友書店、一九九〇）
佐藤　大志『六朝楽府文学史研究』（溪水社、二〇〇三）
佐藤　大志「楽府文学と声律論の形成」（『中国古典文学研究』一、二〇〇三）
佐藤　大志「東晋期江南社会の東と西――『宋書』楽志の記述をめぐって」（『六朝学術学会報』六、二〇〇五）
佐藤　大志「六朝楽府文学の展開と声律論」（『未名』二三、二〇〇五）

佐藤　利行　『西晋文学研究――陸機を中心として』（白帝社、一九九五）
三国志学会編『狩野直禎先生傘寿記念　三国志論集』（汲古書院、二〇〇八）
三国志学会編『林田愼之助博士傘寿記念　三国志論集』（汲古書院、二〇一二）
三国志学会編『狩野直禎先生米寿記念　三国志論集』（汲古書院、二〇一六）
志賀　一朗　『老子真解』（汲古書院、二〇〇〇）
志野　好伸　「語りなおすこと――王弼『老子注』の言説」（『小冷賢一君記念論集』、一九九三）
志野　好伸　「経書の反復とその制限――『文心雕龍』考」（『中国哲学研究』一〇、一九九六）
志野　好伸　「韓愈試論――破壊の後に、幽霊と伴に」（『中国哲学研究』一七、二〇〇二）
志野　好伸　「（批評と紹介）ルドルフ・G・ワーグナー著『中国における言語、存在論、政治哲学――王弼の玄学――』」（『東洋学報』八六、二〇〇四）
篠田　統　『中国食物史』（柴田書店、一九七四）
篠田　統　『中国食物史の研究』（八坂書房、一九七八）
斯波　六郎　『六朝文学への思索（東洋学叢書）』（創文社、二〇〇四）
島津　京淳　「支遁の「自然」」（『文芸論叢』六二、二〇〇四）
清水　茂　「正始の文章」（小尾博士古稀記念事業会編『小尾博士古稀記念中国学論集』、汲古書院、一九八三）
清水　茂　『中国詩文論藪（東洋学叢書）』（創文社、一九八九）
清水　凱夫　「文選編纂の周辺」（『立命館文学』三七七・三七八、一九七六）
清水　凱夫　「昭明太子『文選序』考」（『学林』二、一九八三）
清水　凱夫　「沈約声律論考――平頭・上尾・蜂腰・鶴膝の検討」（『学林』六、一九八五）
清水　凱夫　「沈約「八病」真偽考」（『学林』七、一九八六）
清水　凱夫　「沈約韻紐四病考――大韻・小韻・傍紐・正紐の検討」（『学林』八、一九八六）
清水　凱夫　「『文選』と『文心雕龍』との関係――韻文に関する検討」（『立命館文学』五〇〇、一九八七）
清水　凱夫　「詩品序考」（『立命館文学』五一一、一九八九）
清水　凱夫　「『文選』編纂に見られる文学観――「頌」・「上書」の選録を中心として」（『立命館文学』五二六、一九九二）

清水　凱夫「『文選』編纂実態の究明」（『学林』一九、一九九三）
清水　凱夫「全収録作品の統計から見た『文選』の基本的性質」（『学林』二七、一九九七）
清水　凱夫『新文選学――『文選』の新研究』（研文出版、一九九九）
清水　凱夫「再論『文選』と『文心雕龍』との影響関係」（『学林』三四、二〇〇〇）
清水　凱夫「梁元帝蕭繹『金楼子』中の自序篇について――「不閑什一」・「大寛小急」の解釈」（『学林』四〇、二〇〇四）
下定　雅弘「阮瑀の五言詩について」（『中国文学報』二四、一九七四）
下定　雅弘「王粲詩について」（『中国文学報』二九、一九七九）
辛　　賢『漢易術数論研究』（汲古書院、二〇〇二）
辛　　賢「三国時代の思想――言語観の射程」（『創文』四九六、二〇〇七）
辛　　賢「「象」の淵源――「言」と「意」の狭間」（『大阪大学大学院文学研究科紀要』四八、二〇〇八）
辛　　賢「揺れ動く「象」――その重層性をめぐっての試論」（三国志学会編『狩野直禎先生傘寿記念　三国志論集』、汲古書院、二〇〇八）
辛　　賢「王弼忘象論再考」（渡邉義浩編『両漢儒教の新研究』、汲古書院、二〇〇八）
鈴木　啓造「類書考――皇覧について」（『中国古代史研究』六、一九八九）
鈴木　貞美『日本の「文学」概念』（作品社、一九九八）
鈴木　修次「建安詩を方向づけるもの」（『国文学漢文学論叢』昭和三三年、一九五八）
鈴木　修次「嵇康・阮籍から陶淵明へ――矛盾感情の文学的処理における三つの型」（『中国文学報』一八、一九六三）
鈴木　修次「魏晋六朝時代の文学認識」（『国文学漢文学論叢』一〇、一九六五）
鈴木　修次『漢魏詩の研究』（大修館書店、一九六七）
鈴木　修次「何晏の詩について」（『漢文学会会報』二七、一九六八）
鈴木　修次「「文学」の訳語の誕生と日・中文学」（古田敬一編『中国文学の比較文学的研究』、汲古書院、一九八六）
鈴木　達明「語り得ぬものへのことば――『荘子』における言語問題と言説への意識について」（『中国文学報』六六、二〇〇三）
鈴木　達明「「道」のための有韻文――『荘子』の定型押韻句と黄老思想」（『東方学』一一五、二〇〇八）

鈴木　達明　「『荘子』の寓話における演出的な敍述について」（『日本中国学会報』六七、二〇一五）
鈴木　虎雄　『支那詩論史』（弘文堂、一九二五）
鈴木由次郎　『漢易研究（増補改訂版）』（明徳出版社、一九七四）
砂山　稔　「道教重玄派表微――隋・初唐における道教の一系譜」（『集刊東洋学』四三、一九八〇）
砂山　稔　「成玄英の思想について――重玄と無為を中心として」（『日本中国学会報』三二、一九八〇）
砂山　稔　『隋唐道教思想史研究』（平河出版社、一九九〇）
清宮　剛　「曹丕・曹植と道家思想」（『米沢女子短期大学紀要』三八、二〇〇一）
関　正郎　「六朝神滅論の背景」（『日本中国学会報』六、一九五四）
関　正郎　「王弼の無について」（『日本中国学会報』一〇、一九五八）
関口　順　『儒学のかたち』（東京大学出版会、二〇〇三）
傍島　史奈　「唐代詩僧と六朝僧」（『日本中国学会報』六〇、二〇〇八）
高木　正一　「六朝における律詩の形成」（『日本中国学会報』四、一九五二）
高木　正一　「鍾嶸の文学観」（『創立百周年記念　二松学舎大学論集』、一九七七）
高木正一訳注『鍾嶸詩品（東海大学古典叢書）』（東海大学出版会、一九七八）
高木　正一　『六朝唐詩論考（東洋学叢書）』（創文社、一九九九）
高崎直道・木村清孝編『新仏教の興隆　東アジアの仏教思想Ⅱ（シリーズ東アジア仏教第三巻）』（春秋社、一九九七）
高田　淳　「嵆康の「離」の立場」（『大倉山学院紀要』二、一九五六）
高野　淳一　「中国中世における真理観の一側面――吉蔵二諦論と中仮の論理」（『集刊東洋学』五七、一九八七）
高野　淳一　「王弼の「分」の思想について――郭象との対比を通して」（『日本中国学会報』四一、一九八九）
高野　淳一　「嵆康に於ける世界認識と「理」」（『集刊東洋学』六六、一九九一）
高野　淳一　「郭象の「自得」の思想について」（『集刊東洋学』七二、一九九四）
高野　淳一　「中国中世における言語観の一側面――郭象と支遁をめぐって」（大久保隆郎教授退官記念論集刊行会編『大久保隆郎教授退官記念　漢意とは何か』、東方書店、二〇〇一）
高橋　和巳　「劉勰『文心雕龍』文学論の基本概念の検討」（『中国文学報』三、一九五五）

高橋　和巳　「陸機の伝記とその文学（上）」（『中国文学報』一一、一九五九）
高橋　和巳　「陸機の伝記とその文学（下）」（『中国文学報』一二、一九六〇）
高橋　　均　「王弼「論語釈疑」考」（『大妻女子大学紀要（文系）』三七、二〇〇五）
高橋　　均　『論語義疏の研究（東洋学叢書）』（創文社、二〇一三）
高橋　　均　『経典釈文論語音義の研究（東洋学叢書）』（創文社、二〇一七）
高橋　睦美　「『老子指帰』の思想について」（『集刊東洋学』九七、二〇〇七）
高橋　睦美　「『老子指帰』と王弼『老子』注における差異」（『日本中国学会報』六一、二〇〇九）
高橋　睦美　「『老子指帰』思想再考――後漢期の生成論との比較から」（『集刊東洋学』一〇四、二〇一〇）
髙橋　康浩　『韋昭研究』（汲古書院、二〇一一）
髙橋　康浩　「孔融の人物評価」（『六朝学術学会報』一四、二〇一三）
髙橋　康浩　「犖犖たる呉質」（三国志学会編『狩野直禎先生米寿記念　三国志論集』、汲古書院、二〇一六）
髙橋　康浩　「范陽の盧氏について――盧植・盧毓と漢魏交替期の政治・文化」（『東洋史研究』七五 - 一、二〇一六）
瀧　　遼一　『中国音楽再発見　歴史篇』（第一書房、一九九二）
瀧　　遼一　『中国音楽再発見　思想篇』（第一書房、一九九二）
竹内　康浩　『「正史」はいかに書かれてきたか　中国の歴史書を読み解く』（大修館書店、二〇〇二）
武内　義雄　『中国思想史（岩波全書）』（岩波書店、一九三六）
多田　狷介　「『中論』訳稿（上）」（『日本女子大学紀要　文学部』三一、一九八一）
多田　狷介　「『中論』訳稿（下）」（『日本女子大学紀要　文学部』三二、一九八二）
多田　狷介　『漢魏晋史の研究』（汲古書院、一九九九）
多田　狷介　『中国逍遥――『中論』・『人物志』訳註他』（汲古書院、二〇一四）
田中　和夫　「詩の興について」（『早稲田大学大学院文学研究科紀要』別冊一、一九七五）
田中　和夫　『毛詩正義研究』（白帝社、二〇〇三）
田中麻紗巳　『両漢思想の研究』（研文出版、一九八六）
田中麻紗巳　『法言――もうひとつの論語』（講談社、一九八八）

田中麻紗巳　『後漢思想の探究』（研文出版、二〇〇三）
田中　有紀　『中国の音楽論と平均律　儒教における楽の思想』（風響社、二〇一四）
田辺　尚雄　『東洋音楽史』（東洋文庫、二〇一四）
田部井文雄・上田武訳　『陶淵明集全釈』（明治書院、二〇〇一）
玉城康四郎　『中国仏教思想の形成』第一巻（筑摩書房、一九七一）
中国古典文学研究会編　『文学と哲学のあいだ』（笠間書院、一九七八）
中国中世史研究会編　『中国中世史研究――六朝隋唐の社会と文化』（東海大学出版会、一九七〇）
中国中世文学会編　『中国中世文学研究　四十周年記念論文集』（白帝社、二〇〇一）
塚本善隆編　『肇論研究』（法蔵館、一九五五）
津田　資久　「漢魏交替期における『皇覧』の編纂」（『東方学』一〇八、二〇〇四）
土田健次郎　『儒教入門』（東京大学出版会、二〇一一）
鄭　月　超　「阮籍「詠懐詩」――仙界の描き方の特徴について」（『お茶の水女子大学中国文学会報』二九、二〇一〇）
鄭　月　超　「阮籍「詠懐詩」に詠まれた逃避をめぐって――「場」への意識を中心として」（『三国志研究』八、二〇一三）
鄭　月　超　「「詠懐」と「言志」――なぜ阮籍詩が「詠懐」と呼ばれたのか」（『六朝学術学会報』一六、二〇一五）
鄭　正　浩　「嵆康の音楽思想における「和」について」（『日本中国学会報』二八、一九七六）
道家　春代　「曹操の楽府詩と魏の建国」（『名古屋大学中国語学文学論集』一一、一九九九）
堂薗　淑子　「謝霊運の文学と『眞誥』――「有待」「無待」の語を中心に」（『日本中国学会報』六八、二〇一六）
戸川　貴行　「東晋南朝における伝統の創造について――楽曲編成を中心としてみた」（『東方学』一二二、二〇一一）
戸川　貴行　「東晋南朝における雅楽について――郊廟儀礼との関連からみた」（『九州大学東洋史論集』四一、二〇一四）
戸川　貴行　『東晋南朝における伝統の創造』（汲古書院、二〇一五）
戸川　貴行　「漢唐間における郊廟雅楽の楽曲通用――皇統と天の結びつきからみた」（川原秀城編『中国の音楽文化　三千年の歴史と理論』、勉誠出版、二〇一六）
戸川　芳郎　「郭象の政治思想とその「荘子注」」（『日本中国学会報』一八、一九六六）
戸川　芳郎　「「貴無」と「崇有」――漢魏期の経芸」（『中国哲学研究』四、一九九二）

戸川　芳郎　『漢代の学術と文化』（研文出版、二〇〇二）

戸川芳郎・蜂屋邦夫・溝口雄三『儒教史（世界宗教史叢書一〇）』（山川出版社、一九八七）

戸倉　英美　『詩人たちの時空――漢賦から唐詩へ』（平凡社、一九八八）

戸田　浩暁　「『文心雕龍』に観る文章載道説の構造」（『立正大学論叢』八、一九四三）

戸田　浩暁　『文心雕龍　上（新釈漢文大系六四）』（明治書院、一九七四）

戸田　浩暁　「神思から沈思へ――文心雕龍と文選」（『大東文化大学漢学会誌』一四、一九七五）

戸田　浩暁　『文心雕龍　下（新釈漢文大系六五）』（明治書院、一九七八）

戸田　浩暁　『中国文学論考』（汲古書院、一九八七）

戸田豊三郎　「王弼易の底本について」（『哲学』五、一九五五）

戸田豊三郎　「王輔嗣周易略例考」（『広島大学文学部紀要』二四-一、一九六五）

鳥羽田重直　「沈約と四声八病説」（中国古典文学研究会編『文学と哲学のあいだ』、笠間書院、一九七八）

鳥羽田重直　「南斉文壇小考」（『国学院雑誌』八六-一一、一九八五）

鳥羽田重直　「「竟陵の八友」と詠物詩」（『和洋国文研究』二三、一九八八）

ドナルド・ホルツマン　「嵆康と仏教」（『印度学仏教学研究』四-二、一九五六）

ドナルド・ホルツマン（木全徳雄訳）「阮籍と嵆康との道家思想」（『東方宗教』一〇、一九五六）

冨田　絵美　「張湛『列子注』における神仙思想の受容」（『東洋の思想と宗教』三三、二〇一六）

富永　一登　「摯虞の「思遊賦」について」（『中国中世文学研究』二〇、一九九一）

富永　一登　『文選李善注の研究』（研文出版、一九九九）

中島　隆博　「魚の楽しみともう一度語ること――『荘子』秋水篇小考」（『中国哲学研究』二、一九九〇）

中島　隆博　「どうすれば言語を抹消できるのか？――「言尽意」「言不尽意」をめぐる諸問題」（『中国哲学研究』三、一九九一）

中島　隆博　「隠喩の忘却もしくは法の後に――『文心雕龍』比興篇から」（『中国哲学研究』六、一九九三）

中島　隆博　『残響の中国哲学　言語と政治』（東京大学出版会、二〇〇七）

中島　隆博　『荘子　鶏となって時を告げよ』（岩波書店、二〇〇九）

中島　隆博『共生のプラクシス　国家と宗教』（東京大学出版会、二〇一一）
中島　千秋「阮籍の「論」と「賦」について」（『日本中国学会報』九、一九五七）
中島　千秋『賦の成立と展開』（関洋紙店印刷所、一九六三）
中島　敏夫「「文学」の概念について――『論語』の「文学」をめぐって」（日本中国学会創立五十年記念論文集編集小委員会編『日本中国学会創立五十年記念論文集』、汲古書院、一九九八）
中嶋　隆蔵「郭象の思想について」（『集刊東洋学』二四、一九七〇）
中嶋　隆蔵「張湛の思想について」（『日本中国学会報』二四、一九七二）
中嶋　隆蔵「何承天と祖沖之――六朝時代における自然認識の一側面」（『集刊東洋学』三五、一九七六）
中嶋　隆蔵「蕭子良の精神生活」（『日本中国学会報』三〇、一九七八）
中嶋　隆蔵「梁の武帝蕭衍の精神生活」（『東北大学文学部研究年報』二九、一九七九）
中嶋　隆蔵『六朝思想の研究　士大夫と仏教思想』（平楽寺書院、一九八五）
中嶋　隆蔵「漢末魏初における道徳論――徐幹と王弼の所論をめぐって」（栗原圭介博士頌寿記念事業会編『栗原圭介博士頌寿記念　東洋学論集』、汲古書院、一九九五）
中嶋　隆蔵「王弼『論語釈疑』佚文小考」（『集刊東洋学』七七、一九九七）
中嶋先生退休記念事業会編『中国の思想世界』（イズミヤ出版、二〇〇六）
永田　知之『唐代の文学理論　「復古」と「創新」』（京都大学学術出版会、二〇一五）
中野　達「張湛における有無と気」（加賀博士退官記念論集刊行会編『加賀博士退官記念中国文史哲学論集』、講談社、一九七九）
中野　達「張湛「列子注」における玄学諸説」（『日本中国学会報』四六、一九九四）
仲畑　信「王弼『論語釈疑』について」（『中国思想史研究』一九、一九九六）
中村　圭爾『六朝貴族制研究』（風間書房、一九八七）
中村璋八博士古稀記念論集編集委員会編『中村璋八博士古稀記念　東洋学論集』（汲古書院、一九九六）
南部　松雄「支遁における仏教理解の性格」（『龍谷史壇』四五、一九五九）
西　順蔵「竹林の士とその「自然」について」（『一橋大学研究年報・社会学研究』一、一九五六）

西　順蔵「魏の君子たちの思想の性質について」（『一橋論叢』三六 - 六、一九五六）
西　順蔵「嵆康たちの思想」（『一橋論叢』四三 - 三、一九六〇）
西　順蔵「嵆康「釈私論」「大師箴」「家誡」の日語訳並びに註」（『大倉山論集』八、一九六〇）
西　順蔵「嵆康の「釈私論」の一つの解釈」（福井博士頌壽記念論文集刊行会編『福井博士頌寿記念　東洋思想論集』、福井博士頌壽記念論文集刊行会、一九六〇）
西　順蔵「嵆康の論の思想」（『集刊東洋学』一〇、一九六三）
西　順蔵『西順蔵著作集　第一巻』（内山書店、一九九五）
西　順蔵『西順蔵著作集　第二巻』（内山書店、一九九五）
西川　靖二「王弼易学における「象」について」（『龍谷紀要』三四 - 一、二〇一二）
日本中国学会創立五十年記念論文集編集小委員会編『日本中国学会創立五十年記念論文集』（汲古書院、一九九八）
野口鐵郎先生古稀記念論集刊行委員会編『中華世界の歴史的展開』（汲古書院、二〇〇二）
野間　和則「王弼について――『老子注』をめぐって」（『東方宗教』五九、一九八二）
野間　文史『五経正義の研究――その成立と展開』（研文出版、一九九八）
野間　文史「義疏学から五経正義へ――問答体の行方」（『日本中国学会報』六四、二〇一二）
野間　文史「義疏学から五経正義へ――科段法の行方」（『東洋古典学研究』三三、二〇一二）
野間　文史『五経正義研究論攷――義疏学から五経正義へ』（研文出版、二〇一三）
野間　文史「六朝義疏学から唐『五経正義』へ」（『六朝学術学会報』一六、二〇一五）
橋本　敬司「阮籍の天と空間」（『広島大学大学院文学研究科論集』六八、二〇〇八）
橋本　芳契『維摩経の思想的研究』（法蔵観、一九六六）
橋本　芳契「大乗仏教における入不二（advaya-praveśa）の哲学――維摩経第九章の一考察」（『金沢大学法文学部論集（哲学篇）』一三、一九六六）
長谷川滋成『東晋詩訳注』（汲古書院、一九九四）
長谷川滋成『孫綽の研究――理想の「道」に憧れる詩人』（汲古書院、一九九九）
長谷川滋成『東晋の詩文』（渓水社、二〇〇二）

波多野太郎　『老子道徳経研究』（国書刊行会、一九七九）
蜂屋　邦夫　「荘子逍遙遊篇をめぐる郭象と支遁の解釈――併せて支遁の仏教理解について」（『紀要比較文化研究』八、一九六八）
蜂屋　邦夫　「范縝『神滅論』の思想について」（『東洋文化研究所紀要』六一、一九七三）
蜂屋　邦夫　「孫綽の生涯と思想」（『東洋文化』五七、一九七七）
蜂屋　邦夫　「王坦之の思想――東晋中期の荘子批判」（『東洋文化研究所紀要』七五、一九七八）
蜂屋　邦夫　「戴逵について――その芸術・学問・信仰」（『東洋文化研究所紀要』七七、一九七九）
蜂屋　邦夫　「孫盛の歴史評と老子批判」（『東洋文化研究所紀要』八一、一九八〇）
蜂屋　邦夫　「言尽意論と言不尽意論」（『東洋文化研究所紀要』八六、一九八一）
蜂屋　邦夫　『中国の思惟』（法蔵館、一九八五）
蜂屋　邦夫　「中国思想における無と有の論争」（『理想』六二一、一九八五）
蜂屋　邦夫　『中国的思考　儒教・仏教・老荘の世界』（講談社学術文庫、二〇〇一）
蜂屋邦夫訳　『老子』（岩波文庫、二〇〇八）
林田愼之助　「阮籍詠懐詩考――その孤絶の意識について」（『九州中国学会報』六、一九六〇）
林田愼之助　「顔之推の生活と文学観」（『日本中国学会報』一四、一九六二）
林田愼之助　「南朝放蕩文学論の美意識――簡文帝の文学観」（『東方学』二七、一九六四）
林田愼之助　「「文心雕龍」文学原理論の諸問題――劉勰における美の理念をめぐって」（『日本中国学会報』一九、一九六七）
林田愼之助　「裴子野「雕虫論」考証――六朝における復古文学論の構造」（『日本中国学会報』二〇、一九六八）
林田愼之助　「典論論文と文賦」（『文学研究』七五、一九七八）
林田愼之助　「鍾嶸の文学理念」（『中国文学論集』七、一九七八）
林田愼之助　『中国中世文学評論史』（東洋学叢書）』（創文社、一九七九）
林田愼之助　『世説新語』の清議と清談」（『学林』二八・二九、一九九八）
林田愼之助　『六朝の文学　覚書（中国学芸叢書）』（創文社、二〇一〇）
林田愼之助博士古稀記念論集編集委員会編『林田愼之助博士古稀記念論集　中国読書人の政治と文学』（創文社、二〇〇二）

原田　正己　「漢儒の文質説」（『東洋思想研究』二、一九三八）
樋口　靖　「四声から平仄へ」（内山知也編『中国文学のコスモロジー』、東方書店、一九九〇）
日原　利国　『春秋公羊伝の研究（東洋学叢書）』（創文社、一九七六）
日原　利国　『漢代思想の研究』（研文出版、一九八六）
平井　徹　「魏曹操の楽府――漢古楽府との関連について」（『芸文研究』七五、一九九八）
平木　康平　「大人の思想――阮籍の世界」（森三樹三郎博士頌寿記念事業会編『森三樹三郎博士頌寿記念　東洋学論集』、朋友書店、一九七九）
福井　康順　『道教の基礎的研究』（理想社、一九五二）
福井博士頌壽記念論文集刊行会編『福井博士頌壽記念　東洋思想論集』（福井博士頌壽記念論文集刊行会、一九六〇）
福井　文雅　「竹林の七賢についての一試論」（『フィロソフィア』三七、一九五九）
福井　文雅　「清談の概念とその解釈とについて」（『日本中国学会報』二〇、一九六八）
福井　文雅　『漢字文化圏の座標』（五曜書房、二〇〇二）
福井文雅博士古稀・退職記念論集刊行会編『アジア文化の思想と儀礼　福井文雅博士古稀記念論集』（春秋社、二〇〇五）
福井　佳夫　「蕭統「文選序」の文章について」（『中国中世文学研究』五三、二〇〇八）
福井　佳夫　「陸機「文賦」の文章について（上）」（『中国中世文学研究』五七、二〇一〇）
福井　佳夫　「陸機「文賦」の文章について（下）」（『中国中世文学研究』五八、二〇一〇）
福井　佳夫　「曹丕「典論論文」の文章について」（『中京大学文学部紀要』四五‐二、二〇一一）
福井　佳夫　「沈約「宋書謝霊運伝論」の文章について」（『中京大学文学部紀要』四六‐一、二〇一一）
福井　佳夫　「裴子野「雕虫論」の文章について」（『中京大学文学部紀要』四七‐一、二〇一二）
福井　佳夫　「鍾嶸「詩品序」の文章について（付札記）」（『中京大学文学部紀要』四七‐二、二〇一三）
福井　佳夫　『六朝文体論』（汲古書院、二〇一四）
福井　佳夫　「劉勰「文心雕龍序志」の文章について」（『中京大学文学部紀要』四九‐二、二〇一五）
福井　佳夫　「蕭綱「与湘東王書」の文章について」（『中京大学文学部紀要』五〇‐一、二〇一五）
福井　佳夫　「徐陵「玉台新詠序」の文章について（附札記）」（『中京大学文学部紀要』五〇‐二、二〇一六）

福井　佳夫　「六朝文評価の指標に関する一考察」（『中京大学文学会論叢』二、二〇一六）
福井　佳夫　『六朝文評価の研究』（汲古書院、二〇一七）
福島　吉彦　「何晏研究――辨褒貶」（『山口大学文学会誌』二三、一九七二）
福田　忍　「王弼『論語釈疑』――玄学的思惟」（松川健二編『『論語』の思想史』、汲古書院、一九九四）
福田　忍　「皇侃の教化論について」（『東方学』九五、一九九八）
福永　光司　「郭象の荘子解釈――主として「無」「無為」「無名」について」（『哲学研究』四二四・四二五、一九五四）
福永　光司　「支遁と其の周囲――東晋の老荘思想」（『仏教史学』五-二、一九五六）
福永　光司　「何晏の立場――その学問と政治理念」（『愛知学芸大学研究報告』七、一九五八）
福永　光司　「阮籍における懼れと慰め――阮籍の生活と思想」（『東方学報（京都）』二八、一九五八）
福永　光司　「謝霊運の思想」（『東方宗教』一三・一四、一九六〇）
福永　光司　「孫綽の思想――東晋における三教交渉の一形態」（『愛知学芸大学研究報告』一〇、一九六一）
福永　光司　「嵆康と仏教――六朝思想史と嵆康」（『東洋史研究』二〇-四、一九六二）
福永　光司　「嵆康における自我の問題――嵆康の生活と思想」（『東方学報（京都）』三二、一九六二）
福永　光司　「陶淵明の真について――淵明の生活とその周辺」（『東方学報（京都）』三三、一九六三）
福永　光司　『荘子　古代中国の実存主義』（中公新書、一九六四）
福永　光司　「郭象の『荘子注』と向秀の『荘子注』――郭象盗窃説についての疑問」（『東方学報（京都）』三六、一九六四）
福永光司訳　『老子（中国古典選）』（朝日新聞社、一九七五）
福永光司編　『中国中世の宗教と文化』（京都大学人文科学研究所、一九八二）
福永　光司　『道教思想史研究』（岩波書店、一九八七）
福永　光司　『中国の哲学・宗教・芸術』（人文書院、一九八八）
福永　光司　『魏晋思想史研究』（岩波書店、二〇〇五）
福原　啓郎　『魏晋政治社会史研究』（京都大学学術出版会、二〇一二）
福山　泰男　『建安文学の研究』（汲古書院、二〇一二）
藤原　高男　「老子解重玄派考」（『漢魏文化』二、一九六一）

船津　富彦　「昭明太子の文学意識――その根底によこたわるもの」（『中国中世文学研究』五、一九六六）
古川　末喜　「六朝文学評論史上における声律論の形成――沈約の四声応用説に至るまで」（『中国文学論集』一三、一九八四）
古川　末喜　「六朝文学評論史上における声律論の展開――劉勰、鍾嶸を中心に」（『島根大学法文学部紀要（文学科編）』七 - 一、一九八四）
古川　末喜　「六朝文学評論史上における文体類別論」（岡村繁教授退官記念論集刊行会編『岡村繁教授退官記念論集　中国詩人論』、汲古書院、一九八六）
古川　末喜　「建安、三国文学思想の新動向」（『日本中国学会報』四〇、一九八八）
古川　末喜　「賦をめぐる漢代の文学論」（『中国中世文学研究』三七、二〇〇〇）
古川　末喜　『初唐の文学思想と韻律論』（知泉書館、二〇〇三）
古田敬一編　『中国文学の比較文学的研究』（汲古書院、一九八六）
堀　　敏一　「九品中正制度の成立をめぐって――魏晋の貴族制社会にかんする一考察」（『東洋文化研究所紀要』四五、一九六八）
堀池　信夫　「『荘子』に見られる名家の思想について」（『漢文学会会報』三〇、一九七一）
堀池　信夫　「『荘子』の思想と郭象の思想」（『漢文学会会報』三一、一九七二）
堀池　信夫　「裴頠「崇有論」考」（『哲学・思想学系論集』昭和五〇年度、一九七五）
堀池　信夫　「宇宙的思惟から内的思弁へ」（『哲学・思想学系論集』昭和五二年度、一九七七）
堀池　信夫　「王弼考」（『哲学・思想学系論集』四、一九七八）
堀池　信夫　「神仙の復活」（『哲学・思想学系論集』五、一九七九）
堀池　信夫　「京房の六十律――両漢経学の展開と律暦学」（『日本中国学会報』三一、一九七九）
堀池　信夫　「嵆康『声無哀楽論』考――音楽論の立場から」（『哲学・思想学系論集』六、一九八〇）
堀池　信夫　「嵆康における民衆と社会」（酒井忠夫先生古稀祝賀記念の会編『酒井忠夫先生古稀記念祝賀論集　歴史における民衆と文化』、国書刊行会、一九八二）
堀池　信夫　「何承天の新律――音楽音響学における古代の終焉と中世の開幕」（『筑波中国文化論叢』一、一九八一）
堀池　信夫　「大衍小記――王弼の易解釈一斑」（『哲学・思想論集』九、一九八三）

堀池　信夫『漢魏思想史研究』（明治書院、一九八八）
堀池　信夫「中国音律学の展開と儒教」（『中国――社会と文化』六、一九九一）
堀池　信夫「玄学」（溝口雄三・丸山松幸・池田知久編『中国思想文化事典』、東京大学出版会、二〇〇一）
堀池　信夫「王玄覧の肖像」（『新しい漢字漢文教育』三八、二〇〇四）
堀池　信夫「『玄珠録』の思想」（福井文雅博士古稀・退職記念論集刊行会編『アジア文化の思想と儀礼　福井文雅博士古稀記念論集』、春秋社、二〇〇五）
堀池　信夫「陶淵明の言と意――とくに「飲酒」其五を中心に」（安藤信廣・大上正美・堀池信夫編『陶淵明　詩と酒と田園』、東方書店、二〇〇六）
堀池　信夫「無と道――韓康伯の思想」（三国志学会編『狩野直禎先生傘寿記念　三国志論集』、汲古書院、二〇〇八）
堀池信夫編『知のユーラシア』（明治書院、二〇一一）
堀池　信夫「可道と常道――『老子』第一章「道可道非常道」をめぐって」（『六朝学術学会報』一二、二〇一一）
堀池信夫編『知のユーラシア３　激突と調和　儒教の眺望』（明治書院、二〇一三）
堀池信夫編『知のユーラシア４　宇宙を駆ける知　天文・易・道教』（明治書院、二〇一三）
堀池　信夫「音楽と暦の宇宙　儒教の真理性をささえたもの」（堀池信夫編『知のユーラシア４　宇宙を駆ける知　天文・易・道教』、明治書院、二〇一三）
堀池　信夫「王弼再考――「亡」と「非存」」（三国志学会編『狩野直禎先生米寿記念　三国志論集』、汲古書院、二〇一六）
本田　済『易（中国古典選）』（朝日新聞社、一九七五）
前野直彬編『中国文学史』（東京大学出版会、一九七五）
牧角　悦子「謝霊運詩における「理」と自然――「弁宗論」及び始寧時代の詩を中心に」（『文学研究（九州大学）』、一九八八）
牧角　悦子『中国古代の祭祀と文学（中国学芸叢書）』（創文社、二〇〇六）
牧角　悦子「詩経の文学性」（渡邉義浩編『両漢における詩と三伝』、汲古書院、二〇〇七）
牧角　悦子「建安文学に見る詩の変容――文章不朽と詩の無名性」（三国志学会編『狩野直禎先生傘寿記念　三国志論集』、汲古書院、二〇〇八）

牧角　悦子「建安における「文学」」（『三国志研究』四、二〇〇九）
牧角　悦子「初唐における詩人意識の形成――聞一多「四傑」を中心として」（『神話と詩』八、二〇〇九）
牧角　悦子「経国と文章――建安における文学の自覚（二）」（三国志学会編『林田愼之助博士傘寿記念　三国志論集』、汲古書院、二〇一二）
牧角　悦子「『文選』序文にみる六朝末の文学観」（渡邉義浩編『魏晋南北朝における貴族制の形成と三教・文学――歴史学・思想史・文学の連携による』、汲古書院、二〇一一）
牧角　悦子「『文選』序文と詩の六義――賦は古詩の流」（『六朝学術学会報』一六、二〇一五）
牧角　悦子「『文選』編纂に見る「文」意識」（『二松学舎大学人文論叢』九五、二〇一五）
牧角　悦子「魯迅と小説――「速朽の文章」という逆説」（『神話と詩　日本聞一多学会報』一四、二〇一六）
牧角　悦子「「文」から「文学」への展開――古代変質の指標として」（『二松』三〇、二〇一六）
牧角　悦子「曹操と楽府――「新声」「新詩」の語をめぐって」（三国志学会編『狩野直禎先生米寿記念　三国志論集』、汲古書院、二〇一六）
牧田諦亮編『弘明集研究　巻上（遺文篇）』（京都大学人文科学研究所、一九七三）
牧田諦亮編『弘明集研究　巻中（訳注篇上）』（京都大学人文科学研究所、一九七四）
牧田諦亮編『弘明集研究　巻下（訳注篇下）』（京都大学人文科学研究所、一九七五）
間嶋　潤一『鄭玄と『周礼』――周の太平国家の構想』（明治書院、二〇一〇）
松浦　　崇「袁宏『名士伝』と戴逵『竹林七賢論』」（『中国文学論集』六、一九七七）
松岡　榮志「『世話新語』注の構造と姿勢」（『東京学芸大学紀要（人文科学）』三一、一九八〇）
松岡　榮志「「建安風力尽矣」小考――桓温とその幕下の文学者集団について」（『東洋文化』六六、一九八六）
松川健二編『『論語』の思想史』（汲古書院、一九九四）
松田　　稔「阮籍「詠懐詩」八十二首における求仙の位置」（『国学院女子短期大学紀要』三、一九八五）
松村　　巧「皇侃の教学論と梁・武帝の儒学振興政策」（『中哲文学会報』六、一九八一）
松村　　巧「張湛の『列子注』の思想（その一　思想の構造と特質）」（『和歌山大学教育学部紀要（人文科学）』四一 - 二、一九九二）

松本　雅明『中国古代における自然思想の展開』（弘生書林、一九八八）
松本　幸男『阮籍の生涯と詠懐詩』（木耳社、一九七七）
松本　幸男『魏晋詩壇の研究』（朋友書店、一九九五）
水野杏紀・平木康平「阮籍「大人先生伝」訳注」（『人文学論集』三二、二〇一四）
溝口雄三・池田知久・小島毅『中国思想史』（東京大学出版会、二〇〇七）
溝口雄三・丸山松幸・池田知久編『中国思想文化事典』（東京大学出版会、二〇〇一）
宮川　尚志『六朝史研究　宗教篇』（平楽寺書店、一九六四）
宮岸　雄介「劉孝標の史学観――『世説新語』における史料批評をめぐって」（『富士大学紀要』三二、二〇〇〇）
宮崎　市定『九品官人法の研究――科挙前史』（同朋舎、一九五六）
向島　成美「陸機の「文の賦」――修辞主義の発展」（伊藤虎丸・横山伊勢雄編『中国の文学論』、汲古書院、一九八七）
村上　嘉実『六朝思想史研究』（平楽寺書院、一九七四）
室谷　邦行「何晏『論語集解』――魏晋の時代精神」（松川健二編『『論語』の思想史』、汲古書院、一九九四）
室谷　邦行「皇侃『論語集解義疏』――六朝疏学の展開」（松川健二編『『論語』の思想史』、汲古書院、一九九四）
室谷　邦行「何晏の観点とその時代――『論語集解』から見た玄学成立情況の一端」（『北海道工業大学研究紀要』二二、一九九四）
室谷　邦行「何晏の論理の基礎構造――『道論』『無名論』に基づいて」（『中国哲学』二五、一九九六）
目加田　誠「中国文芸思想における自然ということ――特に六朝詩論を中心として」（『日本中国学会報』一八、一九六六）
目加田　誠『文心雕龍』（目加田誠編『文学芸術論集（中国古典文学大系五四）』、平凡社、一九七四）
目加田誠編『文学芸術論集（中国古典文学大系五四）』（平凡社、一九七四）
目加田　誠『世説新語　上（新釈漢文大系七六）』（明治書院、一九七五）
目加田　誠『世説新語　中（新釈漢文大系七七）』（明治書院、一九七六）
目加田　誠『世説新語　下（新釈漢文大系七八）』（明治書院、一九七八）
森三樹三郎「魏晋時代における人間の発見」（『東洋文化の問題』一、一九四九）
森三樹三郎「六朝士大夫の精神」（『大阪大学文学部紀要』三、一九五四）

森三樹三郎『梁の武帝——仏教王朝の悲劇』（平楽寺書店、一九五六）
森三樹三郎『六朝士大夫の精神』（同朋舎、一九八六）
森三樹三郎『老荘と仏教』（講談社学術文庫、二〇〇三）
森三樹三郎博士頌寿記念事業会編『森三樹三郎博士頌寿記念　東洋学論集』（朋友書店、一九七九）
森田　浩一「徘徊と逍遙——阮籍「詠懐詩」の一考察」（『中国文学報』四一、一九九〇）
森野　繁夫「梁の文学集団——太子綱の集団を中心として」（『日本中国学会報』二〇、一九六八）
森野　繁夫「梁の文学集団と個人（二）——呉均について」（『日本中国学会報』二一、一九六九）
森野　繁夫『六朝詩の研究』（第一学習社、一九七六）
森野　繁夫「謝霊運と「自然の理」」（『中国学論集』三〇、二〇〇一）
森野　繁夫「謝霊運の「理」と陶淵明の「真」」（『中国学論集』三五、二〇〇三）
森野　繁夫「謝霊運の山水描写と「自然の理」」（『中国中世文学研究』四五・四六、二〇〇四）
森野　繁夫『謝霊運論集』（白帝社、二〇〇七）
森野　繁夫「沈約『宋書』謝靈運伝について」（『中国中世文学研究』五五、二〇〇九）
矢嶋美都子『庾信研究』（明治書院、二〇〇〇）
矢田　博士「魏における五言詩流行の要因について」（『中国詩文論叢』二五、二〇〇六）
矢田　博士「四言詩と五言詩の特質と盛衰について——先行諸説の整理を中心に」（『中国詩文論叢』二六、二〇〇七）
矢田　博士「摯虞の「四言正統説」について」（『立命館文学』五九八、二〇〇七）
矢田　博士「後漢人士の詩作における四言優勢の要因について」（『中国詩文論叢』二七、二〇〇八）
矢田　博士「西晋期における四言詩の盛行とその要因」（渡邉義浩編『魏晋南北朝における貴族制の形成と三教・文学——歴史学・思想史・文学の連携による』、汲古書院、二〇一一）
柳川　順子「曹操楽府詩私論」（三国志学会編『狩野直禎先生傘寿記念　三国志論集』、汲古書院、二〇〇八）
柳川　順子「漢代古詩と古楽府との関係」（『日本中国学会報』六二、二〇一〇）
柳川　順子「貴族制の萌芽と建安文壇」（渡邉義浩編『魏晋南北朝における貴族制の形成と三教・文学——歴史学・思想史・文学の連携による』、汲古書院、二〇一一）

柳川　順子「五言詩における文学的萌芽——建安詩人たちの個人的抒情詩を手掛かりに」（『中国文化』六九、二〇一一）
柳川　順子『漢代五言詩歌史の研究（東洋学叢書）』（創文社、二〇一三）
藪内　清『支那数学史概説』（山口書店、一九四四）
藪内　清『中国古代の科学』（角川書店、一九六四）
山口　久和「支謙訳維摩経から羅什訳維摩経へ——訳経史の支那学的アプローチ」（『印度学仏教学研究』二六-一、一九七七）
山田敬三先生古稀記念論集刊行会編『中国文学の伝統と現代　山田敬三先生古稀記念論集』（東方書店、二〇〇七）
山田　利明「東晋における道教の瞑想法」（『東洋大学大学院紀要（文学研究科）』二五、一九八八）
山田　利明『六朝道教儀礼の研究』（東方書店、一九九九）
山田　史生「隠逸と出家」（高崎直道・木村清孝編『新仏教の興隆　東アジアの仏教思想Ⅱ（シリーズ東アジア仏教　第三巻）』、春秋社、一九九七）
山田　史生『渾沌への視座——哲学としての華厳仏教』（春秋社、一九九九）
横手　裕『道教の歴史』（山川出版社、二〇一五）
吉川教授退官記念事業会編『吉川博士退休記念　中国文学論集』（筑摩書房、一九六八）
吉川幸次郎『中国文学史』（岩波書店、一九七四）
吉川幸次郎『阮籍の「詠懐詩」について』（岩波文庫、一九八一）
吉川　忠夫「范寧の生活と学問」（『東洋史研究』二五-四、一九六七）
吉川　忠夫「沈約の伝記とその生活」（『東海大学文学部紀要』一一、一九六八）
吉川　忠夫「沈約の思想——六朝的傷痕」（中国中世史研究会編『中国中世史研究——六朝隋唐の社会と文化』、東海大学出版会、一九七〇）
吉川　忠夫「六朝士大夫の精神生活」（『岩波講座世界歴史　五』、岩波書店、一九七〇）
吉川　忠夫「夷夏論争」（『人文』一七、一九七一）
吉川　忠夫『六朝精神史研究（東洋史研究叢刊之三十六）』（同朋舎、一九八四）
吉川　忠夫『中国人の宗教意識（中国学芸叢書）』（創文社、一九九八）

六朝楽府の会編『『隋書』音楽志訳注』(和泉書院、二〇一六)
劉敦楨（田中淡・沢谷昭次訳）『中国の住宅』(鹿島出版会、一九七六)
和田　英信「「古と今」の文学史——中国の文学史的思考」(『日本中国学会報』四九、一九九七)
和田　英信「中国の文学史的思考——『漢書』芸文志詩賦略、そして『宋書』謝霊運伝論」(『お茶の水女子大学人文科学紀要』五二、一九九九)
和田　英信「建安文学をめぐって」(『三国志研究』一、二〇〇六)
和田　英信『中国古典文学の思考様式』(研文出版、二〇一二)
渡邉　義浩「漢魏交替期の社会」(『歴史学研究』六二六、一九九一)
渡邉　義浩『後漢国家の支配と儒教』(雄山閣出版、一九九五)
渡邉　義浩「三国時代における「文学」政治的宣揚——六朝貴族制形成史の視点から」(『東洋史研究』五四-三、一九九五)
渡邉　義浩「浮き草の貴公子　何晏」(大久保隆郎教授退官記念論集刊行会編『大久保隆郎教授退官記念　漢意とは何か』、東方書店、二〇〇一)
渡邉　義浩「呻吟する魂　阮籍」(野口鐵郎先生古稀記念論集刊行委員会編『中華世界の歴史的展開』、汲古書院、二〇〇二)
渡邉　義浩「「史」の自立——魏晋期における別伝の盛行を中心として」(『史学雑誌』一一二-四、二〇〇三)
渡邉　義浩「所有と文化——中国貴族制研究への一視角」(『中国——社会と文化』一八、二〇〇三)
渡邉　義浩「三国時代における「公」と「私」」(『日本中国学会報』五五、二〇〇三)
渡邉　義浩『三国政権の構造と「名士」』(汲古書院、二〇〇四)
渡邉義浩編『両漢の儒教と政治権力』(汲古書院、二〇〇五)
渡邉義浩編『両漢における易と三礼』(汲古書院、二〇〇六)
渡邉　義浩「嵆康の歴史的位置」(『六朝学術学会報』七、二〇〇六)
渡邉　義浩「九品中正制度と性三品説」(『三国志研究』一、二〇〇六)
渡邉　義浩『三国志研究入門』(日外アソシエーツ、二〇〇七)
渡邉義浩編『両漢における詩と三伝』(汲古書院、二〇〇七)
渡邉義浩編『両漢儒教の新研究』(汲古書院、二〇〇八)

渡邉義浩「王粛の祭天思想」（『中国文化』六六、二〇〇八）
渡邉義浩『後漢における「儒教国家」の成立』（汲古書院、二〇〇九）
渡邉義浩「曹丕の『典論』と政治規範」（『三国志研究』四、二〇〇九）
渡邉義浩「儒教の「国教化」論と「儒教国家」の成立」（『中国――社会と文化』二四、二〇〇九）
渡邉義浩「『山公啓事』にみえる貴族の自律性」（『中国文化』六七、二〇〇九）
渡邉義浩『西晋「儒教国家」と貴族制』（汲古書院、二〇一〇）
渡邉義浩『儒教と中国　「二千年の正統思想」の起源』（講談社選書メチエ、二〇一〇）
渡邉義浩「陸機の「封建」論と貴族制」（『日本中国学会報』六二、二〇一〇）
渡邉義浩編『魏晋南北朝における貴族制の形成と三教・文学――歴史学・思想史・文学の連携による』（汲古書院、二〇一一）
渡邉義浩『「三国志」の政治と思想　史実の英雄たち』（講談社選書メチエ、二〇一二）
渡邉義浩「郭象の『荘子注』と貴族制」（『六朝学術学会報』一三、二〇一二）
渡邉義浩「経国と文章――建安における文学の自覚（一）」（三国志学会編『林田愼之助博士傘寿記念　三国志論集』、汲古書院、二〇一二）
渡邉義浩「陸機の文賦と「文学」の自立」（『中国文化』七一、二〇一三）
渡邉義浩「揚雄の「劇秦美新」と賦の正統化」（『漢学会誌』五二、二〇一三）
渡邉義浩「『論語義疏』における平等と性三品説――儒教と仏教の激突」（堀池信夫編『知のユーラシア3　激突と調和　儒教の眺望』、明治書院、二〇一三）
渡邉義浩「鄭玄『論語注』の特徴」（『東洋の思想と宗教』三一、二〇一四）
渡邉義浩「三国時代の国際関係と文化」（『新しい漢字漢文教育』五九、二〇一四）
渡邉義浩「葛洪の文学論と「道」への志向」（『東方宗教』一二四、二〇一四）
渡邉義浩『「古典中国」における文学と儒教』（汲古書院、二〇一五）
渡邉義浩『三国志　英雄たちと文学』（人文書院、二〇一五）
渡邉義浩「阮籍の『荘子』理解と表現」（『東洋の思想と宗教』三二、二〇一五）
渡邉義浩「嵇康の革命否定と権力」（『早稲田大学文学研究家紀要』六〇‐一、二〇一五）

渡邉　義浩「何晏『論語集解』の特徴」（『東洋の思想と宗教』三三、二〇一六）
渡邉　義浩『「古典中国」における小説と儒教』（汲古書院、二〇一七）

〔中　文〕

王　運　熙『漢魏六朝唐代文学論叢増補本』（復旦大学出版社、二〇〇二）
王運熙・顧易生主編『中国文学批評通史――魏晋南北朝巻』（上海古籍出版社、一九九六）
王　暁　毅『儒釈道与魏晋玄学形成』（中華書局、二〇〇三）
王　元　化『文心雕龍創作論』（上海古籍出版社、一九七九）
王　元　化『文心雕龍講疏』（上海古籍出版社、一九九二）
王　志　清『斉梁楽府詩研究』（社会科学文献出版社、二〇一三）
王　少　傑「従《大人先生伝》看阮籍的思想変化」（『絲綢之路』二〇一三‐二、二〇一三）
王　鍾　陵「哲学上的「言意之辨」与文学上的「隠秀」論」（『古代文学理論研究』一四、一九八九）
王　葆　玹『正始玄学』（斉魯書社、一九八七）
王　　瑶『中古文学史論』（北京大学出版社、一九八六）
郭　紹　虞『中国古典文学理論批評史』（人民文学出版社、一九五九）
郭　紹　虞『中国文学批評史』（中華書局、一九六一）
韓　　強『王弼与中国文化（大思想家与中国文化叢書）』（貴州人民出版社、二〇〇一）
邱　世　友「「文外重旨」、「文外曲致」――劉勰論文学的「隠」」（『文心雕龍学刊』三、一九八六）
許　抗　生『魏晋思想史』（桂冠図書公司、一九九二
景　蜀　慧『魏晋詩人与政治』（文津出版社、一九九一）
胡　　海『王弼　玄学的人文智慧』（人民出版社、二〇〇七）
呉　相　洲『永明体与音楽関係研究』（北京大学出版社、二〇〇六）
呉相洲主編『斉梁楽府詩研究』（社会科学文献出版社、二〇一三）

胡大雷『玄言詩研究』（中華書局、二〇〇七）
呉林伯『文心雕龍義疏』（武漢大学学術叢書）』（武漢大学出版社、二〇〇二）
黄応全『魏晋玄学与六朝文論』（首都師範大学出版社、二〇〇四）
侯外廬他『中国思想通史』第三巻（人民出版社、一九五七）
孔　繁『魏晋玄学和文学』（中国社会科学出版社、一九八七）
周振甫『文心雕龍注釈』（人民文学出版社、一九八一）
周大興『自然・名教・因果　東晋玄学論集』（中央研究院中国文哲研究所、二〇〇四）
戚良徳主編『儒学視野中的《文心雕龍》』（上海古籍出版社、二〇一四）
曹　旭『中日韓《詩品》論文選評』（上海古籍出版社、二〇〇三）
曹道衡『漢魏六朝文学論文集』（広西師範大学出版社、一九九九）
曹道衡『蘭陵蕭氏与南朝文学』（中華書局、二〇〇四）
孫明君『三曹与中国詩史』（商鼎文化出版社、一九九六）
孫明君『漢魏文学与政治』（商務印書館、二〇〇三）
張可礼『建安文学論稿』（山東教育出版社、一九八六）
張建偉・李衛鋒『阮籍研究』（三晋出版社、二〇一二）
張建坤『斉梁陳隋押韵材料的数理分析』（黒竜江大学出版社、二〇〇八）
張少康『中国古代文学創作論』（北京大学出版社、一九八三）
張少康『劉勰的文学史論』（人民文学出版社、一九八四）
張娣明『魏晋南北朝詩学研究』（文津出版社、二〇一一）
陳萬成「孫綽《遊天台山賦》与道教」（『大陸雜誌』八六 - 四、一九九三）
鄭基良『魏晋南北朝形尽神滅或形尽神不滅的思想論証』（文史哲出版社、二〇〇二）
田永勝『王弼思想与注釈文本』（光明日報、二〇〇三）
湯一介『郭象与魏晋玄学』（湖北人民出版社、一九八三）
唐長孺『魏晋南北朝史論叢』（生活・読書・新知三聯書店、一九五五）

湯用彤『魏晋玄学論稿』（人民出版社、一九五七）
湯用彤『漢魏両晋南北朝仏教史』（北京大学出版社、一九九七）
馮友蘭『中国哲学史』（商務印書館、一九三四）
方元珍『文心雕龍作家論研究――以建安時期為限』（文史哲出版社、二〇〇三）
牟世金『《文心雕龍》研究』（人民文学出版社、一九九五）
穆克宏『六朝文学論集』（中華書局、二〇一〇）
余敦康『魏晋玄学史（思想史叢書）』（北京大学出版社、二〇〇四）
姚振黎『沈約及其学術探究』（文史哲出版社、一九八九）
羅宗強『玄学与魏晋士人心態』（浙江人民出版社、一九九一）
羅宗強『魏晋南北朝文学思想史』（中華書局、一九九六）
李文献『徐幹思想研究』（文津出版社、一九九二）
劉貴傑『僧肇思想研究――魏晋玄学与仏教思想之交渉』（文史哲出版社、一九八五）
逯欽立『漢魏六朝文学論集』（陝西人民出版社、一九八四）
林家驪『一代辞宗――沈約伝』（浙江人民出版社、二〇〇六）
林大志『四蕭研究――以文学為中心』（中華書局、二〇〇七）
盧盛江『魏晋玄学与文学思想（南開博士叢書）』（南開大学出版社、一九九四）
盧盛江『魏晋玄学与中国文学』（百花洲文芸出版社、二〇〇二）
呂武志『魏晋文論与文心雕龍（修訂版）』（楽学書局、二〇〇六）

〔欧文〕

Chan, Alan K. L., *Two visions of the way: a study of the Wang Pi and the Ho-Shang Kung commentaries on the Lao-Tzu*, State University of New York Press, 1991.
Cheng, Anne., *Histoire de la pansée chinoise*, Éditions du Seuil, 1997.

Holzman, Donald., *Poetry and politics: The life and works of Juan Chi*, Cambridge University Press, 1976.

Izutsu, Toshihiko., *Lao-Tzu: The Way and Its Virtue*, Keio University Press, 2001.

Kohn, Livia., *Taoist Mystical Philosophy: The Scripture of Western Ascension*, State University of New York Press, 1991.

Lafargue, Michael., *The Tao of the Tao Te Ching*, State University of New York Press, 1992.

Lynn, Richard John., *The classic of the Way and Virtue: A New Translation of the Tao-te Ching of Laozi as Interpreted by Wang Bi,* Columbia University Press, 1999.

Mather, Richard B. , *The Poet Shen Yueh (441-513): The Reticent Marquis,* Princeton University Press, 1988.

Nakajima, Takahiro., *The Chinese Turn In Philosophy,* UTCP(The University of Tokyo Center for Philosophy), 2007.

Rump, Ariane(in collaboration with Wing-tsit Chan)., *Commentary on the Lao-tzu by Wang Pi*, University of Hawaii Press, 1979.

Wagner, Rudolf G., *The craft of a Chinese commentator: Wang Bi on the Laozi,* State University of New York Press, 2000.

Wagner, Rudolf G., *A Chinese reading of the Daodejing: Wang Bi's commentary on the Laozi with critical text and translation,* State University of New York Press, 2003.

Wagner, Rudolf G., *Language Ontology and Political Philosophy in China: Wang Bi's Scholarly Exploration of the Dark (Xuanxue),* State University of New York Press, 2003.

あとがき

本書は、二〇一三年度に筑波大学へ提出した学位請求論文『六朝言語思想史研究』をもとに修訂・改稿したものであり、また学位取得後に新たに執筆した章を含んでいる。学位審査に際して主査の任に当たられた井川義次先生、そして副査を務めていただいた大上正美先生、堀池信夫先生、小松建男先生、稀代麻也子先生に、まずは厚く謝意を述べたいと思う。

本書を構成する各章は、いずれも学部入学以来の大きな学恩に浴しながら制作されたものである。学部時代の指導教員である大上正美先生は、六朝時代を生きた知識人の生と表現をもとに〈現実〉と〈文学〉とを問い続けることで、研究という営為それ自体をつねに確認する、そのように問うことの中にしか私自身の研究はない、ということを教えられ、本研究への契機を与えられた。螺旋階段を下降していくような深化のその先において語られる大上先生の肉声は、絶えず研究への意欲を喚起してくれる。

大学院入学後は、堀池信夫先生によるご教導をたまわった。堀池先生は、演習では原典の一字一句をも忽せにしない厳密な研究態度と学問的方法とを叩き込み、論文指導では一日まるごとを費やして、草稿の細部にいたるまでつきっきりで徹底的に正してくださった。深夜、大学図書館の閉館後に研究棟を横切って帰路につこうとすると、最上階にたった一ヶ所だけ明かりが灯っている。それはいつも堀池研究室で、ひそかに「セント・エルモの炎」と呼んでいた。堀池先生はまさしく航海の守護神であった。

堀池先生のご退職後、研究指導は井川義次先生に引き継がれた。井川先生は、各論文への懇切なご批正はもとより、狭くて散漫だった関心をより幅広く一貫した文脈に誘導し、学位論文へと結実するように繰り返しご助言をたまわった。また、さまざまな場面で喜怒哀楽をともにしながら背中を押していただけたことは、とても心強く、研究を継続するための励みとなった。このほかにもたくさんの師友による学恩を受けたが、とりわけ辛賢氏、稀代麻也子氏の二人の学姉が、ときに消え入りそうな熱情に火を点し、あたたかく見守ってくれていることに感謝したい。

振り返ってみると、学部・大学院で過ごした日々は、恵まれていたなどという言葉では到底語り尽くせないほどに、ありがたいものだったと思う。生来の遅鈍ゆえに、本書はこれまでに頂戴した学恩への応答としてはあまりにもささやかであるが、今後ともつたない歩みを継続することで、少しずつ報恩の道としたい。

本書の出版に関しては、現在、日本学術振興会特別研究員の受入研究者である渡邉義浩先生のご協力を仰いだ。かつて学部時代に初めてお目にかかって以来、渡邉先生には研究上のお世話を蒙ることが多くあり、ときにご自身の学生同様に面倒をみていただいていることに、深甚なる謝意を表したい。また、本書の出版を快諾してくださった汲古書院代表取締役・三井久人氏、そして懇切な校正・編集作業に携わられた柴田聡子氏にも深く御礼を申し上げたい。若い友人である関俊史氏に題字を揮毫していただけたことも、とてもうれしい。

それから、キース・ジャレットと彼の音楽にも感謝を捧げたい。本書に収載された各論文を執筆していた時間の多くは『パリ・コンサート』を聴き、その他の時間には『ウィーン・コンサート』や『ラ・スカラ』をよく聴いていたからである。

一九八八年一〇月一七日、サル・プレイエル――バロックに沈潜したその日の即興演奏は、いつにもまして執拗な内省の連続だった。それが三〇分を過ぎたあたりから、明確な意志をもって決定的に浮上する。その瞬間の言いようもない心地よさは、あるいは擬似的ではあるものの、かつて理知を徹底的につきつめた者たちが、その果てに見ようとしていたものと重なるところがあるのかもしれない。

なお本書は、二〇〇九～二〇一〇年度科学研究費（特別研究員奨励費）、二〇一二年度公益財団法人・松下幸之助記念財団研究助成、二〇一五～二〇一七年度科学研究費（特別研究員奨励費）による研究成果を含むものである。ここに記して謝意を表したい。

最後に、大切な人たちが向けてくれる笑顔に、本書を捧げる。

二〇一七年七月　虎ノ門にて

和久　希　謹識

A Study of the Philosophy of Language in the Six Dynasties Period

WAKU Nozomi

著者紹介

和久　希（わく　のぞみ）

1982年、埼玉県に生まれる。青山学院中等部・高等部を経て、2005年、青山学院大学文学部日本文学科卒業。2014年、筑波大学大学院博士課程人文社会科学研究科哲学・思想専攻修了、博士（文学）。現在、日本学術振興会特別研究員PD。

主要著書・論文に、『はじめて学ぶ中国思想』（渡邉義浩・井川義次・和久希共編、ミネルヴァ書房、近刊）、「建安文質論考――阮瑀・応瑒の「文質論」とその周辺」（三国志学会編『狩野直禎先生米寿記念　三国志論集』、汲古書院、2016年）、「辞人の位置――沈約『宋書』謝霊運伝論考」（『中国学の新局面』日本中国学会若手シンポジウム論集、2012年）、「王弼形而上学再考」（堀池信夫編『知のユーラシア』、明治書院、2011年）などがある。

六朝言語思想史研究

二〇一七年九月二十九日　発行

著　者　和　久　　希

題　字　関　　俊　史

発行者　三　井　久　人

印刷所　モリモト印刷

発行所　汲　古　書　院

〒102-0072　東京都千代田区飯田橋二－五－四

電　話〇三（三二六五）九七六四

ＦＡＸ〇三（三二二二）一八四五

ISBN978－4－7629－6598－2　C3010

KYUKO-SHOIN,CO.,LTD.　TOKYO